2026 시대에듀 독학사 1단계 교양과정

― **학위 취득**을 위한 가장 **빠른** 선택! ―

왜? 독학사인가?

| 고등학교 졸업 이상이면 **누구나** 도전 가능 | × | 4년제 대학과 비교 시 **효율적** 시간&비용 | × | 1년 만에 **빠른** 학점 취득 | × | 60점 이상이면 합격하는 **높은** 합격률 |

회원가입 이벤트!

시대에듀 독학사 회원가입 수험생을 위한 **3대 특전** 이벤트!

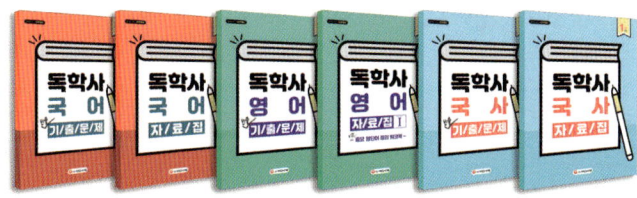

독학사 1단계
국어 / 영어 / 국사

기출문제 & 핵심자료집 & 온라인 모의고사 제공!

※ 경로 : www.sdedu.co.kr → 독학사 → 학습자료실 → 강의자료실

※ 일부 PDF 자료는 수강회원에게만 제공될 수 있습니다.

무료특강 이벤트!

시대에듀 내 독학사 페이지 접속 시 **116강**의 무료특강 제공!

| 1단계 키워드 특강 **총 18강** | 1단계 기출문제 특강 **총 48강** | + | 경영 2단계 키워드 특강 **총 15강** | 경영 2단계 기출문제 특강 **총 10강** | + | 심리 2단계 키워드 특강 **총 13강** | 심리 2단계 기출문제 특강 **총 12강** |

※ 경로 : www.sdedu.co.kr → 독학사 → 학습자료실 → 무료특강

※ 무료제공 강좌는 변동될 수 있습니다.

시대에듀 홈페이지 **www.sdedu.co.kr** | 상담문의 **1600-3600** | 평일 9~18시 / 토요일·공휴일 휴무

시대에듀

끝까지 책임진다! 시대에듀!

QR코드를 통해 도서 출간 이후 발견된 오류나 개정법령, 변경된 시험 정보, 최신기출문제, 도서 업데이트 자료 등이 있는지 확인해 보세요!
시대에듀 합격 스마트 앱을 통해서도 알려 드리고 있으니 구글 플레이나 앱 스토어에서 다운받아 사용하세요.
또한, 파본 도서인 경우에는 구입하신 곳에서 교환해 드립니다.

편집진행 천다솜 · 김다련 | **표지디자인** 박종우 | **본문디자인** 차성미 · 고현준

이 책의 구성과 특징 STRUCTURES

01 필수 암기 키워드

핵심이론 중 반드시 알아야 할 중요 내용을 요약한 '필수 암기 키워드'로 개념을 정리해 보세요.

02 최신기출문제

'2025~2023년 기출복원문제'를 풀어 보며 출제 경향을 파악해 보세요.

합격의 공식 Formula of pass | 시대에듀 www.sdedu.co.kr

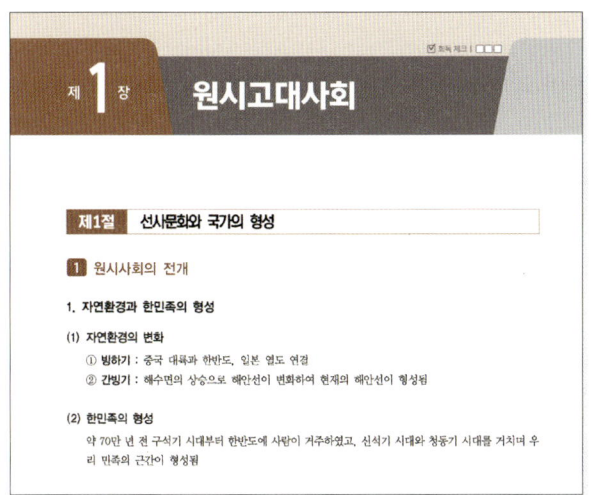

03 핵심포인트

핵심만 간추려 정리한 '핵심포인트'로 주요 내용을 빠르게 학습해 보세요.

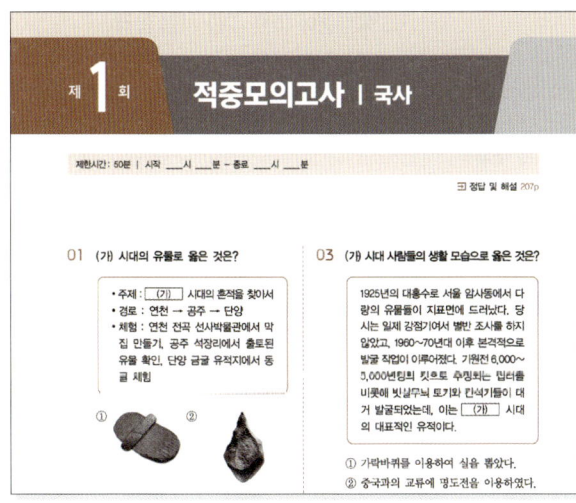

04 적중모의고사

학습한 내용을 바탕으로 '적중모의고사'를 풀어 보면서 실전 감각을 길러 보세요.

+ P / L / U / S +

1단계 시험을 핵심자료로 보강하자!
국어 / 영어 / 국사 <핵심자료집 PDF> 제공

1단계 시험을 준비하는 수험생을 위해 교양과정 필수과목인 국어 / 영어 / 국사 핵심자료집을 PDF로 제공하고 있어요. 국어는 고전문학·현대문학, 영어는 중요 영단어·숙어·동의어, 국사는 표·사료로 정리했어요.

※ 경로 : www.sdedu.co.kr ➡ 독학사 ➡ 학습자료실 ➡ 강의자료실

독학학위제 소개 INFORMATION

독학학위제란?
「독학에 의한 학위취득에 관한 법률」에 의거하여 국가에서 시행하는 시험에 합격한 사람에게 학사 학위를 수여하는 제도

과정별 응시자격

4개의 과정(교양, 전공기초, 전공심화, 학위취득 종합시험)을 모두 거쳐 합격하면 학사 학위 취득 가능

단계	과정	응시자격	과정(과목) 시험 면제 요건
1	교양	고등학교 졸업 이상 학력 소지자	• 대학(교)에서 각 학년 수료 및 일정 학점 취득 • 학점은행제 일정 학점 인정 • 국가기술자격법에 따른 자격 취득 • 교육부령에 따른 각종 시험 합격 • 면제지정기관 이수 등
2	전공기초		
3	전공심화		
4	학위취득	• 1~3단계 합격 및 면제 • 대학에서 동일 전공으로 3년 이상 수료 (3년제의 경우 졸업) 또는 105학점 이상 취득 • 학점은행제 동일 전공 105학점 이상 인정 (전공 28학점 포함) • 외국에서 15년 이상의 학교교육과정 수료	없음(반드시 응시)

※ 시험 일정 : 1단계 - 2월 중 / 2단계 - 5월 중 / 3단계 - 8월 중 / 4단계 - 10월 중
※ 접수 방법 : 온라인으로만 가능
※ 자세한 일정 및 제출 서류 등은 독학학위제 홈페이지(bdes.nile.or.kr) 참조

합격 기준

❶ 1~3단계 : 각 과목을 100점 만점으로 하여 전(全) 과목 60점 이상 득점(합격 여부만 결정)
  ▶ 1단계 : 5과목 합격
  ▶ 2~3단계 : 6과목 합격
❷ 4단계 : 총점 합격제 또는 과목별 합격제 선택

구분	합격 기준	유의사항
총점 합격제	• 총점(600점)의 60% 이상 득점(360점) • 과목 낙제 없음	• 6과목 모두 신규 응시 • 기존 합격 과목 불인정
과목별 합격제	• 각 과목 100점 만점으로 하여 전 과목 (교양 2, 전공 4) 60점 이상 득점	• 기존 합격 과목 재응시 불가 • 1과목이라도 60점 미만 득점하면 불합격

문항 수 및 배점

❶ 1~2단계 : 일반 과목과 예외 과목 구분 없이 객관식으로 40문항 출제(40문항×2.5점 = 100점)
❷ 3~4단계
  ▶ 일반 과목[총 28문항(100점)] : 객관식(24문항×2.5점 = 60점) + 주관식(4문항×10점 = 40점)
  ▶ 예외 과목[총 20문항(100점)] : 객관식(15문항×4점 = 60점) + 주관식(5문항×8점 = 40점)

※ 시험 범위 : 독학학위제 홈페이지(bdes.nile.or.kr) ➔ 학습정보 ➔ 과목별 평가영역에서 확인

독학학위제 전공 분야 (11개 전공)

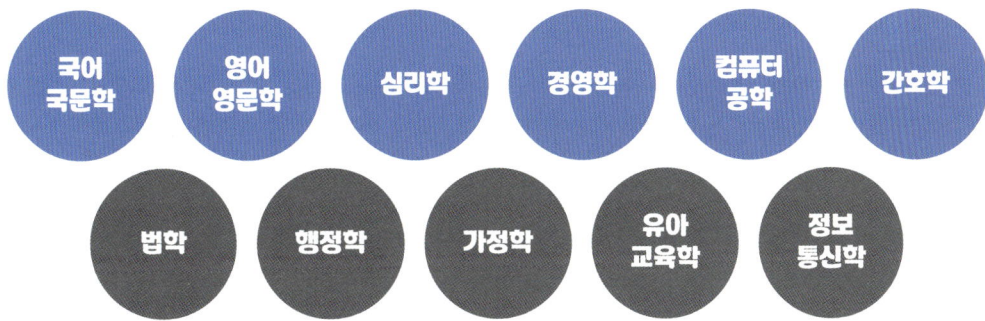

※ 간호학 : 4단계만 개설
※ 유아교육학 : 3, 4단계만 개설
※ 정보통신학 : 4단계만 2026년까지 응시 가능하며 이후 전공 폐지
※ 시대에듀는 현재 6개 전공(국어국문학, 영어영문학, 심리학, 경영학, 컴퓨터공학, 간호학) 개설 완료

1단계 시험 과목 및 시간표

교시	시간	시험 과목명
1교시(필수)	09:00~10:40(100분)	국어, 국사
2교시(필수)	11:10~12:00(50분)	외국어 : 영어, 독일어, 프랑스어, 중국어, 일본어 중 택 1과목
중식 12:00~12:50(50분)		
3교시	13:10~14:50(100분)	현대사회와 윤리, 문학개론, 철학의 이해, 문화사, 한문, 법학개론, 경제학개론, 경영학개론, 사회학개론, 심리학개론, 교육학개론, 자연과학의 이해, 일반수학, 기초통계학, 컴퓨터의 이해 중 택 2과목

※ 시험 일정 및 세부사항은 반드시 독학학위제 홈페이지(bdes.nile.or.kr)를 통해 확인
※ 시대에듀에서 개설된 과목은 빨간색으로 표시

2025년 기출 경향 분석 ANALYSIS

총평

문제 비율상으로는 전근대사 26문항, 근현대사 14문항이 출제되어 작년과 비슷한 분포를 보이지만, 삼국 시대의 문항 수가 작년보다 많이 줄어든 점이 특징입니다. 문제 유형상으로는 전년도에 비해 단답형 문항의 비중이 증가한 것이 특징입니다. 작년에는 단답형 문제가 8문항에 불과했던 반면, 올해는 22문항이 출제되어 단답형이 절반 이상을 차지할 정도로 그 비중이 늘어났습니다. 추가로, 올해 자료형 문제는 낯선 내용의 자료들이 다수 등장하였습니다. 이런 이유들로 인해 올해 독학사 국사 체감 난도는 다소 높았을 것으로 보입니다. 그러나 문항의 구조, 출제 방식 등 기본 틀에서 크게 벗어나는 문제는 많지 않았기 때문에, 기본 개념을 충실히 준비했다면 합격은 가능했을 것입니다.

학습 방법

삼국 시대와 통일신라, 발해 파트에서는 기본 개념 중심으로 출제되었기 때문에 해당 시기의 핵심 개념을 충실하게 익히는 것이 중요합니다.
고려 시대 파트에서는 '몽골에서 전래된 것'을 묻는 생소한 문제가 출제된 만큼, 원 간섭기의 외래문화와 고려 사회에 미친 영향을 학습할 필요가 있습니다. 조선 시대는 토지 제도와 수취 체제 중 과전법과 공법의 차이를 구별하는 문제가 주요하게 다루어졌습니다. 따라서 이들 제도에 대한 기본적인 개념을 충분히 학습해야 합니다.
근대사 파트에서는 러시아 및 독도 관련 문제가 속칭 '킬러문항'이라 할 수 있을 정도로 어렵게 출제되었습니다. 따라서 국권피탈 과정을 심도 있게 학습해야 합니다. 특히 독도는 올해 시험에서 가장 난도 높은 주제 중 하나이며, 향후 반복 출제될 가능성이 높기 때문에 집중적으로 학습할 필요가 있습니다. 추가로, 일제 강점기 파트에서는 조선 의용대 관련 문항처럼 비교적 어렵게 느껴지는 문제가 나온 경우도 있었으나, 내용을 차분하게 읽어보면 풀 수 있는 수준이었습니다. 따라서 문제를 풀 때 평정심을 유지하고 자료를 정확하게 읽어내는 연습을 하면 도움이 될 것입니다.

출제 영역 분석

출제 영역		문항 수		
		2023년	2024년	2025년
원시고대사회	원시 사회와 고조선	1	3	1
	삼국	4	5	3
중세사회	통일신라와 발해	4	4	3
	고려 시대	6	6	6
	조선 시대	11	10	13
근대사회	개항기	3	2	4
	일제 강점기	4	6	6
현대사회	-	7	4	4
합계		40	40	40

합격수기 COMMENT

ma*****
★★★★★

시대에듀의 문을 두드리시는 많은 학습자분들처럼, 저 또한 직장생활과 육아를 병행하며 공부에 대한 열정을 놓지 않았습니다. 학력에 대한 미련이 있었기에 독학사에 자연스레 관심이 생겼고, 시대에듀 교재로 공부를 해서 합격했습니다. 처음 독학학위제 공식 홈페이지에서 평가영역을 봤을 때, 많은 범위들을 보고 막막했습니다. 하지만 시대에듀의 교재는 이를 일목요연하게 정리해주어 방대한 학습량을 쪼개어 이해할 수 있도록 도와주는 길잡이 역할을 해주었습니다. 또한 예상문제 수록으로 회독이 지루하지 않게 도와주었습니다.

ar*****
★★★★★

시대에듀 덕분에 많은 불안감을 뒤로하고 시험에 합격할 수 있었습니다. 제가 시대에듀를 선택한 이유는 무엇보다 교재의 내용이 매우 훌륭했기 때문입니다. 중요한 개념은 보기 좋게 표시되어 있었고, 예상문제도 질적·양적으로 모두 만족스러웠습니다. 시험이 임박한 시점에 최종모의고사를 통해 효과적으로 마무리 정리를 할 수 있었던 점이 특히 큰 도움이 되었습니다. 저는 사실 공부란 책 한 권으로 혼자 열심히 이뤄내는 과정이라고 생각했습니다. 하지만 시대에듀를 통해 양질의 책과 강의로 공부하는 것이 효율적이고 중요하다는 것을 깨달았습니다.

ss*****
★★★★★

시대에듀 독학사 패키지를 통해 10개월 만에 학위를 취득한 직장인입니다. 직장생활을 하면서 전문성을 키우고 싶었으나, 정규 대학은 시간도 금액도 부담이 되었습니다. 그러던 중 독학사 제도를 알게 되었고, 시대에듀의 효율적인 온라인 강의에 매력을 느껴 선택하게 되었습니다. 2~3단계를 학습할 때는 배운 내용을 실제 일상과 업무에 적용하며 이해도를 높이려 노력했고, 마지막 학위취득 과정인 4단계에서는 모의고사 등 문제풀이를 통해 학습한 내용을 총정리하였습니다.
일과 학업을 병행하는 과정이 쉽지는 않았습니다. 하지만 목표를 상기하며 꾸준히 노력한 덕에 합격할 수 있었습니다. 이 과정에서 시대에듀가 큰 도움이 되었습니다!

wl*****
★★★★★

타 업체 도서로 먼저 공부하다가 시대에듀 도서를 봤는데, 이론이 체계적으로 한눈에 들어오게 구성되어 있고, 중요 표시도 잘 되어 있어서 좋았습니다. 단원별로 풍부하게 수록된 문제들을 통해 충분한 연습이 가능했고, 해설이 문제 바로 옆에 배치되어 학습 시간을 크게 단축할 수 있어 효율적인 학습에 매우 적합한 교재였습니다. 강의도 들었는데, 이전 업체 강의보다 훨씬 상세하고 쉽게 설명해 주셔서 기대 이상의 큰 도움이 되었으며 그 가치를 충분히 느꼈습니다. 직장생활과 병행하며 공부하는 게 정말 쉽지 않았지만, 자기계발을 위한 시험으로는 독학사만한 게 없다고 생각합니다. 처음부터 시대에듀로 했더라면 더 좋았을 것 같아요.

목차 CONTENTS

부록 | 필수 암기 키워드

기출편 | 최신기출문제

2025년 기출복원문제 · 3
2024년 기출복원문제 · 25
2023년 기출복원문제 · 48

이론편 | 핵심포인트

제1장 원시고대사회 · 3
제2장 중세사회 · 20
제3장 근대사회 · 70
제4장 현대사회 · 100

문제편 적중모의고사

제1회 적중모의고사 · 111
제2회 적중모의고사 · 121
제3회 적중모의고사 · 130
제4회 적중모의고사 · 139
제5회 적중모의고사 · 149
제6회 적중모의고사 · 159
제7회 적중모의고사 · 168
제8회 적중모의고사 · 177
제9회 적중모의고사 · 187
제10회 적중모의고사 · 196

해설편 정답 및 해설

제1회 적중모의고사 정답 및 해설 · 207
제2회 적중모의고사 정답 및 해설 · 213
제3회 적중모의고사 정답 및 해설 · 219
제4회 적중모의고사 정답 및 해설 · 224
제5회 적중모의고사 정답 및 해설 · 229
제6회 적중모의고사 정답 및 해설 · 235
제7회 적중모의고사 정답 및 해설 · 241
제8회 적중모의고사 정답 및 해설 · 247
제9회 적중모의고사 정답 및 해설 · 252
제10회 적중모의고사 정답 및 해설 · 256

기록의 힘

나만의 학습 플래너

D -

공부 시작일 (YEAR / MONTH / DAY)   /   /

2026 독학학위제 시험 일정   /   /

WEEK 1	WEEK 2	WEEK 3

WEEK 4	WEEK 5	WEEK 6

WEEK 7	WEEK 8	< MEMO >

학습 진행률 확인

	20%	40%	60%	80%	100%

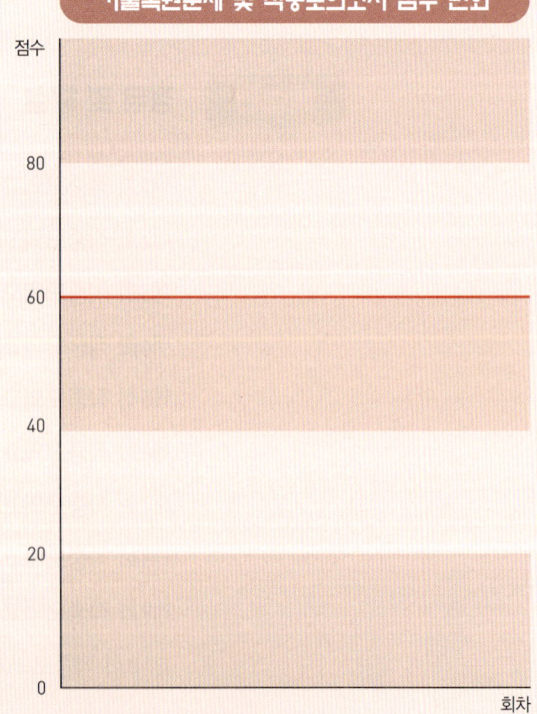

기출복원문제 및 적중모의고사 점수 변화

기록의 힘

나만의 키워드 정리

과목

키워드	설명	비고

※ 공부하면서 어려웠거나 헷갈렸던 개념, 중요한 개념 등을 한 번 더 정리해 보세요!

기록의 힘

나만의 키워드 정리

과목

키워드	설명	비고

※ 공부하면서 어려웠거나 헷갈렸던 개념, 중요한 개념 등을 한 번 더 정리해 보세요!

국사

최신기출문제

- **2025년** 기출복원문제
- **2024년** 기출복원문제
- **2023년** 기출복원문제

출/제/유/형/완/벽/파/악/

훌륭한 가정만한 학교가 없고, 덕이 있는 부모만한 스승은 없다.

– 마하트마 간디 –

2025년 기출복원문제

※ 기출문제를 복원한 것으로 실제 시험과 일부 차이가 있으며, 저작권은 시대에듀에 있습니다.

01 청동기 시대에 대한 설명으로 옳지 <u>않은</u> 것은?

① 추수할 때는 반달돌칼이 주로 사용되었다.
② 반지하의 움집에서 점차 벗어나 지상 가옥도 짓게 되었다.
③ 고인돌이나 돌널무덤을 만들어 시체를 매장하였다.
④ 청동기 문화가 독자적 발전을 이룩하면서, 세형 동검과 잔무늬 거울이 보편화되었다.

02 다음 내용에서 괄호 안에 들어갈 나라 이름을 순서대로 바르게 나열한 것은?

> 신라는 본래 작은 나라로, 위로는 (㉠)와(과) 옆으로는 (㉡) 사이에 끼어 강한 이웃 나라들의 지배를 받아 스스로 독립할 수 없었다. … 그러나 (㉠)와(과) (㉡)이(가) 한창 강성하여 서로 공격하니, 신라는 항상 그 폐해를 입었다. … 무열왕이 사신을 보내 (㉢)에 군사를 요청하니, (㉢) 태종이 크게 기뻐하며 군대를 보냈다.
> – 『삼국사기』

	㉠	㉡	㉢
①	고구려	백제	당
②	고구려	당	백제
③	당	백제	고구려
④	백제	당	고구려

---

01 세형 동검과 잔무늬 거울은 철기 시대 유물이다. 청동기 시대에는 조·보리·콩·벼농사를 지었으며, 비파형 동검, 반달돌칼, 미송리식토기, 민무늬토기, 거친무늬 거울 등이 도구로 사용되었다.
① 반달돌칼은 청동기 시대에 벼를 수확하기 위한 추수 도구이다.
② 청동기 시대 집터의 형태는 대체로 직사각형 바닥으로 변하는 동시에 지상 가옥으로 점차 발전하고 있었고, 움집을 지을 때에 주춧돌을 사용하여 고정하였다.
③ 고인돌과 돌널무덤은 청동기 시대의 대표적 무덤양식이다.

02 제시된 자료는 『삼국사기』「신라본기」'태종무열왕조'의 일부분으로, 나당 연합의 모습을 나타낸 것이다. 신라가 고구려(㉠)와 백제(㉡) 사이에서 어려움을 겪었으며, 결국 태종무열왕(김춘추)이 당나라(㉢)에 군사 지원을 요청했다는 사실을 기록한 부분이다.

정답 01 ④ 02 ①

03 신라는 처음부터 당을 끌어들여 삼국통일 전쟁을 시작하였고, 삼국통일 이후에 당을 한반도에서 몰아내었다.
신라 진덕여왕 때 김춘추는 나당 연합을 결성하였고(648), 나당 연합군이 고구려를 공격하여 고구려의 수도인 평양성을 함락시키면서 고구려는 멸망하였다(668).
① 나당 연합군이 백제를 공격하여 멸망시켰고(660), 곧이어 고구려를 공격하여 멸망시켰다(668).
② 당은 웅진도독부(공주), 안동도호부(평양), 계림도독부(경주)를 설치하고 한반도 전체를 지배하려는 야욕을 보이자 신라는 당과의 전쟁을 시작하게 되었다.
④ 통일신라의 영토는 대동강에서 원산만까지를 경계로 한 이남의 지역으로 설정되었다.

03 다음 중 신라의 삼국통일에 대한 설명으로 옳지 <u>않은</u> 것은?
① 신라는 백제와 고구려를 차례로 멸망시켰다.
② 고구려 멸망 후 신라는 당의 한반도 지배 야욕에 맞서 나당 전쟁을 벌였다.
③ 신라는 처음부터 단독으로 삼국을 통일하였다.
④ 삼국을 통일한 신라는 대동강에서 원산만 이남 지역을 영토로 확보하였다.

04 신라 민정(촌락) 문서는 통일신라 서원경(청주)의 4개 촌의 장적(帳籍) 문서로, 당시 촌락의 경제 상황과 국가의 세무 행정을 알 수 있는 자료이다. 신라 민정 문서에 토지의 비옥도와 풍흉의 정도는 기록되지 않았다.
① 1933년 일본 도다이사 쇼소인에서 통일신라 때 서원경(청주)의 4개 촌의 장적이 발견되었다.
② 사람은 남녀별로 구분하였고, 16세에서 60세의 남자의 연령을 기준으로 나이에 따라 6등급으로 구분하여 기록하였다.
③ 민정 문서는 그 지역 촌주가 매년 변동 사항을 조사하였고, 3년마다 작성하였다.

04 신라 민정 문서에 대한 설명으로 옳지 <u>않은</u> 것은?
① 1933년 일본 도다이사[東大寺] 쇼소인[正倉院]에서 발견되었다.
② 사람은 남녀별로 구분하고, 나이에 따라 6등급으로 구분하여 기록하였다.
③ 토착 세력인 촌주가 변동 사항을 조사하여 3년마다 작성하였다.
④ 비옥도와 풍흉의 정도에 따라 토지의 종류와 면적을 기록하였다.

정답 03 ③ 04 ④

05 다음 내용과 관련된 설명으로 옳은 것은?

- 고이왕은 품계에 따라 옷의 색을 구별하여 입도록 하였다.
- 소수림왕은 율령을 반포하였다.
- 법흥왕은 율령을 반포하고, 백관의 공복을 제정하였다.

① 민생 안정을 위한 정책이 추진되었다.
② 국가의 사상을 통합하기 위하여 불교를 공인하였다.
③ 유학 교육을 위한 정책이 추진되었다.
④ 중앙 집권 체제가 강화되기 시작하였다.

05 고대 국가는 중앙 집권 체제를 위해 율령을 반포하였고, 불교를 공인하여 사상적 기반을 다졌다. 또한 관복제를 도입하여 위계질서를 확립하였다. 자료는 모두 왕권 강화의 목적을 가진 정책들이다.
① 제시된 정책들은 민생 안정보다는 왕권 강화를 위한 것에 가깝다.
② 고구려는 소수림왕, 백제는 침류왕, 신라는 법흥왕 때에 각각 불교를 공인하였다.
③ 유학 교육을 위해 고구려는 태학, 신라는 국학과 같은 교육기관을 설치하였다.

06 다음 중 발해에 대한 설명으로 옳지 않은 것은?

① 9주 5소경 제도를 실시하였다.
② 천통, 건흥 등의 연호를 사용하였다.
③ 중국으로부터 해동성국이라 칭송받았다.
④ 국립대학인 주자감을 수도에 설치하였다.

06 7세기 통일신라 신문왕은 전국을 9주 5소경으로 나누어 지방 행정구역을 정비하였다.
② '천통'은 발해 고왕(대조영) 때, '건흥'은 발해 선왕 때 사용한 연호이다. 무왕 때는 '인안'을 사용하였다.
③ 전성기인 선왕 때, 발해는 중국으로부터 해동성국이라 칭송받았다.
④ 발해 문왕 때 최고 교육기관인 주자감을 설치하였다.

정답 05 ④ 06 ①

07 신라 하대에 대두된 정치 세력에 대한 설명으로 옳지 않은 것은?

① 진골은 과거를 통하여 중앙 관리로 진출하였다.
② 지방 호족은 스스로 성주 또는 장군이라고 칭하였다.
③ 실천적인 경향을 가지고 있던 선종 세력이 성장하였다.
④ 6두품은 당나라에 유학하여 빈공과에 급제하였다.

07 대부분 지방 향리의 자제들로, 과거를 통하여 중앙 관리로 진출하였던 세력은 고려 말 신진 사대부이다. 과거제가 시작된 것은 고려 광종(958) 이후이며, 진골은 혈연(골품제)을 통해 관직에 진출하였다.
② 신라 말 성주나 장군을 자칭하는 세력들이 나타났는데, 이를 지방 호족이라 하였다.
③ 실천적인 경향을 가지고 있던 선종은 신라 말 진골과 대립하고 있던 호족 세력의 환영을 받게 되어 널리 확산되었고, 각 지방에 9개의 선종 사원인 9산 선문을 성립하게 되었다.
④ 신라 말 최치원, 최승우, 최언위(최신지) 등은 당에 유학하여 빈공과(賓貢科)에 급제하였던 6두품 출신의 유학생이었다.

08 고려 성종 시기의 정치 변화에 대한 설명으로 옳지 않은 것은?

① 12목을 설치하고 지방관을 파견하였다.
② 지방 교육을 위해 경학박사를 파견하였다.
③ 5도 양계의 지방제도를 확립하였다.
④ 철전인 건원중보를 사용하였다.

08 고려 현종은 1018년에 전국을 크게 5도 양계와 경기로 나누고, 그 안에 3경, 4도호부, 8목을 비롯하여 군·현·진 등을 재정비하였다. 여기서 8목은 기존 성종 대에 설치(983)된 12목이 현종 대의 행정구역 재정비로 인해 8목으로 개편된 것이다.
① 고려 성종은 최승로의 건의를 받아들여 전국에 12목을 설치하여 처음으로 지방관을 파견하였다(983).
② 성종은 지방의 12목에 목사와 경학박사·의학박사를 파견하여 중앙 집권화와 유교 교육을 진흥시켰다(987).
④ 고려 성종 때에는 상업 활동이 활발해짐에 따라 화폐인 건원중보를 발행하여 경제를 육성시키려 하였다.

정답 07 ① 08 ③

09 다음 〈보기〉에서 옳은 것을 모두 고르면?

> **보기**
> ㄱ. 광종은 호족을 견제하기 위해 사심관과 기인 제도를 마련하였다.
> ㄴ. 묘청은 서경에 대화궁을 짓고 황제를 칭하였다.
> ㄷ. 경대승은 자기 집에 정방을 설치하여 인사권을 장악하였다.
> ㄹ. 공민왕은 고려의 내정을 간섭하던 정동행성 이문소를 폐지하였다.

① ㄱ, ㄴ
② ㄱ, ㄷ
③ ㄴ, ㄷ
④ ㄴ, ㄹ

10 고려의 문신 서희가 외교적인 성과를 통해 되찾은 땅은 무엇인가?

① 위화도
② 동북 9성
③ 강동 6주
④ 4군 6진

09
ㄴ. 인종 때 묘청은 풍수지리설을 내세워 서경으로 천도하여 서경에 궁(대화궁)을 짓고, 황제를 칭하며 연호를 사용하는 등 자주적인 개혁과 금을 정벌할 것을 주장하였다(1135).
ㄹ. 공민왕은 즉위 후 기철을 비롯한 친원 세력을 숙청하고, 내정 간섭 기구인 정동행성 이문소의 폐지, 원의 간섭으로 격하된 관제의 복구, 몽골 풍속 금지 등을 실시하였다.
ㄱ. 고려 태조 왕건은 사심관과 기인 제도를 활용하여 지방 호족을 견제하고 지방 통치를 보완하려 하였다.
ㄷ. 독자적인 인사기구인 정방을 설치한 인물은 최우로, 모든 관직에 대한 인사권을 장악하였다.

10 서희가 거란과의 외교 담판(993, 성종)으로 획득한 압록강 동쪽의 강동 6주는 흥화진(의주), 용주(용천), 통주(선주), 철주(철산), 귀주(구성), 곽주(곽산) 등이다.
① 이성계는 위화도에서 회군하여 (1388) 최영을 제거한 뒤, 군사적 실권을 장악하여 본격적인 개혁의 계기를 마련하였다.
② 예종 때 윤관은 별무반을 이끌고 여진을 정벌하여 동북 9성을 쌓았다(1107).
④ 세종은 김종서와 최윤덕을 보내 여진을 토벌하고 4군과 6진을 설치하여 압록강과 두만강을 경계로 하는 오늘날과 같은 국경선을 확정하였다.

정답 09 ④ 10 ③

11 12세기 중엽에 고려의 독창적 기법인 상감법이 개발되어 자기에 활용되었다. 상감청자는 강화도로 천도한 13세기 중엽까지 주류를 이루었고, 원 간섭기 이후에는 원으로부터 북방 가마의 기술이 도입되어 청자의 빛깔은 점차 퇴조해 갔다.
① 보조국사 지눌은 선종 중심으로 교종을 포용하려 하였다. 지눌은 선과 교학이 근본에 있어 둘이 아니라는 사상 체계인 정혜쌍수를 사상적 바탕으로 삼아 철저한 수행을 선도하였다.
② 인종 때 김부식이 왕명에 의해 편찬한 『삼국사기』(1145)는 기전체 서술방법으로 쓰인 역사서로, 현존하는 우리나라 최고(最古)의 역사서이다. 『삼국사기』는 합리적 유교 사관에 입각하여 서술된 서적으로 신라 계승 의식이 반영되어 있다.
④ 팔만대장경(재조대장경)은 몽골의 침입을 부처의 힘으로 막아내고자 고려 고종 23년(1236) 강화에서 조판에 착수하여 고종 38년(1251) 완성한 대장경이다.

11 고려 시대 사상과 문화에 대한 설명으로 옳지 <u>않은</u> 것은?
① 지눌은 선종을 중심으로 교와 선의 대립을 극복하려 하였다.
② 김부식은 유교적 합리주의 사관에 기초하여 『삼국사기』를 편찬하였다.
③ 상감청자는 분청사기와 함께 조선 전기까지 유행하였다.
④ 전쟁 중에 부처님의 힘으로 국난을 극복하고자 재조대장경을 간행하였다.

12 최우는 문무백관의 인사 행정을 담당하는 정방을 통하여 인사권을 장악하였고, 문신을 등용하기 위한 서방을 설치하였다.
① 정중부는 무신정변 이후 중방을 중심으로 권력을 행사하였다.
② 최충헌은 무신 정권 최고의 권력기구인 교정도감을 설치하여 도방·정방·서방 등의 기구를 총괄하였다.
③ 최충헌은 자신의 신변을 보호하기 위해 도방을 설치하였다.

12 무신 정권기의 정치기구에 대한 설명으로 옳지 <u>않은</u> 것은?
① 정중부는 정변을 일으켜 중방을 중심으로 권력을 행사하였다.
② 최충헌은 국정을 총괄하는 교정도감을 처음 설치하였다.
③ 최충헌은 도방을 확대하여 군사적 기반을 확립하였다.
④ 최우는 문무백관의 인사 행정을 담당하는 서방을 설치하였다.

정답 11 ③ 12 ④

13 다음 중 고려 후기 때 몽골에서 전래된 것은?

① 목화
② 담배
③ 불교
④ 고구마

14 다음 내용에 해당하는 왕에 대한 설명으로 옳은 것은?

> 지난번에 좌정승이 말하기를 "중국에도 승상부가 없으니 의정부를 폐지해야 한다."라고 하였다. 내가 골똘히 생각해 보니 모든 일이 내 한 몸에 모이면 결재하기가 힘은 들겠지만, 임금인 내가 어찌 고생스러움을 피하겠는가. … **처음으로 의정부의 일을 여섯 조(曹)로 나누어, 직접 왕에게 아뢰게 하였다.**
>
> - 『태종실록』

① 만권당에서 원의 학자와 교류하였다.
② 언론기관인 사간원을 독립시켜 대신을 견제하게 하였다.
③ 공법을 실시하여 전세를 낮추고 공평하게 부과하였다.
④ 기본법전인 『경국대전』의 편찬을 완료하여 반포하였다.

---

13 고려 말 공민왕 때 문익점이 원나라로부터 목화씨를 가져와 목화 재배에 성공하였다(1363).
② 담배는 조선 후기 일본으로부터 유입되어 상품작물로 재배되었다.
③ 삼국의 불교는 중국으로부터 전래되었다. 고구려는 소수림왕, 백제는 침류왕, 신라는 법흥왕 때에 각각 불교를 공인하였다.
④ 조선 후기인 18세기 영조 때 일본에서 구황작물인 고구마가 유입되어 재배되기 시작하였다.

14 제시문은 태종 때 시행한 6조 직계제에 대한 내용이다. 6조 직계제는 6조에서 의정부를 거치지 않고 곧바로 사안을 국왕에게 올려 재가를 받아 시행하는 제도로서, 태종은 6조 직계제를 실시하여 국왕 중심의 정치를 추구하였다. 조신 태종은 언론 기관인 사간원을 독립시켜 대신들을 견제하였다.
① 만권당은 충숙왕 때 충선왕이 연경에 설치하였고, 이제현은 만권당에서 성리학을 연구하였다.
③ 세종은 민생과 관련된 정책을 결정할 때에는 민의를 물었는데, 공법을 제정할 경우에는 조정의 신하와 지방의 촌민에 이르기까지 18만 명의 의견을 묻고, 10여 년의 시험기간을 거친 뒤에 시행하였다.
④ 성종은 건국 이후의 문물제도 정비를 완비하였으며, 『경국대전』의 편찬을 마무리하여 반포함으로써 조선 왕조의 통치 체제를 확립하였다.

정답 13 ① 14 ②

15 다음 내용에서 괄호 안에 들어갈 말이 순서대로 옳게 나열된 것은?

> - 풍흉과 토지의 비옥도와 결수에 따라 4두에서 20두까지 부과하는 (㉠)을 시행했다.
> - (㉡)은 각 지방의 토산물을 중앙 정부에 바치는 제도로, 특산물을 기준으로 부과되었다.
> - (㉢)은 16세 이상의 양인 남자를 징발하여 군역과 요역으로 동원한 제도이다.

	㉠	㉡	㉢
①	과전법	역	공납
②	과전법	공납	역
③	공법	공납	역
④	공법	역	공납

15 ㉠ 공법(貢法) : 세종은 조세 제도를 좀 더 체계적으로 운영하기 위하여 토지 비옥도에 따라 조세를 부과하는 전분 6등법과 풍흉의 정도에 따라 조세를 부과하는 연분 9등법으로 바꾸고, 조세 액수를 1결당 최고 20두에서 최하 4두를 차등 있게 내도록 하였다.
㉡ 공납(貢納) : 지방에서 생산되는 특산물을 국가에 납부하는 제도로 각 지역에서 자주 생산되는 특산물을 세금으로 바쳤다.
㉢ 역(役) : 군역과 요역으로 나누어 군사적 의무와 공공사업을 위한 강제 노동을 부과하였다. 16세 이상의 양인 남자에게 부과되었다.

16 조선의 과거제도에 대한 설명으로 옳은 것은?

① 일반적으로 식년시는 해마다 실시되었다.
② 문과는 무관을 선발하는 시험으로, 고려 시대부터 널리 시행되었다.
③ 생원시의 합격만으로는 관리가 될 수 없었다.
④ 재가한 여성의 자손은 문과에 응시할 수 없었다.

16 문과의 경우 수공업자, 상인, 탐관오리의 아들, 재가한 여성의 자손, 서얼에게는 응시를 제한하였다.
① 식년시는 3년마다 실시하는 정기 시험이었다.
② 문과는 무관이 아닌 문관을 선발하는 시험이다. 또한 고려 시대의 과거제에서는 무관을 선발하는 무과를 시행하지 않았다.
③ 생원시, 진사시 등의 소과에 합격하면 하급 관리가 될 수 있었다.

정답 15 ③ 16 ④

17 조선 전기 사회에 대한 설명으로 옳지 <u>않은</u> 것은?

① 지위가 높은 문무관원의 자손에게는 음서의 혜택이 주어졌다.
② 서얼은 중서라고도 불리었으며, 이들은 문과 응시에 제한이 없었다.
③ 중앙과 지방에 있는 관청의 서리와 향리 및 기술관은 직역을 세습하였다.
④ 『경국대전』과 『대명률』로 대표되는 법전에 의해 형벌과 민사에 관한 사항을 규율하였다.

17 서얼은 중인과 같은 신분적 처우를 받았으므로 중서라고도 불리었다. 서얼들은 『경국대전』에서 차별을 법제화한 이후 문과에 응시하는 것이 금지되었는데, 간혹 무반직에 등용되기도 하였다.
① 조선 시대 2품 이상 고관의 자제는 음서로 관직에 진출할 수 있었다.
③ 중앙과 지방에 있는 관청의 서리와 향리 및 기술관은 직역을 세습하고, 같은 신분 안에서 혼인하였으며, 관청에서 가까운 곳에 거주하였다.
④ 조선 시대는 『경국대전』과 『대명률』로 대표되는 법전에 의해 형벌과 민사에 관한 사항을 규율하였다. 이 중에서 형벌에 관한 사항은 대부분 『대명률』의 적용을 받았다.

정답 17 ②

18 15세기 조선은 사회 신분을 양인과 천민으로 구분하는 양천 제도를 법제화하여 신분제도의 기본을 만들었다. 양인은 과거에 응시하고 벼슬길에 오를 수 있는 자유민으로 조세, 국역 등의 의무를 지녔고, 천민은 비자유민으로 개인이나 국가에 소속되어 천역을 담당하였다.
② 『경국대전』에서 차별을 법제화한 이후 서얼들은 문과에 응시하는 것이 금지되었고, 간혹 무반으로 등용되기도 하였다.
③ 고려 시대 양민은 농사에 종사하는 농민층이 주류를 이루었다. 농민들은 농업 이외에 국가에서 지정한 특수 임무를 수행하지 않았으므로 '별도의 의무가 없는 사람'의 의미로 백정이라 하였다. 조선 시대 또한 농민층이 양민의 다수를 이룬 것은 마찬가지이나, '백정'이라는 용어는 조선 후기로 갈수록 도축업에 종사하는 천민 계층을 의미하는 말로 변화하였다.
④ 엄격한 신분제도로 인해 신분 이동이 불가능한 것은 고대 국가의 특징이다. 조선 시대 역시 엄격한 신분제 사회였던 것은 맞으나, 과거제, 공신 포상 등 일정 범위 내에서 신분 상승의 기회는 존재하였다.

18 조선 시대의 신분제에 대한 설명으로 옳은 것은?

① 법제상 양인과 천민으로 구분되었다.
② 서얼은 『경국대전』에 의하여 문과 응시가 가능했다.
③ 조선 양민의 대다수는 농민으로 백정이라고 불렸다.
④ 신분제도가 엄격하게 운영되었기 때문에 신분 이동이 불가능하였다.

정답 18 ①

19 조선 전기의 과학과 기술에 대한 설명으로 옳지 <u>않은</u> 것은?

① 동양 의학에 관한 서적과 이론을 바탕으로 『의방유취』가 편찬되었다.
② 중국의 수시력과 아라비아의 회회력을 참고하여 『칠정산』을 편찬하였다.
③ 신무기인 신기전을 제작하여 국방력을 강화하였다.
④ 『기기도설』을 참고하여 거중기를 만들었다.

19 조선 후기 정약용은 서양 선교사가 중국에서 펴낸 『기기도설』을 참고하여 거중기를 만들었다.
① 『의방유취』는 동양 의학을 집대성한 조선 시대 최대 규모의 의학 백과사전으로 세종 때 편찬되었다(1445).
② 세종 때 7개의 운동하는 천체(해, 달, 화성, 수성, 목성, 금성, 토성)의 위치를 계산하는 방법을 서술한 역법서인 『칠정산』을 편찬하였다. 이는 중국의 수시력(내편)과 아라비아의 회회력(외편)을 참고하여 제작된 역법서로, 조선의 실정에 맞는 역법서를 제작했다는 점에서 의의가 있다.
③ 신기전은 화살대의 윗부분에 화약통을 부착하여 제작된 로켓 추진 방식의 무기로, 세종 때 제작되었다(1448). 크기와 사정거리에 따라 대신기전·산화신기전·중신기전·소신기전 등으로 구분된다.

20 『조선왕조실록』에 대한 설명으로 옳지 <u>않은</u> 것은?

① 왕이 죽은 후에 실록을 편찬하는 것이 관례였다.
② 태조 왕대부터의 기록이 남아 있다.
③ 실록청에서 기전체 형식으로 편찬하였다.
④ 사초와 시정기 등을 근거로 편찬되었다.

20 『조선왕조실록』은 기선제가 아닌 한 왕의 재위 기간 동안의 사건들을 날짜순으로 서술한 편년체 서술방법으로 편찬되었다. 인물 중심의 기전체 형식으로 서술된 대표적인 서적으로는 『삼국사기』가 있다.
① 실록은 한 국왕이 죽으면 다음 국왕 때 춘추관을 중심으로 실록청을 설치하여 편찬하였다.
② 『조선왕조실록』은 태조에서 철종 때까지의 실록을 편찬하였다.
④ 사관이 국왕 앞에서 기록한 사초와 각 관청의 문서를 모아 만든 시정기를 중심으로, 『승정원일기』, 『의정부등록』, 『비변사등록』, 『일성록』(정조 이후) 등을 보조 자료로 하여 종합, 정리하여 편년체로 편찬하였다.

정답 19 ④ 20 ③

21 전랑직은 정5품 정랑과 정6품 좌랑을 통칭하는 직위로, 이조의 전랑은 자대권(자천권, 후임자 천거권), 통청권(3사의 당하관 이하 추천권), 낭청권(재야 사림 추천권)의 막강한 권한을 소유하고 있었다.
① 고려의 최고 관서인 중서문하성은 재신과 낭사로 구성되었는데, 문하시중은 중서문하성의 장관으로 국정의 전반을 총괄하였다.
③ 도병마사는 재신과 추밀이 모여 고려의 국방 문제를 담당하는 국가 최고의 회의기구로, 처음에는 임시적 성격을 갖고 있었으나 고려 후기 충렬왕 때 도평의사사(도당)로 개편되면서 구성원이 확대되고 국정 전반에 걸친 주요사항을 담당하는 최고 정무 기관으로 발전하게 되었다.
④ 최충헌은 최씨 정권의 반대 세력을 제거하고 국정을 총괄하는 최고의 정치 기구인 교정도감을 설치하여 권력 기구를 총괄하였으며, 교정도감의 장관인 교정별감은 최씨 가문이 세습하였다.

22 제시된 사료는 병자호란 당시 김상헌이 인조에게 항복을 반대하며 끝까지 싸울 것을 주장하는 내용이다. 조선 후기, 후금은 국호를 '청'으로 바꾸고 조선에 군신 관계를 요구하였다. 그러나 조선에서 별다른 반응을 보이지 않자 청 태종은 12만 대군을 이끌고 조선을 침입하여 병자호란(1636)이 일어났다.
② 후금의 위협을 받은 명이 조선에 원병을 요구하였고 광해군은 어쩔 수 없이 강홍립을 도원수로 삼아 원병을 파병하였다.
③ 조선 효종 때 청이 러시아 정벌을 요청하였고 변급(1654), 신유(1658) 등 조총부대를 두 차례 출병시켜 승리하였다(나선정벌).
④ 임진왜란(1592)이 발발하자 선조는 의주로 피난하여 명에 원군을 요청하였다.

정답 21 ② 22 ①

---

21 다음 내용에 해당하는 관직으로 옳은 것은?

- 3사 관원을 선발하는 권한을 가지고 있어, 언론 활동에 영향을 미쳤다.
- 관원의 후임자를 추천할 수 있는 권한을 가지고 있었다.
- 인사권을 둘러싸고 동인과 서인이 대립하면서 붕당 정치가 심화되었다.

① 문하시중
② 이조 전랑
③ 도병마사
④ 교정별감

22 다음 사건에 대한 설명으로 옳은 것은?

> 김상헌이 아뢰기를, "우리나라가 멸망 직전에 있다고 해서 항복하라고 요구하는데, 항복을 하면 세상에 무어라 말하겠습니까? 그러면 조선의 명예는 땅에 떨어지고, 후손들이 어떻게 살겠습니까? 항복은 절대 용납할 수 없습니다. 나라를 지키기 위해 죽는 것이 오히려 명예로운 일이라 생각합니다."
> — 『승정원일기』

① 청이 조선에 군신 관계를 요구하였다.
② 강홍립이 이끄는 부대가 명의 요청으로 파병되었다.
③ 청이 나선 정벌을 위하여 군대 파견을 요청하였다.
④ 일본의 침략으로 선조가 의주로 피난하였다.

23. 다음 내용에 해당하는 사건으로 옳은 것은?

- 허목 : 유교적인 전통을 강조하여 장남과 같은 3년복 주장
- 송시열 : 효율적인 국가 운영과 정치적 필요를 고려하여 차남의 예로 1년복 주장

① 예송논쟁
② 탕평책
③ 기묘사화
④ 기사환국

24. 다음 중 세도 정치에 대한 설명으로 옳은 것은?

① 무신들이 정변을 일으켜 정권을 장악하였다.
② 대신들이 동인과 서인으로 나뉘어 국정을 운영하였다.
③ 왕의 후견인인 왕대비가 왕을 대신하여 국정을 운영하였다.
④ 유력한 가문 출신의 몇몇이 실제 권력을 행사하였다.

---

23 제시문은 기해예송에 대한 설명이다. 현종 재위 시기인 1659년 효종이 사망하자 인조의 계비인 자의대비가 적장자에 준하는 상복을 입을 것인지를 둘러싸고 벌어졌던 논쟁이다. 서인은 1년, 남인은 3년설을 주장하였다.
② 영조와 정조는 탕평책을 시행하여 정국을 안정시키려 하였다.
③ 중종 때 위훈 삭제 문제(조광조의 개혁정치)로 기묘사화가 발생하였다(1519).
④ 숙종 때 장희빈의 소생인 윤(경종)의 세자 책봉을 둘러싸고 서인인 송시열 등이 반대하다 사사되었고, 인현왕후가 폐출되면서(민씨 폐출) 남인이 집권하였다(1689).

24 세도 정치는 60여 년 동안 안동 김씨나 풍양 조씨 등 왕의 외척 세력이 권력을 독점하였던 정치 형태이다. 세도 정치 시기에는 관직이 매매되는 등 비리가 만연하였으며 탐관오리들의 무낭한 조세 수탈이 심각한 문제로 대두하였다.
① 고려 무신들의 불만이 극에 달하자 이의방과 정중부와 같은 무신들이 정변을 일으켜 의종을 폐하고 명종을 옹립하여 정권을 장악하였다(1170).
② 붕당 정치는 복수의 붕당이 상호 견제와 협력을 통하여 정치를 운영하는 것이다. 이러한 붕당 정치의 시작은 16세기 이후 왕권이 약화되어 사림 중심의 정치가 전개되면서부터 형성되어 전개되었다.
③ 수렴청정은 왕이 미성년자이거나 권력을 행사할 수 없을 때, 왕실 인물이나 왕의 후견인이 대신하여 국정을 운영하는 정치 형태이다.

정답 23 ① 24 ④

25 다음 내용에 해당하는 제도에 대한 설명으로 옳은 것은?

> 영의정 조현명(趙顯命), 좌의정 김약로(金若魯), 우의정 정우량(鄭羽良)이 연명 차자를 올려 '양역이 편중됨이 실로 양민의 뼈를 깎아 지탱하지 못하는 폐단이 됩니다. 우리 성상께서 불쌍하게 여기시어 마음속으로 결단하시어 2필의 역을 특별히 1필로 감하였으니, 이는 천지와 같은 큰 은덕이요, 죽은 사람을 살려 주는 은혜입니다.' …
> ― 『영조실록』

① 토지 1결당 미곡 4두로 납부액을 고정하였다.
② 군역의 부담을 줄이고자 균역법을 제정하였다.
③ 특산물 대신 쌀, 베, 동전 등으로 납부하게 하였다.
④ 양반에게도 군포를 부과하였다.

25 제시문은 영조가 1750년에 시행한 균역법에 대한 내용이다. 영조는 군포를 기존 2필에서 1필로 줄여 백성의 부담을 덜고자 하였고, 이로 인해 줄어든 재정은 지주에게 결작미를 부담시키는 방식으로 보완하였다.
① 인조는 농민들의 전세 경감을 위하여 영정법을 시행하여 풍년이건 흉년이건 관계없이 전세를 토지 1결당 미곡 4두로 고정시켰다 (1635).
③ 조선 후기 방납의 폐단을 시정하기 위한 제도로 대동법이 시행되었는데, 공납을 현물 대신 쌀, 포, 돈으로 대납하는 대동법은 광해군 때 경기도에 시험적으로 시행되었다가 숙종 때 전국적으로 확대되었다.
④ 고종 때 흥선대원군은 종래 상민에게만 징수하던 군포를 양반에게도 징수하는 호포제를 실시하여 군정을 바로잡고 조세 부담을 공평히 하여 민생을 안정시키고자 노력하였다.

26 조선 후기의 상공업 발달에 대한 설명으로 옳지 않은 것은?

① 장시는 18세기 중엽에 이르러 1,000여 개소로 늘어났다.
② 경강 상인들은 운송업에 종사하면서, 선박 건조 분야에 진출하기도 하였다.
③ 조선통보와 같은 동전이 자연스럽게 전국적으로 유통되었다.
④ 개성의 송상, 의주의 만상 등이 무역을 통해 재화를 많이 축적하였다.

26 조선통보는 1423년 세종 때 발행되었는데, 실제 유통은 제한적이었다. 전국적으로 유통된 동전은 조선 숙종 때(1678)의 상평통보이며, 18세기에는 세금과 소작료도 동전으로 대납할 수 있을 정도로 유통이 활발하였다.
① 18세기 말 장시가 번성하여 전국 1,000여 개소의 장시가 열렸다.
② 조선 시대 한양을 근거지로 하는 경강 상인은 운송업 및 도매업에 종사하면서 조선 후기 거상으로 성장하였다.
④ 조선 후기 개성에서 활동하던 송상 및 의주에서 활동하던 만상 등이 활발하게 상행위를 하였다.

정답 25 ② 26 ③

27 흥선대원군의 내정 개혁에 대한 설명으로 옳은 것은?

① 속대전을 편찬하여 통치 체제를 정비하였다.
② 호포제를 시행하여 국가 재정을 확충하였다.
③ 집현전을 설치하여 학문 연구를 장려하였다.
④ 신해통공으로 시전 상인의 특권을 축소하였다.

28 다음 내용에 해당하는 사건으로 옳은 것은?

- 관련 인물 : 조병갑, 전봉준, 최시형, 손화중, 김개남
- 관련 지역 : 고부, 백산, 전주, 공주
- 주제어 : 집강소, 황토현 전투, 우금치 전투

① 임오군란
② 운요호 사건
③ 동학 농민 운동
④ 갑신정변

27 고종 대 흥선대원군은 상민에게만 징수하던 군포를 양반에게도 징수하는 호포제를 시행하여, 군정을 바로잡고 국가 재정을 확충하고자 하였다. 이는 조세 부담을 공평히 하여 민생을 안정시키려는 조치였다.
① 영조는 속대전을 편찬하고 법전 체계를 정리하여 제도와 권력 구조 개편에 힘썼다.
③ 세종은 궁중 안에 정책 연구 기관으로 집현전을 설치하여 유교 정치를 실현하려 하였다.
④ 정조는 6의전을 제외한 나머지 시전 상인(관상)들의 금난전권을 철폐하여 사상들의 자유로운 상업 활동을 허용하였다(신해통공, 1791).

28 제시된 자료는 동학 농민 운동과 관련된 설명이다. 전봉준이 이끄는 동학농민군은 '보국안민, 제폭구민'의 기치 아래 고부와 태인에서 봉기하여 황토현에서 관군을 물리치고, 장성 황룡촌 전투에서 승리하여 전주를 점령하였다(전주성 점령, 1894. 4.). 이후 정부와 전주 화약을 맺고 농민 자치 기구인 집강소를 설치하였으나, 공주 우금치 전투(1894. 11.)에서 조일연합군에게 패배하였고, 이로 인해 전봉준, 손화중, 김개남 등의 지도부와 농민군들이 체포되었다 (1894. 12.).
① 임오군란은 민씨 정권이 일본인 군사 고문을 초빙하여 훈련과 교육을 시킨 별기군(신식 군대)을 우대하고, 구식 군대를 차별 대우한 데 대한 불만에서 폭발한 것이다(1882).
② 일본은 군함 운요호를 조선 연해에 파견하였고, 강화도의 초지진 포대는 운요호에 경고 사격을 하였다(운요호 사건, 1875).
④ 1884년 갑신정변의 주도 세력이었던 급진 개화파는 정변을 통해 근대 국가를 수립하려 하였다. 개화당 세력은 우정국 개국 축하연을 이용하여 정변을 일으키고 14개조의 정강을 발표하였다.

정답 27 ② 28 ③

29

1903년 4월, 러시아는 삼림 벌채권 보호를 명분으로 용암포와 압록강 일대에 군대를 배치하고, 용암포 조차를 강요하여 획득하였다(용암포 사건). 이 사건을 계기로 한반도 내에서 러시아와 일본은 더 첨예하게 대립하였고, 이는 러일 전쟁으로 이어졌다.

29 다음 내용에서 괄호 안에 공통으로 들어갈 나라는?

> 1903년 4월 ( )은(는) 압록강 유역의 삼림 벌채권과 자국민 보호를 명목으로 용암포를 불법 점령하였다. 이를 계기로 한반도 내에서 ( )와(과) 일본은 더 첨예하게 대립하였다. 결국, 이 사건은 1904년 전쟁으로 이어지며 한반도의 운명을 결정짓는 중요한 사건이 되었다.

① 청
② 러시아
③ 영국
④ 미국

30

ㄱ. 「은주시청합기」(1667, 현종 8) : 사이토 호센이 간행한 독도에 관한 일본 최초의 문헌으로, '일본의 서북쪽 경계를 오키섬으로 한다.'라고 기록되어 있다. 이는 당시 일본이 독도를 일본 땅으로 인식하지 않았음을 보여주는 중요한 증거다.

ㄴ. 「삼국접양지도」(1785) : 일본의 학자 하야시 시헤이가 만든 지도로, 울릉도와 독도가 우리나라 영토라고 표시되어 있다.

ㄷ. 「태정관 지령문」(1877) : 메이지 정부의 최고 행정기관인 태정관이 내린 공식 문서로, '울릉도(죽도)와 독도(송도)는 일본과는 관계가 없는 곳'이라고 명시하였다. 이는 일본 정부가 울릉도와 독도를 조선 영토로 명확하게 인식하고 있었음을 보여주는 대표적인 근거 자료이다.

ㄹ. 「시마네현 고시」 제40호(1905) : 일본 시마네현이 독도를 일방적으로 일본 영토에 편입한다고 발표한 문서로, 영토 인정 근거가 아닌 침탈 시도의 문서이다.

30 독도가 우리의 영토임을 나타내는 일본 측 자료만을 모두 고르면?

> ㄱ. 「은주시청합기」
> ㄴ. 「삼국접양지도」
> ㄷ. 「태정관 지령문」
> ㄹ. 「시마네현 고시」

① ㄱ, ㄴ, ㄷ
② ㄱ, ㄴ, ㄹ
③ ㄱ, ㄷ, ㄹ
④ ㄴ, ㄷ, ㄹ

정답 29 ② 30 ①

31 다음 중 항일의거활동에 대한 설명으로 옳은 것은?

① 나석주가 동양척식주식회사에 폭탄을 투척하였다.
② 김익상은 종로경찰서에 폭탄 투척 후 일경과 교전하였다.
③ 이봉창은 중국 상하이 훙커우 식장에서 의거를 일으켰다.
④ 장인환은 이완용을 습격해 중상을 입혔다.

31
① 1926년, 의열단원 나석주는 동양척식주식회사와 조선식산은행에 폭탄을 투척한 후 다수의 일본인을 처단하였다.
② 1921년, 의열단원 김익상은 조선총독부에 폭탄을 투척하였다. 1923년 종로 경찰서에 폭탄을 투척한 인물은 김상옥이다.
③ 1932년 4월, 상하이 사변에서 승리한 일본이 상하이 훙커우 공원에서 전승축하식을 거행하자 한인애국단 소속의 윤봉길은 식장을 폭파하였고, 많은 일본군 장성과 고관들을 처단하였다. 이봉창은 같은 해 1월, 도쿄에서 일본 국왕에게 폭탄을 투척하였다.
④ 1908년, 장인환 의사와 전명운 의사는 통감부의 한국 통치를 찬양한 미국인 외교 고문 스티븐스를 샌프란시스코에서 처단하였다. 1909년에는 이재명이 명동성당에서 벨기에 황제 레오폴트 2세 추도식을 마치고 나오는 이완용을 찔러 복부와 어깨에 중상을 입히고 체포되었다.

정답 31 ①

32 다음 내용에 해당하는 일제의 식민지배정책은?

[조선태형령]
제1조   태형은 죄인이 일정한 법령에 의거하여 범죄를 저질렀을 경우, 그 처벌로 적용된다. 태형의 횟수와 강도는 해당 범죄의 중대성에 따라 결정된다.
제13조 태형은 반드시 법원에서 판결을 받은 후 시행되어야 하며, … 태형이 필요한 경우에는 예외적으로 강압적인 방식이 될 수 있다.

[조선태형령 시행규칙]
제1조   태형은 범죄자에 대한 처벌로서 법원이 정당하게 선고한 후 시행되며, 집행 시 안전한 환경과 적절한 절차에 의해 집행되어야 한다.

① 무단통치
② 문화통치
③ 신탁통치
④ 간접통치

32 일제는 1912년 조선태형령을 제정하여, 갑오개혁 때 폐지된 태형 제도를 다시 부활시켜 조선인에게만 적용하였다. 이는 조선인을 억압하고 통제하기 위한 수단으로, 정식 재판 없이 즉결심판과 비공개 집행이 가능하였다. 이 시기는 일제의 강압적인 헌병 무단통치가 시행된 시기로, 조선태형령은 1920년대 문화통치로 전환되면서 폐지되었다.

33 다음 중 3·1 운동에 대한 설명으로 옳은 것은?

① 대한민국 임시정부가 만세 시위를 적극 지원하였다.
② 일제의 수탈에 타격을 받은 농민들이 시위에 적극 가담하였다.
③ 신간회 등의 애국 계몽 운동 단체가 연합하여 시위를 확산시켰다.
④ 미국의 구미위원부가 적극적으로 지원하였다.

33 3·1 운동은 1919년, 대도시에서 학생과 지식인이 중심이 되어 시작되었다. 이후 시간이 지나면서 일제의 경제 수탈을 가장 많이 고통 받은 농민과 상공업자가 시위에 적극 가담하면서 전국적으로 확산되었다.
①·④ 대한민국 임시정부와 구미위원부는 3·1 운동 이후 수립되었다.
③ 신간회는 1927년 창립된 민족유일당 운동의 결실로, 3·1 운동 당시에는 존재하지 않았다.

정답 32 ① 33 ②

34 대한민국 임시정부에 대한 설명으로 옳지 않은 것은?

① 이륭양행에 연통국을 설치하여 국내와 연락을 취하였다.
② 구미위원부를 설치하여 외교 활동을 추진하였다.
③ 임시 사료 편찬회를 두어 한일 관계 사료집을 간행하였다.
④ 「교육입국조서」를 반포하고 사범학교를 세웠다.

34 1895년, 고종은 근대적 학제를 도입하여 「교육입국조서」를 반포하고, 한성사범학교를 설립하였다. 이는 조선 정부가 주도한 정책으로, 대한민국 임시정부와는 무관하다.
① 영국인 조지 루이스 쇼는 중국의 단동에서 이륭양행이라는 무역회사를 운영하면서 군자금을 모집하여 대한민국 임시정부를 지원하기도 하였다.
② 이승만은 미국 워싱턴에 구미위원부를 설치하여 대한민국 임시정부의 외교 사무소로써 미국이나 유럽을 중심으로 한국의 독립 문제를 국제 여론화하고자 노력하였다(1919).
③ 임시정부는 상하이에서 기관지로 『독립신문』을 간행하여 배포하고, 사료편찬소를 두어 한일 관계 사료집을 간행하였다.

35 다음 내용에서 괄호 안에 들어갈 단어로 옳은 것은?

> 일본의 쌀 소비량 증가에 따라 외국에서 지급받는 쌀의 양이 점차 늘어나고 있으며, 이는 일본 제국의 식량 부족 문제를 해결하기 위한 필수적인 조건이 되었다.
> 현재 대책으로는 조선에서의 쌀 생산량 증대가 핵심이 되며, 이 계획이 일본 제국의 식량 문제 해결의 밑거름이 될 것으로 예상된다.
> — 조선 (　　) 요강

① 방곡령
② 산미 증식 계획
③ 토지 조사 사업
④ 회사령

35 제시문은 1920년대 산미 증식 계획(1920~1934)과 관련이 있다. 산미 증식 계획은 1차 세계대전 이후 일본 내의 이촌향도 현상으로 인해 쌀값이 폭등하면서 부족한 식량을 한반도에서 착취하려 시작되었다.
① 방곡령은 일본 상인의 농촌 시장 침투와 지나친 곡물의 반출을 막기 위해 내린 조치였다(1889).
③ 일제는 1910년대에 토지 조사령(1912)을 발표하여 토지 조사 사업을 실시하였다.
④ 일제는 한국인의 회사 설립을 억제하고 민족 자본의 성장을 저지하기 위하여 회사 설립 시 총독부의 허가를 받도록 하는 회사령(1910~1920)을 공포하였다.

정답 34 ④　35 ②

36 조선의용대는 1938년, 조선민족혁명당의 김원봉이 한커우에서 결성하였다. 중일 전쟁 직후 중국 국민당 정부의 도움을 받아 정보 수립·교란·선전 등의 다양한 활동을 전개하였고, 중국군과 함께 항일 전쟁에 참가하는 등 활발한 활동을 전개하였다.
① 김좌진이 이끌던 북로군정서군을 중심으로 여러 독립군의 연합부대는 청산리 일대에서 6일간 10여 차례의 전투를 통해 일본군을 대파하였다(1920).
③ 한국광복군은 대한민국 임시정부가 지청천을 총사령관으로 하여 충칭에서 창설하였다(1940).
④ 양세봉을 총사령관으로 조직한 조선혁명군(1929)은 국민부 산하 부대로 남만주 일대에서 중국 의용군과 연합 작전을 전개하여 영릉가 전투(1932) 및 흥경성 전투(1933) 등에서 승리하였다.

36 다음 내용에서 괄호 안에 공통으로 들어갈 단체로 옳은 것은?

> 우리는 오늘 (   )을(를) 결성하고, 조선 민족의 독립과 자주권 회복을 위해 싸울 것을 선언한다. 우리의 목표는 단 하나, 조선의 독립이다. 이를 위해 우리는 무장투쟁을 시작하며, 중국의 항일 전선과 협력하여 일본의 침략과 억압에 맞서 싸운다. … 오늘 이 순간, 우리는 (   )의 결성 선언을 통해 조선 독립을 위한 대열에 나설 것을 다짐하며, 반드시 일본 제국을 물리치고, 조선 민족의 자유와 자주권을 회복할 것이다.
>
> — (   ) 창립 선언(1938)

① 북로군정서
② 조선의용대
③ 한국광복군
④ 조선혁명군

37 제시문은 모스크바 삼국 외상 회의 결의서다. 1945년 12월 모스크바에서 미국, 영국, 소련의 외상들이 모인 '모스크바 삼국 외상 회의'에서 임시정부 수립, 신탁 통치 실시 등이 결정되었다.
① 1943년 카이로에서 열렸던 회담으로 '적절한 시기에 한국을 독립시킬 것'을 결의하였다.
② 1946년에는 이승만의 정읍발언에 반대하여 김규식(중도우파)과 여운형(중도좌파)이 좌우합작위원회를 결성하여 합작 운동을 추진하였고, 좌우합작 7원칙을 발표하였다(1946. 10.).
③ 조선건국동맹(1944)은 여운형 등이 중심이 되어 좌·우익을 망라하여 조직한 단체로, 광복 직후 조선건국준비위원회를 조직하고 본격적인 건국 작업에 착수하였다.

37 다음 내용에 해당하는 사건으로 옳은 것은?

> 1. 조선을 독립 국가로 재건설하며, … 조선 인민의 민족 문화 발전에 필요한 모든 시설을 취할 임시 조선민주주의 정부를 수립할 것이다.
> 2. 조선 임시정부 구성을 위해 남조선 미합중국 관할구와 북조선 소련 관할구의 대표들이 공동 위원회를 설치한다.
> 3. 공동 위원회의 역할은 … 공동 위원회는 미, 영, 중, 소 4개국 정부가 최고 5년 기한의 4개국 통치 협약을 작성하는 데 공동으로 참작할 수 있는 제안을 조선 임시정부와 협의하여 제출해야 한다.

① 카이로 회담
② 좌우합작위원회
③ 조선건국준비위원회
④ 모스크바 삼국 외상 회의

정답 36 ② 37 ④

38 다음 내용과 관련된 인물에 대한 설명으로 옳은 것은?

> 우리가 기다리던 해방은 우리 국토를 양분하였으며, … 마음속의 38도선이 무너지고야 땅 위의 38도선도 철폐될 수 있다. 내가 어리석고 못났으나 일생을 독립운동에 희생하였다. … 현실에 있어서 나의 유일한 염원은 3천만 동포와 손을 잡고 통일된 조국의 달성을 위하여 공동 분투하는 것이다. … 나는 통일된 조국을 세우려다가 38도선을 베고 쓰러질지언정 일신의 구차한 안일을 취하여 단독정부를 세우는 데는 협력하지 않겠다.

① 의열단을 조직하였다.
② 한인애국단을 결성하였다.
③ 조선혁명선언을 작성하였다.
④ 대조선국민군단을 조직하였다.

39 다음 사건을 순시대로 바르게 나열한 것은?

> ㄱ. 인천 상륙 작전
> ㄴ. 휴전협정 체결
> ㄷ. 북한국의 기습 남침
> ㄹ. 중국군의 개입

① ㄱ - ㄴ - ㄷ - ㄹ
② ㄱ - ㄷ - ㄹ - ㄴ
③ ㄷ - ㄱ - ㄴ - ㄹ
④ ㄷ - ㄱ - ㄹ - ㄴ

38 제시된 자료는 김구의 「삼천만 동포에 읍고함」(1948. 2.)이다. 김구는 남한만의 선거로 인해 단독정부가 수립되면 남북의 분단이 계속될 것을 우려하여, 남북한이 협상을 통해서 총선거를 통한 통일 정부를 수립하자고 주장하였다(1948. 3.). 또한 김구는 일제 강점기에도 대한민국 임시정부 활동의 침체를 극복하기 위해 1931년 상하이에서 한인애국단을 조직한 바 있다.
① 의열단은 김원봉이 만주 길림에서 비밀 결사로 조직(1919)하였고 활발한 활동을 전개하였다.
③ 신채호는 김원봉의 요청을 받아 의열단 행동 강령인 조선혁명선언을 작성하였다(1923).
④ 박용만은 1914년 하와이에 대조선국민군단을 조직하였다.

39 제시문은 6·25 전쟁(한국전쟁)의 진행 상황 및 대표 사건을 무작위로 나열한 것이다.
ㄷ. 1950년 6월 25일, 김일성은 38도선 전역에서 무력으로 불법 남침을 감행하였다. 이는 6·25 전쟁의 발발로 이어진다.
ㄱ. 1950년 9월 15일, 국군과 유엔군은 맥아더 유엔군 총사령관의 인천 상륙 작전으로 전세를 반전시켰다.
ㄹ. 1950년 10월 25일, 약 30만 명의 중공군이 한국전쟁에 참전하였다.
ㄴ. 1953년 7월 27일, 판문점에서 유엔군, 북한, 중공 대표가 서명한 휴전협정이 체결되며 정전 상태에 들어갔다.

정답 38 ② 39 ④

40 다음 설명에 해당하는 사건으로 옳은 것은?

- 자유당이 정권연장을 위해 시도하려는 부정선거가 직접적인 계기가 되었다.
- 학생과 시민이 중심이 된 대규모의 전국적 시위로 독재정권을 무너뜨렸다.
- 내각책임제와 양원제를 핵심으로 하는 헌법이 개정되었다.

① 5·18 민주화 운동
② 4·19 혁명
③ 5·16 군사 정변
④ 6월 민주 항쟁

40 제시문은 1960년 4·19 혁명에 대한 설명이다. 이승만 정부는 이기붕을 부통령으로 당선시키고자 1960년 3월 15일 대대적인 부정선거를 자행하였고, 이에 대항하여 학생과 시민들이 중심이 되어 민주화 운동이 전개되었다. 이로 인하여 내각책임제와 양원제(민의원, 참의원)를 골자로 하는 헌법 개정이 이루어졌고, 총선거를 통해 새로운 정부가 구성되었다.

① 1980년 전두환의 신군부는 비상계엄을 전국으로 확대하였고(5. 17.), 광주 지역에서는 비상계엄 철회 및 민주화를 열망하는 시민들의 요구가 5·18 민주화 운동으로 이어졌다.
③ 1961년 5월 16일 박정희를 중심으로 한 일부 군부 세력이 사회적 무질서와 혼란을 구실로 군사정변을 일으켰다(5·16 군사 정변).
④ 박종철 고문치사 사건을 계기로 1987년 6월 민주 항쟁이 전개되었는데, 이로 인하여 5년 단임의 대통령 직선제를 골자로 한 개헌이 이루어졌다(1987. 10.).

정답 40 ②

2024년 기출복원문제

※ 기출문제를 복원한 것으로 실제 시험과 일부 차이가 있으며, 저작권은 시대에듀에 있습니다.

01 다음 내용과 관련된 시기에 해당하는 물건은?

- 집터는 대개 움집 자리로, 바닥은 원형이나 모서리가 둥근 사각형이다.
- 농경 생활이 시작되었고, 돌괭이, 돌삽, 돌보습, 돌낫 등의 농기구를 사용하였다.

① 주먹도끼
② 고인돌
③ 빗살무늬 토기
④ 비파형 동검

02 다음 내용과 관련 있는 국가에 대한 설명으로 옳은 것은?

> 백성들에게 금하는 법 8조가 있었다. 그것은 대개 사람을 죽인 자는 즉시 죽이고, 남에게 상처를 입힌 자는 곡식으로 갚는다. 도둑질을 한 자는 노비로 삼는다. 용서받고자 하는 자는 한 사람마다 50만 전을 내야 한다. … 백성은 도둑질을 하지 않아 대문을 닫고 사는 일이 없었다. 여자는 모두 정조를 지키고 신용이 있어 음란하고 편벽된 짓을 하지 않았다.
>
> — 『한서』

① 상, 대부, 장군의 직위를 두고 있었다.
② 천군이 제사를 주관하는 소도가 있었다.
③ 동맹이라는 제천 행사가 행해졌다.
④ 다른 부족의 영역을 침범하면 노비나 소, 말 등으로 변상하였다.

---

01 제시된 자료는 신석기 시대의 특징이다. 신석기 시대의 움집은 반지하 형태로, 바닥은 원형 또는 모서리가 둥근 네모 형태로 되어 있으며, 중앙에는 화덕을 설치하여 취사와 난방을 하였다. 또한 이른 민무늬 토기, 덧무늬 토기, 눌러찍기무늬 토기, 빗살무늬 토기 등이 제작되었다.
① 구석기 시대에는 주먹도끼, 찍개, 팔매돌, 긁개, 밀개, 슴베찌르개 등의 뗀석기와 뼈도구를 사용하였다.
② 청동기 시대에는 정치권력과 경제력을 가진 군장이 등장하였으며, 이들의 무덤인 고인돌을 통해 당시 부족장의 권력을 가늠할 수 있었다.
④ 청동기 시대에는 비파형 동검과 거친무늬 거울 등이 사용되었다.

02 제시된 자료는 고조선의 8조법에 대한 설명이다. 고조선 건국 시에는 계급의 형성이 존재했는데, 단군조선은 기원전 3세기경 부왕, 준왕과 같은 왕이 등장하여 왕위를 세습하였으며, 그 밑에 상, 대부, 장군 등의 관직도 두었다.
② 삼한의 소도는 군장세력이 미치지 못하는 신성 지역으로 천군이 따로 지배하였고, 종교의식을 주관하였다.
③ 고구려는 매년 10월에 국동대혈(수혈)에서 동맹이라는 제천 행사를 지냈다.
④ 동예는 부족적 성격이 강했기 때문에 부족의 영역을 침범하지 못하게 하는 책화라는 제도가 있었는데, 만약 다른 부족을 침범하게 되면 노비 또는 소나 말로 변상하게 하였다.

정답 01 ③ 02 ①

03 제시된 자료는 동예에 대한 설명이다. 동예는 부족의 영역을 침범하지 못하게 하는 책화라는 제도가 있었는데, 만약 다른 부족의 영역을 침범하게 되면 노비 또는 소나 말로 변상하게 하였다.
① 부여는 왕 아래에 가축의 이름을 딴 마가, 우가, 저가, 구가를 두었다. 각 가들은 저마다의 행정 구획인 사출도를 다스리고 있는데(5부족 연맹체), 왕권이 미약하여 수해나 한해로 흉년이 들면 왕에게 책임을 묻기도 하였다.
② 옥저는 어물과 소금 등 해산물이 풍부하였고, 가족 공동 묘와 민며느리제가 있었다.
④ 고구려는 매년 10월에 국동대혈(수혈)에서 동맹이라는 제천 행사를 지냈는데, 고구려의 시조인 주몽과 그의 어머니 유화부인을 제사지냈다.

03 다음 내용과 관련 있는 국가는 무엇인가?

- 다른 부족과의 족외혼이 성행하였다.
- 산과 하천을 경계로 구역을 정하여 함부로 들어갈 수 없었고, 읍락이 서로 침범하면 노비나 소, 말을 내도록 하였다.

① 부여
② 옥저
③ 동예
④ 고구려

04 ㉡ 태학은 4세기 고구려 소수림왕(371~384)이 유교 경전과 역사 교육을 위해 수도에 설치한 교육 기관이었다.
㉠ 4세기 후반~5세기 초반 광개토대왕(391~413)은 영락이라는 연호와 태왕의 호칭을 사용하는 등 대외적으로 강국으로서의 면모를 보여 국가의 위신을 높였다.
㉢ 5세기 장수왕(413~491)은 백제의 개로왕을 전사시킴으로써 백제의 수도인 한성을 함락(475)시켰다.

04 다음 사건들을 먼저 일어난 순서대로 옳게 나열한 것은?

㉠ '영락'이라는 독자적인 연호를 사용하였다.
㉡ 불교를 공인하고 태학을 설립하여 인재를 양성하였다.
㉢ 한성을 함락시키고 한강 유역을 차지하였다.

① ㉠ → ㉡ → ㉢
② ㉡ → ㉠ → ㉢
③ ㉠ → ㉢ → ㉡
④ ㉢ → ㉠ → ㉡

정답 03 ③ 04 ②

05 다음 내용과 관련 있는 왕은 누구인가?

- 대외 진출이 수월한 사비로 천도하고, 국호를 남부여로 개칭하였다.
- 신라와 연합하여 고구려를 공격하였으며, 한강 유역을 일시적으로 수복하였다.

① 무령왕
② 소수림왕
③ 근초고왕
④ 성왕

06 다음 내용과 관련 있는 왕은 누구인가?

- 재위 3년에 순장을 금지하는 명령을 내렸다.
- 철제 농기구를 일반 농민에게 보급하고, 우경을 장려하였다.

① 지증왕
② 진흥왕
③ 법흥왕
④ 고국천왕

---

05 제시된 자료는 6세기 백제의 성왕에 대한 설명이다. 성왕은 대외 진출이 수월한 사비(부여)로 천도하고 국호를 남부여로 개칭하였으며(538), 백제의 중흥을 꾀하였다. 고구려의 내정이 불안한 틈을 타서 신라와 연합하여 공격하였으며, 한강 유역을 일시적으로 수복하였으나(551), 곧 신라 진흥왕에 빼앗기게 되고, 결국 신라와의 관산성 전투에서 성왕은 전사하였다(554).
① 6세기 백제 무령왕은 지방에 대한 통제를 강화하기 위하여 22담로를 설치하여 왕족을 파견하는 등 통치 체제를 정비하였다.
② 4세기 고구려 소수림왕은 불교를 공인하여 사상을 통합하였고(372), 중앙에 태학을 설립하여 학문 진흥에 힘썼으며(372), 율령을 반포하여 국가 통치의 기본질서를 확립하였다(373).
③ 백제는 4세기 근초고왕 때에 크게 발전하였는데, 마한 세력을 완전히 정복(369)하여 영역이 전라도 남해안까지 이르렀으며, 낙동강 유역의 가야에 대해서도 지배권을 행사하였다.

06 제시된 내용은 6세기 신라 지증왕에 대한 설명이다. 지증왕은 국호를 신라로 바꾸고, 왕의 칭호도 마립간에서 왕으로 고쳤으며, 노동력의 확보를 위하여 순장을 금지(502)하였다. 우경을 실시하였으며, 이사부를 보내 우산국(울릉도)을 복속(512)시켜 세력을 확장하였다. 또한, 무역의 발달로 시장을 감독하는 관청인 동시전을 설치하였다.
② 6세기 신라 진흥왕은 562년 고구려 지배하에 있었던 한강 유역을 장악하고, 남으로는 고령의 대가야를 정복하여 낙동강 서쪽을 장악하는 등 영토를 확장하였다.
③ 6세기 신라 법흥왕은 병부 설치, 율령 반포, 17관등 및 공복 제정 등을 통해 통치 질서를 확립하였다.
④ 2세기 고구려 고국천왕은 을파소를 국상으로 채용(191)하여 진대법을 실시(194)하였다.

정답 05 ④ 06 ①

07 6세기 신라의 상황에 대한 설명으로 옳지 <u>않은</u> 것은?

① 우산국을 복속시켜 영토로 편입하였다.
② 화랑도를 국가적인 조직으로 개편하였다.
③ 건원이란 연호를 사용하였다.
④ 왕호를 이사금에서 마립간으로 바꾸었다.

07 4세기 신라 내물왕 때 김씨가 왕위를 독점하면서 왕위 계승권을 확립하였고, 왕의 칭호도 이사금에서 대군장을 뜻하는 마립간으로 바꾸어 사용하였다.
① 6세기 신라 지증왕은 국호를 신라로 바꾸고, 왕의 칭호도 마립간에서 왕으로 고쳤으며, 이사부를 보내 우산국(울릉도)을 512년 복속시켜 세력을 확장하였다.
② 6세기 신라 진흥왕은 인재를 양성하기 위하여 청소년 집단이었던 화랑도를 국가적인 조직으로 개편하였다.
③ 6세기 신라 법흥왕 때였던 536년, 건원이라는 신라 최초의 연호를 사용하였다.

08 백제 부흥 운동에 대한 설명으로 옳지 <u>않은</u> 것은?

① 임존성에서 제2의 활로를 모색하려 하였다.
② 주류성에서 나·당 연합군을 공격하였다.
③ 부흥세력이 열세였으므로, 왜의 지원을 받았다.
④ 검모잠과 고연무가 안승을 왕으로 추대하고, 한성과 오골성을 중심으로 일으킨 운동이다.

08 고구려 멸망 이후 검모잠, 고연무 등은 보장왕의 서자인 안승을 왕으로 추대하여 한성(황해도 재령)과 오골성을 근거지로 군사를 일으켰다(670~674, 고구려 부흥 운동).
①·② 백제 멸망 이후 흑치상지(임존성), 복신·도침(주류성) 등은 군사를 일으켜 백제의 왕자 풍을 왕으로 추대하여 백제 부흥 운동(660~663)을 전개하였다. 이들은 200여 개의 성을 회복하였고, 사비성과 웅진성의 나당 연합군을 공격하며 저항했으나, 결국 부흥 운동은 실패로 돌아간다.
③ 왜의 수군이 백제 부흥 운동을 지원하여 백강 입구까지 왔으나 나·당 연합군에게 패하였다(663, 백강 전투).

정답 07 ④ 08 ④

09 다음 내용에서 괄호 안에 들어갈 적절한 용어는?

> 고구려의 사람들은 학문을 좋아하여 마을 궁벽한 곳의 보잘것없는 집에 이르기까지 또한 학문에 부지런히 힘써서 거리 모서리마다 큰 집을 짓고 ( )(이)라고 부르는데, 자제로 미혼인 자를 무리 지어 살도록 하고, 경전을 읽으며 활쏘기를 연습한다.
> – 『신당서』

① 경당
② 서원
③ 향교
④ 국자감

10 다음 내용에서 괄호 안에 들어갈 적절한 말은?

> 백제와 고구려가 멸망한 후, 당은 ( ) 이남의 땅을 신라에게 준다는 약속을 어기고 한반도 전체를 지배하려는 야심을 드러냈다. 백제와 고구려의 옛 땅에 군대를 주둔시키고, 신라에도 계림도독부를 설치하여 지배하려고 하였다.

① 두만강
② 청천강
③ 대동강
④ 낙동강

---

09 5세기 고구려 장수왕은 지방에 경당을 건립하여 청소년을 대상으로 무예와 한학을 교육하였다.
② 조선 시대 서원은 선현을 제사지내고, 향촌에서의 교육을 통해 후진을 양성하던 기구이다. 이를 통해 향촌에서의 사림의 지위를 강화시켜 주었다.
③ 조선의 향교는 중등 교육을 담당하였던 관립 교육기관이다. 성현에 대한 제사, 유생 교육, 지방민 교화를 위해 부·목·군·현에 각각 하나씩 설립되었다.
④ 고려의 국자감에는 국자학, 태학, 사문학 등을 가르치는 유학부와 율학, 서학, 산학 등을 가르치는 기술학부가 있었다.

10 당이 대동강 이남을 넘어서 한반도 전체를 지배하려는 야욕을 보이자, 신라는 고구려와 백제의 유민과 연합하여 당과 정면으로 대결하게 되었다(나당 전쟁). 신라는 676년 문무왕 때 금강 하구의 기벌포 진두에서 설인귀가 이끌었던 당의 수군을 섬멸하면서 실질적인 삼국 통일을 이룩하였다.
① 세종 때, 김종서와 최윤덕을 보내 여진을 토벌하고 4군과 6진을 설치하여 압록강과 두만강을 경계로 하는 오늘날과 같은 국경선을 확정하였다.
② 612년, 청천강에서는 살수 대첩이 있었다. 수나라의 양제는 대군을 이끌고 고구려를 침략하였으나 을지문덕이 살수에서 대항하여 대승리를 이루어냈다.
④ 6세기, 신라의 진흥왕은 562년 고령의 대가야를 정복하여 낙동강 서쪽을 장악하는 등 영토를 확장하였다.

정답 09 ① 10 ③

11 제시문의 '상경', '주작대로'를 통하여 해당 국가가 발해임을 도출할 수 있다. 발해의 선왕은 지방 행정 구역을 5경 15부 62주로 정비하였다. 전략적 요충지에 5경을 두었고, 각 지방 행정 업무의 중심에는 도독이 다스리는 15부를 두었으며, 그 밑의 62주는 자사가 다스리게 하였다.
① 고려 성종은 2성 6부 제도를 만들어 중앙 관제를 정비하였다.
② 통일신라의 신문왕은 682년 국학을 설치하여 유교 이념을 확립하려 하였다.
③ 벽란도는 고려의 국제 무역항으로, 이슬람 상인이 왕래하였던 교통로와 산업의 중심지였다.

11 다음 내용과 관련된 국가에 대한 설명으로 가장 적절한 것은?

- 수도인 상경 용천부 등 도시와 교통의 요충지에서는 상업이 발달하였다. 상품 매매가 활발하였고, 현물 화폐가 중심이 되었으나 외국 화폐도 통용되었다.
- 당나라의 장안성을 모방한 궁궐터는 외성을 쌓고, 남북으로 넓은 주작대로를 내어 그 안에 궁궐과 사원을 세웠다. 또한, 사찰은 높은 단 위에 금당을 짓고 그 좌우에 건물을 배치하였는데, 이 건물들을 회랑으로 연결하였다.

① 중앙의 정치 조직으로 2성 6부를 두었다.
② 최고 교육 기관으로 국학을 두었다.
③ 벽란도를 통하여 아라비아 상인이 왕래하였다.
④ 5경 15부 62주의 지방 행정 체계를 완비하였다.

12 제시된 내용은 견훤에 대한 설명이다. 견훤은 전라도 지방의 군사력과 호족 세력을 통합하여 완산주(전주)에 도읍을 정하고 900년에 후백제를 건국하였다. 927년 견훤은 신라의 수도인 경주를 침공하여 경애왕을 살해하는 등 반신라 정책을 내세우며 후백제를 발전시켰다. 또한 중국과의 외교 관계를 수립하였고, 각국에 외교 사절을 파견하였으며, 오월(吳越), 거란, 후당(後唐)과 외교활동을 전개하였다.
① 궁예는 계속되는 전쟁을 치르면서 지나치게 조세를 수취하였고, 미륵신앙을 이용하여 전제 정치를 추구하였으며, 실정이 계속 되어감에 따라 민심을 잃게 되어 결국 신하들에 의해 축출되었다(918).
② 궁예는 영토가 확장됨에 따라 도읍을 철원으로 옮기면서 국호를 '마진'으로 바꾸었다가 다시 '태봉(泰封)'으로 바꾸었고, 연호는 '무태(武泰)'로 하였다.
③ 왕건은 그 지역의 출신자를 지방관으로 임명하는 사심관 제도를 시행하였다.

12 다음 내용과 관련된 인물에 해당하는 설명은?

927년 신라 왕도에 난입하여 경애왕을 살해한 후 경순왕을 새 왕으로 올렸다. 또한 신라 왕실의 사람들과 고관들을 포로로 삼고, 창고를 약탈하여 진귀한 보물과 병장기들을 빼앗았다. 이에 신라의 구원 요청을 받은 왕건은 기병 5,000명을 이끌고 급히 신라에 당도하였으나, 이미 늦은 것을 깨닫고 공산 아래에서 대기하였다.

① 미륵불을 자처하면서 백성들을 현혹하였다.
② 국호를 마진에서 태봉으로 바꾸었다.
③ 지방 출신 관리를 사심관으로 임명하였다.
④ 후당(後唐) 및 오월(吳越)과 외교활동을 전개하였다.

정답 11 ④ 12 ④

13 다음 내용과 관련 있는 왕이 시행한 정책으로 옳은 것은?

- 관리의 공복 제도 시행
- 노비안검법의 시행

① 2성 6부제를 중심으로 하는 중앙 관제를 마련하였다.
② 쌍기의 건의로 과거제를 실시하였다.
③ 국정을 총괄하는 정치 기구인 교정도감을 설치하였다.
④ 호족을 견제하기 위해 사심관과 기인 제도를 마련하였다.

13 제시된 내용은 고려 광종에 대한 설명이다. 광종은 노비안검법을 시행하여 호족 세력을 약화시켰고, 관리의 공복 제도를 시행하여 위계질서를 확립하였다. 또한, 황제의 칭호 및 광덕·준풍과 같은 독자적인 연호를 사용하였다. 이 외에도 후주에서 귀화한 쌍기의 건의를 수용하여 유교 경전 시험을 통해 문반관리를 선발하는 과거제를 시행하였다(958).
① 고려 성종은 당의 3성 6부 제도를 수용하여, 2성 6부제를 중심으로 하는 중앙 관제를 마련하였다.
③ 최충헌은 무신 정권 최고의 권력 기구인 교정도감을 설치하여, 도방·정방·서방 등의 기구를 총괄하였다.
④ 고려 태조 왕건은 사심관과 기인 제도를 활용하여 지방 호족을 견제하고 지방 통치를 보완하려 하였다.

14 다음 내용에서 괄호 안에 들어갈 나라에 대한 고려의 대응으로 가장 적절한 것은?

( )의 병사들이 귀주를 지나기지 강감찬 등이 동쪽 교외에서 마주하여 싸웠으나 양쪽 진영이 서로 대치하며 승패가 나지 않았다. … ( )군이 북쪽으로 달아나자 아군이 그 뒤를 쫓아가서 공격하였는데, 석천을 건너 반령에 이르기까지 쓰러진 시체가 들을 가득 채우고, 노획한 포로·말·낙타·갑옷·투구·병장기는 이루 다 셀 수가 없었으며, 살아서 돌아간 적군은 겨우 수천인에 불과하였다.
— 『고려사절요』 권3

① 별무반을 편성하여 동북 9성을 개척하였다.
② 개경에 나성을 축조하여 침입에 대비하였다.
③ 도읍을 강화도로 옮겨 장기 항쟁을 준비하였다.
④ 이종무로 하여금 근거지를 정벌하게 하였다.

14 제시된 자료는 강감찬의 귀주 대첩에 대한 설명으로, 괄호 안에 들어갈 나라는 거란이다. 거란은 고려 현종의 입조약속 불이행과 강동 6주 반환 거부에 내하여 불만을 품었다. 이에 거란의 소배압이 10만 대군을 끌고 고려를 재차 침략하였으나(1018, 거란 3차 침입), 귀주에서 강감찬이 지휘하는 고려군에게 섬멸되었다(1019, 귀주 대첩). 거란의 3차 침입 이후 고려는 1029년 개경에 나성을 쌓아 도성의 수비를 강화하였다.
① 예종 때 윤관은 1107년 별무반을 이끌고 여진을 정벌하여 동북 9성을 쌓았다.
③ 고종 때 최우는 몽골과의 장기 항전을 대비하기 위하여 1232년 강화도로 천도하였다.
④ 1419년 세종 때, 이종무는 병선 227척, 병사 1만 7,000명을 이끌고 대마도를 토벌하여 왜구의 근절을 약속받고 돌아왔다.

정답 13 ② 14 ②

15 다음 내용에 해당하는 인물에 대한 설명으로 가장 적절한 것은?

> 신(臣)들이 서경의 임원역 지세를 관찰하니, 이곳이 곧 음양가들이 말하는 매우 좋은 터입니다. 만약 궁궐을 지어서 거처하면 천하를 병합할 수 있고, 금나라가 폐백을 가지고 와 스스로 항복할 것이며, 36국이 모두 신하가 될 것입니다.

① 여진을 축출하고 동북 9성을 쌓았다.
② 최초의 서원인 백운동 서원을 건립하였다.
③ 칭제건원과 금국 정벌을 주장하였다.
④ 사회개혁안인 봉사 10조를 제시하였다.

15 제시된 자료는 묘청의 서경 천도 운동에 대한 설명이다. 고려가 윤관이 쌓은 9성의 반환 이후 금의 군신 관계 요구를 수락(1125, 이자겸)하는 등 그 집권세력이 보수화되자, 묘청은 풍수지리설을 내세워 서경으로 천도하여 서경에 궁(대화궁)을 짓고, 황제를 칭하며 연호를 사용하는 등의 자주적인 개혁과 금국을 정벌할 것을 주장하였다(1135, 고려 인종).
① 예종 때 윤관은 별무반을 이끌고 여진을 정벌하여 동북 9성을 쌓았다(1107).
② 최초의 서원인 백운동 서원은 조선 중종 때이던 1543년, 풍기군수 주세붕에 의해 세워졌다.
④ 고려 시대, 최충헌은 집권 당시의 혼란을 극복하기 위하여 조세제도의 개혁, 토지겸병의 금지, 승려들의 고리대업 금지 등을 내용으로 하는 봉사 10조와 같은 개혁 도서를 제시하였으나, 실질적인 개혁은 미비하였다.

16 다음 내용에 해당하는 왕에 대한 설명으로 가장 적절한 것은?

> 성균관을 다시 짓고 이색을 판개성 부사 겸 성균관 대사성으로 삼았다. … 이색이 다시 학칙을 정비하고 매일 명륜당에 앉아 경을 나누어 수업하고, 강의를 마치면 서로 더불어 논란하여 권태를 잊게 하였다.
> — 『고려사』

① 천리장성을 쌓아 외적의 침략에 대비하였다.
② 12목을 설치하고 지방관을 파견하였다.
③ 경기 지방에 한하여 과전법을 시행하였다.
④ 인사 행정을 담당하던 정방을 폐지하였다.

16 성균관을 다시 짓고, 이색을 판개성 부사 겸 성균관 대사성으로 삼아 성리학을 부흥시킨 왕은 공민왕이다. 공민왕은 성균관을 순수한 유교 교육 기관으로 개편하고 유교 교육을 강화하였다. 또한 왕권을 제약하고 신진 사대부의 등용을 억제하고 있던 정방을 폐지하여 인사권을 회복하였다.
① 거란의 침입 이후 북쪽 국경 일대인 압록강에서 도련포까지의 천리장성[덕종(1033)~정종(1044)]을 쌓아 거란과 여진의 침략을 대비하였다.
② 성종은 최승로의 건의를 받아들여 전국에 12목을 설치하여 처음으로 지방관을 파견하였다(983).
③ 공양왕 때 권문세족의 토지를 몰수·재분배하여, 신진 사대부의 경제적 기반을 마련하기 위하여 과전법을 실시하였다(1391).

정답 15 ③ 16 ④

17 다음 내용에 해당하는 인물은?

- 수선사 결사를 제창하였다.
- 선종과 교종의 통합을 주장하였다.
- 돈오점수와 정혜쌍수를 주장하였다.

① 의상
② 의천
③ 지눌
④ 요세

17 제시된 내용은 12세기에 활동한 지눌에 대한 설명이다. 지눌의 사상적 바탕은 '정혜쌍수'로, 이는 선과 교학이 근본에 있어 둘이 아니라는 사상 체계이다. 지눌은 이를 바탕으로 철저한 수행을 선도하였고, 선종을 중심으로 교종을 통합하려 수선사 결사 운동을 전개하기도 하였다.
① 7세기 의상은 모든 존재가 상호 의존적인 관계(一卽多 多卽一)에 있음과 동시에 서로 조화를 이루고 있다는 화엄 사상을 정립하였고, 『화엄일승법계도』를 남겼으며, 부석사 등의 많은 사찰을 건립하였다.
② 11세기에 활동한 의천은 교종 중심에서 선종을 통합하려 노력하였고, 이를 뒷받침할 사상적 바탕으로 이론의 연마와 실천 모두를 강조하는 교관겸수를 제창하였다.
④ 13세기에 활동한 요세는 자신의 행동에 대한 진정한 참회를 강요하는 법화 신앙에 중점을 둔 백련 결사를 제창하였다.

18 다음 설명에 해당하는 역사서는?

충렬왕 때, 불교사를 중심으로 고대의 민간 설화나 전래 기록을 수록 및 편찬하였다. 우리 고유의 문화와 전통을 중시하여 자주 의식을 높였으며, 단군을 우리 민족의 시조로 여겨 단군의 건국 이야기를 수록하였다.

① 『동명왕편』
② 『삼국유사』
③ 『삼국사기』
④ 『제왕운기』

18 제시된 내용은 『삼국유사』(1281)에 대한 설명이다. 『삼국유사』는 충렬왕 때에 일연이 편찬한 역사서로, 불교사를 중심으로 고대의 민간 설화나 전래 기록을 수록하는 등 우리 고유의 문화와 전통을 중시하였다.
① 고려 무신 집권기 이규보의 『동명왕편』(1193)은 고구려의 시조이자 영웅인 동명왕의 업적을 칭송한 일종의 영웅 서사시로서, 고구려의 계승 의식을 반영하고 고구려의 전통을 노래하였다.
③ 인종 때 김부식이 왕명에 의해 편찬한 『삼국사기』(1145)는 기전체 서술방법으로 쓰인 역사서로, 현존하는 우리나라 최고(最古)의 역사서이다.
④ 이승휴가 편찬한 『제왕운기』(1287)는 우리나라의 역사를 단군에서부터 서술하였는데, 이를 통해 우리 역사를 중국사와 대등하게 파악하려는 자주성을 드러냈다.

정답 17 ③ 18 ②

19 제시된 내용은 정도전에 대한 설명이다. 정도전은 『조선경국전』과 『경제문감』을 저술하여 민본적 통치 규범을 마련하였고, 성리학을 국가의 통치 이념으로 확립시켜 재상 중심의 정치를 주장하였다. 또한 요동 정벌을 추진하기 위하여 진법서를 편찬하였다.
① 만권당은 충숙왕 때 충선왕이 연경에 설치하였고, 이제현은 만권당에서 성리학을 연구하였다.
② 단종 때 수양대군은 계유정난을 일으켜 실권을 장악한 이후 왕으로 즉위하였다.
③ 소격서는 도교 행사를 담당하는 기관으로, 조광조가 개혁 정치를 추진하면서 폐지를 주장하였다. 이후 사림이 집권하면서 소격서는 폐지되었다.

19 다음 내용에 해당하는 인물에 대한 설명으로 가장 적절한 것은?

> 친원 정책에 반대하다가 전라도 나주에 유배되었는데, 유배가 끝나고 이성계를 찾아가 그의 세력으로 들어가게 되었다. 이성계를 추대하여 조선 왕조를 개창한 공으로 개국 1등 공신이 되었으며, 의정부를 중심으로 하는 재상 중심의 관료정치를 주창하였다. 그리고 『불씨잡변』을 저술하여 불교의 사회적 폐단을 비판하였다.

① 만권당에서 원의 학자들과 교류하였다.
② 계유정난을 통해 권력을 장악하였다.
③ 소격서 폐지를 주장하였다.
④ 요동 정벌 계획을 추진하였다.

20 제시된 내용은 조선 성종에 대한 설명이다. 성종은 세조 때에 편찬하기 시작한 『경국대전』을 완성하여 반포함으로써 이후 조선 사회의 기본 통치 방향과 이념을 제시하였다.
① 세조는 강력한 왕권을 위해 통치 체제를 6조 직계제로 되돌려놨으며, 왕의 활동을 견제하는 집현전을 없앴다. 또한, 국가의 통치 체제를 확립하기 위하여 역대 법전을 종합하여 『경국대전』을 편찬하기 시작하였다.
② 현종 때 효종의 왕위 계승 정통성에 대한 두 차례의 예송이 발생하였고, 이로 인해 서인과 남인 사이의 대립이 심해졌다.
④ 태종은 왕권을 강화하고 국왕 중심의 통치 체제를 강화하기 위하여 6조 직계제를 실시하였으며, 사간원을 독립시켜 대신들을 견제하였다.

정답 19 ④ 20 ③

20 다음 내용에 해당하는 왕은 누구인가?

> • 『경국대전』의 편찬을 마무리하여 반포하였다.
> • 고조선부터 고려 말까지의 역사를 정리하여 『동국통감』을 편찬하였다.
> • 국가의 여러 행사에 필요한 의례를 정비하여 의례서인 『국조오례의』를 편찬하였다.

① 세조
② 현종
③ 성종
④ 태종

21. 다음 표에서 괄호 안에 들어갈 내용으로 가장 적절한 것은?

기구	담당업무
사헌부	( )
사간원	임금에게 간언하고, 정사의 잘못을 논박하는 직무를 관장한다.
홍문관	궁궐 안에 있는 경적을 관리하고, 문서를 처리하며, 왕의 자문에 대비한다.

① 화폐와 곡식의 출납을 담당하였다.
② 관리의 비리를 감찰하거나 중대한 사건을 재판하였다.
③ 실록의 편찬을 담당하였다.
④ 국방에 관한 중요 정책을 결정하였다.

21 제시된 표는 조선 시대의 삼사에 대한 설명이다. 조선 시대 삼사 중 하나였던 사헌부는 관리의 비리를 감찰하고 풍속을 교정하였으며, 중대한 사건을 재판하였던 기관이다.
① 고려의 삼사는 화폐와 곡식의 출납에 대한 회계를 담당하였다.
③ 춘추관은 왕조실록 등의 역사서 편찬과 보관을 담당하였다.
④ 고려의 도병마사와 병부, 조선의 의정부와 병조 및 비변사는 국방 및 군사 관련 문제를 담당하였다.

정답 21 ②

22 임진왜란 때 경복궁이 소실된 이후 창덕궁이 약 300여 년간 조선의 본궁 역할을 하였다. 창덕궁의 정전인 인정전은 정령을 반포하였던 곳이다. 이 외에도 편전인 선정전, 침전인 희정당, 대조전 등이 있다.
① 덕수궁은 조선 초 성종의 형이었던 월산대군의 집이다. 임란 후에는 의주에서 귀궁한 선조의 임시 거처로 사용되었고, 광해군 때에는 인목대비의 유폐장소였으며, 고종이 아관파천 후 환궁한 곳이기도 하다. 근·현대 시기에는 1909년 르네상스 양식인 석조전이 건축되었고, 1946년에는 미소공동 위원회 개최장소로 사용되었으며, 이후 1986년까지는 국립현대미술관으로 운영되었다.
② 조선의 본궁 역할을 한 경복궁은 이성계가 왕이 되어 곧 도읍을 옮기기로 하고, 즉위 3년째인 1394년에 창건하기 시작하여 그 이듬해인 1395년에 완성된 궁이다. 그중 조선 왕실을 상징하는 근정전은 1395년 태조 때 지어진 건물로, 역대 국왕의 즉위식이나 대례 등이 거행되었다.
③ 창경궁은 성종 때 건축되어 세조·덕종·예종의 왕후가 거처하던 곳으로써, 임진왜란 때 소실된 뒤 광해군 때 재건된다. 1909년 일제에 의해 동물원과 식물원으로 운영되었고, 1911년 일제에 의해 창경원으로 격하되었다.

22 다음 내용에 해당하는 문화유산은?

- 유네스코 세계문화유산으로 지정되었다.
- 조선 시대에 지어진 궁궐로, 인정전, 선정전, 희정당, 대조전 등의 중요 전각이 있다.
- 북쪽에 있는 후원은 왕들의 휴식처로 사용되었던 왕실 정원이다.

① 덕수궁
② 경복궁
③ 창경궁
④ 창덕궁

정답 22 ④

23. 다음 내용에 해당하는 기관에 대한 설명으로 가장 적절한 것은?

> 풍기군수 주세붕이 고려 말의 성리학 도입에 공헌한 안향을 배향하기 위하여 건립하였다. 지방 유학자들의 사기를 높이기 위하여 사림의 모범이 될 수 있는 옛 선현을 제사지냈고, 유학 교육을 시행하여 후학을 양성하였다. 이황의 요청으로 국가의 공인과 지원을 얻게 되었다.

① 평민의 자제들이 주로 다니는 교육기관이었다.
② 국왕으로부터 편액과 함께 서적 등을 받기도 하였다.
③ 유학부와 기술을 가르치는 기술학부가 있었다.
④ 입학자격은 생원, 진사를 원칙으로 하였다.

23 서원의 시점은 1543년(중종 38) 풍기군수 주세붕이 세운 백운동 서원이다. 백운동 서원은 이후 이황의 건의로 소수서원으로 사액되었고, 국가로부터 토지와 노비 등을 받았으며, 면세의 특권까지 누렸다. 서원은 선현에 대해 제사를 지내고, 향촌에서의 교육을 통해 후진을 양성하던 기구로써 향촌에서의 사림의 지위를 강화시켜 주었다.
① 조선의 서당은 초등 교육을 담당하는 사립 교육 기관으로서, 4부 학당(4학)이나 향교에 입학하지 못한 선비와 평민의 자제가 교육을 받았다.
③ 고려 성종은 유학 교육의 진흥을 위하여 국자감을 설립(992)하였다. 국자감은 크게 유학부, 기술학부로 나눌 수 있었다.
④ 성균관의 입학은 소과(생원시, 진사시) 합격자를 원칙으로 하였다.

24. 다음 내용에 해당하는 인물은?

> • 소격서 폐지를 주장하였다.
> • 위훈 삭제를 주장하였다.
> • 현량과 실시를 건의하였다.

① 김종직
② 조광조
③ 정제두
④ 정여립

24 제시된 자료는 중종 때 조광조의 개혁정치에 대한 내용이다. 조광조는 중종 때 중용된 사림파로, 왕도 정치의 실현을 위해 경연과 언론 기능의 강화, 현량과 실시, 성리학 이외의 사상과 학문 배척 등 개혁을 추진하였다. 하지만 위훈 삭제 문제로 인한 공신들의 반발로 조광조를 비롯한 대부분의 사림 세력은 정계에서 밀려나게 되었다(1519, 기묘사화).
① 연산군 때 김종직의 「조의제문」을 김일손이 사초에 포함시켜 사림들이 화를 입었다(1498, 무오사화).
③ 18세기 초 정제두는 양명학을 체계적으로 연구하여 학파로 발전시켰다.
④ 선조 때 정여립은 대동계를 조직하여 평등 사상을 주장하였고, 정계에 의해 모반 사건의 구실로 이용되었다.

정답 23 ② 24 ②

25 다음 내용에 해당하는 제도는?

- 선혜청에서 주관하였다.
- 토지의 결수를 기준으로 공납을 부과하였다.
- 특산물 대신 쌀, 베, 동전을 납부하였다.

① 대동법
② 호포법
③ 균역법
④ 영정법

25 제시된 자료는 대동법에 대한 설명이다. 조선 후기 방납의 폐해가 나타나자 이를 방지하기 위한 제도로 대동법이 시행되었다. 공납을 현물 대신 쌀, 포, 돈으로 대납하는 대동법은 광해군 때 선혜청을 설치하고 1608년 처음으로 경기도에서 시행되었다가 1708년 숙종 때 전국으로 확대 실시되었다.
② 고종 때 흥선대원군은 상민에게만 징수하던 군포를 양반에게도 징수하는 호포제를 실시하여, 군정을 바로잡고 조세 부담을 공평히 하여 민생 안정을 도모했다.
③ 영조는 1년에 군포 1필만 부담하는 균역법을 시행하였는데, 감소된 재정은 지주에게 결작미를 부담시켜 충당하였다(1750).
④ 인조는 농민들의 전세 경감을 위하여 영정법을 시행하여 풍년이든 흉년이든 관계없이 전세를 토지 1결당 미곡 4두로 고정시켰다(1635).

정답 25 ①

26 조선 후기의 신분 변화에 대한 설명으로 가장 적절한 것은?

① 양반의 수는 더욱 줄어들고, 상민과 노비의 수는 갈수록 늘었다.
② 광작이 성행하면서 부농과 빈농의 계급분화가 촉진되었다.
③ 백성의 다수를 차지하는 농민을 백정이라 불렀다.
④ 향, 부곡의 주민은 군현의 주민에 비해 여러 가지 차별 대우를 받았다.

26 조선 후기 일부 농부들은 광작 농업으로 이전보다 넓은 농토를 경작할 수 있게 되었고, 이를 통해 소득이 늘어나 부농이 될 수 있었다. 반면, 소작 농민들은 소작지를 잃거나 노동력이 절감되면서 새로운 소작지를 얻기가 더욱 어려워졌다.
① 임진왜란 이후에는 납속책과 공명첩의 발급으로 양반의 수는 더욱 늘어나고, 상민과 노비의 수는 갈수록 줄어들었다. 다수의 양반은 이 과정에서 몰락하였다.
③ 고려 시대 양민은 농사에 종사하는 농민층이 주류를 이루었다. 농민들은 농업 이외에 국가에서 지정한 특수 임무를 수행하지 않았으므로 '별도의 의무가 없는 사람'의 의미로 백정이라 불렸다. 여기서 고려 시대의 백정은 일반 농민을 말하는 것이며, 조선 시대의 백정은 도축업자를 뜻하는 천민을 말하는 것이었다.
④ 고려 시대 특수 행정 구역의 향·부곡민은 농업, 소민은 수공업에 종사하였는데, 이들은 일반 양민에 비해 무거운 세금 부담을 지고 있었고, 원칙적으로 거주 이전의 자유가 없었다.

정답 26 ②

27 제시된 자료는 정약용에 대한 설명이다. 정약용은 정조 때 벼슬을 지낸 학자로, 중농주의 실학을 집대성한 인물이다. 그러나 신유박해 때 연루되어 강진에서 유배 생활을 하게 되며, 이 시기에 500여 권의 『여유당전서』를 남겼다. 이 외에도 정약용은 서양 선교사가 중국에서 펴낸 『기기도설』을 참고하여 거중기를 만들었다. 또한, 마을 단위의 공동 농장제도인 여전론을 주장하였고, 지방관(목민)의 정치적 도리를 내용으로 하는 『목민심서』를 저술하였다.
[문제 하단의 표 참조]
① 유수원은 『우서』를 저술하여 상공업의 진흥과 기술의 혁신을 강조하고, 사농공상의 직업 평등 및 전문화를 주장하였다.
② 중상학파 박제가는 청에 다녀온 후 『북학의』를 저술하여 청의 문물을 적극적으로 수용할 것을 제창하였다.
④ 홍대용은 지구가 우주의 중심이 아니라는 무한우주론을 주장하였다.

27 다음 내용에 해당하는 인물은?

- 조선 후기의 대표적인 실학자이다.
- 거중기를 제작하였다.
- 여전론을 주장하였다.
- 『목민심서』를 저술하였다.

① 유수원
② 박제가
③ 정약용
④ 홍대용

[정약용, 『여유당전서』]

구성	내용
「목민심서」	지방관(목민)의 정치적 도리를 저술하였다.
「경세유표」	중앙 정치제도의 폐단을 지적하고 개혁의 내용을 저술하였다.
「기예론」	인간이 동물과 다른 것은 기술임을 주장, 과학 기술의 혁신을 저술하였다.
「마과회통」	종두법 연구, 천연두 치료법 등이 수록되어 있다.

정답 27 ③

28 다음 사건들의 직접적인 원인으로 가장 적절한 것은?

> ㄱ. 홍경래의 지휘 하에 영세 농민, 중소 상인, 광산 노동자 등이 합세하여 일으킨 봉기이다. 이들은 처음 가산에서 난을 일으켜 선천, 정주 등을 별다른 저항 없이 점거하였다. 한때는 청천강 이북 지역을 거의 장악하기도 하였으나 5개월 만에 평정되었다.
>
> ㄴ. 진주의 유계춘을 중심으로 농민들이 봉기하였다. 농민들은 탐관오리와 토호의 탐학에 저항하여 한때 진주성을 점령하기도 하였다. 이를 계기로 농민의 항거는 삼남 지역을 거쳐 북쪽의 함흥 지역에까지 전국으로 확대되었다.

① 사화
② 임진왜란
③ 삼정의 문란
④ 예송논쟁

28 제시된 자료 중 ㄱ은 홍경래의 난(1811), ㄴ은 임술 농민 봉기(1862)이다. 세도 정치 시기, 지방 수령의 부정과 백골징포, 황구첨정 등 삼정의 문란은 극도에 달하여 농민들의 생활은 피폐해져 갔지만, 오히려 농민의 사회의식은 더욱 강해져 봉기로 이어졌다.
① 15세기 후반부터 16세기 전반까지 일어난 사화는 훈구와 사림의 대립·갈등이었고, 이때 많은 사림들이 피해를 입었다.
② 선조 때 일본의 도요토미 히데요시는 16만 대군을 이끌고 조선을 침략하였다(1592, 임진왜란).
④ 현종 때 효종의 왕위 계승에 대한 정통성 문제를 두고 두 차례의 예송이 발생하면서, 서인과 남인 간의 대립이 격화되었다.

29 광무개혁에 대한 설명으로 가장 적절하지 않은 것은?

① 은 본위의 화폐제도와 조세의 금납제를 시행하였다.
② 원수부를 설치하여 황제가 직접 육·해군을 통솔하였다.
③ 황제 직속의 입법 기구인 교정소를 설치하여 운영하였다.
④ 지계아문을 통해 최초의 토지 소유권 증명서인 지계를 발급하였다.

29 고종은 1897년 국호를 대한제국으로, 연호를 광무로 정하여 자주 국가임을 내외에 선포하였다. 대한제국의 개혁인 광무개혁을 시행하였고, 금본위의 화폐제도를 추진하였다. 은본위제 채택 등의 조치가 있었던 것은 제1차 갑오개혁(1894. 7. ~ 1894. 12.) 때이다.
② 대한제국 황제는 군권 장악을 위해 1899년 원수부를 설치하여 황제가 육·해군을 통솔하였고, 서울의 시위대와 지방의 진위대 군사 수를 대폭 증강하였다.
③ 대한제국은 법률과 칙령의 개정안을 마련하기 위하여 1899년 황제 직속의 입법 기구인 교정소를 설치하였다.
④ 대한제국은 광무개혁의 일환으로 1901년 지계아문을 통해 양전 사업을 실시하여 최초의 토지 소유권 증명서인 지계(地契)를 발급하였다.

정답 28 ③ 29 ①

30 다음 내용에 해당하는 종교는 무엇인가?

- 동학을 계승하였다.
- 『개벽』, 『어린이』, 『신여성』 등의 잡지를 발간하였다.
- 손병희가 동학 교단을 정비하여 근대 종교로 발전시킨 것이다.

① 원불교
② 천도교
③ 대종교
④ 천주교

30 해설

제시된 자료는 천도교에 대한 설명이다. 민족 종교인 동학의 제3대 교주인 손병희는 1905년 동학을 천도교로 개칭하여 근대 종교로 발전시켰다. 또한 인쇄소인 보성사를 경영하면서 『만세보』라는 민족 신문을 발간하였다. 3·1 운동 이후 제2의 3·1 운동을 계획하여 자주독립선언문을 발표하였고, 『개벽』, 『어린이』, 『학생』, 『신여성』 등의 잡지를 간행하여 민중의 자각과 근대 문물의 보급에 기여하였다.

① 박중빈이 1916년 창시한 원불교는 불교의 현대화를 주장하였고, 새생활운동을 전개하였다.
③ 나철, 오기호 등이 1909년 창시한 대종교는 단군숭배 사상을 통하여 민족의식을 높였다.
④ 방우룡, 김연군 등의 천주교도들은 1919년 만주에서 항일 운동 단체인 의민단을 조직하여 무력 투쟁에 나서기도 하였다.

31 다음 사건을 먼저 일어난 순서대로 옳게 나열한 것은?

ㄱ. 광주 학생 항일 운동
ㄴ. 3·1 운동
ㄷ. 신간회 조직
ㄹ. 봉오동 전투

① ㄱ → ㄴ → ㄷ → ㄹ
② ㄴ → ㄱ → ㄹ → ㄷ
③ ㄴ → ㄹ → ㄷ → ㄱ
④ ㄹ → ㄴ → ㄱ → ㄷ

31 해설

ㄴ. 3·1 운동(1919) : 우리 민족은 고종의 인산일을 기하여 1919년 3월 1일 평화적인 만세 운동을 시작하였다. 3·1 운동은 처음에 대도시를 중심으로 학생과 지식인이 중심이 되어 비폭력 운동으로 진행되었는데, 일제는 제암리 학살 등을 저지르며 가혹하게 탄압하였다.
ㄹ. 봉오동 전투(1920. 6.) : 독립군의 본거지인 봉오동까지 기습해 온 일본군을 홍범도의 대한독립군, 안무의 대한국민회군, 최진동의 군무도독부군의 연합부대가 공격하여 대승을 거두었다.
ㄷ. 신간회 조직(1927) : 1920년대 민족유일당 운동을 전개하여 그 결실로 신간회가 창립되게 되었다.
ㄱ. 광주 학생 항일 운동(1929) : 나주에서 광주까지의 통학 열차 안에서 일본 남학생들이 한국 여학생을 희롱하는 사건을 계기로 시작되었다.

정답 30 ② 31 ③

32 다음 중 한인애국단에 참여하지 않은 인물은?

① 김구
② 김원봉
③ 윤봉길
④ 이봉창

32 김원봉은 1919년 만주 길림에서 비밀결사로 의열단을 조직하였고, 활발한 독립 활동을 전개하였다.
① 김구는 대한민국 임시정부 활동의 침체를 극복하기 위하여 1931년 상하이에서 한인애국단을 조직하였다.
③ 한인애국단 소속의 윤봉길은 1932년 훙커우 공원에서 많은 일본군 장성과 고관들을 처단하였다.
④ 1932년 1월, 한인애국단 소속의 이봉창은 도쿄에서 일본 국왕에게 폭탄을 투척하였다. 일본 국왕 폭살 의거는 비록 실패로 끝났지만 항일 민족 운동의 활력소가 되었다. 이 사건의 보복으로 일제는 이른바 상하이 사변을 일으켰다.

33 한국광복군에 대한 설명으로 가장 적절하지 않은 것은?

① 함경남도 갑산의 보천보에서 식민기관을 파괴하였다.
② 조선의용대 병력을 일부 흡수하여 조직을 강화하였다.
③ 총사령관에는 지청천, 참모장에는 이범석이 임명되었다.
④ 중국 주둔 미국전략정보국(OSS)과 합작하여 국내 진공 작전을 계획하였다.

33 1937년, 동북 항일연군 내의 한인 항일유격대가 함경남도 갑산의 보천보에 들어와 경찰 주재소, 면사무소 등을 파괴하여 국내 신문에 크게 보도되었다.
② 한국광복군은 1942년 김원봉의 조선의용대를 흡수하여 군사력을 보강하였다.
③ 대한민국 임시정부는 충칭에서 한국광복군을 창립하였고, 총사령관에는 지청천, 참모장에는 이범석을 임명하였다.
④ 한국광복군은 미군의 OSS부대와 연합하여 국내 진공 작전을 계획하였으나 일본의 패망으로 실행에 옮기지 못하였다.

정답 32 ② 33 ①

34 다음 내용에 해당하는 단체에 대한 설명으로 가장 적절한 것은?

- 3·1 운동을 계기로 상하이에 수립하였다.
- 현재 청사로 사용되었던 건물 2층에 요인의 집무실을 복원하였다.

① 민족 교육을 위해 대성학교와 오산학교를 설립하였다.
② 기관지로 『독립신문』을 간행 및 배포하여 독립 의식을 고취시켰다.
③ 일본의 황무지 개간권 요구에 대한 반대운동을 전개하였다.
④ 광주 학생 항일 운동에 진상 조사단을 파견하였다.

34 제시된 자료는 대한민국 임시정부에 대한 설명이다. 3·1 운동 직후 독립운동의 구심점 역할을 수행할 지도부의 필요성을 절감하였기에 상하이에 대한민국 임시정부를 수립하였다. 대한민국 임시정부는 기관지로 『독립신문』을 간행하여 배포하고, 사료편찬소를 두어 한일 관계 사료집을 간행함으로써 안으로는 민족의 독립 의식을 고취시키고, 밖으로는 한국의 자주성과 민족 문화의 우월성을 인식시켰다.

① 민족 교육 추진을 위하여 신민회의 안창호는 1908년 평양에 대성학교, 이승훈은 1907년 정주에 오산학교 등을 설립하여 인재를 양성하였다.
③ 일본의 황무지 개간권 요구에 대항하기 위해 송수만, 원세성 등은 1904년 서울에서 항일 운동 단체인 보안회를 조직하여 활동하였고, 일본의 요구를 철회시키는 데 성공하였다.
④ 신간회의 광주지회에서는 1929년 광주 학생 항일 운동 당시 진상 조사단을 파견하여 지원하였다.

정답 34 ②

35 다음 내용에 해당하는 사건은 무엇인가?

- 일제는 시라카와 요시노리 대장을 사령관으로 삼아 상하이를 습격하여 점령하였다.
- 중국의 장제스가 "중국의 100만 대군도 못한 일을 한국 용사가 단행하였다."고 감탄하였으며, 이후 중국군관학교에 한인 특별반을 설치하는 등 대한민국 임시정부에 대한 지원을 강화하였고, 그 결과 중국 국민당 정부가 중국 영토 내의 우리 민족의 무장 독립 투쟁을 승인하는 등 임시정부를 적극 지원하는 계기가 되었다.

① 이재명이 명동성당 앞에서 이완용을 습격하여 중상을 입혔다.
② 이봉창이 일본 국왕이 탄 마차 행렬에 폭탄을 던졌다.
③ 안중근이 한국 침략의 원흉인 이토 히로부미를 사살하였다.
④ 윤봉길이 훙커우 공원에서 폭탄을 투척하였다.

36 다음 내용에 해당하는 인물은 누구인가?

- 1868년에 출생하였다.
- 함경도 일대에서 포수들을 모아 산포대를 조직하였고, 의병 전쟁에 앞장섰다.
- 1920년 봉오동 전투와 청산리 전투에서 일본군을 격파하였다.
- 대한독립군단을 조직하고 부총재에 선임되었다.
- 1937년 스탈린의 한인강제이주정책에 의하여 카자흐스탄으로 강제 이주되었다.
- 1943년에 카자흐스탄에서 별세하였다.

① 김좌진
② 신돌석
③ 지청천
④ 홍범도

35
제시된 자료는 윤봉길 의거에 대한 설명이다. 한인애국단 소속의 윤봉길은 1932년 4월 29일 훙커우 공원에서 진행하는 이른바 천장절 겸 상하이 점령 전승축하 기념식에 참석하여 폭탄을 투척하였다. 이로 인해 파견군 사령관 시라카와, 일본거류민단장 가와바다 등이 즉사하였고, 많은 일본군 장성과 고관들이 처단되었다.

① 이재명은 1909년 명동성당에서 벨기에 황제 레오폴트 2세 추도식을 마치고 나오는 이완용을 찔러 복부와 어깨에 중상을 입히고 체포되었다.
② 이봉창은 1932년 1월 도쿄에서 일본 국왕에게 폭탄을 투척하였다. 이는 실패로 끝났지만 항일 민족 운동의 활력소가 되었다. 이 사건의 보복으로 일제는 상하이 사변을 일으켰다.
③ 간도와 연해주에서 의병으로 활약하던 안중근은 1909년 만주 하얼빈 역에서 한국 침략의 원흉인 초대 통감 이토 히로부미를 처단하였다.

36
제시된 내용은 홍범도 장군에 관한 설명이다. 홍범도의 대한독립군은 봉오동 전투(1920. 6.)에서 대승을 거두었다.

① 김좌진이 이끌던 북로군정서군을 중심으로 한 여러 독립군의 연합부대는 1920년 청산리 일대에서 6일간 10여 차례의 전투를 통해 일본군을 대파하였다.
② 을사의병 때 활동한 '태백산 호랑이' 신돌석은 평민 출신 의병장으로, 영해에 입성하여 무기를 탈취한 후 평해, 울진 등지에서 활동하였다. 정용기, 이현규 의병 부대 등과도 연계하는 등 의병의 수는 한때 3천여 명을 넘었다.
③ 지청천은 한국독립군 총사령관과 한국광복군 총사령관을 역임하였다.

정답 35 ④ 36 ④

37 제시된 자료는 김구의 「삼천만 동포에 읍고함」이다. 김구, 김규식, 김일성, 김두봉 등은 남한만의 선거로 단독 정부가 수립되면 남북의 분단이 계속될 것을 우려하여 남북한이 협상을 통해서 통일 정부를 수립하자고 주장하였다.
① 여운형은 건국준비위원회를 운영하였으며, 1946년 좌우합작위원회의 활동을 전개하였다.
③ 이승만은 독립촉성중앙협의회를 기반으로 본격적인 정치활동을 전개하였다.
④ 신채호는 김원봉의 요청을 받아 1923년 의열단의 행동강령인 「조선혁명선언」을 작성하였다.

37 다음 내용과 같은 말을 한 인물은 누구인가?

> 현재 나의 유일한 염원은 3천만 동포와 손잡고 통일된 조국을 위하여 공동 분투하는 것이다. 조국이 필요하다면 이 육신을 당장에라도 제단에 바치겠다. 나는 통일된 조국을 건설하려다 38도선을 베고 쓰러질지언정 일신에 구차한 안일을 취하여 단독정부를 세우는 데는 협력하지 아니하겠다.

① 여운형
② 김구
③ 이승만
④ 신채호

38 제시된 자료는 1953년 발표된 대중가요인 '굳세어라 금순아'이다. 6·25 한국전쟁 중인 1950년 10월 25일, 약 30만의 중공군이 한국전쟁에 참전하였다. 이로 인하여 미군 제10군단과 국군 제1군단이 1950년 12월 15일부터 23일까지 흥남항구를 통한 해상 철수 작전을 진행하게 되었다.
① 1950년 9월 15일, 국군과 유엔군은 맥아더 유엔군 총사령관의 인천상륙작전으로 전세를 반전시켰다.
② 1950년 1월, 미국은 한반도를 미국의 극동 방위선에서 제외한다는 애치슨 선언을 발표하였는데, 이는 한국전쟁의 배경이 되었다.
④ 1953년 7월 27일, 판문점에서 국제연합군 총사령관 클라크와 북한군 최고 사령관 김일성, 중공인민지원군 사령관 펑더화이가 최종적으로 서명함으로써 휴전협정이 체결되었다.

38 다음 노래의 직접적인 배경이 된 사건은?

> 눈보라가 휘날리는 바람 찬 흥남부두에
> 목을 놓아 불러봤다 찾아를 봤다
> 금순아 어디로 가고 길을 잃고 헤매었더냐
> 피눈물을 흘리면서 일사 이후 나 홀로 왔다

① 인천상륙작전
② 애치슨 선언
③ 중국군의 참전
④ 휴전협정 체결

정답 37 ② 38 ③

39 다음 중 5·18 민주화 운동에 직접적인 영향을 미친 사건은?

① 한·일 국교 정상화
② 계엄령 전국 확대
③ 4·13 호헌 조치
④ 3·15 부정 선거

39 1980년 5월 17일 전두환의 신군부는 비상계엄을 전국으로 확대하였고, 광주 지역에서 비상계엄 철회 및 민주화를 열망하는 시민들의 요구가 1980년 5·18 민주화 운동으로 이어졌다.
① 박정희 정부의 대일 굴욕 외교 반대 항쟁인 6·3 시위는 1964년에 있었다. 정부는 계엄령을 선포한 후 1965년 한·일 협정을 체결하였다.
③ 전두환 정부의 4·13 호헌 조치에 반대하여 1987년 6월 민주항쟁이 전개되었다.
④ 1960년 3·15 부정선거에 항의하는 시위가 확대되어 4·19 혁명이 전개되었다.

40 다음 중 박정희 정부 때의 사건으로 가장 적절한 것은?

① 6월 민주 항쟁
② YH무역 사건
③ 금융실명제
④ 한미 상호 방위 조약

40 1970년대 후반 전개되었던 YH무역 노동운동의 과잉 진압을 비판하던 신민당 총재인 김영삼이 국회에서 제명되었고, 이를 계기로 부마항쟁이 전개되었다(1979, 박정희 정부).
① 전두환 정부의 4·13 호헌 조치에 반대하여 1987년 6월 민주 항쟁이 전개되었다.
③ 김영삼 정부는 투명한 금융거래를 위해 1993년 금융실명제를 시행하였다.
④ 이승만 정부는 6·25 전쟁 직후 우리 민족의 휴전 반대 입장을 외면하는 미국에 대해 보장책을 요구하였고, 어떠한 외부의 침략에도 상호 협조하고 대항한다는 내용의 한미 상호 방위 조약을 1953년 10월에 체결하였다.

정답 39 ② 40 ②

2023년 기출복원문제

출제유형 완벽파악

국사

▶ 온라인(www.sdedu.co.kr)을 통해 기출문제 무료 강의를 만나 보세요.

※ 기출문제를 복원한 것으로 실제 시험과 일부 차이가 있으며, 저작권은 시대에듀에 있습니다.

01 다음 설명에 해당하는 시기의 유물이 <u>아닌</u> 것은?

- 부족장이 죽으면 고인돌을 만들어 장례를 치렀다.
- 읍락공동체인 읍락국가나 정치적 지배자가 등장한 성읍국가도 등장하였다.

① 반달돌칼
② 민무늬 토기
③ 철제 갑옷
④ 거친무늬 거울

---

01 해당 제시문은 청동기 시대를 나타내고 있다. 청동기 시대에는 계급이 분화되어 부족을 지배하는 족장(군장)이 등장하였으며, 군장이 죽으면 고인돌을 만들어 장례를 치렀다. 삼국사기의 기록에 의하면, 성읍국가란 도읍에 성곽을 쌓은 구조로 되어 있는 국가 형태로, 국가의 초기 형태를 지칭하고 있다.
③ 철제 갑옷은 철기 시대 이후에 출현하였다.
① 반달돌칼은 청동기 시대에 벼를 수확하기 위한 추수도구이다.
② 청동기 시대에는 미송리식 토기와 민무늬 토기를 만들어 사용하였다.
④ 청동기 시대에는 거친무늬 거울 등을 만들어 사용하였다.

정답 01 ③

02 다음 설명과 관련된 왕은 누구인가?

- 불교를 공인하여 사상을 통합하였다.
- 수도에 태학을 설립하여 귀족 자제에게 유교 경전과 역사서를 교육하였다.
- 율령을 반포하여 국가의 통치 질서를 확립하였다.

① 개로왕
② 소수림왕
③ 수로왕
④ 고국천왕

02 해당 제시문은 고구려 4세기 소수림왕에 대한 설명이다. 소수림왕은 전진의 승려 순도가 가져온 불상과 경문을 받아들여 불교를 공인하여 사상을 통합하였고(372), 중앙에 태학을 설립하여 유학의 보급과 학문 진흥에 힘썼으며(372), 율령을 반포하여 국가 통치의 기본질서를 확립하였다(373).
① 백제의 개로왕은 고구려의 남진정책을 견제하기 위해 중국 북조의 북위에 국서를 보내 원병을 요청하기도 하였으나(472), 장수왕의 공격으로 아차산성에서 전사하였다(475).
③ 수로왕은 금관가야를 건국하였는데(42), 세력 범위는 낙동강 유역 일대에 걸쳐 발전하였다.
④ 2세기 고구려의 고국천왕(179~197)은 부족적 성격이었던 계루부, 소노부, 절노부, 순노부, 관노부의 5부를 행정적 성격인 동부, 서부, 남부, 북부, 중부의 5부 체제로 개편하고 형제 상속으로 되어 있었던 왕위 계승도 부자 상속으로 변경하며 왕권을 강화하려 노력하였다. 또한, 을파소를 국상으로 기용하여 빈민을 구제하기 위한 진대법을 실시하였다(194).

정답 02 ②

03 백제는 4세기 중반 근초고왕 때에 크게 발전하여 마한 세력을 완전히 정복(369)하고, 세력이 전라도 남해안에 이르렀으며, 낙동강 유역의 가야에 대해서도 지배권을 행사하였다. 북으로는 황해도 지역을 놓고 고구려와 대결하였는데 평양성까지 진격하여 고구려 고국원왕을 전사시켰다(371).
① 3세기 백제 고이왕은 6좌평 16관 등의 관제를 정비하였으며 관복제를 도입하였다. 불교를 수용하여 공인한 왕은 침류왕이다.
③ 4세기 백제의 침류왕은 동진으로부터 불교를 수용한 후 공인하여 중앙 집권 체제를 사상적으로 뒷받침하였다(384). 수도를 사비로 옮기고 국호를 남부여라 한 것은 6세기 백제 성왕이다.
④ 7세기 백제의 의자왕은 신라 서쪽의 40여 성을 함락시켰으며, 고구려 군사와 연합해 신라의 교통 요충지인 당항성을 공격하였다. 이후 의자왕은 신라의 대야성을 공격하였고, 대야성의 도독이자 김춘추의 사위였던 김품석이 항복하자 그를 죽였다(642).

03 다음 중 백제의 왕과 그 업적이 옳게 연결된 것은?

① 고이왕 – 동진으로부터 불교를 수용하여 공인하였다.
② 근초고왕 – 마한을 멸하여 영역을 전라남도 해안까지 확보하였다.
③ 침류왕 – 수도를 사비로 옮기고 남부여라 하였다.
④ 성왕 – 신라의 교통 요충지인 당항성을 공격하였고, 신라의 대야성을 공격하였다.

정답 03 ②

04 다음 설명과 가장 관련 깊은 사건은?

> 수나라의 양제는 113만의 대규모 군대를 동원해 고구려를 공격하였다. 양제가 거느린 육군의 1개 부대는 고구려의 요동성을 포위하여 공격했으나 성공하지 못하게 되자, 수군은 별동대 30만 명을 압록강 서쪽에 집결시켜 평양성을 공격할 계획을 세웠다.

① 천리장성 축조
② 안시성 전투 승리
③ 살수 대첩
④ 서안평 공격

04 해당 제시문은 살수 대첩과 관련된 내용이다. 수나라의 문제에 이어 양제는 113만의 대군을 이끌고 침략하여 왔으나, 을지문덕이 살수(청천강)에서 수나라에 대항하여 대승을 거두었다(612, 살수 대첩). 이후 수나라는 계속된 고구려 원정과 패배로 인하여 국력이 크게 소모되었고, 결국 내란으로 멸망하였다(618).

① 고구려의 천리장성은 부여성에서 비사성까지 축조되었는데, 영류왕 때에 건립하기 시작하여 보장왕 때 완공되었다(631~647).
② 당 태종은 직접 대군을 이끌고 고구려를 침략하였다. 고구려는 요동성, 개모성, 비사성이 정복당하는 등 어려움을 겪었으나, 안시성에서의 전투를 승리로 이끌며(645) 당나라군을 물리쳤다.
④ 고구려 3세기 동천왕은 서안평을 공격하였으나 위나라의 침입을 받았고, 4세기 미천왕은 서안평을 점령하였다(311).

정답 04 ③

05 다음 중 신라가 당군을 크게 격파한 전투는?

① 매소성 전투
② 대야성 전투
③ 관산성 전투
④ 황산벌 전투

05 ① 매소성 전투는 신라가 당군을 격퇴한 전투이다. 당은 웅진도독부(공주), 안동도호부(평양), 계림도독부(경주)를 설치하고 한반도 전체를 지배하려는 야욕을 보이자 신라는 당과의 전쟁을 시작하게 되었다. 신라는 남침해 오던 당의 20만 대군을 매소성에서 격파하여 전쟁의 승기를 잡았다(675).
② 대야성 전투는 백제가 신라를 격파한 전투이다. 7세기 백제 의자왕은 고구려 군사와 연합해 신라의 교통 요충지인 당항성을 공격하였고, 이후 대야성 등을 공격하여 40여 개의 성을 빼앗았다(642).
③ 관산성 전투는 신라가 백제를 격퇴한 전투이다. 신라 진흥왕은 일방적으로 나제 동맹을 결렬하고 백제를 공격하여 한강 유역을 장악하였다(553). 이에 백제는 일본 및 대가야와 연합하여 신라를 공격하였으나 패하였고, 관산성(충북 옥천) 전투에서 백제의 성왕은 전사하게 되었다(554).
④ 황산벌 전투는 신라가 백제를 격파한 전투이다. 7세기 백제 의자왕 때 계백의 결사대는 황산벌 전투에서 김유신에 맞서 싸웠으나 패배하였다(660).

정답 05 ①

06 다음 중 신분이 <u>다른</u> 인물은 누구인가?

① 강수
② 김대문
③ 설총
④ 최치원

06 김대문은 진골 출신이다. 통일 이후 신라의 김대문은 화랑들의 전기를 모아 『화랑세기』를 편찬하였고, 유명한 승려들의 전기를 모아 『고승전』을 편찬하였으며 한산주 지방의 지리지인 『한산기』도 저술하였다. 또한, 신라에 관한 이야기를 모아 『계림잡전』을 편찬하였다.
① 강수는 6두품에 해당하는 신분이었다. 강수는 「청방인문표」를 작성하였는데, 이는 당나라에 갇혀있던 김인문을 석방하여 줄 것을 요청한 외교문서이다.
③ 설총은 6두품 출신이다. 설총은 유교 경전에 조예가 깊어 유교적 도덕 정치를 강조하였는데, 「화왕계」를 저술하여 신문왕에게 바쳤으며 이두를 정리하여 한문 교육에 공헌하기도 하였다.
④ 최치원은 6두품 출신이다. 최치원은 당나라의 빈공과에 급제하여 활동하였으며 『계원필경』을 저술하였다. 귀국 후 진성여왕에게 유교 정치 이념과 과거 제도 등의 내용이 담긴 시무 10조를 건의하였으나 진골 귀족들의 반대로 시행되지 못하였다(894).

정답 06 ②

07 해당 제시문은 발해를 나타내고 있다. 발해 선왕은 전국을 5경 15부 62주로 정비하여 통치하였고, 중국인들은 발해를 보며 해동성국이라고 칭송하기도 하였다. ①의 임나일본부설은 '왜가 신묘년에 바다를 건너와 백제, 가야, 신라를 격파하고 신민으로 삼았다.'라는 내용으로 일본이 주장하는 한국사 왜곡이다.
② 발해는 외교 관계를 중시하여 일본 및 거란 등과의 여러 나라와 한 번에 수백 명이 오고 갈 정도로 활발한 교류를 하였다.
③ 발해의 문왕은 당과 친선 관계를 체결하면서 당의 3성 6부를 받아들여 통치 체제를 정비하였으나, 명칭과 구성은 독자적으로 편성하여 운영하였다.
④ 당의 장안성을 모방한 발해의 상경 궁궐터는 외성을 쌓고, 남북으로 넓은 주작대로를 내어 그 안에 궁궐과 사원을 세웠다.

08 신라 말에는 왕실과 귀족들의 사치와 타락으로 농민의 고통이 심해졌고, 지방에서는 호족이라는 새로운 반신라 세력이 성장하였으며, 반정부 봉기가 곳곳에서 일어났다. 하지만 중앙정부는 통제력을 상실하여 반란을 진압할 수 없었다.
② 신라 하대 중앙에서는 진골 귀족들이 경제기반을 확대하여 사병을 거느리고 권력 싸움을 벌이며 치열한 왕위 쟁탈전을 전개하였다.
③ 당에 유학하였다가 돌아온 6두품 출신의 유학생들은 골품제 사회를 비판하면서 새로운 정치 이념을 제시하였다. 이들은 진골 세력에 의하여 자신들의 뜻을 펴지 못하자, 선종 승려 및 지방의 호족 세력과 연계하여 사회 개혁에 앞장서게 된다.
④ 신라 말에는 자연 재해가 빈번히 발생하였고, 왕실과 귀족들은 사치와 향락에 빠져 있었으며, 농민에 대한 강압적인 수탈 등으로 인해 농민들은 살기가 어려워졌으며 귀족들의 대토지 소유가 증가하였다.

정답 07 ① 08 ①

---

07 다음 내용에 해당하는 나라에 대한 설명으로 옳지 않은 것은?

- 5경 15부 62주
- 정혜공주 묘, 정효공주 묘
- 해동성국, 정안국

① '임나일본부'가 통치하였다.
② 일본과 무역이 활발하였다.
③ 당의 문화를 수용하여 통치 체제를 정비하였다.
④ 수도 상경은 당의 수도인 장안을 모방하였다.

08 통일신라 말기에 대한 설명으로 옳지 않은 것은?

① 중앙정부의 지방통제력이 강화되었다.
② 진골 귀족 사이에 치열한 왕위 쟁탈전이 벌어졌다.
③ 골품제에 따른 차별로 6두품의 불만이 증가하였다.
④ 귀족의 사적인 대토지 소유가 증가하였다.

09 다음 내용에서 괄호 안에 들어갈 인물로 옳은 것은?

> 보육(寶育)이 곡령(鵠嶺)에서 소변을 보아 삼한을 덮는 꿈을 꾸고, 형 이제건(伊帝建)에게 이야기하였는데 형은 제왕을 낳을 꿈이라면서 딸 덕주(德周)를 아내로 삼아 주었다. 이어 두 딸을 두었는데 아우의 이름이 진의(辰義)였다. 진의는 언니가 오관산(五冠山)에서 다시 오줌이 천하를 잠기게 하는 꿈을 꾼 것을 비단 치마를 주고 샀다. 당나라의 황제가 잠저 시에 송악의 보육가에 와 묵게 되었다. 찢어진 옷을 깁는데 언니가 코피가 나자, 아우가 대신한 것이 인연이 되어 동침하고 (   )의 할아버지인 작제건을 낳았다.
> – 「작제건 설화」, 한국민족문화대백과사전

① 궁예
② 왕건
③ 견훤
④ 장보고

09 해당 자료는 작제건을 신성시하려는 의도로 구성한 작제건 설화로, 『삼국유사』에 실려 있는 김유신의 누이동생 문희와 보희의 매몽 설화에서 유래된 것이다. 작제건은 고려 태조 왕건의 할아버지이다.
① 궁예는 신라 왕족의 후예로서 북원(원주)의 도적 집단 양길의 수하로 있다가 독립하여 송악(개성)에 도읍을 정하고 후고구려를 건국하였다(901).
③ 견훤은 무진주(광주)를 점령하고 (892) 완산주(전주)를 수도로 하여 후백제를 건국하였다(900).
④ 신라 말 9세기 흥덕왕 때 장보고는 완도에 청해진을 설치(828)하여 해적을 소탕하였고 남해와 황해의 해상 무역권을 장악하였다.

정답 09 ②

10 고려 시대의 과거 제도는 문과, 잡과, 승과로 구성되어 있었는데, 법적으로 양인 이상이면 응시 가능하였다. 따라서 향리도 과거 응시가 가능하였고, 귀족이나 향리의 자제는 문과에 응시하는 경우가 일반적이었다.
② 노비는 재산으로 간주되어 국가에서 엄격히 관리하였다. 매매, 증여, 상속의 방법을 통하여 주인에게 예속되어 인격적 대우를 받지 못하였다.
③ 고려 시대 중앙군은 직업 군인으로 군적에 등록되어 군인전을 지급받았으며 역은 자손에게 세습되었다. 또한, 군공을 세워 무신으로 신분 상승이 가능한 중류층이었다.
④ 농민들은 농업 이외에 국가에서 지정한 특수 임무를 수행하지 않았다. 따라서 '별도의 의무가 없는 사람'이라는 뜻의 '백정'이라 불렸다. 고려 시대의 백정은 일반 농민을 말하는 것으로, 도축업자를 뜻하는 조선 시대의 천민이었던 백정과는 구별된다.

10 고려 시대의 신분 제도에 대한 설명으로 옳지 <u>않은</u> 것은?

① 향리는 과거 응시가 금지되었다.
② 사노비는 매매, 증여, 상속의 대상이다.
③ 직업 군인은 군인전을 받고, 그 역을 세습할 수 있었다.
④ 특정한 직역 부담이 없는 양인 농민을 백정이라고 하였다.

11 해당 제시문은 서경(평양)을 나타내고 있다. 고려 정종은 개경 세력을 견제하기 위해 서경으로 천도를 계획하였으나 실패하였다. 묘청은 풍수지리설을 내세워 서경으로 천도하여 서경에 궁(대화궁)을 짓고, 국호를 '대위', 연호를 '천개'로 칭하여 자주적인 개혁과 금을 정벌할 것을 주장하였다(1135).
① 서북면 도순검사 강조는 군사를 일으켜 개경에서 김치양의 반란을 진압하였다(1009).
② 고려 인종 때 이자겸은 개경에서 난을 일으켜 권력을 장악하려 하였다(1126).
④ 명종 때 동북면 병마사 김보당이 무신 정권 타도와 의종 복위를 주장하며 동계에서 무신 정권에 반대하는 난을 일으켰다(1173).

11 다음 내용 중 괄호 안에 들어갈 지역에서 일어난 사건은?

> 정종은 지리도참설에 의해 (　　)(으)로 천도할 것을 결의하고 궁궐을 짓는 공사를 착수하는 등 크게 토목을 일으켜 백성들을 노역하게 하였다. 개경에 살고 있던 부유한 계층들을 억지로 (　　)(으)로 이주하게 하여 원성이 높아졌으나, 정종이 승하하여 실현을 보지 못하였다.

① 강조가 김치양 일파를 제거하였다.
② 이자겸이 난을 일으켰다.
③ 묘청이 난을 일으켰다.
④ 김보당이 반란을 일으켰다.

정답　10 ①　11 ③

12 고려 시대의 대외관계에 대한 설명으로 옳지 않은 것은?

① 윤관이 여진을 몰아내고 동북 9성을 축조하였다.
② 송과의 관계는 문화적 교류에 큰 목적이 있었다.
③ 서희는 거란과 교섭하고, 강동 6주를 확보하였다.
④ 일본과 정식 국교를 맺고, 정기적으로 무역을 하였다.

12 고려 목종 때 일본인 20호(戶)가 투항한 적이 있어 이천에 거주하게 한 일이 있었는데(890), 이 외에는 일본과 공적인 교류를 하지 않았다. 고려 상인이 일본을 대상으로 하는 정기적 상업 활동은 없었던 것으로 보인다. 또한, 고려의 국교 재개 노력에도 불구하고 일본은 비협조적인 태도로 일관하였으며, 고려 후기 2차에 걸친 일본 원정으로 인해 고려와 일본과의 관계는 급속도로 악화되었고, 고려 시대에는 일본과의 직접적인 교류는 찾아보기 힘들다.
① 고려 예종 때 윤관은 별무반을 이끌고 여진을 정벌하여 동북 9성을 쌓았다(1107).
② 10세기 송과 고려는 경제, 문화, 군사, 외교적으로 밀접한 관계를 맺고 있었는데 그중에서도 문화적 교류에 큰 목적이 있었다.
③ 고려 성종 때 서희는 외교 담판으로 거란과 교류를 약속하였고, 고려가 고구려의 후예임을 인정받음과 동시에 압록강 동쪽의 강동 6주를 획득하였다(994).

정답 12 ④

13 인종 때, 김부식 등이 왕명을 받아 『삼국사기』를 편찬하였다(1145). 『삼국사기』는 현존하는 우리나라 최고(最古)의 역사서이다. 고려 초에 쓰인 『구삼국사』를 바탕으로 하여 유교적 합리주의 사관에 따라 기전체로 작성되었는데, 우리 고유의 풍습과 명칭, 신라 고유의 왕명과 관직명이 기록되어 있다.
② 편년체는 연월(연도)을 중심으로 하여 시간 순으로 편찬한 서술 방법으로, 『고려사절요』, 『동국통감』, 『조선왕조실록』 등이 대표적인 서적이다. 『삼국사기』는 기전체로 편찬하였다.
③ 『삼국유사』는 삼국의 역사뿐만 아니라 고조선, 부여, 삼한, 가야 등의 역사까지 기록하였다.
④ 이규보의 「동명왕편」(1193)은 고구려의 시조인 동명왕의 업적을 칭송한 일종의 영웅 서사시로, 이를 통해 고구려의 계승 의식을 반영하고 고구려의 전통을 노래하였다.

13 김부식이 왕명을 받아 만든 역사서에 대한 설명으로 옳은 것은?
① 기전체로 편찬하였다.
② 일기처럼 날짜순으로 기록하였다.
③ 고조선, 부여, 삼한의 역사까지 기록하였다.
④ 고구려 계승 의식과 북진 정책이 나타나 있다.

14 무신 정변으로 인해 신분 제도가 흔들리면서 권력층으로 그 신분이 상승한 하층민이 많았다. 또한, 무신들끼리의 대립이 늘어나고 지배 체제가 붕괴되면서 통제력이 약화되었고, 수탈이 강화되었다. 이에 따라 전국 각지에서 하층민이 봉기하였다.
① 향·소·부곡은 무신 집권기에는 존재하고 있었다. 고려 시대까지 특수 행정 구역이었던 향·소·부곡은 조선 전기 일반 군현으로 승격되거나 포함되었다.
② 무신 집권기에는 문벌 귀족의 정치가 몰락하였다.
③ 조선은 전국의 주민을 국가가 직접 지배하기 위하여 모든 군현에 지방관을 파견하였다.

14 다음 중 무신 정권기 상황에 대한 설명으로 옳은 것은?
① 향·소·부곡이 소멸되었다.
② 문벌 귀족 정치가 강화되었다.
③ 모든 지방에 수령을 파견하였다.
④ 각지에서 농민·천민이 봉기하였다.

정답 13 ① 14 ④

15 다음 설명에 해당하는 사건이 일어난 시기에 활동하지 않은 인물은?

- 변발과 호복을 폐지하였다.
- 쌍성총관부를 공격하여 철령 이북의 땅을 수복하였다.
- 신돈을 등용하여 전민변정도감을 설치하였다.

① 이색
② 최승로
③ 정도전
④ 정몽주

15 공민왕은 즉위 후 기철을 비롯한 친원 세력을 숙청하고, 내정 간섭 기구인 정동행성 이문소의 폐지, 원의 간섭으로 격하된 관제의 복구, 몽골 풍속 금지 등을 실시하였으며, 신돈을 등용하여 전민변정도감을 설치해 권문세족을 견제하였다. 성종 때 활동한 최승로는 시무 28조와 함께 상소문을 올렸고 고려의 체제 정비에 영향을 주었다.
① 공민왕은 성균관을 다시 짓고, 이색을 판개성 부사 겸 성균관 대사성으로 임명하여 성리학을 부흥시켰다.
③ · ④ 공민왕 때 활동한 이색(외형적 폐단 비판)은 정몽주, 권근, 정도전 등을 가르쳐 성리학을 더욱 확산시켰다.

16 다음 설명과 가장 관련 깊은 왕의 업적으로 옳은 것은?

- 6조가 각기 사무를 왕에게 직계하였다.
- 사간원을 독립시켜 대신들을 견제하였다.
- 억울한 일을 당한 백성의 억울함을 풀어주려 신문고를 설치하였다.
- 호구와 인구 파악을 위해 호패법을 실시하였다.

① 사병을 혁파하여 공신들의 세력을 약화시켰다.
② 『조선경국전』을 저술하여 통치규범을 마련하였다.
③ 언관의 활동을 억제하기 위하여 집현전을 없앴다.
④ 연분 9등법을 실시하여 세금을 낮추고 공평하게 부과하였다.

16 해당 제시문은 조선 태종을 나타내고 있다. 태종은 왕권 및 국왕 중심의 통치 체제를 강화하기 위하여 6조 직계제를 실시하였다. 언론 기관인 사간원을 독립시켜 대신들을 견제하였고, 사병을 철폐하여 왕이 군사 지휘권을 장악하였고 친위 군사를 늘렸다. 양전 사업과 호구 파악에 노력을 기울였고, 호패법을 실시하였으며, 사원의 토지를 몰수하고, 억울한 노비를 조사하여 해방시켰다.
② 태조 때 정도전은 『조선경국전』과 『경제문감』을 저술하여 민본적 통치 규범을 마련하고, 재상 중심의 정치를 주장하였다(재상론).
③ 세조는 경연을 주관하던 집현전을 폐지하고 왕과 신하들의 학문 토론의 장이었던 경연도 열지 않으려 했다.
④ 세종은 좀 더 체계적인 조세 제도의 운영을 위해 풍흉의 정도에 따라 조세를 부과하는 연분 9등법으로 바꾸고, 조세 액수를 1결당 최고 20두에서 최하 4두까지 차등을 두어 내도록 하였다.

정답 15 ② 16 ①

17 다음 설명과 가장 관련 깊은 제도는 무엇인가?

> 홍문관이 왕과 대신들이 참여하는 학술 세미나를 주최하였는데, 이 과정에서 정책 자문과 정책 협의를 통해 정책을 결정하기도 하였다.
> 또한, 왕과 신하들이 옛 선현들의 글에 대하여 토론하다가 왕의 잘못이 있으면 고칠 것을 권하는 등 왕권을 견제하는 역할도 하였다.

① 서연
② 사가독서
③ 경연
④ 수렴청정

17 홍문관은 경연을 담당하였는데, 정승을 비롯한 주요 관리도 다수 경연에 참여하였다. 이를 통해 경연은 단순한 왕의 학문 연마를 위한 것이 아닌, 왕과 신하가 함께 정책에 대해 토론하고 심의하는 중요한 자리로 발전하였다. 이때 '사서(四書)', '오경(五經)', 『자치통감』, 『자치통감강목』을 기본서로, 『성리대전』, 『소학』, 『심경』, 『대학연의』, 『국조보감』을 참고서로 학습하였다.
① 서연은 조선 시대 왕세자를 위한 교육제도로, 경사를 강론해 유교적인 소양을 쌓게 하는 교육의 장이었다.
② 사가독서는 조선 시대 때, 국가의 인재를 키우고 문운을 진작하기 위해서 독서에 전념할 수 있도록 젊은 문신들에게 휴가를 준 제도이다.
④ 수렴청정은 어린 왕이 즉위하였을 때, 왕실의 가장 큰 어른인 대비 또는 대왕대비가 국왕을 대신해 나랏일을 결정하는 정치 형태이다.

정답 17 ③

18 다음 설명과 가장 관련 깊은 제도는 무엇인가?

> 1391년(공양왕 3)에 피폐해진 농민 생활을 안정시키고 부족한 국가 재정을 확보하기 위해 시행되었다. 전·현직 관리에게 경기 일대 토지에 대한 수조권 지급을 원칙으로 하였다. 관리가 죽거나 반역하면 국가에 반환하도록 하였으나 수신전, 휼양전 등의 이름으로 세습이 이루어지는 경우도 있었다.

① 전시과
② 과전법
③ 역분전
④ 관수 관급제

---

18 공양왕 때 권문세족의 토지를 몰수·재분배하여, 신진 사대부의 경제적 기반을 마련하기 위하여 과전법을 실시하였다(1391). 과전은 전·현직 관리에게 관등에 따라 경기 지역의 토지에 한하여 수조권을 지급하였고, 이를 받은 사람이 사망하거나 반역을 했을 시 국가에 다시 돌려주는 것이 원칙이었다.
① 고려 경종 때 시행한 전시과 체제 하에서는 문무 관리로부터 군인, 한인에 이르기까지 18등급으로 나누어 전지와 시지를 지급하였다.
③ 고려 태조 때 지급한 역분전은 공신전으로, 후삼국을 통일하는 건국 과정에서 공을 세운 사람들에게 지급한 토지였다. 인품에 따라 경기에 한하여 지급하였다.
④ 성종 때에는 지방 관청에서 생산량을 조사한 뒤 거두어 다시 관리에게 분배하는 방식으로 변경했다. 그 결과 관료들이 수조권을 핑계 삼아 토지와 농민을 지배하는 일은 줄었고, 그 대신 국가의 토지 지배권이 강해졌다.

정답 18 ②

19 『조선왕조실록』(태조~철종)은 한 국왕이 죽으면 다음 국왕 때 춘추관을 중심으로 실록청을 설치하여 편찬하였는데, 사관이 국왕 앞에서 기록한 사초, 각 관청의 문서를 모아 만든 시정기를 중심으로 『승정원일기』, 『의정부등록』, 『비변사등록』, 『일성록』(정조 이후) 등을 보조 자료로 하여 종합·정리한 후 편년체로 편찬하였다.
① 『일성록』은 1760년(영조 36)부터 1910년(순종 4)까지 국왕의 동정과 국정을 매일 기록한 일기이다. 『일성록』은 국보 제153호로 지정되어 있으며 2011년 5월 유네스코 세계기록유산으로 등록되었다.
② 『승정원일기』(국보 제303호)는 승정원에서 기록한 왕과 신하 간의 문서와 국왕의 일과를 기록한 사서로 업무관련 기록이 일지 형식으로 작성되어 있다. 『승정원일기』는 임진왜란 때 소실되어 인조~고종까지의 일기만 현존하고 있다. 2001년 9월 유네스코 세계기록유산으로 등재됨으로써 그 가치를 확고히 인정받았다.
③ 『내각일력』은 1779년(정조 3) 1월부터 1883년(고종 20) 2월까지의 규장각의 일기를 말한다.

20 18세기 실학자 유득공은 『발해고』(1784)에서 최초로 남북국 시대를 주장하여 민족의 자주성을 높였다.
② 『삼강행실도』(1434)는 모범이 될 만한 충신, 효자, 열녀 등의 행적을 그림으로 그리고 설명을 붙인 윤리서로서 세종 때 편찬하였다.
③ 『경국대전』(1485)은 조선의 기본 법전으로 세조 때 편찬하기 시작하여 성종 때 완성·반포하였다. 육전체제를 유지하였고 통일성과 안정성 확보 작업을 실시하였다.
④ 성종 때 조선 최대의 인문 지리서인 『동국여지승람』(1481)을 편찬하였다.

정답 19 ④ 20 ①

19 현재까지 조선 전기의 기록이 남아 있는 것은?

① 『일성록』
② 『승정원일기』
③ 『내각일력』
④ 『조선왕조실록』

20 다음 중 조선 전기에 편찬된 서적이 아닌 것은?

① 『발해고』
② 『삼강행실도』
③ 『경국대전』
④ 『동국여지승람』

21 조선 전기 사림에 대한 설명으로 가장 옳지 않은 것은?

① 향사례, 향음주례 등의 실시를 주장하였다.
② 성리학 이외의 학문과 사상에 대해 관용적이었다.
③ 현량과를 통해 재야에서 인사들을 등용하였다.
④ 성종 때 훈구 대신들을 견제할 목적으로 중앙 관직에 등용되어 주로 3사와 전랑직에서 활동하였다.

22 다음 중 임진왜란 때 활동한 의병장이 아닌 인물은?

① 정인홍
② 정문부
③ 권율
④ 곽재우

---

21 15세기 중반 이후, 중소 지주적인 배경을 가지고 성리학에 투철한 지방 사족이 영남과 기호 지방을 중심으로 성장하였는데, 이들을 사림이라 부른다. 성리학 이외의 학문과 사상에 대해 비교적 관대하였던 것은 훈구파이다.
① 16세기 사림들은 서원 등을 설치하여 향사례·향음주례의 보급 등을 강조하였다.
③ 조선 중종 때 조광조가 훈구세력을 견제하기 위하여 현량과를 시행하여 사림을 대거 등용하였다.
④ 성종 때, 김종직과 그 문인이 중앙에 진출하면서 사림의 정치적 성장이 시작되었다.

22 권율은 의병이 아닌 관군이었다. 임진왜란 당시 전라 순찰사 권율이 서울 수복을 위해 북상하다가 행주산성에서 왜적을 크게 쳐부수어 승리하였고, 왜군의 연이은 북상을 막았다(1593, 행주 대첩).
① 정인홍은 1592년 임진왜란 때 합천에서 성주에 침입한 왜군을 격퇴하고, 10월 영남 의병장의 호를 받아 많은 전공을 세웠다. 이듬해 의병 3,000명을 모아 성주·합천·고령·함안 등지를 방어했으며, 의병 활동을 통해 강력한 기반을 구축하였다.
② 정문부는 임진왜란 때 활동한 의병장으로 길주 왜성을 포위하여 왜군과 대치하였고 이들을 지원하기 위해 진군해 온 왜적 2만을 상대로 매복전을 펼쳤다. 왜군은 패전하여 관북지방에서 완전히 철군하여 남하했다(장덕산 대첩).
④ 곽재우는 임진왜란 당시 경상도 의령에서 의병을 일으켰으며, 진주성 전투, 화왕 산성 전투에 참전한 의병장이다. 붉은 옷을 입고 의병을 지휘하여 홍의장군이라 불리었다.

정답 21 ② 22 ③

23 조선 후기 산업 발전에 대한 설명으로 옳지 않은 것은?

① 도고라 불리는 독점적 도매상인이 활동하였다.
② 금광·은광을 몰래 개발하는 잠채가 번성하였다.
③ 인삼, 담배 등의 상품작물이 널리 재배되었다.
④ 민영 수공업이 쇠퇴하고 관영 수공업이 발전하였다.

24 조선 후기 부세 제도의 변화에 대한 설명으로 옳지 않은 것은?

① 전세는 풍흉에 관계없이 토지 1결당 미곡 4두로 정해졌다.
② 대동법을 시행하여 전국의 농민이 공납을 현물로 납부하게 되었다.
③ 균역법을 시행하여 농민의 군포 부담을 1년에 1필로 줄여 주었다.
④ 균역법의 시행으로 지주에게 토지 1결당 2두의 결작미를 징수하였다.

23 관영 수공업이 발전한 것은 조선 전기 상황이다. 조선은 16세기부터 상업이 발전하면서 관영 수공업은 점차 쇠퇴하기 시작하였고, 민영 수공업이 발달하였다.
① 조선 후기 대동법의 시행 이후 상품 수요가 증가하여 상품 화폐 경제가 발달하였고 공인이 성장하게 되었다. 또한 도고라고 불리는 독점적 도매상인이 활동하기도 하였다.
② 조선 후기 정부가 설점수세제를 폐지하자 정부에 신고하지 않고 몰래 광산을 개발하였던 잠채가 성행하였다.
③ 조선 후기에는 일부 농민은 인삼·담배·쌀·목화·채소·약재 등과 같은 상품 작물을 재배해 높은 수익을 올렸는데, 특히 쌀의 상품화가 활발하였다.

24 대동법은 기존에 현물(토산물)로 납부하던 방식을 토지의 결수에 따라 쌀·삼베·무명·동전 등으로 납부하게 하는 제도였다.
① 인조는 풍년·흉년 관계없이 전세를 토지 1결당 미곡 4두로 고정(양척동일법)시켰는데, 이를 영정법이라 한다(1635).
③ 군역의 부담을 시정하고자 영조 때 균역법을 시행하였는데, 이를 통해 농민은 1년에 군포를 1필만 부담하게 되었다(1750).
④ 영조는 균역법의 시행으로 감소된 재정부분에 대하여 지주에게 토지 1결당 미곡 2두를 부담시켜 보충하였는데, 이를 결작이라고 한다. 이 외에도 선무군관포 및 어장세, 선박세 등 잡세로 보충하게 하기도 하였다.

정답 23 ④ 24 ②

25 다음 제시어들과 가장 관련 깊은 도시는?

- 정조
- 장용영
- 행궁
- 만석거

① 강화
② 수원
③ 개성
④ 광주

25 해당 제시어들은 경기도 수원시를 나타내고 있다.
- 정조는 친위 부대인 장용영을 설치하여 왕권을 뒷받침하는 군사적 기반을 갖추었는데, 장용영의 내영은 한성에, 외영은 수원 화성에 설치하여 병권을 장악하였다.
- 화성 행궁은 수원 화성 안에 건축된 행궁으로, 정조가 현륭원(현재의 융건릉)에 능행할 목적으로 건축하였다.
- 만석거는 수원 화성 성역이 한창 진행되고 있던 1795년, 가뭄을 극복하기 위해 황무지 위에 조성하였다.
① 강화도는 삼별초의 항쟁, 강화도 조약 등의 유적지이다.
③ 개성은 고려의 수도이다.
④ 광주는 광주 학생 항일 운동, 5·18 민주화 운동 등의 유적지이다.

26 다음 중 세도 정치 시기에 대한 설명으로 옳지 <u>않은</u> 것은?

① 소수의 유력한 가문이 비변사를 장악하였다.
② 관직을 사고파는 일이 성행하였다.
③ 청에 대한 반감으로 북벌이 추진되었다.
④ 삼정의 문란으로 농민 봉기가 빈번하게 발생하였다.

26 호란 이후인 효종 때 소중화 사상이 팽배하면서, 명에 대한 의리를 지키고 청 사상을 배척하며 청을 벌해야 한다는 북벌 운동이 전개되었다.
① 세도 정치란 국왕의 위임을 받아 정권을 잡은 특정인과 그 추종 세력에 의하여 이루어지는 정치 형태를 지칭하는데, 세도 가문들이 비변사와 3사 등의 권력을 독점하여 행사하는 정치 형태가 출현하게 되었다.
② 세도 정치 시기에는 불법적인 매관매직이 성행하였다.
④ 세도 정치 시기에는 삼정의 문란이 극에 달하여 홍경래의 난과 임술 농민 봉기와 같은 농민 봉기가 잇따랐다.

정답 25 ② 26 ③

27 흥선대원군은 통치 체제의 정비를 목표로 국가의 기본 법전인 『대전회통』과 6조의 행정 법규인 『육전조례』 등의 새로운 법전을 정비하고 간행하였다. 『대전통편』은 정조 때 편찬되었다.
① 흥선대원군은 비변사를 폐지하고 의정부와 삼군부의 기능을 부활시켜 각각 정치와 군사의 최고 기관으로 삼아 왕권을 강화하려 하였다.
② 흥선대원군은 종래 상민에게만 징수하던 군포를 양반에게도 징수하는 호포제를 실시하여 군정을 바로잡고 조세 부담을 공평히 하여 민생을 안정시키고자 노력하였다.
③ 고종 때 흥선대원군은 임진왜란 때 불타버린 경복궁을 중건하여 실추된 왕권을 확립하고자 하였다. 경복궁 중건은 막대한 재정이 드는 공사였기 때문에 원납전을 강제로 징수하고 당백전을 남발하였는데, 이 때문에 인플레이션 발생 등 경제 혼란을 초래하기도 하였다.

27 흥선대원군의 개혁 정치에 대한 설명으로 옳지 않은 것은?
① 비변사를 폐지하고, 의정부와 삼군부의 기능을 부활시켰다.
② 군포를 양반에게도 징수하는 호포제를 실시하였다.
③ 임진왜란 때 불타버린 경복궁을 중건하였다.
④ 『대전통편』, 『육전조례』 등 새로운 법전을 편찬하였다.

28 국채 보상 운동은 서상돈, 김광제 등이 국채 보상금을 모금하기 위해 대구에서 개최한 국민 대회를 계기로 시작되었다(1907).
① 독립협회는 중추원관제를 반포하여 의회 설립 운동을 추진하였다(1898).
② 러시아가 절영도의 조차를 요구하자 독립협회는 만민공동회를 배경으로 구국 운동 상소 운동(1898)을 전개하여 러시아의 요구를 좌절시켰다.
④ 독립협회는 서울에서 만민공동회와 관민공동회를 개최하여 헌의 6조(1898)를 결의하였다.

28 독립협회의 활동에 대한 설명으로 옳지 않은 것은?
① 중추원 개편을 통한 의회 설립을 추진하였다.
② 러시아의 절영도 조차 요구를 저지하였다.
③ 일본에게 진 빚을 갚자는 국채 보상 운동을 주도하였다.
④ 만민공동회를 개최하여 민권 신장을 추구하였다.

정답 27 ④ 28 ③

29 다음 설명과 가장 관련 깊은 인물은?

> 1907년에 양기탁, 신채호 등과 함께 비밀결사인 신민회를 조직하였고, 평양에 대성학교를 설립하여 인재 양성에 힘썼다. 105인 사건으로 신민회가 해체되자, 1913년 샌프란시스코에서 흥사단을 창설하여 본국에서 이루지 못한 대성학교, 신민회의 뜻을 실현하기 위하여 노력하였다.

① 조소앙
② 안창호
③ 박용만
④ 안중근

[도산 안창호의 활동]

시기	활동
1907	양기탁 등과 함께 신민회를 창설
1908	평양에 대성학교 설립(계몽 운동, 실력 양성)
1913	미국에서 흥사단(기독교 중심) 조직, 군인 양성, 외교에 노력, 잡지(동광) 발간
1918	중국 길림에서 무오 독립 선언을 발표
1923	임시정부 국민대표회의(개조파 참여)에서 실력 양성·외교 활동 주장
1926	베이징·상하이 등지에서 활동, 북경촉성회 창립(한국 독립 유일당)
1938	서울에서 별세

29 해당 제시문은 도산 안창호에 대한 설명이다. 안창호의 활동은 해당 문제 하단의 표와 같이 정리할 수 있다.
① 대한민국 임시정부는 조소앙의 삼균주의에 바탕을 둔 건국 강령을 발표하였는데(1941), 보통선거·의무 교육·토지 국유화·토지 분배·생산 기관의 국유화 등의 건국 목표를 세웠다.
③ 박용만은 하와이에서 가장 큰 군사 조직인 대조선국민군단(1914)을 조직하여 독립투쟁에 앞장섰다.
④ 간도와 연해주에서 의병으로 활약하던 안중근은 만주 하얼빈역에서 한국 침략의 원흉인 초대 통감 이토 히로부미를 처단하였다(1909).

정답 29 ②

30 산미 증식 계획은 1차 세계대전 이후 일본에서 이촌향도 현상이 진행되면서 쌀값이 폭등하여 혼란이 있을 무렵 시작한 것으로, 일제는 이를 통해 부족한 식량을 한반도에서 착취하려 했다(1920~1934). 그 결과 많은 수의 농민들이 몰락하여 만주, 연해주 등의 해외로 이주하기도 하였다.
① 일제가 강제로 수탈해 간 미곡이 증산량보다 많아 식량 부족이 심화되었다.
② 수리조합비, 비료 대금 등 농민부담이 늘어나 농가의 부채가 증가되어 많은 수의 농민층은 몰락하게 되었고, 대다수의 농민은 화전민이 되었다.
④ 일제는 쌀 수탈로 인한 국내의 식량문제를 만회하기 위하여 만주에서 조, 콩 등의 잡곡을 수입하였다.

31 일제는 1910년대에 토지 조사령(1912)을 발표하여 토지 조사 사업을 실시하였는데, 표면상 근대적 소유권이 인정되는 토지 제도를 확립한다고 선전하였으나, 실제로는 한국인 토지의 약탈, 토지세의 안정적인 확보, 그리고 지주층의 회유를 위한 것이었다.
① 창씨개명은 일제가 강제로 우리나라 사람의 성을 일본식으로 고치게 한 황국신민화의 일환으로, 일제는 1939년 조선민사령을 개정하여 창씨개명을 추진하였고 1940년부터 시행하였다.
② 일제는 1940년 『조선일보』, 『동아일보』 등 민족 신문을 폐간시켰다.
④ 1939년 일제는 국민 징용령을 실시하여 100만여 명의 청년들을 강제 징용하여 탄광, 철도 건설, 군수 공장 등에 동원하였다.

정답 30 ③ 31 ③

30 다음 중 산미 증식 계획에 대한 설명으로 옳지 않은 것은?
① 쌀 생산량의 증가보다 일본으로 수탈하는 양의 증가가 많았다.
② 수리조합비, 비료 대금 등 농민부담이 늘어났다.
③ 많은 수의 소작농이 산미 증식 계획을 통해 자작농으로 바뀌었다.
④ 만주로부터 조, 수수, 콩 등의 잡곡 수입이 증가하였다.

31 다음 중 민족 말살 정책에 대한 설명으로 옳지 않은 것은?
① 일본식 성과 이름으로 고치는 창씨개명을 시행하였다.
② 한글을 사용하는 신문과 잡지를 강제 폐간시켰다.
③ 토지 현황 파악을 위해 전국적으로 토지 소유권을 조사하였다.
④ 국민 징용령을 근거로 한국인이 공장에 강제 동원되었다.

32 다음 중 성격이 <u>다른</u> 하나는 무엇인가?

① 강제징용
② 신사참배 강요
③ 조선학 운동
④ 황국 신민화 정책

33 다음 제시어와 관련된 인물은 누구인가?

- 무정부주의
- 의열단
- 광복군 부사령관
- 조선민족혁명당

① 신채호
② 김원봉
③ 이동휘
④ 윤봉길

---

32 조선학 운동은 정인보, 문일평, 안재홍 등이 1934년 정약용의 『여유당전서』의 간행을 계기로 전개하였다. 1930년대 중반 조선학 운동은 일제와 극좌노선에 대응하려는 비타협적 민족주의 역사가들의 민족운동이었다. 조선학 운동은 기존의 민족주의 역사학이 국수적·낭만적이었다고 비판하고, 우리 학문의 주체성과 자주적인 근대 사상을 실학에서 찾으려고 하였다.
① 1939년 일제는 국민 징용령을 실시하여 100만여 명의 청년들을 강제 징용하여 탄광, 철도 건설, 군수 공장 등에 동원하였다.
② 일제는 곳곳에 신사를 세우고 한국인들로 하여금 강제로 참배하게 하였다.
④ 일제는 민족 말살 정책의 일환으로 황국 신민화를 강요하였고, 학교에서는 황국 신민의 서사를 암송시켰다.

33 김원봉은 만주 길림에서 의열단(1919)을 조직하였다. 이들은 신채호의 「조선혁명선언」(1923)을 행동강령으로 삼고, 조선총독부·경찰서·동양척식주식회사 등 식민지배 기구의 파괴 및 조선총독부 고위 관리와 친일파 처단을 목표로 1920년대 활발한 독립운동을 전개하였다. 이후 1937년 조선민족혁명당을 결성하고 산하에 조선의용대를 조직하였다.
김원봉은 자신이 이끌었던 조선의용대를 한국광복군에 편입시켰고, 한국광복군 부사령관으로 활동하였다.
① 신채호는 의열단의 행동 강령으로 김원봉의 요청을 받아 「조선혁명선언」을 작성(1923)하였다.
③ 이동휘는 신민회 조직에 참여하였고 대한민국 임시정부의 국무총리를 역임하였다.
④ 상하이 사변(1932)에서 승리한 일본이 상하이 훙커우 공원에서 전승 축하식을 거행하자 한인애국단 소속의 윤봉길은 식장을 폭파하였고, 많은 일본군 장성과 고관들을 처단하였다.

정답 32 ③ 33 ②

34 해당 제시문은 3·15 부정선거에 대한 설명이다. 이승만 정부는 부정과 부패, 장기 집권으로 민심을 잃은 상태에서 이승만과 이기붕을 각각 대통령, 부통령으로 당선시키고자 1960년 3월 15일 대대적인 부정선거를 자행하였다. 이에 대항하여 학생과 시민들이 중심이 되어 민주화 운동이 전개되었으며, 이승만 정부는 몰락하게 되었다(1960. 4. 19.).
② 1980년 신군부가 비상계엄을 전국으로 확대하였고 이에 반대하여 광주 민주화 운동이 전개되었다.
③ 전두환 정부의 4·13 호헌 조치에 반대하여 1987년 6월 민주 항쟁이 전개되었다.
④ 윤보선, 김대중, 문익환 등 재야 인사들이 명동성당에서 긴급조치의 철폐, 박정희 정권 퇴진, 민족 통일 운동을 추구할 것 등을 요구하는 3·1 민주 구국 선언을 발표하였다(1976).

34 다음 설명과 가장 관련 깊은 사건은?

> 정부는 사전 투표, 3인조·9인조 공개 투표, 투표소 앞 완장 부대 활용, 투표함 바꿔치기 등 대대적인 부정선거를 자행하였다.

① 4·19 대규모 시위 전개
② 5·18 민주화 운동
③ 6월 민주 항쟁
④ 3·1 민주 구국 선언

35 ⓒ 1960년 3·15 부정선거에 항의하는 시위가 확대되어 4·19 혁명이 전개되었다.
㉠ 1961년 5월 16일 박정희를 중심으로 하여 몇몇 군부 세력이 사회의 무질서와 혼란을 이유로 군사 정변을 일으켰다.
ⓒ 1965년 한일 국교 정상화로 인하여 우리 정부는 일본 정부로부터 무상 3억 달러, 유상 3억 달러의 차관을 제공받았다(박정희 정부).
ⓔ 1972년 7·4 남북 공동 성명을 발표한 직후 박정희 정부는 강력하고도 안정된 정부가 필요하다는 명분으로 비상계엄을 발령하고 10월 유신을 선포하였다.

35 다음 사건들을 시간 순서대로 옳게 나열한 것은?

> ㉠ 5·16 군사 정변
> ㉡ 4·19 혁명
> ㉢ 한일 협정
> ㉣ 10월 유신

① ㉠ → ㉡ → ㉢ → ㉣
② ㉡ → ㉠ → ㉢ → ㉣
③ ㉠ → ㉡ → ㉣ → ㉢
④ ㉡ → ㉠ → ㉣ → ㉢

정답 34 ① 35 ②

36 다음 중 1964년 6·3 시위의 원인이 된 사건은 무엇인가?

① YH무역 노동운동
② 남북 기본 합의서
③ 한일 협정
④ 7·4 남북 공동 성명

36 박정희 정부는 경제 개발에 필요한 자본을 확보하기 위하여 일본과의 국교 정상화를 추진하였다. 중앙정보부장 김종필과 일본 외상 오히라는 '무상 3억 달러, 정부 차관 2억 달러, 민간 상업 차관 1억 달러 이상' 등의 대일 청구권과 경제 협력 자금 공여에 합의하였으나 재일동포 문제와 문화재 반환 문제가 해결되지 않았고, 독도 문제는 언급하지도 않았다. 한일 회담의 추진은 시민과 대학생들의 대일 굴욕 외교 반대에 부딪혀 이른바 6·3 시위를 유발시켰다(1964). 그러나 정부는 계엄령을 선포한 후 한일 협정을 체결하였다(1965. 8. 15.).

① 1979년 YH무역 노동운동으로 인하여 신민당 당수인 김영삼 총재가 국회의원직에서 제명이 되어 부마항쟁이 전개되었으며, 곧바로 10·26 사태가 발생하였다.
② 1991년 노태우 정부는 남북 기본 합의서를 채택하여 남북한의 상호 화해와 불가침을 선언하였고 교류와 협력을 하기로 하였다.
④ 1972년 박정희 정부 때 남과 북은 자주 통일, 평화 통일, 민족적 대단결의 3대 통일 원칙을 발표하였다(7·4 남북 공동 성명).

정답 36 ③

37 '한강의 기적'이라고도 불리는 급속한 경제성장이 낳은 문제점이 아닌 것은?

① 소수 재벌에게 자본이 집중되어 정경유착이 심화되었다.
② 저임금과 저곡가 등으로 빈부의 격차가 심화되었다.
③ 미국과 일본에 대한 의존 심화와 외채가 급증하였다.
④ 경제가 발전함에 따라 민주주의도 한층 발전할 수 있었다.

37 한강의 기적이란 박정희 정부의 경제 개발 5개년 계획의 추진과 성공으로 1962~1981년 사이에 수출이 증대하는 등 아시아 신흥 공업국으로 발전을 이룩한 것을 의미한다. 박정희 정부의 경제성장 정책은 공업화의 급속한 추진으로 나타났고 일정 부분 성공했지만, 강력한 정부 주도의 경제성장은 민주주의를 억압하게 되는 계기가 되었다.
① 정부 주도로 인한 급속한 개발이었으므로 소수 재벌에게 자본이 집중되었고, 그에 따른 정경유착의 부패가 심화되었다.
② 급격한 개발로 인하여 빈부의 격차가 심화되었으며, 저임금과 저곡가, 선성장과 후분배 정책으로 노동 환경이 열악해지면서 노동 운동은 증가하였다.
③ 급속한 개발로 인한 불규칙적 경제 성장 때문에 미국과 일본에 대한 의존이 심화되었고 외채가 급증하였다.

38 다음 중 각 정부와 대표적 사건이 옳게 연결된 것은?

① 노태우 정부 – 남북 정상 회담 개최
② 김영삼 정부 – OECD 가입
③ 김대중 정부 – 금융실명제 전면 실시
④ 노무현 정부 – 국민교육헌장 제정

38 1996년 김영삼 정부는 경제협력개발기구(OECD)에 가입하였다.
① 제1차 남북 정상 회담은 2000년 김대중 정부에서 진행하였고, 제2차 남북 정상 회담은 2007년 노무현 정부에서 추진하였다. 또한, 2018년 문재인 정부의 판문점 회담이 있었다.
③ 김영삼 정부는 투명한 금융거래를 위해 금융실명제를 시행하였다(1993).
④ 민족주의적·국가주의적 교육 이념을 강조하기 위해 박정희 정부는 국민교육헌장을 선포하였다(1968).

정답 37 ④ 38 ②

39 다음 내용에 해당하는 것은 무엇인가?

> 제1조 남과 북은 서로 상대방의 체제를 인정하고 존중한다.
> 제9조 남과 북은 상대방에 대하여 무력을 사용하지 않으며 상대방을 무력으로 침략하지 아니한다.
> 제15조 남과 북은 민족 경제의 통일적이며 균형적인 발전과 민족 전체의 복리 향상을 도모하기 위하여 자원의 공동 개방, 민족 내부 교류로서의 물자 교류, 합작 투자 등 경제 교류와 협력을 실시한다.

① 6·23 평화 통일 선언
② 남북 기본 합의서
③ 한민족 공동체 통일 방안
④ 7·7 선언

---

39 해당 자료는 노태우 정부(1988~1993) 당시에 체결한 남북 기본 합의서이다(1991). 남북한은 상호 화해와 불가침을 선언하고 교류와 협력을 합의하였다.

① 1973년 박정희 정부는 6·23 평화 통일 선언을 발표하였는데, 남북 유엔 동시 가입 제의, 호혜 평등의 원칙하에 모든 국가에 문호 개방, 내정 불간섭 등에 반대하지 않는다는 내용으로 합의하였다.
③ 한민족 공동체 통일 방안은 1989년 노태우 정부 때 있었는데, 자주, 평화, 민주의 원칙 아래 남북 연합을 구성하여 남북 평의회를 통해 헌법을 제정하고 총선거를 실시하여 통일 민주공화국을 구성하자고 제안하였다.
④ 1988년 7·7 선언(민족의 자존과 통일 번영을 위한 특별선언, 1988)은 남북한 관계를 동반 관계, 나아가서는 함께 번영해야 할 민족 공동체 관계로 규정하였다.

정답 39 ②

40 남북한이 유엔에 동시 가입(1991)한 것은 노태우 정부 때이다.
② 노태우 정부 때 남북 기본 합의서(1991)에 의거하여 남북한은 상호 화해와 불가침을 선언하고 교류와 협력을 하였다. 또한 한반도의 비핵화에 관한 공동 선언을 채택하였다(1991. 12. 31.).
③ 김대중 정부(1998~2003) 시기의 6・15 남북 공동 선언(2000)은 분단 이후 처음으로 남북 정상이 평양에서 만나 합의한 것으로, 이 선언에서 남과 북은 경제 협력을 통해 민족의 신뢰를 구축하기로 합의하였다.
④ 노무현 대통령은 2007년 10월 평양을 방문하여 제2차 남북 정상 회담을 진행하였고 남과 북은 10・4 남북 공동 선언(평화 번영을 위한 선언)에 합의하였다.

40 다음 중 각 정부와 남북 교류 방안이 **잘못** 연결된 것은?

① 박정희 정부 - 남북한 유엔 동시 가입
② 노태우 정부 - 한반도의 비핵화에 관한 공동 선언
③ 김대중 정부 - 6・15 남북 공동 선언 발표
④ 노무현 정부 - 10・4 남북 공동 선언 발표

정답 40 ①

합격의 공식 시대에듀

교육은 우리 자신의 무지를 점차 발견해 가는 과정이다.

– 윌 듀란트 –

국사

핵심포인트

제1장 원시고대사회
제2장 중세사회
제3장 근대사회
제4장 현대사회

교육이란 사람이 학교에서 배운 것을 잊어버린 후에 남은 것을 말한다.

– 알버트 아인슈타인 –

제1장 원시고대사회

제1절 선사문화와 국가의 형성

1 원시사회의 전개

1. 자연환경과 한민족의 형성

(1) 자연환경의 변화
   ① **빙하기** : 중국 대륙과 한반도, 일본 열도 연결
   ② **간빙기** : 해수면의 상승으로 해안선이 변화하여 현재의 해안선이 형성됨

(2) 한민족의 형성

약 70만 년 전 구석기 시대부터 한반도에 사람이 거주하였고, 신석기 시대와 청동기 시대를 거치며 우리 민족의 근간이 형성됨

2. 원시사회의 문화 기출 22

(1) **구석기 시대** : 약 70만 년 전부터 시작
   ① **도구** : 뗀석기(주먹도끼·찍개·긁개) 사용
   ② **경제** : 수렵·채집 경제(사냥·어로·채집)
   ③ **주거** : 동굴이나 강가의 막집, 바위 그늘
   ④ **사회** : 가족 단위의 무리 생활, 이동 생활, 평등한 공동체 사회
   ⑤ **예술** : 풍부한 사냥감을 기원하는 동물 조각이나 그림이 발견됨 → 주술적 성격
   ⑥ **유적지**
      ㉠ 동굴 : 상원 검은모루동굴, 제천 점말동굴
      ㉡ 강가 : 공주 석장리, 제천 사기리

(2) 중석기 시대
  ① 의미 : 구석기 시대에서 신석기 시대로 넘어가는 전환기
  ② 특징 : 활이나 창 등을 사용, 잔석기, 이음도구 제작(슴베찌르개) 등

(3) 신석기 시대 : 약 B.C. 8,000년경부터 시작
  ① 경제 : 생산 경제와 원시 수공업 발달, 가축 사육 및 움집 생활, 정착 생활
    ㉠ 경제 : 농경 생활 시작(신석기 혁명) → 탄화된 좁쌀 발견(조·피·수수 등 곡류 경작), 갈돌과 갈판(곡물을 가는 데 사용), 가락바퀴와 뼈바늘(옷이나 그물 제작 → 원시적 수공업)
    ㉡ 도구 : 간석기 사용(돌괭이, 돌살, 돌보습, 돌낫 등), 토기 사용(이른민무늬 토기, 덧무늬 토기, 눌러찍기무늬 토기, 빗살무늬 토기 등) 기출 24
  ② 주거 : 강가·바닷가 → 움집(중앙에 화덕이 놓인 원형, 모가 둥근 방형)
  ③ 사회 : 씨족을 기본 구성단위로 한 부족사회(족외혼), 평등사회
  ④ 신앙 : 농경 생활 이후 자연의 섭리 생각 → 애니미즘, 샤머니즘, 토테미즘, 영혼·조상 숭배
  ⑤ 예술 : 흙으로 빚어 구운 얼굴 모습, 조개껍데기 가면, 짐승 뼈로 만든 장신구, 치레걸이
  ⑥ 유적지 : 강가, 해안가(웅기 굴포리, 서울 암사동, 하남 미사동, 제주 한경 고산리, 평양 남경)

2 국가의 형성과 문화

1. 청동기·초기 철기 시대

(1) **청동기의 보급** : B.C. 2,000년~1,500년부터 보급 → 생산 경제의 발달 기출 25, 23
  ① **청동 제품** : 비파형 동검, 거친무늬 거울
  ② **석기** : 반달돌칼, 바퀴날도끼
  ③ **토기** : 민무늬 토기, 미송리식 토기, 붉은 간토기 등
  ④ **무덤** : 고인돌(지배층의 무덤, 탁자식·바둑판식), 돌널무덤

(2) **철기의 사용** : B.C. 4세기경부터 사용
  ① **철기** : 철제 농기구의 사용으로 농업 생산력 증가, 철제 무기 사용
  ② **청동기** : 의식용 도구로 변화, 독자적인 청동기 문화 발달(세형 동검, 잔무늬 거울, 거푸집 발견)
  ③ **토기** : 덧띠 토기, 검은 간토기 등
  ④ **무덤** : 널무덤, 독무덤
  ⑤ **중국과의 교류** : 명도전·반량전·오수전 등의 중국 화폐 출토, 경남 창원 다호리 유적의 붓 발견(한자 사용)

(3) **사회의 발전**
　① **경제의 변화** : 밭농사 중심, 저습지에서 벼농사 시작 → 어로・사냥의 비중 감소
　② **주거 생활**
　　㉠ 인구 증가로 배산임수의 지형에 취락 형성
　　㉡ 장방형 움집 → 지상 가옥화
　　㉢ 주거용(4~8명)뿐 아니라 공공장소도 존재
　③ **사회의 변화** : 생산 경제의 발달
　　㉠ 잉여 생산물의 발생 → 사유재산의 발생 → 빈부의 차이 발생
　　㉡ 계급의 발생(평등사회 → 계급사회)
　　㉢ 군장의 출현 : 청동기가 일찍 유입된 북부 지역부터 등장(고인돌)
　　㉣ 선민사상의 발생 : 우세한 부족은 약한 부족을 정복하고 공납 요구
　　㉤ 남녀 역할 분화 : 남성(전쟁・농경) 중심의 경제 체제 발생

(4) **예술의 특징** : 종교와 밀착된 모습을 띰
　① **바위그림** : 울주 대곡리 반구대 암각화(동물 – 사냥과 어로의 풍성함 기원), 고령 장기리 암각화(동심원 – 태양의 상징, 농경의 풍요 기원)
　② **청동 제품** : 장식용으로 미의식・생활 모습 표현
　③ **토우** : 주술적 의미

3 고조선의 건국

(1) **고조선** : 청동기를 바탕으로 한 최초의 국가
　① **성립** : 군장사회의 통합 → 단군왕검의 건국(B.C. 2333)
　② **영역** : 요령 지방을 중심으로 성장하여 만주와 한반도 일대에 분포(비파형 동검, 미송리식 토기, 탁자식 고인돌 등으로 추정)
　③ **단군의 건국 이야기(단군신화)** : 「삼국유사」 등에 수록
　　㉠ 선민의식 : 환웅 부족이 하늘의 자손임을 내세워 우월성 과시
　　㉡ 토테미즘 : 환웅 부족과 곰 부족의 결합(부족 연맹체)
　　㉢ 농경사회 : '풍백, 우사, 운사'가 '바람, 비, 구름' 주관
　　㉣ 제정일치의 사회 : 단군왕검
　　㉤ 홍익인간의 건국 이념 : 새로운 사회질서의 성립

④ **사회** : 8조법(「한서지리지」에 3개 조목만이 전함) 기출 24
  ㉠ 생명과 사유재산 중시
  ㉡ 가부장적인 가족 제도 형성(부녀자의 정절 중시)
  ㉢ 형벌 제도 존재(절도죄 → 노비)

> **체크 포인트**
>
> 8조법(한서지리지)
> • 사람을 죽인 자는 사형에 처한다.
> • 상처를 입힌 자는 곡식으로 배상케 한다.
> • 남의 물건을 훔친 자는 노비로 삼는다(단, 노비에서 면제받으려면 500,000냥을 내야 한다).

(2) **고조선의 성장**
  ① **정치** : '준왕', '부왕' 등 강력한 왕 등장, 관직 설치(상, 대부, 장군)
  ② **성장** : 기원전 7세기경 산둥반도에 있던 제나라와 교역, 요서 지방을 경계로 연나라와 대립
    → 연나라 장수 '진개'의 침입으로 수도를 왕검성으로 옮김

(3) **위만의 집권과 고조선의 멸망** 기출 21
  ① **위만의 집권** : 준왕을 몰아내고 스스로 왕이 됨(B.C. 194)
  ② **사회의 변화**
    ㉠ 철기 문화의 본격적 수용 : 농업, 수공업 발달
    ㉡ 한·진·예 사이에서 중계무역으로 성장
  ③ **고조선의 멸망** : 한의 침입으로 왕검성 함락(B.C. 108)
  ④ **한군현의 설치** : 토착민의 반발로 세력 약화 → 고구려의 공격으로 낙랑군 멸망(313)

4 여러 나라의 성장 [기출] 24

구분	부여	고구려	옥저	동예	삼한		
					마한	진한	변한
위치	만주 쑹화강 유역 (평야지대)	압록강 유역의 졸본 → 국내성	함경도, 강원도 북부 동해안 (해안지대)		한강 이남(평야지대)		
정치	• 부족 연맹 (왕-중앙, 제가 -사출도) • 1책 12법	• 5부족 연맹(계루부, 소노부, 순노부, 관노부, 절노부) • 제가 회의 • 1책 12법	읍군, 삼로라는 군장이 지배 (왕이 없음)		• 목지국(마한) : 삼한 전체의 영도세력 • 신지·견지(대군장), 부례·읍차(소군장)		
경제	• 농경, 목축 • 특산물(말, 주옥, 모피)	• 토지 척박 : 약탈경제 • 옥저로부터 공납을 받음	해산물 풍부 (어물, 소금)	방직기술 발달 (단궁, 과하마, 반어피)	• 벼농사 발달(철제기구, 저수지) • 철의 생산, 화폐(철괴) 사용(변한) 및 수출(낙랑, 왜)		
풍습	• 순장 • 우제점법 • 형사취수제	• 데릴사위제(서옥제) • 조상신 제사	• 민며느리제 • 가족 공동 무덤(골장제)	• 족외혼 • 책화	• 제정분리(천군 : 소도 주관) • 초가지붕의 반움집, 귀틀집 • 두레조직(공동작업)		
제천 행사	영고(12월)	동맹(10월)	–	무천(10월)	• 수릿날(5월) • 계절제(10월)		

> **용어사전**
> • **사기** : 한의 사마천이 한 무제 때까지의 중국사를 편찬한 기전체 역사서
> • **족외혼** : 신석기 시대는 씨족을 단위로 하는 폐쇄적인 독립사회였으나, 결혼만은 예외로 다른 씨족에서 배우자를 구하는 풍습을 가짐
> • **애니미즘** : 농사에 큰 영향을 미치는 자연이나 자연현상에 정령이 있다고 믿는 신앙
> • **샤머니즘** : 인간, 영혼, 하늘을 연결해 주는 존재인 무당과 그 주술을 믿는 신앙
> • **토테미즘** : 자기 부족의 기원을 특정 동식물과 연결해 숭배하는 신앙
> • **배산임수** : 뒤에는 산이 있고, 앞에는 물이 흐르는 지형
> • **홍익인간** : 인간을 널리 이롭게 함
> • **단군 건국 신화의 수록 문헌** : 한서지리지, 삼국유사(일연), 제왕운기(이승휴), 응제시주(권남), 세종실록지리지(춘추관), 동국여지승람(노사신)

연습문제

다음 지도는 지금까지 알려진 고대 야철지와 현대 철광석 산지의 분포를 나타낸 것이다. 이와 관련하여 우리나라 철기 문화를 바르게 설명한 것은?

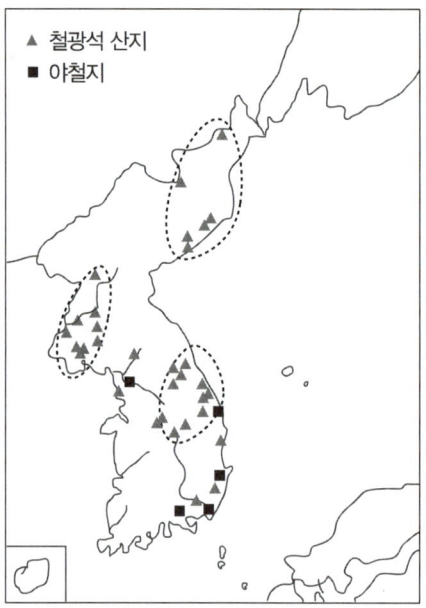

① 관서 지역에서는 고구려에 의하여 철이 생산되기 시작하였다.
② 변한에서는 덩이쇠를 생산하여 교역에서 화폐처럼 사용하였다.
③ 관북 지역은 우리나라 최대 철산지로 철광석의 품위가 가장 높다.
④ 마한 남부 소국들은 철을 많이 생산하여 낙랑, 왜 등에 수출하였다.

해설 지도를 보면 고대 야철지의 주요 분포는 한강 하류 지역과 낙동강 유역이다. 낙동강 유역에 있던 국가는 변한으로, 철 생산량이 많고 그 질이 뛰어나서 낙랑과 왜에 수출하는 한편 그 덩이쇠를 화폐처럼 사용하였다.

정답 ②

제2절 고대사회의 발전

1 삼국과 전기 가야 연맹의 성립

1. 고대 국가의 성격과 성립

(1) 고대 국가의 성격

① **발전 과정** : 여러 소국(군장 국가) → 연맹 왕국 → 중앙집권적인 고대 국가
② **특징** : 왕권 강화(정복 활동), 통치 체제 정비(율령 반포), 불교 수용(집단의 통합 강화)

(2) 삼국의 성립

고구려	부여의 유이민 + 압록강 유역 토착민 → 태조왕(2세기) 옥저 정복, 계루부 중심으로 5부 연합, 요동 지방 공격
백제	북방의 유이민 + 한강 유역 토착민 → 마한의 소국, 온조(하남 위례성으로 천도) → 고이왕(3세기) 때 한군현과 항쟁, 집권적 관제(6좌평) 정비, 관리의 복색 제정
신라	북방의 유이민 + 한강 동남부 유역 토착민 → 사로국, 박혁거세(경주) → 6부족 연맹체(이사금 선출) → 내물왕(4세기) 때 김씨에 의한 왕위 계승권 확립, 마립간 칭호, 호우명 그릇

2. 가야의 성립과 후기 가야 연맹

(1) 가야의 성립 기출 22

성립	낙동강 하류의 변한 지역, 3세기경 김해의 금관가야가 연맹을 주도함
경제	농경 및 철기 문화 발달, 철(덩이쇠)을 생산·수출함 → 낙랑과 왜를 연결하는 중계무역
변천	4세기 말~5세기 초 광개토대왕이 보낸 고구려군의 공격으로 쇠퇴함

(2) 후기 가야 연맹

형성	5세기 말 고령 지방의 대가야가 새로운 맹주로 등장
변천	6세기 초 신라와 결혼 동맹
멸망	김해의 금관가야 신라에 병합(532), 대가야가 신라에 멸망(562)

2 삼국의 정치적 발전

1. 중앙집권화의 진전

(1) 고구려의 발전 기출 24
  ① 고국천왕(2세기 말)
    ㉠ 왕위 계승 : 형제 상속 → 부자 상속
    ㉡ 행정구역 개편 : 부족적 전통의 5부 → 행정적 5부
    ㉢ 족장들의 중앙 귀족화
    ㉣ 을파소 등용, 진대법 실시(빈민 구제)
  ② 미천왕(4세기) : 서안평 점령, 낙랑 축출(대동강 유역 확보), 요동 지역으로 세력 확대
  ③ 소수림왕 기출 23
    ㉠ 불교 수용(372), 태학의 설립
    ㉡ 율령 반포 → 중앙집권 국가로의 체제 정비 기출 25
  ④ 광개토대왕
    ㉠ 고구려의 전성기, 독자적 연호 '영락' 사용
    ㉡ 후연을 격파하여 요동을 포함한 만주 지역 차지
    ㉢ 신라를 도와 왜군 격퇴(광개토대왕릉비, 호우명 그릇)
    ㉣ 백제 압박 : 한반도 남부까지 영향력 행사
  ⑤ 장수왕
    ㉠ 평양으로 천도(427) → 남진 정책 → 나제 동맹의 계기 → 남한강 상류 진출
    ㉡ 남북조와 수교(송, 북위), 경당 설립 기출 24
    ㉢ 백제 공격(475) → 수도 한성 함락(백제 개로왕 전사)
    ㉣ 광개토대왕릉비와 충주 고구려비 건립

(2) 백제의 발전
  ① 근초고왕
    ㉠ 백제의 전성기(4세기)
    ㉡ 고구려의 평양성 공격(고구려 고국원왕 전사), 마한 지역의 병합, 낙동강 유역의 가야 지배권 행사
    ㉢ 중국의 요서·산동 지방과 왜의 규슈 지방으로 진출
  ② 침류왕 : 동진으로부터 불교 수용(384)
  ③ 개로왕·문주왕 : 고구려의 남하 정책으로 한강 유역 상실(개로왕), 웅진 천도(문주왕, 475)
  ④ 무령왕 : 22담로에 왕족 파견(지방에 대한 통제 강화), 남조 문화 도입(무령왕릉, 양직공도) 기출 21
  ⑤ 성왕(6세기, 중흥기) 기출 24
    ㉠ 사비 천도(국호 : 남부여) : 중앙 행정 정비
    ㉡ 신라와 한강 유역 일시 회복 : 신라의 한강 유역 독점으로 나제 동맹 결렬, 관산성 전투에서 전사
    ㉢ 중국의 남조와 활발한 교류, 불교 진흥, 일본에 불교 전파

(3) 신라의 발전 : 6세기부터 비약적으로 발전

① **지증왕** 기출 24
  ㉠ 국호 : '신라'로 개칭
  ㉡ '왕'이라는 칭호 처음 사용
  ㉢ 수도, 지방 행정구역 정비, 동시전 설치, 우산국(울릉도) 정복
  ㉣ 농업의 발달 : 우경 실시

② **법흥왕**
  ㉠ 불교 공인, 율령 반포(17관등 및 백관의 공복 제정) → 울진 봉평 신라비 기출 25
  ㉡ 병부 설치, 상대등 제도 실시
  ㉢ 김해의 금관가야 병합(532)
  ㉣ 독자적 연호 사용(건원) → 중앙집권 체제 완비

③ **진흥왕** 기출 22
  ㉠ 대가야 합병 → 낙동강과 한강 유역 장악 → 나제 동맹 결렬 → 삼국 통일의 토대 마련
  ㉡ 함경도까지 진출(단양적성비, 4개의 순수비 건립), 화랑도 개편, 불교 교단 정비(황룡사 건립)

구분	고구려	백제 기출 23	신라 기출 24
건국	주몽(B.C. 37)	온조(B.C. 18)	박혁거세(B.C. 57)
2세기	• 태조왕 : 옥저 정복, 계루부 고씨의 왕위 세습 • 고국천왕 : 왕위의 부자 세습, 5부제 정비(행정적 성격)	–	–
3세기	동천왕 : 위 관구검의 침입으로 옥저로 이동	고이왕 : 관제 정비, 관복 제정, 율령 반포, 한강 유역 통합 기출 25	–
4세기	• 미천왕 : 시안평 점령, 낙랑 축출(313) • 고국원왕 : 백제의 침략으로 전사 • 소수림왕 : 율령 반포, 불교 수용, 태학 설립 기출 25	• 근초고왕 : 마한 정복, 고구려 공격, 중국의 요서·산둥 및 왜의 규슈 진출, 왕위의 부자 세습 • 침류왕 : 불교 수용	내물왕 : 낙동강 녹쪽 신한 시역 차지, 김씨의 왕위 세습(마립간 칭호), 고구려의 원조로 왜구 격퇴(호우명 그릇)
5세기	• 광개토대왕 : 만주, 요동 확보 • 장수왕 : 외교의 다변화(중국의 분열 이용), 평양 천도, 남진 정책(남한강 유역 진출, 중원 고구려비)	• 비유왕 : 나제 동맹 • 개로왕 : 한강 유역 상실 • 문주왕 : 웅진(공주) 천도 • 동성왕 : 혼인으로 나제 동맹 강화	• 눌지왕 : 나제 동맹, 불교 전래 • 소지왕 : 혼인으로 나제 동맹 강화
6세기	양원왕 : 신라 진흥왕에 한강유역 상실	• 무령왕 : 22담로에 왕족 파견, 중국 남조의 양과 친교 • 성왕 : 사비(부여) 천도, 한강 일시 회복	• 지증왕 : 국호 신라, 왕호 사용, 우산국 점령 • 법흥왕 : 율령 반포, 불교 공인, 골품제 정비, 병부·상대등 설치 • 진흥왕 : 화랑도 정비, 대가야 정복, 함경도까지 영토 확장

2. 삼국 간의 경쟁과 대외 관계

(1) **삼국 간의 항쟁** : 5세기 이후 본격적으로 돌입

① 중국과의 상호 견제
② 서로의 문화 수입에 적극적
③ 한강을 둘러싸고 협력·대립 지속

제1기(5세기)	고구려(남진 정책) → 나제 동맹 → 고구려가 남한강 유역까지 진출
제2기(6세기)	• 신라의 영토 확장 : 한강 유역 장악 • 의의 : 삼국 항쟁의 주도권 획득, 중국과 독자적인 외교 가능
제3기(7세기)	신라(수·당과 연합)의 삼국 통일 → 당 축출 → 자주적 통일

(2) **삼국의 대외 관계**

① **고구려** : 한군현과의 항쟁 속에서 성장 → 민족의 방파제 역할
② **백제**
  ㉠ 웅진 천도 → 남조와 긴밀한 관계
  ㉡ 왜와 친교 관계 유지(칠지도) → 왜를 한반도에 끌어들여 삼국 항쟁에 이용
③ **신라** : 고구려, 백제를 통하여 중국과 교류 → 한강 유역 차지 후 직접 교류

(3) **고구려의 대외 전쟁**

① **수와의 전쟁** : 고구려가 요서 지방 공격 → 수 문제와 양제의 침입 → 살수에서 수군 격파(612, 살수대첩, 을지문덕) → 국력 소모로 수 멸망 기출 23
② **당과의 전쟁** : 친선 도모(도교의 전래) → 천리장성 축조(대당 강경책) → 당 태종의 침입 → 안시성 전투에서 당군 축출(645)

3. 신라의 삼국 통일

(1) **백제와 고구려의 멸망** 기출 25

① **백제의 신라 공격** : 한강 유역을 빼앗긴 이후 관계 악화 → 의자왕의 신라 공격 → 신라의 대야성과 당항성 등을 함락시킴
② **김춘추의 외교 정책** : 백제의 공격 → 고구려에 원병 요청 → 고구려의 거절 → 당으로 건너가 나·당 연합 결성
③ **나·당 연합 결성(648)** : 고구려 멸망 이후 대동강 이북의 땅을 당에 건네주기로 약속
④ **백제 멸망(660)** : 나·당 연합군의 공격 → 신라 김유신과 백제 계백의 황산벌 전투(660) → 사비성 함락, 백제 멸망
⑤ **고구려 멸망(668)** : 나·당 연합군의 공격 → 평양성 함락

(2) 백제와 고구려의 부흥 운동 기출 24

구분	백제	고구려
중심 인물	• 주류성 : 복신, 도침 • 임존성 : 흑치상지 • 백강 싸움(663) : 왜의 백제 부흥 운동 지원	• 한성(황해도 재령) : 검모잠, 안승 • 오골성 : 고연무 • 금마저(익산) : 안승(보덕국) → 신라의 지원

(3) 나·당 전쟁(670~676)과 신라의 삼국 통일 기출 25, 24

① **당의 한반도 지배 야욕** : 한반도에 웅진 도독부(백제의 옛 땅), 계림 도독부(경주), 안동 도호부(고구려의 옛 땅)를 설치

② **나·당 전쟁**
  ㉠ 매소성 전투(675) : 당의 20만 대군을 물리침 기출 23
  ㉡ 기벌포 전투(676) : 당의 수군을 물리침으로써 나·당 전쟁이 끝남 → 삼국 통일 완성(676)

③ **삼국 통일의 의의와 한계**
  ㉠ 의의 : 당 세력 축출, 고구려·백제 문화 수용 → 민족 문화 발전의 토대 마련
  ㉡ 한계 : 외세 이용, 대동강에서 원산만까지의 경계 이남의 땅 차지, 불완전한 통일

용어사전

- **율령** : 율(律)은 형법, 령(令)은 행정법을 말하며, 율령의 반포는 중앙집권 국가 체제가 정비되었음을 의미함
- **신라 왕호의 변화** : 거서간 → 차차웅 → 이사금 → 마립간 → 왕으로 바뀜
- **안시성 전투(645)** : 당은 50만 명을 동원하여 60여 일에 걸쳐 흙으로 높은 산을 쌓고 이를 발판으로 성을 공격하였으나, 성주와 군민의 저항으로 끝내 함락하지 못함
- **천리장성** : 고구려가 당나라의 침입을 막기 위해 서쪽 변경(오늘날의 요동 지방)에 쌓은 장성
- **황산벌 전투(660)** : 백제의 계백 장군은 신라군과 충청남도 논산시 연산면 일대의 황산벌에서 전투를 벌였으나 패함

연습문제

삼국 간의 경쟁 과정에서 일어난 사건을 순서대로 바르게 나열한 것은?

㉠ 백제 성왕이 관산성 전투에서 전사하였다.
㉡ 백제 의자왕은 신라의 대야성을 함락시켰다.
㉢ 고구려 광개토대왕은 신라 지역으로 쳐들어온 왜의 침략을 격퇴하였다.
㉣ 백제는 고구려의 침략으로 말미암아 수도를 웅진으로 옮겼다.

① ㉡ - ㉢ - ㉣ - ㉠
② ㉢ - ㉠ - ㉣ - ㉡
③ ㉢ - ㉣ - ㉠ - ㉡
④ ㉣ - ㉢ - ㉡ - ㉠

> 해설 ⓒ 400년 광개토대왕이 신라에 침입한 왜의 군대를 격퇴하였다.
> ㉣ 475년 백제는 웅진으로 천도하였다.
> ㉠ 554년 백제 성왕이 관산성 전투에서 전사하였다.
> ㉡ 642년 백제 의자왕은 신라의 요충지인 대야성을 함락하였다.
>
> 정답 ③

3 삼국의 사회와 경제

1. 고대의 사회 체제

본인의 능력보다 친족의 사회적 위치에 따라 개인의 지위가 결정되는 엄격한 신분제 사회

(1) 고구려
① 왕족 고씨와 5부 출신 귀족의 연합
② 자기 병력 소유 → 국가동원 시 군관인 대모달·말객이 지휘
③ 대부분 자영농민 → 진대법 실시(빈민 구제)
④ 제가 회의 → 귀족 회의에서 중대사 결정

(2) 백제
① 왕족 부여씨와 8성 귀족의 연합
② 대부분 농민이며, 천민·노비도 다수 존재
③ 일찍부터 중국과 교류
④ 정사암 회의 → 중대사 결정 기출 22

(3) 신라
① 씨족사회의 전통을 계승·발전시킨 제도 : 화백회의, 화랑도
  ㉠ 화백 회의 : 집단의 부정 방지 및 단결 강화
    → 귀족과 왕권 사이의 권력 조절
  ㉡ 화랑도(세속오계) : 진흥왕 때 국가적 조직으로 확대 → 계층 간의 갈등 완화
② 골품제
  ㉠ 성립 : 왕권이 강화되면서 각 족장 세력을 통합·편제 → 세력에 따라 4, 5, 6두품의 신분 부여

[골품과 관등표]

ⓛ 기능
- 친족 집단에 따라 개인의 지위 결정 : 특수한 경우 신분의 상승과 편입 가능
- 사회활동과 정치활동(관직 진출)의 범위 규정 : 관등 조직과 관련

2. 고대의 경제생활

(1) 농업·수공업·상업
  ① **농업** : 철제 농기구 보급, 우경 장려, 저수지 축조, 휴한 농경
  ② **수공업·상업**
    ㉠ 관청에서 필요한 물품을 생산, 시장 설치(신라의 동시), 시장 감독 관청 설치(신라의 동시전)
    ㉡ 농민 보호책 : 고구려 고국천왕 때 을파소의 건의로 진대법 실시(흉년에 곡식 배급)

(2) 수취 제도와 경제생활
  ① **수취 제도** : 조세(곡물과 포 징수), 공물(특산물 부과), 역(15세 이상 남자 동원)
  ② **경제생활**
    ㉠ 귀족 : 자신의 토지와 노비(국가가 준 녹읍·식읍·노비) 소유
    ㉡ 농민 : 자기 소유지나 부유한 자의 토지를 빌려 경작

연습문제

다음 제시문과 관련된 국가와 그 제도를 바르게 짝지은 것은?

(가) 재상을 뽑을 때에 후보 3~4명의 이름을 씨서 상자에 넣고 봉해 바위 위에 두었다가 일마 후에 열어 보고 그 이름 위에 도장이 찍혀 있는 사람을 재상으로 삼았다.
(나) 네 곳의 신령스러운 땅이 있어서 나라의 큰일을 의논할 때에는 대신들이 그곳에 모여서 의논하면 그 일이 꼭 이루어졌다. 한 사람이라도 반대하면 통과하지 못하였다.
(다) 범죄자가 있으면 제가들이 모여서 논의하여 사형에 처하고, 처자는 몰수하여 노비로 삼는다.

	(가)	(나)	(다)
①	백제-정사암 회의	신라-화백 회의	고구려-제가 회의
②	고구려-제가 회의	신라-화백 회의	백제-정사암 회의
③	고구려-제가 회의	백제-정사암 회의	신라-화백 회의
④	백제-정사암 회의	고구려-제가 회의	신라-화백 회의

> **해설** 삼국의 귀족 회의체
> - 고구려의 제가 회의 : 고구려 때 국가의 정책을 심의하고 의결하던 귀족 회의로, 제가들이 모여서 중대사를 결정하였다.
> - 백제의 정사암 회의 : 정사암이라는 바위에 귀족들이 모여 국가의 중대한 일을 의논하였다.
> - 신라의 화백 회의 : 부족 대표들이 모여 중요 사항을 합의하여 만장일치제로 처리하였다.
>
> **정답** ①

> **용어사전**
> - **집사부** : 신라 시대의 왕 직속 행정기구
> - **화백 회의** : 상대등을 의장으로 하는 신라의 만장일치제 귀족 회의
> - **진대법** : 춘궁기에 곡식을 백성들에게 빌려주었다가 추수 때 갚게 하는 고구려의 빈민 구제 제도
> - **녹읍** : 조세 · 공물 · 노동력까지 징발 가능한 토지
> - **왕토 사상** : "모든 토지가 왕의 토지가 아닌 것이 없고, 모든 국민은 왕의 신하가 아닌 사람이 없다."

4 삼국 문화의 발달

1. 삼국의 학문과 과학기술

(1) 삼국의 학문

① 고구려
　㉠ 교육 제도 : 태학(유교 경전 · 역사서 교육), 경당(한학 · 무술 교육) 기출 24
　㉡ 역사 편찬 : 「유기」 편찬, 이문진의 「신집」 5권(영양왕)

② 백제
　㉠ 교육 제도 : 5경 박사, 의박사, 역박사(유교 경전과 기술학 교육)
　㉡ 역사 편찬 : 고흥의 「서기」 편찬(근초고왕)

③ 신라
　㉠ 교육 제도 : 임신서기석(청소년들이 유교 경전을 공부하였음을 알 수 있음)
　㉡ 역사 편찬 : 거칠부의 「국사」 편찬(진흥왕)

(2) 삼국의 과학기술

① **고구려** : 고분 벽화의 별자리를 그린 천문도 → 조선 시대 천상열차분야지도에 영향
② **백제**
　㉠ 백제 금동 대향로 : 신선들이 사는 이상 세계를 표현한 걸작품, 부여 능산리 고분군 절터에서 발견, 도교 사상의 영향

ⓒ 칠지도 : 4세기 후반 백제에서 만들어 왜에 보낸 칼, 강철로 만들고 금으로 글씨를 상감해 새겨 넣음
③ **신라** : 첨성대(선덕여왕, 천문대) 축조, 금관 제작

2. 삼국의 종교

(1) 불교
① **고구려** : 중국 전진으로부터 전래, 소수림왕 때 공인(372)
② **백제** : 중국 동진으로부터 전래, 침류왕 때 공인(384)
③ **신라** : 고구려로부터 전래, 법흥왕 때 이차돈의 순교로 공인(527), 불교식 왕명 사용, 원광의 세속 5계(호국불교)

(2) 도교
① **특징** : 산천 숭배나 신선 사상과 결합, 귀족들의 환영
② **유물** : 백제(산수무늬 벽돌, 금동 대향로, 사택지적비), 고구려(도교의 방위신을 그린 사신도 - 강서대묘)

3. 삼국의 고분·예술

(1) 삼국의 고분과 고분 벽화
① **고구려** 기출 21
  ㉠ 초기 : 돌무지무덤 → 만주 집안(지안) 일대에 다수 분포, 장군총이 대표적
  ㉡ 후기 : 굴식 돌방무덤(돌로 널방을 짜고 그 위에 흙으로 덮어 봉분을 만든 것, 모줄임 천장 구조) → 벽화 발견, 만주 집안, 평안도 용강, 황해도 안악 등지 분포
  ㉢ 고구려 고분 벽화 : 무덤 주인의 생활 표현(초기) → 사신도 같은 추상적인 방위신 그림(후기)
② **백제**
  ㉠ 한성 시대 : 계단식 돌무지무덤(고구려의 영향 - 서울 석촌동 고분) → 백제 건국 이야기 뒷받침
  ㉡ 웅진 시대 : 굴식 돌방무덤, 벽돌무덤(중국 남조의 영향 - 무령왕릉)
  ㉢ 사비 시대 : 굴식 돌방무덤
③ **신라** : 돌무지덧널무덤(도굴이 어려움, 껴묻거리가 많이 남아 있음 - 천마총) → 삼국 통일 직전 굴식 돌방무덤 등장

(2) 삼국 및 가야의 예술
① 탑
㉠ 고구려 : 주로 목탑, 현존하는 것이 없음
㉡ 백제 : 익산 미륵사지 석탑[현존 최고(最古) 목탑 양식 석탑, 금제 사리 봉안기 발견], 부여 정림사지 오층석탑(미륵사지 석탑 계승)
㉢ 신라 : 경주 분황사 모전석탑(자연석을 벽돌 모양으로 다듬어 쌓은 탑), 경주 황룡사 구층목탑(자장의 건의로 건축, 몽골의 침입으로 소실)
② 불상
㉠ 고구려 : 금동 연가 칠년명 여래입상(중국 북조 양식을 따르면서도 고구려의 독창성을 보여줌)
㉡ 백제 : 서산 용현리 마애여래삼존상('백제인의 미소'로도 불림)
㉢ 신라 : 경주 배동 석조여래삼존입상(푸근한 자태와 온화한 미소의 신라 조각의 정수)
㉣ 미륵보살 반가상 : 삼국은 공통적으로 탑 모양의 관을 쓰고 있는 금동 미륵보살 반가상을 많이 제작
③ 비석
㉠ 고구려 : 광개토대왕릉비(고구려의 영토 확대와 신라에 침입한 왜구 격퇴 등 기록), 충주(중원) 고구려비(한반도 유일한 고구려 비석, 고구려 남한강까지 영토 확장 기념)
㉡ 백제 : 사택지적비 → 사택지적이 인생의 무상함을 한탄하는 내용(노장사상)
㉢ 신라 : 단양 적성비(진흥왕이 한강 상류 지역에 진출한 것 입증), 북한산 순수비(진흥왕이 한강 하류 지역에 진출한 것 입증, 김정희가 고증)
④ 가야 : 철제 갑옷, 가야금(우륵), 금관, 가야 토기 등 → 가야의 철제 기술과 높은 문화 수준을 알 수 있음

4. 삼국의 대외 교류

(1) 중국, 서역과의 대외 교류
① 고구려 : 각저총의 씨름도(서역인으로 추정)
② 백제 : 무령왕릉(중국 남조의 영향), 양직공도(백제 사신의 모습이 보임)
③ 신라 : 황남대총 유리잔(로마의 유리 제품), 금제 장식 보검(수준 높은 금 세공법)

(2) 삼국 문화의 일본 전파
① 고구려 : 담징(종이·먹 제조법, 호류사 벽화), 혜자(쇼토쿠 태자의 스승), 혜관(불교 전파), 다카마쓰 고분 벽화(고구려 수산리 고분 벽화와 유사)
② 백제 : 아직기(한자), 왕인(천자문, 논어), 노리사치계(불경, 불상), 고류사 미륵보살 반가사유상, 호류사 백제 관음상, 백제 가람 양식
③ 신라 : 조선술, 축제술 등(한인의 연못)

④ **가야** : 토기 제작 기술(스에키 토기에 영향을 줌)
⑤ **영향** : 일본 아스카 문화 형성에 영향을 미침

> **연습문제**
>
> 다음에서 설명하는 문화재 이름으로 옳은 것은?
>
> - 충청남도 부여군에 있는 탑으로 목탑 양식의 석탑이다.
> - 당나라의 장수 소정방이 백제를 평정한 공을 기리는 글이 새겨져 있어서 한때 평제탑(平濟塔)이라고 불리기도 하였다.
>
> ① 미륵사지 석탑
> ② 분황사 모전석탑
> ③ 정림사지 오층석탑
> ④ 황룡사 구층목탑
>
> **해설** ① 백제의 탑으로 익산에 위치해 있으며, 현존하는 최고(最古)의 목탑 양식으로 금제 사리 봉안기가 발견되었다.
> ② 신라의 탑으로 경주에 위치해 있으며, 석재를 벽돌 모양으로 만들었다.
> ④ 신라의 탑으로 자장의 건의로 건축되었으며, 몽골의 침입 때 소실되었다.
>
> **정답** ③

제2장 중세사회

제1절 통일 신라와 발해

1 통일 신라의 통치 체제

(1) 신라 중대 전제 왕권 확립
  ① **무열왕(김춘추)** : 최초의 진골 출신 왕, 혜공왕까지 직계 자손이 왕위 계승, 갈문왕 제도 폐지
  ② **문무왕** : 삼국 통일 완성(문무 대왕릉, 감은사), 부석사 창건
  ③ **신문왕** : 9주 5소경 체제 완비, 관료전 지급, 녹읍제 폐지, 김흠돌 사건으로 귀족 숙청, 국학 설립, 달구벌(대구) 천도 시도
  ④ **전제 왕권의 동요** : 녹읍 부활(경덕왕), 귀족들의 향락과 사치 → 국가 재정 압박, 농민 부담 증가

(2) 통치 체제 정비
  ① **중앙 관제** : 집사부 운영(시중 권한 강화), 화백 회의 축소, 사정부(감찰기구)와 국학(국립대학) 설립
  ② **지방 행정** : 9주(군·현에 지방관 파견, 촌주가 실무 담당) 5소경(군사·행정상의 요지), 특수행정구역(향·부곡), 상수리 제도(지방세력 견제)
  ③ **군사 제도** : 9서당(중앙군), 10정(지방군, 주마다 1정씩, 북쪽 국경 지대인 한주에는 2정 배치)

(3) 통일 신라의 쇠퇴 기출 24
  ① **왕위 쟁탈전 이후 지방 세력의 반란** : 김헌창의 난(822), 장보고의 난(846)
  ② **농민 봉기** : 원종과 애노의 난(889)
  ③ **새로운 세력의 성장** : 6두품(새로운 정치 이념과 사회상 제시), 호족 세력(지방의 행정권과 군사권 장악, 반독립적인 세력으로 성장) 기출 25
  ④ **새로운 사상의 유행** : 선종과 풍수지리설, 유교 → 지방 호족의 사상적 기반

(4) 후삼국의 성립 기출 24, 21

① **후백제(900)** : 군인 출신인 견훤이 완산주(전주)에 도읍, 차령 산맥 이남의 충청도와 전라도 지역의 우세한 경제력을 토대로 군사적 우위 확보 → 신라에 적대적, 지나친 조세 수취, 호족 포섭 실패

② **후고구려(901)** : 신라 왕족의 후예인 궁예가 송악(개성)을 근거지로 건국, 철원으로 천도(국호 마진 → 태봉), 관제 개혁(광평성 등), 새로운 신분 제도 모색 → 지나친 조세 수취, 미륵 신앙을 이용한 전제 정치 → 신하들이 궁예 축출 기출 22

2 발해의 건국과 발전 기출 22

(1) 발해의 건국 기출 21

① **건국** : 고구려 장군 출신인 대조영이 고구려·말갈 유민과 동쪽으로 이동, 동모산 지역에 정착하여 건국(698)

② **고구려 계승** : 옛 고구려 영토를 대부분 차지, 일본에 보낸 국서에 고려 또는 고려국왕이라는 명칭 사용, 문화의 유사성(온돌 장치, 석등, 기와, 고분의 모줄임 천장 구조 등)

(2) 발해의 발전과 멸망 기출 25, 23

① **무왕(대무예, 재위 719~737)** : 당의 산둥 지방 공격(장문휴), 요서 지방에서 당군과 격돌함. 돌궐·일본과 연합하여 당과 신라 견제, '인안' 연호 사용

② **문왕(대흠무, 재위 737~793)**
㉠ 당·신라와 친서 관계 수립 : 신라와 상설 교통로(신라도) 개설, 당의 문물·제도 수용
㉡ 수도를 상경 용천부로 천도, 독자적인 연호 사용(대흥)

③ **선왕(대인수, 재위 818~830)**
㉠ 대부분의 말갈족 복속, 요동 지역으로 진출, 남쪽으로는 신라와 국경을 접함
㉡ 5경 15부 62주의 지방 행정 제도 완비(해동성국이라 불림)

④ **멸망** : 9세기 말 이후 국력 쇠퇴 → 거란족의 침략을 받아 멸망(926)

(3) 발해의 통치 체제

① **중앙 관제** : 3성 6부(당의 3성 6부제 수용, 운영 방식과 명칭은 독자적), 정당성을 중심으로 운영(국정은 장관인 대내상이 총괄), 중정대(관리들의 비리 감찰), 문적원(서적을 관리), 주자감(국립대학)

② **지방 행정** : 5경 15부 62주(지방관 파견), 말단 촌락은 토착 세력이 관리함 기출 24

③ **군사 제도** : 중앙군(10위, 왕궁과 수도의 경비), 지방군(요충지에 별도의 독립 부대 배치)

3 통일 신라와 발해의 경제·사회

(1) 통일 신라와 발해의 경제

① 통일 신라
  ㉠ 토지 제도 : 관료전 지급(신문왕), 녹읍 혁파, 백성에게 정전 지급(성덕왕)
  ㉡ 수취 제도 : 조세(생산량의 약 1/10), 공물(특산물 징수), 역(군역과 요역)
  ㉢ 민정 문서 : 세금 징수 목적으로 3년마다 작성, 촌락마다 토지 면적, 인구수, 소·말의 수 등 변동 사항 기록 기출 25, 22
  ㉣ 국제무역 : 울산항(국제 무역항), 장보고의 활동(완도에 청해진 설치, 해상 무역권 장악)
  ㉤ 신라인의 중국 진출 : 신라인 집단 거주지(신라방, 신라촌), 신라소(신라인 자치 기구), 신라관(여관), 신라원(절) 설치

② 발해 : 농업(밭농사 중심), 목축과 수렵

(2) 통일 신라와 발해의 사회

① 통일 신라 : 백제와 고구려의 옛 유민 포섭, 골품제의 변화(3두품~1두품 사이의 구분이 사라지고 평민과 동등하게 간주)

② 발해 : 지배층(고구려계가 다수 차지, 말갈계 일부), 피지배층(말갈족이 대다수)

4 통일 신라와 발해의 문화

(1) 교육의 발달

① 통일 신라
  ㉠ 국학 : 신문왕 때 설립, 귀족의 자제들을 입학시켜 유학 교육
  ㉡ 독서삼품과(788) : 원성왕 때 유교 경전의 이해 수준을 시험하여 관리 채용 시도

② 발해
  ㉠ 주자감 설립 : 귀족 자제에게 유학 교육
  ㉡ 당에 유학생 파견 : 빈공과에서 신라의 유학생과 경쟁

(2) 역사서 및 유학

① 통일 신라 기출 23
  ㉠ 김대문(진골) : 「화랑세기」 등 저술
  ㉡ 6두품 출신 : 강수(외교문서 작성), 설총(이두 정리, 「화왕계」 저술), 최치원(당의 빈공과에 급제, 귀국 후 진성여왕에게 개혁안 10여 조 건의) 기출 22

② 발해 : 정혜공주·정효공주 묘지문, 양태사의 시 등

(3) 불교 사상
　① 통일 신라
　　㉠ 원효 : 화쟁 사상과 아미타 신앙 주장 → 불교 대중화에 기여, 「금강삼매경론」·「대승기신론소」
　　　·「십문화쟁론」 저술
　　㉡ 의상 : 화엄 사상 정립, 「화엄일승법계도」 저술, 아미타 신앙과 함께 관음신앙 전파, 부석사 건립
　　㉢ 혜초 : 인도와 서역 순례 → 「왕오천축국전」 저술
　　㉣ 선종의 유행 : 참선 수행 중시, 신라 말 지방 호족의 후원으로 확산 → 9산 선문 성립, 승탑 유행
　② 발해 : 고구려 불교 계승, 왕실과 귀족 중심의 불교 → 상경의 절터와 불상

(4) 풍수지리설
　① 전래 : 신라 말기 도선 등 선종 승려들에 의해 전래
　② 영향 : 선종 사찰 건립 및 호족 세력의 근거지 마련에 활용

(5) 문화유산
　① 통일 신라
　　㉠ 고분 : 화장 유행(불교 영향) → 문무왕릉, 굴식 돌방무덤(둘레돌, 12지신상) → 김유신묘, 괘릉,
　　　선덕대왕릉
　　㉡ 건축 : 불국사, 석굴암(유네스코 세계문화유산), 안압지(연못과 인공섬)
　　㉢ 탑
　　　• 전형 양식(이중 기단과 3층) : 경주 감은사지 삼층석탑, 경주 불국사 삼층석탑·다보탑
　　　• 신라 말기 : 양양 진전사지 삼층석탑(기단과 탑신에 불상 조각), 승탑과 탑비 유행(선종, 화순
　　　　쌍봉사 철감선사탑)
　　㉣ 불상 : 석굴암 본존불
　　㉤ 기타 : 목판 인쇄술 발달(무구정광대다라니경), 금속 기술 발달(성덕대왕 신종)
　② 발해
　　㉠ 고분 : 정혜공주묘(굴식 돌방무덤, 고구려 고분의 영향), 정효공주묘(벽돌무덤)
　　㉡ 건축 : 상경성의 주작대로(당의 장안성 모방), 궁궐의 온돌 장치(고구려 문화 계승)

제2절 고려의 성립과 발전

1 고려의 건국과 후삼국 통합

1. 한국의 중세

(1) 성격
   ① **문벌귀족 사회** : 폐쇄적인 골품제 대신 새로운 신분 체제 마련
   ② **유교적 정치질서 중시** : 교육과 과거 제도 정비
   ③ **독자적 중세문화 발달** : 불교(선종 + 교종) + 유교의 융합, 지방문화의 성장
   ④ **자주적인 민족의식 성장** : 북진 정책

(2) 호족 세력의 등장
   ① **배경**
      ㉠ 신라 하대의 사회적 모순 : 골품제의 붕괴, 중앙정부의 권위 실추
      ㉡ 농민 생활 곤궁 : 농민 반란
   ② **성장**
      ㉠ 지방의 토착 세력
      ㉡ 중앙귀족의 호족화
      ㉢ 해상 세력·군진 세력 : 반신라적인 세력 형성

2. 후삼국의 성립과 민족의 재통일

(1) 후삼국의 성립
   ① **후백제의 건국** : 견훤(농민 출신), 군진세력 + 호족 세력
   ② **후고구려의 건국** : 궁예(왕족 출신), 초적의 무리
   ③ **신라의 위축** : 경상도 지방

(2) 고려의 건국(918) 기출 23
   ① **왕건(송악의 호족 출신)** : 해상 세력과 연합, 고려 건국
   ② **민심 수습에 성공** : 조세 감면, 노비 해방
   ③ **통일 정책** : 호족 세력의 포섭, 중국 5대와 교류

(3) 민족의 재통일(10세기 중반)
① **신라의 병합** : 신라의 전통 계승
② **후백제의 멸망** : 후삼국의 통일
③ **발해 유민 융합** : 민족 통합의 의지

2 고려의 정치적 변천

1. 정치 구조의 정비

(1) 정치 구조의 정비 기출 24, 22, 21

태조	광종	성종 기출 25
• 민생안정책 : 과도한 수취 금지(취민유도), 조세 1/10 징수, 흑창 설치 • 호족 통합·견제 정책 : 혼인정책, 왕씨 성 하차, 역분전 지급, 사심관 제도 및 기인 제도 실시 기출 25 • 북진정책 : 고구려 계승 의식(서경 중시), 청천강에서 영흥에 이르는 국경선 • 훈요 10조, 「정계」와 「계백료서」 등의 정치 안정 규범 제시	• 과거제 실시(958) : 쌍기 건의, 신진 관료 등용, 호족 세력 도태 • 노비안검법 : 호족의 경제적·군사적 기반 약화 • 공복 제정 : 관료의 기강 정비 • 칭제건원 : 왕실 권위 극대화(연호 – 광덕·준풍) • 주현공부법 실시	• 유교 정치 사상의 채택 – 최승로의 시무 28조 – 왕권 전제화의 규제 – 행정기능의 강화 : 12목에 지방관 파견, 향리 제도 – 국자감(중앙), 경학박사(지방) • 중앙집권 체제의 확립 – 과거 제도 정비 – 통치기구 개편

(2) 통치·행정·군사 조직

중앙통치 조직	• 2성 6부 – 중서문하성 : 정책 수립, 국정 총괄 – 상서성 : 6부(실제 행정 담당) • 대간 : 낭사(중서문하성) + 대관(어사대), 간쟁·봉박·서경권, 정치 운영에서 견제와 균형의 원리 • 중추원 : 왕명의 출납, 군사 기밀 취급 • 어사대 : 풍기 단속 및 비리 감찰 담당 • 도병마사(국가 최고 회의기관) : 국방·군사 문제 → 무신 정권 이후 국정 전반 총괄 • 식목도감 : 법제 입법 기관 • 삼사 : 화폐와 곡식의 출납 및 회계 담당
지방행정 조직	• 5도(안찰사, 일반 행정구역) : 주·군(자사) – 주군·주현(지방관), 촌 – 속군·속현(향리), 향·소·부곡 • 양계(병마사, 군사 행정구역) : 진(군사 요충지에 설치)
군사 조직	• 중앙군(무관 지휘) : 2군(왕의 친위부대) 6위(수도 경비), 중방(상장군·대장군의 합좌 기관) • 지방군 – 5도(주현군) : 향토 방위 담당 – 양계(주진군) : 국방 담당의 상비군

2. 문벌귀족 사회의 성립과 동요

(1) 배경
　① **호족ㆍ6두품 유학자의 문벌귀족화** : 과거제도로 중앙관료화
　② **음서제(정치권력 독점)ㆍ공음전(경제적 특권)** : 보수적ㆍ폐쇄적 사회화

(2) 이자겸의 난(1126) 기출 22
　① **배경** : 경원 이씨가 왕실의 외척으로 권력 독점, 왕의 측근 세력과 갈등
　② **경과** : 이자겸과 척준경의 권력 장악 → 척준경이 이자겸 제거 → 인종이 척준경 축출
　③ **결과** : 문벌귀족 사회의 붕괴 촉진

> **용어사전**
> - **사심관** : 지방 세력에 대한 우대와 감시의 차원에서 향리를 임명할 수 있는 권한을 줌과 동시에 치안 유지와 연대책임을 지게 하기 위해 중앙에서 임명한 관직
> - **훈요 10조** : 고려 태조가 자손들을 훈계하기 위해 942년(태조 25)에 지은 열 가지 유훈
> - **시무 28조** : 유교는 고려사회에 필요한 전진적 사회 원리임을 이해하고, 일상생활에 있어서는 고려의 생활 전통을 그대로 따를 것을 주장
> - **관료전** : 관리들에게 수조권만을 인정하는 토지
> - **향리** : 지방관이 파견되지 않는 지역에서 그 지역 출신의 실제 행정자
> - **서경(권)** : 관리의 임명이나 법령의 개폐시에 왕이 문서를 대성에 내리면 대성에서 이를 인준하는 제도
> - **향ㆍ소ㆍ부곡** : 천민 집단부락
> - **음서제** : 공신 및 5품 이상 고위 관료의 자손이 과거를 통하지 않고도 관직에 나아갈 수 있었던 제도
> - **낭사** : 중서문하성의 정3품 이하 관원을 가리키며 어사대의 대관과 함께 대간이라 불림

(3) 묘청의 서경 천도 운동(1135) 기출 25, 24, 23
　① **배경** : 문벌귀족 사회의 분열, 지역 대립(서경파, 개경파)
　② **원인** : 서경파와 개경파의 대립
　③ **경과** : 묘청 등이 국호 '대위', 연호 '천개' 제정, 반란을 일으킴 → 김부식이 이끄는 관군에 의해 1년 만에 진압
　④ **결과** : 문벌귀족 사회의 동요가 심화됨

> **체크 포인트**
>
> 서경파와 개경파
>
> | 서경파 | 개경파 |
> |---|---|
> | 지방 출신의 개혁적 관리(묘청, 정지상) | 보수적 관리(김부식) |
> | 북진주의 표방(금국 정벌, 칭제건원, 서경 천도) | 사대주의 강조(금과 외교) |
> | 전통적 풍수지리 사상 | 보수적 유교 정치 사상 |
> | 고구려 계승 의식 | 신라 계승 의식 |

3. 무신 정권 시기 기출 23

(1) 무신정변(1170, 의종)

① **원인** : 문신 우대(무신의 차별 대우) → 전시과 분배의 차등(군인전 미지급)
② **무신정변** : 정중부 · 이의방 → 의종 폐위, 명종 옹립
③ **무신 정권의 성립** : 요직 차지, 사병과 사전의 확대, 중방의 권력 기관화
④ **무신의 정권 쟁탈전** : 정중부 → 경대승 → 이의민 → 최충헌

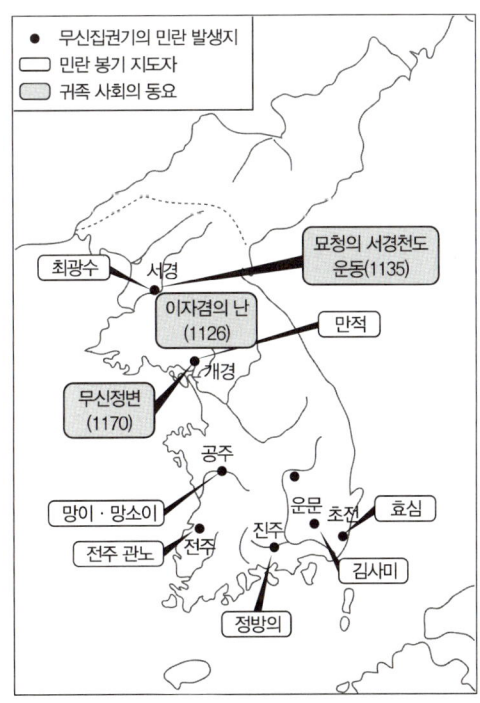

[사회의 동요]

(2) 사회의 동요
　① **무신 정권에 반발** : 문신 귀족의 항거 → 김보당의 난, 조위총의 난, 교종 승려들의 반란
　② **신분해방 운동** : 하극상 풍조에 영향
　　㉠ 천민의 난 : 관노의 난, 만적의 난(개경)
　　㉡ 농민의 난 : 김사미의 난(운문), 효심의 난(초전), 망이·망소이의 난(공주 명학소)

(3) **최씨 무신 정권** 기출 25
　① **최충헌의 독재** : 광대한 농장과 사병
　　㉠ 도방 : 신변 경호를 위한 사병
　　㉡ 교정도감 : 정적의 감시·숙청, 행정 등 국정 총괄
　② **최우의 문신 우대 정치**
　　㉠ 정방 : 문무관의 인사권 장악, 독자적 인사 행정 기구
　　㉡ 서방 : 문인들의 숙위 기관, 고문 역할
　　㉢ 삼별초 : 최우가 치안 유지를 위해 설치한 최씨 정권의 군사적 기관 → 후에 대몽 투쟁 전개(처인성, 용장산성, 항파두리성)

> **용어사전**
>
> • **용장산성** : 고려 원종 때 강화도에 있던 고려 조정이 개경으로 환도하자 이에 반대한 삼별초군이 진도로 내려와 항거하였는데, 이때 고려의 장군 배중손이 이끈 삼별초군이 대몽항쟁(1270~1271)의 근거지로 삼은 성
> • **항파두리성** : 1271년(원종 12) 5월 고려의 삼별초가 진도에서 몽골에 패한 후 김통정의 영도 아래 제주도로 내려가 내외 이중으로 쌓은 성

4. 대외관계의 변천

(1) 외교의 기본 방향
　① **북진 정책**
　　㉠ 고려 태조는 옛 고구려 땅을 회복하려는 북진 정책을 추진함
　　㉡ 이러한 북진 정책과 거란에 대한 강경 정책은 역대 왕들에게도 계승되어, 이후 거란을 견제하는 기반이 됨
　② **친송 정책**
　　㉠ 고려 광종은 송이 중국을 통일하자 우호 관계를 맺고, 이를 통해 거란을 견제하려 함
　　㉡ 이러한 북진 및 친송 정책으로 인해 거란은 고려를 경계하게 됨

(2) 북방민족에 대한 고려의 대응 기출 23

구분	경과	시기	원인	고려의 대응
거란과의 충돌 기출 24, 21	1차	993년	고려의 친송 정책	서희의 외교 담판 → 강동 6주 획득 기출 25
	2차	1010년	친송 관계 유지	강조 패배, 양규의 활약
	3차	1018년	현종 친조 불이행	강감찬의 귀주대첩(1019)
	결과		• 고려·송·요의 세력 균형 유지 • 국방력 강화 : 나성(개경), 천리장성(압록강~도련포) 축조	
여진과의 충돌	접촉	숙종	여진의 통일(완옌부 추장) 이후 정주에서 충돌	• 윤관의 별무반 편성(기병+보병+승병) • 동북 9성 축조(1107) : 수비의 어려움과 여진의 요구로 반환
	결과		금(여진)의 성장 → 고려에 군신관계 요구 → 굴욕외교(이자겸의 주장) → 북진 정책 좌절	
몽골과의 충돌	접촉		거란족의 고려 침입	몽골군·동진국과 연합하여 거란 섬멸
	침입		몽골의 공물 강요 → 고려의 거부, 사신 저고여 피살	6차에 걸친 침입 → 민중의 대몽항쟁(처인성 전투, 팔만대장경 제작)
			삼별초의 항쟁	개경 환도에 반발, 강화도(배중손) → 진도(용장산성) → 제주도(항파두리성)를 근거지로 항전함
	결과		• 국토 황폐화 • 문화재(황룡사 구층목탑·대구 부인사 대장경) 소실 • 최씨 정권의 몰락 → 몽골과 강화 체결 → 개경 환도 → 이에 반대한 삼별초의 항쟁(강화도 → 진도 → 제주도)	

5. 고려의 시련과 자주성의 회복

(1) 자주성의 시련
① **정동행성의 설치** : 군대 징발 → 여·원 연합군의 2차례의 일본 정벌 시도 → 실패
② **영토의 축소** : 쌍성총관부(철령 이북)·동녕부(자비령 이북)·탐라총관부(제주도) 설치
③ **관제의 격하** : 2성 → 첨의부, 6부 → 4사
④ **내정 간섭** : 순마소, 다루가치

(2) 공민왕의 반원 개혁정치 기출 25, 24, 23
① **배경** : 한족의 반란 → 원명 교체기
② **반원적 자주정책**
  ㉠ 친원 세력(기철) 숙청 → 관제 복구·몽골풍 폐지
  ㉡ 정동행성 이문소 철폐·쌍성총관부 수복
  ㉢ 요동 지방 공략

③ 권문세족 억압
  ㉠ 정방(인사권 장악으로 왕권 견제, 신진 사대부의 등장 억제) 폐지
  ㉡ 전민변정도감 설치(신돈 등용)
④ 개혁의 실패
  ㉠ 원의 압력
  ㉡ 권문세족의 왕권 견제
  ㉢ 신진 사대부의 미약한 세력 → 사대부 진출의 증가 → 조선왕조 건국에 기여

용어사전

- **개경파** : 신라 계승의식을 지니고 사대적 유교정치를 주장하는 개경의 중앙 문벌귀족
- **정동행성** : 원이 일본 정벌을 위해 설치했으나 고려의 내정을 간섭하기 위한 기구로 변질
- **전민변정도감** : 신돈을 기용하여 권문세족들이 빼앗은 토지와 노비를 본래의 소유주에게 넘겨주거나 양민으로 해방시킴

연습문제

다음의 시무책이 제안된 국왕 대의 사실로 옳은 것은?

> 불교를 행하는 것은 수신의 도요, 유교를 행하는 것은 치국의 본입니다. 수신은 내생의 재(資)요, 치국은 금일의 요무(要務)로서, 금일은 지극히 가깝고 내생은 지극히 먼 것인데도 가까움을 버리고 지극히 먼 것을 구함은 또한 잘못이 아니겠습니까?

① 12목을 설치하였다.
② 서경에 대화궁을 지었다.
③ 5도 양계의 지방 제도를 확립하였다.
④ 독자적 연호를 처음으로 사용하였다.

해설 제시된 자료는 고려 성종 대에 활동한 최승로의 시무 28조이다. 성종은 이를 받아들여 지방에 12목을 설치하고 지방관을 파견하였다.

정답 ①

3 고려의 사회와 경제

1. 고려의 사회

(1) 고려의 신분 제도

지배층	귀족	• 왕족, 5품 이상의 관료들이 주류를 형성 • 정치적 특권(과거, 음서를 통하여 고위 관직 독점), 경제적 특권(공음전, 과전, 녹봉 등) • 지배 세력의 변천 : 문벌귀족 → 무신(무신 정권기) → 권문세족(원 간섭기)
	중류층	• 잡류(중앙 관청의 말단 서리), 남반(궁중 실무 관리), 향리(지방 행정 실무 담당), 군반(하급 장교), 역리(지방의 역 관리) 등 • 고위 관직으로 진출이 어려움. 자손에게 신분 세습 • 향리 : 호장·부호장 등 여러 단계, 과거를 통하여 중앙 관리로 진출 가능
피지배층	양민	• 일반 양민 : 농업과 상공업에 종사, 대다수는 농민(백정으로 불림), 조세·공납·역 부과 • 향·부곡(농업)·소(수공업) 거주민 : 신분상으로는 양민이나 일반 군현의 주민에 비해 차별 대우를 받음, 거주지 이전의 자유가 제한됨, 과거 응시가 금지됨
	천민	• 구성 : 대부분 노비, 고된 직업 종사자(화척 - 도살, 재인 - 광대, 진척 - 뱃사공 등) • 노비 : 매매·증여·상속 가능, 노비끼리 통혼, 부모 중 한 명이 노비이면 자식도 노비(일천즉천) • 노비의 종류 : 공노비(입역 노비, 외거 노비), 사노비(솔거 노비, 외거 노비)

체크 포인트

고려 시대 지배층 기반 비교

구분	문벌귀족	권문세족	신진 사대부
정치적 기반	과거·음서(가문을 배경으로)	음서	과거(유교적 소양)
사회적 기반	중첩된 혼인관계(왕실)	친원파, 전·후기 명문 귀족 가문	중류층(하급 관리·향리)
경제적 기반	과전·공음전	방대한 농장·노비	지방의 중소 지주

(2) 고려의 사회 제도와 생활 모습

① **향도** : 불교의 신앙 조직(매향 활동), 점차 농민 공동체 조직으로 발전, 마을 제사 주도
② **사회 시책** : 농번기 잡역 면제, 고리대 제한
③ **사회 제도** : 의창(빈민 구제), 상평창(물가 조절), 동·서 대비원(환자 진료·빈민 구휼), 혜민국(의약 전담), 구제도감·구급도감(재해 시 임시 기관), 제위보(기금 마련 뒤 이자로 빈민 구제)
④ **법률** : 당률 참고, 대부분 관습법 적용, 반역죄·불효죄는 중벌, 지방관이 사법권 행사
⑤ **풍속** : 장례와 제사에 관한 의례는 대개 토착 신앙과 융합된 불교와 도교의 풍속을 따름
⑥ **가족 제도** : 대체로 일부일처제의 가족 형태
⑦ **국가 제전** : 연등회(2월 15일 전국에서 개최한 불교 행사), 팔관회(토속 신앙과 불교가 융합된 행사로 개경과 서경에서 개최, 훈요 10조에 강조)

> **용어사전**
> - **일천즉천** : 부모 중 한쪽이 노비일 경우 무조건 자녀도 노비가 되는 법으로, 이로 인해 노비의 수가 크게 증가하였음
> - **백정** : 고려 시대의 백정은 특정한 직역이 없는 일반 농민을 말함
> - **남귀여가혼** : 남자가 신부될 여자 집으로 가서 혼례를 치른 뒤 처가에서 살다가, 자녀를 낳아 장성하면 본가로 돌아오는 혼인 형태
> - **보** : 기금의 이자를 사업 경비로 충당하는 일종의 재단(팔관보, 제위보 등)
> - **향도** : 고려 말기부터 자연촌락을 단위로 개별적인 신을 모시는 공동체

2. 경제 정책과 경제 구조

(1) 중농 정책 시행
① **농업 생산력 증대에 관심** : 상업·수공업이 발달하지 못함
② **토지의 분급** : 귀족사회의 안정적 운영을 위해 관직과 토지를 나누어 줌

(2) 토지 제도
① **전시과** : 관직 복무와 직역에 대한 반대 급부로 토지에 대한 수조권(전지·시지) 지급

시기	태조(940)	경종(976)	목종(998)	문종(1076)
토지 체제	역분전	시정 전시과	개정 전시과	경정 전시과
지급 대상	개국공신	문무 전·현직 관리	문무 전·현직 관리	문무 현직 관리
지급 기준	공로	관등·인품	관등	관등(현직)
특징	논공행상적 성격	역분전 성격 계승	문·무직 간의 차별	무관 차별대우 시정

② **전시과 종류**
  ㉠ 과전(일반 관리), 공음전(5품 이상의 관리에게 지급, 세습 가능), 외역전(지방 향리)
  ㉡ 한인전(6품 이하 관료 자제로 관직에 오르지 못한 자), 군인전(군역 대가), 구분전(자손이 없는 하급 관리·군인의 유가족)
  ㉢ 내장전(왕실의 경비 충당), 공해전(관아의 경비 충당), 사원전(사원의 경비 충당), 별사전(승려나 지리업 종사자)
③ **민전(농민의 사유지)** : 전시과와 함께 토지 제도의 근간 형성

(3) 수취 제도
① **조세** : 비옥도에 따라 3등급으로 구분, 수확량의 1/10 징수
② **공물** : 토산물을 호(戶) 단위로 부과
③ **역** : 군역과 요역, 16세에서 60세까지의 정남

(4) 경제활동의 진전

① **중농 정책** : 개간 장려(일정 기간 면세), 농번기 잡역 동원 금지, 재해 시 세금 감면, 고리대 이자 제한, 의창 실시
② **농업 기술** : 저수지 증가, 우경 일반화, 시비법 발달로 휴경지 감소, 2년 3작의 윤작법, 모내기법 보급(남부 일부 지방), 목화 전래(문익점), 「농상집요」 소개
③ **수공업**
  ㉠ 전기 : 관청 수공업(기술자를 공장안에 올려 물품 생산), 소 수공업(생산물을 공물로 납부)
  ㉡ 후기 : 민간 수공업(가내 수공업 중심), 사원 수공업(승려와 노비가 제품 생산) 발달
④ **상업** : 경시서 설치(시전의 상행위 감시), 조운로와 원을 중심으로 상업 발달, 소금 전매제 시행
⑤ **화폐** : 건원중보(최초의 철전) → 숙종 때 의천의 주도로 삼한통보·해동통보·해동중보·활구(은병) 제작

(5) 무역과 대외 교류 기출 21

① **송** : 왕실·귀족의 수요품 수입, 수공업품·토산물 수출
② **거란·여진** : 은 수입, 농기구·식량 수출
③ **일본** : 수은·황 등을 거래
④ **서역** : 고려는 '코리아'라는 이름으로 서방에 전파됨
⑤ **벽란도** : 국제 무역항으로 발달(예성강 하류)

용어사전

- **활구** : 고려 숙종 때 은 1근을 부어 만든 고액 화폐
- **양안** : 경작지의 소유자와 크기를 적은 토지 대장으로서 양전(量田 : 토지 측량)에 의해 작성된 것
- **경시서** : 상행위를 감독하고 물가를 조절하기 위한 관청으로 개경에 둠

연습문제

다음은 우리나라 역대 사회 정책과 제도를 설명한 것이다. 이에 관한 설명으로 옳은 것은?

- 고구려에서는 빈민 구제를 위한 대책으로 진대법을 마련하였다.
- 고려에서는 평상시 곡물을 비축하였다가 흉년에 빈민을 구제하는 기관으로서 의창을 두었다.
- 조선 전기에는 의창, 상평창 등이 설치되었고, 민간에서는 사창을 운영하기도 하였다.
- 대원군은 문란해진 삼정을 바로잡기 위해 수령과 토호의 농간이 심했던 환곡제를 사창제로 바꾸었다.

① 농민생활의 안정을 추구했다는 점에서 사회보험적 성격이 강하였다.
② 시대마다 국가의 구휼 제도가 불완전하여 민간의 구휼기구가 크게 발전하였다.
③ 성리학의 민본 사상에서 나온 것이라는 공통성을 갖고 있었다.
④ 농민생활의 안정을 목표로 했지만 농민들의 어려움을 근본적으로 해결할 수는 없었다.

> **해설** 우리나라에서는 고구려 이래 국가가 농민에게 최소한의 생활보장을 위한 제도를 마련하였다. 이는 농민의 유망을 막고 농촌을 안정시키는 목적이었으나 변질되어 농민들의 어려움을 근본적으로 해결해 줄 수는 없었다.
>
> **정답** ④

4 고려 문화의 발달

1. 유학과 한문학

(1) 유학의 발달

초기(10세기)	중기(11세기)	후기(13세기, 원 간섭기)
최승로·김심언	최충·김부식	이색·정몽주·권근·정도전
• 새 사회 건설과 새 문화 창조 • 자주적·주체적 • 최승로의 시무 28조	• 집권 세력의 권력 유지만을 도모 • 학문 수준 향상 • 보수적 성향	• 성리학의 전래 • 예속 교정(소학·주자가례) • 불교 공박 → 유·불 충돌 현상 • 신진 사대부의 이념으로 정착

(2) 사서의 편찬

구분	사서	특징
초기		『고려왕조실록』, 『7대실록』(편년체, 태조~목종) 편찬 → 현존하지 않음
고려 중기	『삼국사기』(김부식) 기출 25, 23	현존하는 가장 오래된 역사서, 유교적 합리주의 사관, 기전체 서술, 신라 계승 의식
무신 집권기	『해동고승전』(각훈)	삼국 시대 승려들의 일대기
	『동명왕편』(이규보)	자주 의식, 고구려 계승 의식 반영
원 간섭기	『삼국유사』(일연) 기출 24	불교사 중심, 단군 건국 이야기 수록 → 우리 고유 문화와 전통 중시
	『제왕운기』(이승휴)	우리 역사를 단군부터 서술, 자주 의식 표현
고려 말기	『사략』(이제현)	정통 의식과 대의명분 강조, 성리학적 유교 사관

(3) 교육기관

초기(성종)	중기(사학의 융성)	후기(관학 진흥책 추진)
• 관학 : 중앙(국자감), 지방(향교) • 지방 12목 파견 : 경학박사·의학박사 파견	• 9재 학당(최충) • 사학 12도 발달 → 관학 위축	• 숙종 : 국자감에 서적포 설치 • 예종 : 7재·양현고·보문각 • 인종 : 경사 6학 정비, 향교 강화 • 충렬왕 : 섬학전, 대성전 건립

(4) 관리 등용 제도 기출 23

① 과거 제도
  ㉠ 종류 : 문과(문관 등용), 잡과(기술관 등용), 승과(승려를 대상으로 시행)
  ㉡ 응시 자격 : 법적으로 양인 이상(실제로 귀족·향리의 자제가 응시)
  ㉢ 특징 : 지공거(과거 시험관)와 급제자 사이에는 좌주와 문생의 관계가 성립되어 서로 유대를 굳게 맺음

② 음서 제도 : 공신이나 5품 이상 고위 관리의 자손을 무시험 등용(고려 귀족 사회의 특성)

2. 불교의 발달

(1) 불교정책 : 현세구복적·호국적 불교
  ① **태조** : 사원 건립, 불교 국가로의 방향 제시(훈요 10조)
  ② **광종** : 승과 제도, 왕사·국사 제도 실시, 분열된 종파 화합 추구 → 귀법사 창건(화엄종 본찰)
  ③ **성종** : 연등회·팔관회 중지(최승로의 시무 28조 수용)
  ④ **현종** : 성종 때 중지된 연등회·팔관회 부활, 현화사·흥왕사 건립

(2) 천태종의 성립(의천)
  ① 교종 중심(화엄종)의 불교 통합 운동
  ② 원효의 화쟁 사상 토대 → 교관겸수

(3) 조계종의 성립(지눌) 기출 25, 24, 22
  ① 선종 중심의 불교 통합 운동 → 선종 부흥 운동·신앙 결사운동(지눌, 수선사 결사운동)
  ② 정혜쌍수·돈오점수 → 유불일치설(혜심) → 성리학 수용의 사상적 터전

(4) 대장경의 조판
  ① **초조대장경** : 부처의 힘으로 거란의 침략을 물리치고자 간행 → 대구 부인사 보관 중 몽골 침략 때 소실
  ② **교장** : 의천이 여러 불교 서적을 모아 「신편제종교장총록」 편찬 → 교장도감을 설치하여 간행
  ③ **재조대장경(팔만대장경)** : 몽골과의 전쟁 때 외침 격퇴를 염원하며 간행 → 대장도감 설치 및 판각, 세계기록유산(합천 해인사 보관) 기출 25

3. 도교와 풍수지리 사상의 유행

(1) 도교의 발달
    ① 민간 신앙 + 신선술 + 도가 + 음양오행 + 불교 + 도참 사상 : 불로장생과 현세구복 추구
    ② 일관성 결여, 잡신적, 교단 설립 미비 : 민간 신앙으로 널리 퍼지지 못함

(2) 풍수지리설 기출 25
    ① 수용과 전개 : 신라 말 도선 소개, 미래의 길흉화복을 예측하는 도참 사상과 결합
    ② 서경 길지설 : 북진 정책 추진, 묘청의 서경 천도 운동의 이론적 근거 기출 24

4. 과학기술과 예술의 발달

과학기술	• 국자감의 잡학교육과 잡과 시행으로 발달 • 목판인쇄술(대장경) · 금속활자(상정고금예문 · 직지심체요절) • 의학(태의감, 향약구급방), 화약(최무선, 화통도감 → 왜구 격퇴)
건축, 조각	• 목조건축 : 주심포 양식[안동 봉정사 극락전(현존 최고(最古)), 영주 부석사 무량수전(배흘림 기둥), 예산 수덕사 대웅전] → 다포 양식(사리원 성불사 응진전, 심원사 보광전, 조선 시대 건축에 영향) • 다각다층석탑 : 월정사 구층석탑(전기) → 경천사지 십층석탑(후기)
공예	• 신라 토기의 전통 + 송의 자기기술 → 순수청자(11세기) · 상감청자(12세기) • 청동은입사 공예 : 범종(신라의 양식 계승), 나전칠기 공예(대송 수출)
서화, 음악	• 서예 : 왕희지체 · 구양순체, 신품4현 → 송설체, 이암, 향악 · 아악 발달 • 회화(도화원) : 천산대렵도(공민왕) · 사경화(불화) · 양류관음도(혜허)

> **용어사전**
> • **주자가례** : 송나라의 주자가 가정에서 지켜야 할 예의범절에 관해 저술한 책
> • **직지심체요절** : 고려 후기에 조판된 현존하는 세계에서 가장 오래된 금속 활자본 기출 22
> • **교관겸수** : 이론적인 교리 체계인 교(敎)와 실천 수행법인 지관(止觀)을 함께 닦아야 한다는 사상
> • **결사운동** : 특정한 목적을 달성하기 위해 동지를 모아 단체를 구성하여 함께 활동하는 것
> • **교장** : 경 · 율 · 론 삼장(三藏)을 모은 대장경이 아니라 그 주석서인 장소(章疏)를 모아 간행한 것
> • **화통도감** : 고려 시대에 화약 및 화기의 제조를 맡아보던 임시 관청
> • **주심포 양식** : 지붕의 무게를 기둥에 전달하면서 건물을 치장하는 장식인 공포가 기둥 위에 짜여져 있는 건축 양식
> • **배흘림 기둥** : 건축물 기둥의 중간이 굵고 위아래로 가면서 점차 가늘게 된 모양
> • **다포 양식** : 공포가 기둥 위뿐만 아니라 기둥 사이에도 짜여 있는 건물
> • **정혜쌍수** : 선정과 지혜를 함께 닦으며, 어느 한편에 치우치지 않고 원만하게 수행해가는 것
> • **돈오점수** : 단번에 깨달음을 얻되, 그 깨달음을 완성하기 위해서는 점진적인 수행이 필요하다는 것

> **연습문제**
>
> 다음 사상을 주장한 고려 시대의 승려에 대한 설명으로 옳은 것은?
>
> > - 선은 부처의 마음이요, 교는 부처의 말씀이다.
> > - 깨닫는 것과 수련하는 것은 분리될 수 없으며, 정과 혜 또한 같이 닦아야 한다.
>
> ① 선종의 입장에서 선·교의 일치를 강조하는 중국 불교의 전통을 따랐다.
> ② 당시 정권에 비협조적인 태도로 일관하여 집권세력과 심각한 갈등을 빚었다.
> ③ 당시 중국에서 새로 들어온 성리학을 선·교의 조화 문제에 적용하였다.
> ④ 신앙 결사운동을 전개하였고, 그의 문하에서 유·불 일치설이 나왔다.
>
> **해설** 지눌은 선종의 부흥과 신앙 결사운동을 전개하다가 조계종을 창시하였고, 최씨 무신 정권의 후원을 받았다. 특히 그의 문하에서 유·불 일치설의 혜심이 배출되었다.
>
> **정답** ④

제3절 조선의 성립과 발전

1 조선의 건국과 통치기구 정비

1. 조선의 건국

(1) 신진 사대부의 성장 : 고려 말에 성리학을 수용한 학자적 경향의 새로운 정치 세력
① 지방의 중소 지주층과 농민의 지지를 받아 향촌에서 영향력 확보
② 공민왕 이후 과거를 통해 중앙 관리로 등장
③ 성리학으로 사상적 기반을 다짐
④ 홍건적과 왜구의 침입을 격퇴하는 과정에서 성장한 신흥 무인 세력과 결탁하며 성장

(2) 위화도 회군
① 고려 말 정치적 혼란
② 명의 철령위 설치 통보 → [요동정벌론(최영) ⇔ 정벌불가론(이성계)] → 우왕의 요동정벌 단행
③ 이성계가 위화도 회군을 단행(1388)하면서 정치적·군사적 실권 장악

(3) **전제 개혁** : 과전법 실시 → 권문세족의 사전 혁파 기출 22
　① 정도전, 조준 등 사대부가 주도
　② 신진 사대부들의 생활기반 마련
　③ 국가 재정의 확충
　④ 농민의 경작권 보장, 조세율 조정, 새로운 토지대장 작성

(4) **조선의 건국**
　① 신진 사대부의 분열
　　㉠ 온건파 : 고려 왕조 내에서의 점진적인 개혁 추구(이제현, 이색, 정몽주)
　　㉡ 혁명파 : 고려 왕조 자체를 바꾸려는 적극적인 개혁 세력(정도전, 남은, 조준)
　② 새 왕조의 개창
　　㉠ 혁명파가 이성계를 왕으로 추대
　　㉡ 국호 '조선', 수도 '한양'
　　㉢ 숭유정책 · 농본정책 · 사대교린정책

(5) **근세사회의 전개**
　① **정치** : 왕권 중심의 집권적 관료 체제 → 왕권과 신권이 조화된 유교정치 추구
　② **사회 · 경제**
　　㉠ 양민의 수적 증가, 권익 신장, 능력 존중
　　㉡ 자영농의 성장
　③ **문화** : 교육 기회의 확대, 민족문화의 확고한 기반 마련

2. 통치기구의 정비

(1) **집권 체제의 정비** 기출 23

태조	• 조선 건국(1392)의 의의 : 양반 중심의 관료제 사회 성립 • 한양 천도(1394)의 의미 : 한반도의 중앙에 위치, 수로 교통 편리, 방어 유리 • 도시계획 : 경복궁(왕이 거처하는 법궁), 사직단(경복궁의 오른쪽), 종묘(경복궁의 왼쪽), 육조 거리(경복궁의 정문 앞)
태종	• 국왕 중심의 통치 체제 정비 : 의정부 설치, 왕이 직접 6조를 관할하는 6조 직계제 시행, 사간원 독립, 사병 철폐 기출 25 • 국가재정 확보 : 양전 사업, 호패법 실시(16세 이상 양인 남성), 시전 설치, 사원 토지 몰수 • 문화 발전 : 주자소를 설치(계미자 주조), 혼일강리역대국도지도 제작 • 신문고 설치 : 백성의 억울함을 직접 들어주기 위해 설치

세종	• 유교 정치 실현 : 의정부 서사제 실시(왕권과 신권의 조화 추구), 집현전 설치(학문 연구) 기출 25 • 문물 정비 : 훈민정음 창제·반포, 삼강행실도·농사직설·칠정산·향약집성방 편찬, 측우기·자격루·앙부일구 제작(장영실) • 국방 정책 : 4군 6진 설치(오늘날 국경선 확정), 대마도 정벌(이종무), 3포 개항 • 경제 정책 : 풍흉과 토지의 비옥도에 따라 조세를 부과하는 세법 정비(공법) 기출 25
세조	• 계유정난 : 수양대군(세조)이 단종을 몰아내고 왕위에 오름, 사육신 처형 • 왕권 강화 : 6조 직계제 실시, 집현전과 경연 제도 폐지, 유향소 폐지, 직전법 실시, 「경국대전」 편찬 시작 • 군제 개편 : 진관 체제 실시, 양인을 정군(정병)과 보인으로 묶는 보법 시행
성종 기출 24	• 문물 정비 : 조선 왕조의 기본 법전인 「경국대전」 완성·반포 → 유교적 통치 체제 확립 기출 25 • 홍문관 설치 : 집현전을 대체하여 설치(옥당), 경연 강화(주요 관리 참여, 왕과 신하가 함께 정책을 토론·심의) • 편찬 사업 : 「동국여지승람」, 「동국통감」, 「악학궤범」 등

(2) 유교적 통치 이념
① **정치** : 왕도정치의 구현 → 덕치주의·민본주의
② **사회** : 엄격한 신분 제도 유지 → 양천의 구분과 이에 따른 직역의 법제화, 가부장적 가족 제도
③ **경제** : 지주 전호제 → 지배와 피지배의 사회적 관계가 경제관계에서도 적용
④ **대외관계** : 명분론에 입각한 배원친명·존명배청 정책
⑤ **사상**
　㉠ 성리학 수용
　㉡ 민중들 사이에는 불교 및 토속 신앙 잔존

(3) 중앙의 정치조직과 특색
① **중앙 정치조직**

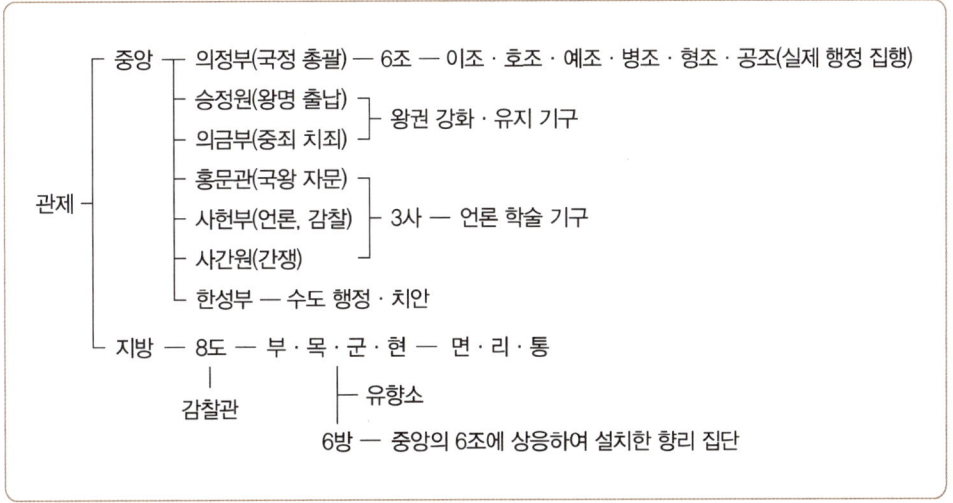

② 정치조직의 특색
　㉠ 경국대전(정치구조의 법제화)에 의거하여 운영
　㉡ 의정부의 재상합의제 + 6조
　㉢ 행정의 기능적 분화와 통일성의 확립
　㉣ 언론·학술·감찰 기구의 강화
　㉤ 왕권 강화를 위한 핵심적 기구(승정원·의금부) 운영
　㉥ 향촌 자치의 허용과 중앙집권 체제의 효율적인 강화(유향소·경재소)

(4) 지방 행정 제도
① **8도** : 관찰사(감사, 도백)·암행어사 파견(수령의 비행 견제)
② **군·현** : 수령 권한 강화(국왕의 대리인으로 조세 징수, 농업·교육 장려, 호구 조사, 재판 등), 향리 세력 약화(6방 소속, 수령의 행정 실무 보좌, 직역 세습)
③ **특수 행정구역 폐지** : 향·부곡·소 폐지(일반 군현으로 흡수·승격)
④ **유향소** : 지방 유력 양반들로 구성, 수령 자문·향리의 비리 감시·백성 교화, 중앙에 경재소를 설치하여 통제 → 향촌 자치 인정, 중앙집권 체제 강화 추구

용어사전

- **집현전** : 세종이 학문을 진흥시키고자 대폭 확장한 기구 - 경연 및 서연, 사관 연구
- **삼사** 기출 24, 23, 22, 21
  - 대간(사헌부·사간원) : 간쟁과 감찰 기능, 서경권 행사
  - 홍문관 : 유교의 학문적 연구를 토대로 정책 결정에 자문, 경연 담당
- **의정부** : 재상의 합의를 통해 국정을 총괄하는 최고 관부
- **유향소** : 향촌의 유력 인사로 구성되어 수령을 보좌하고 향리 규찰
- **경재소** : 수도에 두어 유향소와 정부 사이의 연락 가능

---

(5) 군사 제도와 교통·통신 제도
① **군역 제도** : 양인개병제(16세 이상 60세 미만 양인 남자), 정군(현역)과 보인(봉족)
② **군사 조직**
　㉠ 중앙군 : 5위(궁궐·수도 방어, 정군·갑사·특수병 구성)
　㉡ 지방군 : 육군, 수군(영·진 소속) → 세조 이후 진관 체제 실시(지역 단위 방어 체제)
　㉢ 잡색군 : 일종의 예비군
③ **교통·통신** : 봉수제(위급 사태 전달), 역원제(물자 수송과 통신, 마패를 소지한 공무 여행자에게 역마 제공), 조운제(강과 바다를 통하여 한성으로 세곡 운송)

(6) 교육과 과거 제도

① **교육**
  ㉠ 인문 : 서당(초등교육), 4부 학당·향교(중등교육), 성균관(고등교육)
  ㉡ 기술 : 사역원·형조·관상감 등 해당 관청에서 교육
② **과거 제도** : 무과의 실시로 문무 양반 제도 확립 기출 25
  ㉠ 과목 : 문과(생원과·진사과), 무과, 잡과(역과·율과·의과·음양과)
  ㉡ 기타 관리 임용 : 문음(2품 이상), 천거, 취재

3. 사림의 대두와 붕당 정치 기출 23

(1) 훈구파와 사림파

구분	관학파(훈구파)	사학파(사림파)
기원	급진 개혁파 사대부 → 세조 때의 공신	온건 개혁파 사대부 → 지방 세력
특징	부국강병 추구, 고위 관직 독점, 대지주층	왕도 정치·향촌 자치 추구, 중소 지주층
사상	성리학 이외의 사상에 관대	성리학 이외의 사상 배격
영향	15세기 문물 정비	16세기 이후 성리학 발달

(2) 사림의 성장과 사화 발생

① **사림의 성장** : 성종이 훈구 세력을 견제하기 위해 사림 등용 → 주로 삼사에 진출, 사림이 훈구 세력의 비리를 비판 → 두 세력 간 갈등 심화
② **사화의 발생**
  ㉠ 무오사화(연산군) : 훈구 세력이 김종직의 조의제문을 문제삼아 사림 축출
  ㉡ 갑자사화(연산군) : 연산군이 생모 폐위 문제로 훈구와 사림 세력 제거
  ㉢ 중종반정 : 중종이 반정 공신을 견제하기 위해 사림 중용
  ㉣ 조광조의 개혁 : 현량과(사림과 성균관의 유생들을 정치에 참여시키기 위한 추천제), 위훈 삭제(공신들의 토지, 노비의 삭감), 소격서(도교 행사 기관) 폐지, 균전론 주장, 공납제의 폐단 시정, 향약 실시, 소학 교육 및 주자가례 장려, 경연 강화 기출 24
  ㉤ 기묘사화(중종) : 훈구 세력이 조광조의 개혁에 반발 → 조광조 등 사림 세력 제거 기출 22
  ㉥ 을사사화(명종) : 외척 간의 권력 다툼 과정에서 훈구와 사림 세력이 피해를 입음

(3) 서원과 향약(사림의 세력 기반)

① **향약**
  ㉠ 의미 : 상부상조의 전통과 유교 윤리가 결합된 향촌의 자치 규약
  ㉡ 시초 : 중종 때 조광조가 처음 시행(여씨향약) → 16세기 후반 전국 확대(이황의 예안향약, 이이의 해주향약 전파)

ⓒ 기능 : 4대 덕목을 기반으로 풍속 교화, 향촌 사회의 질서 유지, 치안 담당 → 향촌의 자치 기능 수행
ⓔ 영향 : 유교 윤리 정착, 지방 사림의 지위 강화
② 서원 기출 24
ⓐ 기원 : 중종 때 주세붕이 세운 백운동 서원
ⓑ 기능 : 선현에 대한 제사, 학문 연구, 제자 양성(양반 자제 교육), 봄·가을로 향음주례를 지냄
ⓒ 사액서원 : 이황의 건의로 백운동 서원이 소수서원으로 사액됨 → 국가에서 토지·노비·서적 등을 지급하였으며, 면세 특권을 부여
ⓔ 영향 : 성리학과 지방 문화 발전, 사림의 정치 여론 형성, 붕당의 근거지가 됨

(4) 붕당의 형성
① 붕당의 출현
ⓐ 16세기 후반 선조 즉위 이후 사림 세력이 대거 중앙 정계로 진출하여 정국을 주도
ⓑ 척신 정치 개혁 문제로 갈등을 겪으면서 동인과 서인으로 나뉨
② 붕당의 형성 기출 25
ⓐ 이조 전랑의 임명 문제로 사림 세력 간의 갈등
ⓑ 동인 : 신진 사림(김효원 등), 척신 정치의 과감한 개혁 주장 → 이황, 조식, 서경덕의 학문 계승
ⓒ 서인 : 기성 사림(심의겸 등), 척신 정치 청산에 소극적 → 이이와 성혼의 문인
③ 붕당 정치의 전개
ⓐ 동인의 분열 : 정여립 모반 사건을 계기로 남인(이황)과 북인(조식)으로 분열
ⓑ 광해군 : 북인의 정국 주도(전후 복구 사업, 중립 외교 정책), 인조반정(서인이 주도하여 광해군을 몰아내고 정권 차지)
ⓒ 인조 : 서인이 남인 일부와 연합하여 정국 운영
ⓔ 현종 : 두 차례 예송논쟁 발생 → 서인과 남인의 대립 심화

4. 조선 전기의 대외 관계와 양난의 극복

(1) 조선 전기의 대외 관계
① **명과의 관계** : 정도전의 요동 수복 계획 문제 등으로 대립, 태조 이후 친선관계 유지(경제적·문화적 실리 추구), 조공 바침(사대 외교)
② **일본과의 관계** : 세종 때 3포(부산포, 제포, 염포) 개항, 계해약조(제한적 무역 관계), 대마도 토벌(세종 때 이종무)
③ **여진과의 관계** : 토관 제도 실시, 관직과 토지 지급, 무역소 설치, 세종 때 4군(최윤덕)·6진(김종서) 설치, 사민 정책 실시
④ **동남아시아** : 유구, 시암(타이), 자와(인도네시아) 등과도 교류

(2) 임진왜란(1592)
   ① 임진왜란 전개
      ㉠ 전쟁 초기 : 부산포 함락 → 왜군의 북상 → 신립의 충주 탄금대 전투 패배 → 선조는 평양·의주로 피신, 명에 원군 요청
      ㉡ 왜란 극복
         • 수군 승리 : 옥포, 한산도 대첩(학익진 전법) 등 → 남해의 해상권 장악, 전라도의 곡창지대 수호
         • 의병의 활약 : 곽재우(의령, 최초로 기병), 조헌(금산), 고경명(담양), 정문부(길주, 북관대첩비), 휴정(서산대사, 묘향산), 유정(사명대사, 금강산) 기출 23
         • 명의 원군 참여 : 조·명 연합군의 평양 탈환
      ㉢ 정유재란 : 왜군의 재침(1597) → 직산 전투, 이순신의 명량 대첩·노량 해전 → 일본군 철수
      ㉣ 왜란의 영향 : 경복궁·불국사 등 소실, 일본에 성리학·도자기·활자 등 전래, 여진족 성장, 공명첩 발행과 신분제 동요
   ② 임진왜란 이후 일본과의 관계
      ㉠ 기유약조(1609) : 에도 막부 요청, 국교 재개, 왜관 설치
      ㉡ 통신사 파견 : 에도 막부의 요청으로 대규모 외교 사절을 파견함(19세기 초까지 12회) → 조선의 문화를 일본에 전하여 일본 문화 발전에 큰 영향을 줌
      ㉢ 안용복의 활약 : 일본 어민 축출, 일본에 건너가 담판 → 울릉도·독도가 조선의 영토임을 인정받고 귀국

(3) 광해군의 중립외교와 호란의 발발
   ① 광해군의 중립외교
      ㉠ 대내적 : 전란의 피해 극복, 사림의 반발 → 서인의 인조반정 수도
      ㉡ 대외적 : 명·후금 사이의 중립외교(실리외교) 정책 추진
   ② 호란의 발발

정묘호란 (1627)	• 배경 : 친명배금 정책, 이괄의 난(잔당들이 후금에 인조반정의 부당성 호소) • 전개 : 후금이 조선 침략(1627) → 인조는 강화도로 피신, 관군과 의병(정봉수, 이립)의 활약으로 적의 보급로 차단 • 결과 : 후금과 형제의 맹약을 맺고 강화 체결
병자호란 (1636) 기출 25	• 원인 : 후금이 국호를 '청'으로 고친 후 군신 관계 요구 • 경과 : 조선에서 주화론(최명길)과 주전론(윤집) 대립 → 주전론 우세, 청의 요구 거부 • 전개 : 청이 조선 공격(1636) → 인조는 남한산성으로 피신하여 항전 • 결과 : 삼전도의 굴욕, 청의 군신 관계 요구 수락, 두 왕자(소현세자와 봉림대군)와 대신들이 청에 인질로 끌려감

(4) 호란 이후 청과의 관계

① **북벌 운동** : 여진족에 대한 문화적 우월감, 병자호란 이후 청에 대한 적개심과 복수심 고조 → 인조 때 임경업 등이 추진하고 효종 때 송시열, 이완 등과 함께 청 정벌 계획 추진
② **나선 정벌** : 효종 때 청과 러시아 사이에 국경 분쟁 발생 → 청이 조선에 지원군 요청하여 두 차례에 걸쳐 군사 파견
③ **북학론의 대두** : 청의 선진 문물을 수용하여 부국강병을 이루자는 주장으로 박지원, 홍대용, 박제가 등 북학파 실학자들이 주도
④ **백두산 정계비 건립(1712)** : 숙종 때 국경을 확정하고 정계비를 건립(서쪽으로는 압록강, 동쪽으로는 토문강) → 이후 19세기 후반, 토문강의 위치 해석 차이로 조선과 청 사이에 간도 귀속 분쟁 발생

용어사전

- **조의제문** : 항우가 폐위한 중국 초나라의 마지막 왕인 의제를 애도하는 글
- **현량과** : 학문과 덕행이 뛰어난 인재를 천거 받아 간단한 시험을 통해 등용하는 제도
- **향음주례** : 향촌의 선비와 유생들이 학덕과 연륜이 높은 이를 손님으로 모시고, 이들을 존경하는 뜻으로 연회를 베풀며 행하는 의례의 하나
- **나선 정벌** : 청과 러시아 사이에 국경 충돌이 일어나자, 청의 요구에 따라 수백 명의 조총 부대를 두 차례에 걸쳐 파견한 일

연습문제

다음에서 설명하는 정치 세력이 수행한 역할로 옳은 것은?

- 정몽주, 길재 등의 성리학자로부터 비롯되었다.
- 지방의 중소 지주층으로 절의와 명분을 중시하였다.
- 인간의 심성을 학문 연구의 주 대상으로 삼았다.

① 권문세족과 대립하면서 고려 말기 사회 개혁을 추구하였다.
② 향약과 서원을 기반으로 향촌사회에서 확고한 지배력을 행사하였다.
③ 지방의 정치적·군사적 실권을 장악하고 중앙정부와 대립하였다.
④ 고대 사회로부터 중세 사회로의 전환을 주도하였다.

해설 제시된 설명은 16세기 중반 이후 조선을 이끌었던 사림파에 대한 서술이다.
①은 고려 말 신진 사대부, ③·④는 신라 말 지방 호족에 관한 설명이다. ③과 같이 사림파를 지방에서 정치적·군사적 실권을 장악한 세력으로 보는 것은 논리적 비약이다.

정답 ②

2 조선 전기의 사회와 경제

1. 조선 전기의 사회

(1) 양천제와 반상제
- ① **양천제**
  - ㉠ 모든 사회 구성원을 법제적으로 양인(자유민)과 천민(비자유민)으로 구분
  - ㉡ 양인 : 자유민, 과거 응시 자격, 조세와 국역의 의무
  - ㉢ 천민 : 비자유민, 개인이나 국가에 소속, 천역 담당
- ② **반상제** : 지배층인 양반과 피지배층인 상민 간의 차별을 두는 제도 → 양반, 중인, 상민, 천민의 구분 정착

(2) 조선의 신분 구조 기출 25
- ① **양반** : 토지와 노비 소유, 과거·음서·천거로 관직 독점·국역 면제, 지주층이자 관료층, 현직 또는 예비 관료로 활동, 유학자로서의 소양을 닦음
- ② **중인**
  - ㉠ 의미 : 양반과 상민의 중간 신분 계층(넓은 의미), 기술관(좁은 의미)
  - ㉡ 구성 : 서리, 향리, 기술관 → 직역 세습, 같은 신분끼리 혼인, 관청과 가까운 곳에 거주
  - ㉢ 서얼 : 양반 첩에게서 출생 → 중인과 같은 신분적 처우, 문과 응시 금지, 간혹 무반직에 등용
- ③ **상민** : 농민, 수공업자, 상인, 신량역천 → 과거 응시 가능(실제 불가능)
- ④ **천민** : 대부분 노비(매매·상속·양도·증여의 대상, 일천즉천), 장례원(노비의 장부와 그 소송 담당)

(3) 사회 제도와 생활 모습
- ① **사회 제도**
  - ㉠ 빈민 구제 : 환곡제(의창과 물가 조절 기구인 상평창에서 운영), 양반 중심의 사창 제도 실시
  - ㉡ 의료 시설 : 동·서 대비원, 혜민국(수도권), 제생원(지방), 동·서 활인서
- ② **가족 제도** : 장자 중심 상속, 여성 재가 금지, 호적에 남녀순 기재, 여성 호주 금지, 시집살이, 아들이 없을 때 양자 입양 보편화
- ③ **사족의 향촌 지배**
  - ㉠ 향안(지방 사족들의 명단) 작성, 향규(향회의 운영 규칙) 제정 → 향회(향안에 이름이 오른 사족들의 총회)를 통해 지방민 통제
  - ㉡ 유향소 : 향촌 자치, 수령 보좌, 향리 감찰, 향촌 교화 담당
  - ㉢ 경재소 : 중앙 정부가 유향소 통제를 위해 설치, 중앙과 유향소의 연락 업무
- ④ **촌락의 운영** : 면리제·오가작통제를 통해 주민 지배

> **용어사전**
> - **신량역천** : 신분은 양인이지만 천역을 담당하는 계층
> - **오가작통제** : 5가구를 1통으로 묶어 서로 도망가는 것을 감시하는 제도

> **연습문제**
>
> 다음 자료에서 (가)에 해당하는 신분 계층은?
>
> > 조선 초기 신분은 양인과 천인으로 양분되었다가 16세기에 들어서 양반 신분이 성립됨에 따라 점차 양반, 중인, 상민, 천민으로 분화되었다. 이 중 ⎡(가)⎤은 15세기에 성립되어 조선 후기에 독립된 신분층으로 굳어졌다. 이들은 직역을 세습하고 같은 신분끼리 혼인하였다.
>
> ① 양반   ② 중인
> ③ 상민   ④ 천민
>
> **해설** 중인
> - 의미 : 양반과 상민의 중간 신분 계층(넓은 의미), 기술관(좁은 의미)
> - 구성 : 서리, 향리, 기술관 - 직역 세습, 같은 신분끼리 혼인, 관청과 가까운 곳에 거주
> - 서얼 : 양반 첩에게서 출생 - 중인과 같은 신분적 처우, 문과 응시 금지, 간혹 무반직에 등용
>
> **정답** ②

2. 조선 전기의 경제

(1) 조선의 토지 제도 변화

① **과전법(고려 공양왕)** 기출 23, 22
  - ㉠ 배경 : 권문세족의 불법적 토지겸병으로 인한 재정 악화, 신진 사대부의 경제적 기반 마련
  - ㉡ 내용 : 전현직 관리들에게 국역의 대가로 경기 지방의 토지 지급 → 수조권 지급, 사후 반환 원칙 (수신전·휼양전·공신전 세습)

② **직전법(세조)**
  - ㉠ 배경 : 수신전, 휼양전의 이름으로 토지 세습 → 지급할 토지 부족
  - ㉡ 내용 : 현직 관리에게만 수조권 지급, 지급량 축소, 수신전·휼양전 폐지

③ **관수관급제(성종)**
  - ㉠ 배경 : 과전 경작 농민에 대한 과도한 수취(수조권 남용)
  - ㉡ 내용 : 지방 관청이 수확량을 조사하여 조세를 징수한 후 관리에게 지급

④ **직전법 폐지(명종)** : 녹봉만 지급, 농장 확대 가속화와 지주 전호제의 확대

(2) 조세 제도 기출 25
① **전세(토지세)** : 1/10세 → 전분 6등법·연분 9등법
② **공납(호구세)** : 토산물 징수, 전세보다 더 부담
③ **역(인두세)** : 정남의 의무로 군역·요역 부담, 호적에 등재된 16세 이상
④ **조운 제도** : 조세 운반 제도(조창 → 경창), 잉류 지역(평안도, 함경도의 조세미는 군사비, 사신 접대비로 현지에서 사용)

(3) 경제활동
① **농업**
  ㉠ 농경지의 확대 : 토지 개간, 수리시설 확충, 종자 개량
  ㉡ 농업기술 발달 : 2년 3작(조·보리·콩), 모내기법·이모작, 시비법의 발달로 휴경지 감소
  ㉢ 농서 간행 : 「농사직설」, 「금양잡록」
  ㉣ 농민의 토지 유리현상 심각 : 농민안정책 필요
② **수공업**
  ㉠ 관영수공업(관장제) : 국역으로 물품을 제조·납부, 국역이 끝나면 생필품 제조·판매
  ㉡ 민영수공업(사장제) : 화폐 경제의 미숙으로 인한 한계점
  ㉢ 가내수공업 : 생활필수품 생산
③ **상업과 화폐**
  ㉠ 시전(서울) : 시가지에 있었던 큰 상점(관수품 조달 → 금난전권 보유) → 육의전 번창
  ㉡ 장시(지방) : 16세기 이후 정기적으로 열리는 시장 발달, 보부상 활동
  ㉢ 화폐 : 저화(태종)·조선통보(세종)·전폐(세조) → 유통 부진
④ **무역**
  ㉠ 명 : 사신들이 왕래할 때 공무역과 사무역이 이루어짐
  ㉡ 여진 : 무역소(경원·경흥)를 통하여 교역 활동
  ㉢ 일본 : 왜관(동래)을 중심으로 무역, 3포(부산포·염포·제포)의 개항

(4) 16세기 수취 제도의 문란
① **공납** : 공물 징수 과정에서 하급 관리와 상인이 결탁해 공물을 대신 납부하고 농민에게 본래 물품 가격보다 과도한 대가를 징수하는 방납의 폐단 발생 → 수미법 주장
② **군역** : 농민의 요역 동원 기피로 군역의 요역화 → 대립(代立)과 방군수포 만연 → 군포 징수제 확산
③ **환곡** : 수령과 향리가 고리대 수단으로 이용
④ **농민의 몰락** : 유민 증가, 도적 발생(명종 때 임꺽정 등)

용어사전

- **수신전** : 관리가 죽으면 그 부인에게 생활 대책으로 준 토지
- **휼양전** : 관리가 죽어서 고아가 된 후손에게 생활 대책으로 지급한 토지
- **저화** : 고려 말부터 조선 초에 발행하였던 지폐
- **방군수포** : 군역의 의무가 있는 사람이 국가에 군포를 납부하고 군역을 면제받는 것

연습문제

밑줄 친 '이 법'에 대한 설명으로 옳은 것은?

> 수신전과 휼양전의 지급이 중단되고 <u>이 법</u>이 실시되면서 죽은 남편과의 의리를 지키려고 하는 여자들이나 부모의 제사를 모시려는 자손들이 때때로 경제적으로 어려운 처지에 놓이게 되었다. 이에 따라 일각에서는 수신전과 휼양전을 부활시키자는 주장이 대두되고 있다.

① 현직 관리에게만 수조권을 지급하였다.
② 노동력의 징발을 법적으로 보장하였다.
③ 인품과 공로를 토지 지급 기준으로 삼았다.
④ 부족한 재정을 보충하기 위해 결작을 부과하였다.

해설 수신전과 휼양전을 폐지하였다는 내용으로 보아 '이 법'은 직전법이다. 직전법에 따라 현직 관리에게만 수조권을 지급하였다.

정답 ①

3 조선 전기 문화의 발달

1. 민족문화의 발달

(1) 한글의 창제
① **배경** : 피지배층의 성장으로 이들과의 의사소통 필요성 증대
② **창제** : 세종대왕이 훈민정음 창제
③ **보급** : 「불경언해」, 「용비어천가」 및 농서 발간, 서리 채용 시험 과목

(2) 역사서의 편찬
① **고려사 정리**
　㉠ 「고려국사」(편년체) : 태조 때 정도전 등이 편찬하였으며, 조선 건국의 정당성을 밝히려 함
　㉡ 「고려사」(세가·지·열전 등의 기전체), 「고려사절요」(편년체) : 김종서·정인지 등이 편찬하여 고려의 역사를 정리함
② 「**조선왕조실록**」 : 유네스코 세계 기록 유산, 춘추관 실록청에서 사관의 사초와 시정기 등으로 편찬(편년체) → 4대 사고에 보관 기출 25, 23
③ 「**동국통감**」 : 서거정, 편년체 통사(단군 조선~고려 말) 기출 24
④ 「**동국사략**」 : 박상, 사림의 정치·문화 의식 반영
⑤ 「**징비록**」 : 유성룡이 임진왜란 동안에 경험한 사실을 기록

(3) 지리서와 윤리서
① **지도와 지리서 편찬** : 중앙집권 및 국방 강화 목적
　㉠ 지도 : 혼일강리역대국도지도(세계지도), 팔도도(전국지도)
　㉡ 지리서 : 「팔도지리지」, 「동국여지승람」, 「신증동국여지승람」
② **윤리서 편찬** : 유교적인 질서 확립, 「삼강행실도」, 「효행록」, 「국조오례의」 기출 24

(4) 경국대전의 완성
① 통치규범의 성문화 필요 → 법전 편찬 시도
② 「조선경국전」·「경제육전」 → 「속육전」 → 「육전등록」 → 「경국대전」(성종) 기출 24

(5) 과학기술
① **배경(15세기)** : 부국강병책, 기술학 중시 → 서역과 중국의 과학기술 수용
② **인쇄술** : 금속활자의 주조(갑인자·계미자)
③ **각종 측량기구** : 혼의·간의(천체), 앙부일구(해시계), 자격루(물시계), 측우기(강우량), 인지의·규형(토지)

④ **각 분야의 과학기술 발달** : 수학(산명산법·산학계몽), 역법(칠정산), 무기제조술(화포·화초, 거북선) 기출 25

(6) 과학서적
① **농서** : 「농사직설」, 「금양잡록」
② **병서** : 「진도」, 「병장도설」, 「동국병감」
③ **의약서** : 「향약집성방」, 「의방유취」 기출 25

> **용어사전**
> - **동국통감** : 단군을 민족의 시조로 정립한 편년체 통사(단군 조선~고려)
> - **혼일강리역대국도지도** : 중화 사상에 입각하여 만든 세계지도
> - **동국여지승람** : 팔도지리지(양성지)와 동문선(서거정)을 합쳐 만든 인문지리서

2. 성리학의 발달

(1) 성리학의 두 흐름

훈구파(관학파)	사림파(사학파)
신진 사대부 중 혁명파(정도전·권근) 계승	신진 사대부 중 온건파(정몽주·길재) 계승
중앙집권·왕권강화 주장 → 부국강병 추구	왕도정치 → 향촌자치 추구
사장 중심 → 불교·도교·풍수지리·민간신앙 등 전통 사상 포용	경학 중심 → 성리학 이외에는 모두 이단으로 배격

(2) **성리학의 융성** : 사림 집권 후 이기론 중심 → 왕도정치 추구, 현실적 부국강병에 소홀

주기론[서경덕 → 이이(서인)]	주리론[이언적 → 이황(동인)]
경험적 현실세계 중시	도덕적 원리에 대한 인식과 실천 중시
재야의 사림들이 계승	향촌의 안정된 중소 지주 출신들이 계승
이이 • 「성학집요」, 「동호문답」, 「격몽요결」, 「기자실기」 • 현실문제의 개혁을 주장한 경세가, 대공수미법 • 관념적 도덕세계와 경험적 현실세계를 중시하는 일원론적 이기이원론	이황 • 「주자서절요」, 「성학십도」 → 일본 성리학에 영향 • 신분 질서를 유지하는 도덕규범 확립에 기여 • 주자의 이기이원론을 발전시킨 주리철학

(3) 예학과 보학
    ① **예학(禮學)** : 인간관계와 의례, 도덕적 규범을 연구하는 학문
        ㉠ 관혼상제 체제 정비 : 유교적 가족 제도 확립
        ㉡ 형식에 치우쳐 정쟁에 이용됨(예송 논쟁)
    ② **보학(譜學)** : 혈연·가계·족보 등 신분 질서와 가문 체계를 연구하는 학문
        ㉠ 보족의 작성 : 혼인, 붕당에 이용
        ㉡ 종족의 결속 강화 : 양반 문벌 제도의 강화

3. 종교와 민간신앙

(1) 불교 억제 정책
    ① **태조** : 승려의 수 제한(도첩제), 사원 건립 억제
    ② **태종** : 사원 정비 → 토지와 노비 몰수
    ③ **세종** : 종파를 선종과 교종으로 통합 → 18사만 인정
    ※ 세조 : 원각사지 십층석탑 건립, 『월인석보』 간행 → 대표적인 호불(好佛) 군주로, 전대 왕들과 달리 불교 진흥 정책을 펼침

(2) 민간신앙
    ① **도교** : 소격서에서 제천 행사 주관, 도교 행사 축소
    ② **풍수지리** : 한양 천도·묘지 선정에 참고(도참 사상)
    ③ **민간신앙** : 무격신앙, 산신 사상, 삼신(환인, 환웅, 단군) 숭배 등

4. 문학과 예술

> **체크 포인트**
> 조선 전기 예술의 특징
> • 서민적 분위기 → 소박·검소
> • 실용성과 예술성의 조화
> • 인공을 가하지 않고 자연미를 최대한 살림

(1) 문학
    ① **한문학**
        ㉠ 15세기 사장을 중시하던 훈구파에 의해 발전, 「동문선」 편찬(서거정 편찬, 자주성 강조)
        ㉡ 16세기 경학에 치중하던 사림파의 집권 후 퇴조하나 형식은 다양화됨

② **설화문학** : 민족문학적(서민사회의 구전기록) → 김시습의 「금오신화」, 어숙권의 「패관집」
③ **시조문학** : 사대부 문학(15세기 유교적 충절)
④ **악장문학** : 「용비어천가」, 「월인천강지곡」

(2) 건축

15세기	• 궁궐, 학교, 성곽, 성문 등 중심(건물 규모 제한) → 숭례문 · 돈화문 · 남대문(개성) · 경판고(해인사) • 자연미의 강조 → 창덕궁 · 창경궁의 후원
16세기	서원 건축 중심(주택 + 정자 + 가람배치 양식) → 옥산 서원 · 도산 서원(자연과의 조화)

(3) 공예
① **생활 공예의 발달** : 생활필수품(서민), 문방구(사대부) 발달
② **도자기**
  ㉠ 15세기 분청사기 : 회청색, 화려하지 않으나 우아함
  ㉡ 16세기 백자 : 순백색, 깨끗 · 담백 · 고상함

(4) 그림과 글씨
① **서예** : 학자의 필수 교양 → 안평대군(조맹부체 = 송설체), 양사언, 한호(왕희지체)
② **그림**

15세기	• 안견의 몽유도원도(현실세계와 이상세계를 조화롭게 묘사), 강희안의 고사관수도(인물의 내면을 잘 묘사) 등 • 문인 화가(강희안, 강희맹), 신숙주(안평대군의 소장품 소개)
16세기	• 사군자에 능한 화가 배출, 자연 속에서 서정적 아름다움 추구 • 화원 : 이상좌(송화보월도) · 이정 · 황집중 · 어몽룡 · 신사임당(초충도)

(5) 음악
① **15세기** : 독자적 궁중음악의 기초 확립(아악), 「악학궤범」
② **16세기** : 당악 · 향악 등 속악 발달

(6) 무용
① **궁중** : 나례춤 · 처용무
② **민간** : 산대놀이 · 굿

용어사전

- **예학** : 상장제례에 관한 학문
- **보학** : 종족의 내력을 기록한 족보를 암기하는 학문
- **도첩제** : 국가가 승려의 신분을 공인해 주던 제도, 조선 전기 숭유억불책에 따라 성종 때 이를 폐지하고 승려의 출가를 금지함
- **금오신화** : 설화를 소설 형식으로 쓴 김시습의 저술서로, 평양·경주·개성 등 옛 도읍지를 배경으로 한 5편의 소설을 통해 고유한 신앙과 연결된 생활과 역사의식 묘사
- **분청사기** : 철분이 있는 바탕흙으로 빚은 그릇 위에 백토 분장을 하거나, 분장된 백토 위에 철분안료로 그림을 그리거나, 분장된 백토를 긁어 문양으로 나타내는 식으로 구워낸 소박한 사기그릇
- **악학궤범** : 성종 때 성현이 편찬한 음악 이론서로, 음악을 아악·당악·향악으로 나누어 음악의 원리와 역사, 악기 편성법, 악기 만드는 법, 의상 등을 정리
- **산대놀이** : 바가지, 종이나무 따위로 만든 탈을 쓰고 춤을 추던 가면극의 하나, 고려부터 조선 시대까지 성행하였던 서민놀이로 양반에 대한 풍자와 파계승에 대한 조롱 등의 비판적 내용

연습문제

조선 시대에는 다음과 같은 역사적 사실들로 인해 이전과는 다른 새로운 사상이 등장하여 지리서의 편찬과 지도의 제작에 영향을 미쳤다. 이러한 사상의 영향으로 나타난 성과와 그에 대한 설명으로 옳은 것은?

- 성리학에 대한 반성과 비판
- 서학과 고증학의 영향
- 농민층의 분화와 갈등의 심화

① 택리지 – 산줄기를 지도에 상세히 그려놓고 해설하였다.
② 청구도 – 한반도의 윤곽이 실제에 비교적 가깝게 그려졌다.
③ 동국여지승람 – 군현의 연혁, 지형, 풍속 등이 자세히 수록되었다.
④ 혼일강리역대국도지도 – 세계지도로 지도의 세계 부분은 중국에서 들여와 제작하였다.

해설 택리지는 실학의 경향을 반영한 지리지이며, 동국여지승람·혼일강리역대국도지도는 조선 전기의 지리지와 지도이다.

정답 ②

제4절 조선 후기 경제 발전과 사회 동향

1 제도의 개편과 정치의 변화

1. 통치 체제의 개편

(1) **지배 체제의 모순** : 왜란과 호란 이후 통치질서의 동요

신분제의 폐단	소수 양반의 특권 독점(가부장적·성리학적 가치규범) : 민중의 불만	〈결과〉
토지 제도의 모순	토지 소유가 소수의 양반 지주에게 편중 : 다수의 소작농이 착취당함	• 농민층의 몰락
조세 제도의 문란	조·세·역의 폐단 심화 : 농민의 부담 가중	• 국가 재정의 궁핍

(2) 비변사의 기능 강화
  ① **배경**
    ㉠ 왜구와 여진족의 침입에 대비
    ㉡ 농민의 농토 이탈 : 지배 체제의 위기
  ② **비변사의 변천**

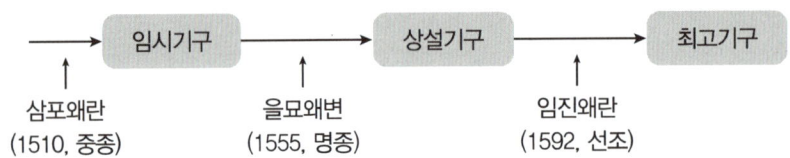

　　삼포왜란　　을묘왜변　　임진왜란
　　(1510, 중종)　(1555, 명종)　(1592, 선조)

  ③ **결과**
    ㉠ 양반의 정치적 지위 강화
    ㉡ 왕권 및 의정부·6조의 기능 약화

(3) 군사 제도의 변화

중앙군	훈련도감	유성룡의 건의로 임진왜란 중 설치(선조), 일정한 급료를 받는 직업적 상비군으로 삼수병(포수·사수·살수)을 양성
	어영청	인조반정 후 이괄의 난을 계기로 설치, 북벌 추진 과정에서 그 기능이 강화됨
	총융청	인조 때 경기 일대 방어를 위해 설치
	수어청	정묘호란 후 남한산성에 설치, 수도 남부 방어
	금위영	숙종 때 왕실과 수도 방어 목적으로 설치
지방군	방어 체제의 변화	진관 체제(조선 초기) → 제승방략 체제(16세기 후반) → 속오군 체제(임진왜란 중)
	속오군	양반에서부터 노비까지 편제하여 평상시에는 생업 종사, 유사시에 동원 → 양반들의 회피로 상민과 노비 부담 가중

(4) 수취 제도의 개편 기출 23

제도	시행법	배경	내용	결과

전세
제도
	영정법
	(인조)
		• 왜란으로 농촌의 황폐화
		• 최저세율 적용 관행
		  → 법제적으로 확정
			풍흉에 관계없이 1결당 미곡 4두 징수	• 전세율 인하·부가세 증가
				  → 조세 부담 증가
				• 전호의 부담 여전

공납 제도	대동법 (광해군 ~숙종) 기출 24, 22	• 방납의 폐단 : 농민의 유망 • 정부의 재정 악화 : 수미법 제기	호 단위로 부과하던 공납을 농토 결수를 기준으로 미곡·포목·전화로 납부 → 공인을 통하여 물품 구입	• 공납의 전세화, 조세의 금납화 : 농민 부담의 경감 • 국가 수입의 증대 • 공인의 활동(→ 도고)
군역 제도	균역법 (영조) 기출 25, 22	군역의 폐단(인징, 족징, 백골징포) : 농민의 피역 심화	• 1년에 군포 1필로 경감 • 결작(1결당 미곡 2두) • 선무군관(군포 1필) • 어장세·염전세·선박세	농민 부담의 일시 경감 → 지주의 결작 부담 전가 → 군포 폐단 재발

2. 정국의 변화와 탕평책

(1) 붕당 정치의 전개

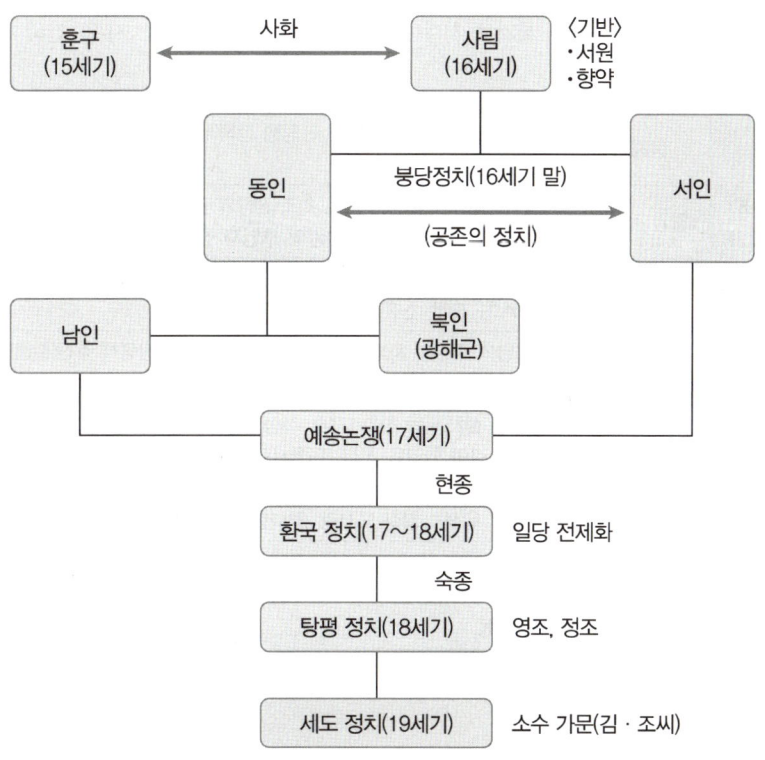

① **선조** : 이조 전랑 임명 문제 → 동서 분당 → 정여립 모반 사건, 정철 건저의 문제 → 동인의 분화(남인, 북인)
② **광해군** : 중립외교 정책 → 북인 집권 → 서인은 명맥만 유지 → 인조반정
③ **인조** : 서인 집권 → 친명배금 정책 → 정묘호란, 병자호란 발생
④ **효종** : 서인 집권 → 효종의 북벌론 → 송시열의 기축봉사
⑤ **현종(예송논쟁)** 기출 25, 22
　㉠ 원인 : 효종의 정통성 문제로 확대되면서 서인과 남인 간의 논쟁
　㉡ 1차 예송(기해예송) : 효종 복상 기간 논란, 서인 1년 주장(채택), 남인 3년 주장
　㉢ 2차 예송(갑인예송) : 효종비 복상 기간 논란, 서인 9개월 주장, 남인 1년 주장(채택)
⑥ **숙종(환국)**
　㉠ 의미 : 정국을 주도하던 붕당이 교체되면서 정국이 급격히 바뀌는 상황
　㉡ 전개 과정 : 경신환국(1680, 서인 집권) → 기사환국(1689, 남인 집권) → 갑술환국(1694, 서인 집권) → 남인 몰락, 서인이 노론과 소론으로 분화 → 특정 붕당이 정권 독점
　㉢ 붕당 정치의 변질 : 상대 붕당 부정, 삼사의 언론 기능 변질, 노론 중심의 일당 전제화 지속 → 탕평론 제기

(2) 탕평 정치

① **배경** : 사도세자의 죽음을 계기로 시파(사도세자 지지)와 벽파(영조 지지) 간의 갈등
② **영·정조의 정책**

영조 기출 25	탕평책	탕평 교서 발표(탕평비 건립) → 탕평 정책에 동의하는 인물(탕평파)을 등용하여 정국을 운영함(완론탕평)
	왕권 강화책	산림의 존재 부정, 서원 정리, 이조 전랑의 권한 축소(후임자 천거권, 삼사 관리를 선발하는 관행 폐지) → 이조 전랑의 후임자 천거권은 정조 때 완전히 폐지)
	개혁 정치	균역법 실시(1750), 가혹한 형벌 폐지, 사형수 3심제 시행, 「무원록」·「속대전」·「동국문헌비고」 편찬, 신문고 부활, 청계천 준설
정조	탕평책	각 붕당의 주장의 시비를 명백히 가리는 적극적 탕평책 추진(준론탕평), 소론과 남인 중용
	왕권 강화책	• 장용영 설치(국왕 친위 부대), 화성 건설 노력(이상 정치 실현을 위한 상징적 도시 육성), 수령이 향약을 직접 주관(사족의 향촌 지배력 억제) • 초계문신제 시행 : 유능한 인사 재교육 • 규장각 육성 : 왕실 도서관, 강력한 정치 기구로 육성
	문물 제도 정비 기출 25	서얼과 노비에 대한 차별 완화(서얼 출신을 규장각 검서관으로 등용), 신해통공(금난전권 폐지), 「대전통편」·「무예도보통지」·「탁지지」·「무원록」·「동문휘고」 편찬, 문체 반정 운동

3. 정치질서의 파탄

(1) 세도 정치의 배경 및 전개 기출 25
 ① **배경** : 정조 사후 정치 세력 간의 균형 붕괴
 ② **전개** : 3대(순조, 헌종, 철종) 60년 동안 안동 김씨, 풍양 조씨 등 왕의 외척 세력이 권력 독점

(2) 세도 정치의 폐단과 삼정의 문란 기출 23, 21
 ① **폐단** : 세도 가문의 비변사 권력 독점(왕권 약화), 매관매직 성행, 과거 제도 문란, 수령과 향리의 수탈 강화
 ② **삼정의 문란** : 탐관오리가 수취 제도를 악용해 농민을 수탈함 → 전정·군정·환곡의 폐단이 심화됨

용어사전

- **도고** : 조선 후기에 상품을 매점하거나 독점하는 상행위 또는 상인 기출 22
- **비변사** : 문무 고위 관리들의 합좌기구
- **방납** : 공물을 먼저 납부하고 그 대가를 농민에게 받는 일
- **선무군관** : 부유한 양민으로 교생·원생을 칭탁하여 군포를 부담하지 않던 자
- **예송** : 차남으로 왕위에 오른 효종과 효종비가 죽은 후, 새어머니(인조의 계비)가 상복을 얼마 동안 입어야 하는가를 놓고 서인과 남인 사이에 벌어진 두 차례의 논쟁
- **초계문신제** : 신진 인물이나 중·하급 관리 중에서 유능한 인사를 재교육하는 제도
- **공인** : 납품가를 미리 받아 물품을 구입하여 납품하는 대상인으로, 조선 후기 상업 발달의 주역이 된 대표적인 상인

연습문제

조선 시대 양인 농민층에게 직접적인 혜택이 있었던 제도를 〈보기〉에서 모두 고른 것은?

> **보기**
> ㄱ. 균역법   ㄴ. 문음
> ㄷ. 대동법   ㄹ. 오가작통법
> ㅁ. 호패법

① ㄱ, ㄷ   ② ㄱ, ㅁ
③ ㄴ, ㄷ   ④ ㄴ, ㄹ

해설 균역법에 의해 농민에게 부과되는 군포가 1년에 2필에서 1필로 줄었다. 대동법 실시 이후 호 단위로 부과하던 공납을 결수 단위로 바꿈으로써 농민의 부담이 줄었다.

정답 ①

2 경제구조의 변화와 사회 변동

1. 경제구조의 변화 기출 23

(1) 경제의 활성화
    ① **배경** : 붕당 정치의 폐단 시정 노력
    ② **경제구조 변동의 주체** : 피지배층
        ㉠ 농촌 경제의 발달
        ㉡ 자유 상공업의 발달 → 사회구조의 다변화

(2) 농업 생산력의 증대
    ① **개간사업 추진** : 왜란·호란 이후 국토의 황폐화 → 농경지 확충 필요 → 토지겸병·지주제
    ② **영농법의 개선**
        ㉠ 논농사 : 직파법 → 이앙법(벼·보리의 이모작 가능, 수리시설의 확충, 노동력 절감, 생산력 증대)
        ㉡ 밭농사 : 농종법 → 견종법(노동력 절감, 생산력 증대)
        ㉢ 시비법(퇴비·석회)과 농기구의 개량
    ③ **상품작물 재배** : 곡물, 담배, 인삼, 목화, 채소, 약초 등

(3) 농업경영의 변화 : 농업 생산력의 증대
    ① **광작** : 1인당 경작 면적의 확대 → 농민층의 분화(소수의 부농 + 다수의 임노동자) 기출 24
    ② **양반 관료의 토지 집적** : 상품화폐의 발달 → 농민의 토지 상실 → 농민층의 몰락(상공업 종사자·임노동자·품팔이)

(4) 지대의 변화 : 타조법 → 도조법
    ① **배경** : 생산력 증대, 광작 유행, 토지 집적의 심화 → 지주전호제 일반화
    ② **타조법** : 작황에 관계없이 지주와 소작인이 1/2씩 나눔 → 소작인이 전세·생산비 부담, 지주의 간섭
    ③ **도조법** : 풍흉에 관계없이 일정 소작료 납부(수확량의 약 1/3) → 자유로운 영농 가능
    ④ **소작료의 금납화** : 부를 축적한 일부 평민이 지주가 됨 → 경영형 부농의 출현

(5) 민영 수공업의 발달
    ① **배경** : 부역제의 변동, 상품화폐 경제의 발달, 관수품 수요 증가
    ② **관영 수공업의 쇠퇴**
        ㉠ 16세기 : 장인의 등록 기피 현상, 정부의 재정 약화
        ㉡ 17세기 : 민간 기술자를 고용하여 물품 제조
        ㉢ 18세기 : 장인등록제 폐지, 납포장이 제품 생산

③ **민영 수공업의 발달** : 장인세 납부
  ㉠ 선대제 수공업 : 장인이 공인이나 상인에게 종속되어 자금과 원료를 선대받아 제품 생산 → 상업 자본에 의존하는 형태(화폐, 종이, 철물)
  ㉡ 농촌 수공업 : 자급자족의 부업 형태, 상품생산 형태(직물, 그릇)
  ㉢ 독립 수공업 출현 : 놋그릇(안성), 농기구, 모자, 장도

(6) **광산의 개발**
  ① **배경** : 수공업의 발달에 따른 원료 생산, 은의 수요 증가
  ② **관영 수공업의 쇠퇴**
    ㉠ 16세기 : 부역 노동을 이용해 직접 경영 → 사적 광산 경영 통제
    ㉡ 17세기 : 사채 허용 → 설점수세제
    ㉢ 18세기 : 사채 금지 → 상업자본의 금광 개발, 잠채 성행
  ③ **광산 경영** : 덕대(광산 전문 경영인)가 물주(상인, 지주)의 자본을 조달받아 채굴업자(혈주), 채굴·제련 노동자를 고용하여 광산 경영 → 분업에 토대를 둔 협업으로 채굴, 제련

2. 시장권의 확대

(1) **공인의 활동**
  ① **배경**
    ㉠ 농업 생산력의 증대
    ㉡ 수공업 생산의 활발
    ㉢ 조세·소작료의 금납화
    ㉣ 농촌인구의 도시 유입
  ② **공인의 활약** : 대동법 실시로 등장, 정부에서 공가를 받고 물품을 조달하는 어용 상인

(2) **사상의 대두** 기출 25
  ① **성장** : 종루(종로 근처)·이현(동대문 안)·칠패 형성(남대문 밖) → 시전상인과 대립 → 금난전권 철폐로 크게 성장, 사상들의 자유로운 활동
  ② **대표적 사상** : 한성의 경강 상인(한강을 무대로 운송업에 종사), 개성의 송상(인삼 재배·판매, 대외 무역 종사, 송방이라는 지점 설치), 평양의 유상, 의주의 만상(대청 무역 주도), 동래의 내상(대일본 무역 주도) 등

(3) **장시의 발달(사상의 성장과 관련)** 기출 25
  ① **성장** : 18세기 전국에 1,000여 개 소가 개설 → 지역적 시장권 형성(상설시장) → 상업도시화
  ② **보부상** : 장시를 하나의 유통망으로 연결, 조합(보부상단) 결성

(4) 포구에서의 상거래(상업 중심지로 성장)
    ① **배경** : 육상 교통이 발달하지 못함 → 수로를 이용한 운송
    ② **변화** : 세곡·소작료 운송 기지 → 포구 간 혹은 인근 장시로 연계
    ③ **선상의 활동** : 물품을 운송하여 포구에서 처분(경강 상인)
    ④ **객주·여각** : 상품의 매매·중개, 운송, 보관, 숙박, 금융 등의 업무 담당

(5) 대외 무역
    ① **대청무역** : 개시(관허무역)·후시(밀무역) – 만상(의주 상인)·송상(평양 상인) 활약
    ② **대일무역** : 기유약조 체결 후 왜관개시 중심, 청과 일본 사이의 중계무역

(6) 화폐 경제의 발달
    ① **배경** : 상업 경제 발달, 대동법 실시 이후 조세 및 소작료의 금납화 확대
    ② **전개** : 숙종 때 상평통보(동전)가 전국적으로 유통, 신용 화폐(환, 어음 등)가 점차 보급
    ③ **전황** : 유통 화폐 부족 현상으로 지주나 대상인들이 화폐를 고리대나 재산 축적에 이용 → 일부 실학자들의 폐전론 주장

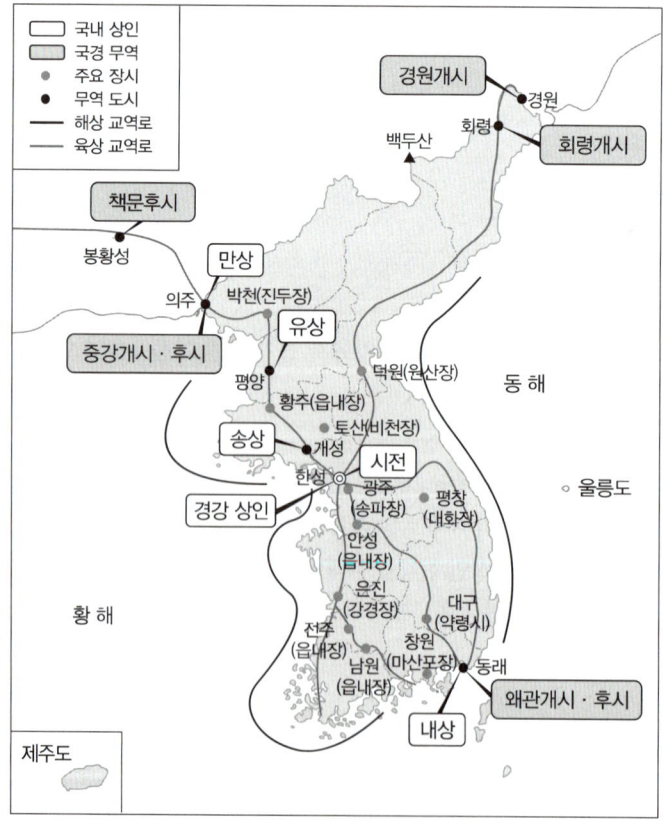

[조선 후기의 상업과 무역 활동]

용어사전

- **직파법** : 벼를 키울 땅에 볍씨를 뿌려 그대로 키우는 농법
- **견종법** : 밭에 고랑과 이랑을 만들어 고랑에 곡식을 심는 농법
- **광작** : 모내기법으로 제초 작업에 필요한 노동력이 절감되면서 한 농가에서 이전보다 더 넓은 농토를 경작할 수 있게 된 현상
- **잠채** : 광물을 몰래 채굴하거나 채취하는 것
- **덕대** : 광산 주인과 계약을 맺고, 물주로부터 자본을 조달받아 임노동자를 고용하여 광산을 전문적으로 경영하는 사람
- **금난전권** : 서울 도성 안과 도성 밖 10리의 지역에서 난전(정부의 허가를 받지 않은 상행위)을 금지하고, 시전상인이 특정 상품을 독점 판매할 수 있는 권리
- **보부상** : 봇짐장수인 보상과 등짐장수인 부상을 함께 일컫는 말

연습문제

다음 내용에 해당하는 역사 용어로 옳은 것은?

> 조선 후기 지주나 대상인 등이 동전을 재산으로 간주하여 이를 간직해 두고 사용하지 않음으로써 발생했던 동전 유통량의 부족 현상이다.

① 광작 ② 방납
③ 잠채 ④ 전황

해설 조선 후기 화폐인 상평통보는 상공업의 발달로 사용량이 점차 늘어났다. 18세기 이후 경제가 발전하면서 동전은 교환수단일 뿐 아니라 재산 축적의 목적으로 이용되었기 때문에 동전이 시중에 유통되지 않아 동전 부족 현상이 나타났으며, 이를 전황이라고 한다.

정답 ④

3. 사회구조의 변동

(1) 양반 계층의 분화

① **경제구조의 변동** : 농민층 분화(부농 + 임노동자), 상업 자본가·독립 수공업자 등장
② **양반층의 분화** : 정치적 대립에 따른 양반층의 자기 도태 → 권반(관직에 종사)·향반·잔반

(2) 신분 상승 운동

① 현상
  ㉠ 양반 수의 증가 : 상민의 양반화(전공, 납속, 족보 매입, 위조) → 군역 면제 가능
  ㉡ 노비 수의 감소 : 도망, 군공, 납속으로 상민이 됨. 국가의 노비 해방 정책(공노비는 순조, 사노비는 갑오개혁 때 해방)
② 결과 : 양반 중심의 성리학적 신분 질서 붕괴

(3) 중간 계층의 성장 기출 21

① 서얼 : 사회 활동 제약(성리학적 명분론) → 왜란 이후 납속으로 관직 진출 → 통청 운동을 통해 신분 상승 운동 전개(영조·정조), 규장각 검서관으로 등용(박제가·유득공)
② 중인 : 고급 관료 진출 불가능 → 재력과 전문지식 축적 → 대규모 소청 운동 전개(철종) → 실패

(4) 향촌질서의 재편과 가족 제도 변화

① 향촌질서의 재편
  ㉠ 배경 : 신분제의 변동으로 신향(새로이 양반층으로 상승한 부농 - 향임직 진출) 등장, 양반의 향촌 지배력 약화(청금록과 향안 작성, 문중 중심의 서원·사우 건립, 동약 실시)
  ㉡ 향전 발생 : 향촌 지배권을 두고 벌어진 신향(새로이 성장한 부농층)과 구향(전통 사족)의 대립
  ㉢ 관권의 강화 : 수령과 향리의 권한 강화, 향회의 성격 변화(수령의 세금 부과 자문 기구), 향청(유향소) 장악으로 자치적 기능 축소
② 가족 제도의 변화 기출 22
  ㉠ 부계 중심의 가족 제도 : 친영 제도 확대, 큰아들 우대(제사 주도, 장남 중심 재산 상속), 양자 입양, 부계 위주의 족보 편찬, 동성 마을 형성
  ㉡ 혼인 제도 : 과부 재가 금지, 일부일처제(축첩 허용), 서얼 차별(문과 응시 금지)

4. 사회변혁의 움직임

(1) 사회 불안의 고조

① 세도 정치 : 정치기강 문란(수령·향리 부패) → 농민에 대한 수탈의 심화
② 재난·질병의 만연 : 기민·유민 속출
③ 도적 및 이양선의 출몰 : 위기의식의 고조

(2) 예언 사상의 유행

① 피지배층의 정신적 피난처 역할
② 현실 부정적·혁명적 성격의 비기·도참 등 예언 사상(정감록) 유행
③ 무격 신앙·미륵 신앙 유행

(3) 동학과 서학
　① 동학 : 몰락 양반인 최제우가 창시(1860)
　　㉠ 배경 : 지배·체제의 모순 심화, 서양의 침입으로 인한 위기의식 고조
　　㉡ 사상 : 시천주·인내천(평등의식), 후천개벽(조선왕조 부정), 보국안민(외세 침투 경계)
　　㉢ 탄압 : 삼남 지방에 확산 → 최제우 처형
　② 서학(천주교) : 신앙이 아닌 서양 문물의 하나로 받아들여짐 기출 22
　　㉠ 학문적 호기심으로 수용(17세기) → 신앙으로 수용(18세기 후반)
　　㉡ 사상 : 평등 사상, 인간의 존엄성 중시, 내세 사상(제사의식 무시)
　　㉢ 탄압 : 교세 확장 → 사교로 규정

(4) 농민의 동태
　① 농민층의 몰락과 이동 : 세도 정치로 전정·군정·환곡 제도의 문란(삼정의 문란) → 농민층의 몰락(화전민, 품팔이) → 간도·연해주로 이주
　② 농민의 저항
　　㉠ 계·두레 성행
　　㉡ 소청·벽서 → 항조·거세 → 민란

(5) 홍경래의 난(1811) : 세도 정치기 최초의 민란(서북 지역) 기출 24
　① 배경 : 세도 정치의 부패, 지주제의 모순, 서북 지역 차별
　② 경과 : 몰락 양반의 주도 아래 중소 상인·광산 노동자 참여 → 청천강 이북 장악 → 5개월 만에 진압

(6) 임술 농민 봉기(1862) 기출 24
　① 원인 : 세도 정치기 삼정의 문란과 탐관오리 경상 우병사 백낙신의 횡포
　② 주도 세력 : 몰락 양반 유계춘의 주도로 진주 농민 봉기 발발 → 전국 확산
　③ 정부의 대책 : 암행어사와 안핵사(박규수) 파견, 삼정이정청 설치

> **용어사전**
> - **소청 운동** : 왕에게 집단적으로 상소를 올리는 것
> - **납속책** : 곡물을 나라에 바치게 하고 그 대가로 벼슬을 주거나 부역을 면제해 주거나 노비를 풀어주었던 정책
> - **향임직** : 향청(유향소)에서 일을 보는 직책이나 사람
> - **시천주** : '한울님을 모신다'는 뜻으로, 한울님은 늘 마음속에 있다고 믿는 동학의 사상
> - **삼정이정청** : 1862년 임술 농민 봉기의 수습 방안 마련책으로 제기된 삼정의 폐단을 시정하기 위한 임시 관청용어

연습문제

밑줄 친 '이 사건'에 대한 설명으로 옳은 것은?

> 평안도 지역에 대한 정부의 차별과 관리들의 수탈이 심해 몰락 양반, 농민, 중소 상인, 광산 노동자 등 다양한 계층들이 <u>이 사건</u>에 참여하였다.

① 순조 때인 1811년에 몰락 양반 홍경래가 주도하였다.
② 청의 군대에 의해 진압되었다.
③ 척화비가 건립되는 결과를 가져왔다.
④ 몰락 양반 유계춘의 주도로 일어났다.

해설 홍경래의 난은 순조 때인 1811년 평안도에서 지역 차별과 세도 정치에 저항하여 몰락 양반인 홍경래의 지휘 아래 영세 농민, 중소 상인, 광산 노동자 등이 합세하여 일으킨 봉기이다.

정답 ①

3 문화의 새 기운

1. 사상과 학문의 동향

(1) 성리학적 질서의 강화
① **배경** : 피지배층으로부터 사회 변혁의 움직임
② **제도적 기반** : 붕당 정치, 서원·향약 → 양반의 특권 강화
③ **사상적 기반** : 성리학적 명분론(삼강오륜) → 지배층의 정통성과 봉건적 지배질서 옹호
④ **한계**
   ㉠ 현실문제 해결 능력을 상실
   ㉡ 사상적 경직화 → 다른 학문을 이단시하여 사문난적이라 함

(2) 성리학의 변화
① **배경** : 인조반정 이후 명분론 강화 → 주자 중심의 성리학을 절대화
② **비판** : 윤휴(주자와는 다른 독자적 해석), 박세당(「사변록」에서 주자 학설 비판) → 서인(노론)으로부터 사문난적으로 몰림

③ 서인의 분화
  ㉠ 노론 : 송시열 중심, 이이의 사상 계승, 주자 중심의 성리학을 절대화함
  ㉡ 소론 : 윤증 중심, 절충적 성격의 성혼 사상 계승, 양명학과 노장 사상 수용, 성리학 이해에 탄력적
④ 호락 논쟁 : 18세기에 심성론에 대한 관심이 증대되면서 논쟁이 전개됨
  ㉠ 호론 : 충청도 지역 노론, 인물성이론(인간과 사물의 본성은 다르다고 주장) → 위정척사 사상으로 계승
  ㉡ 낙론 : 서울·경기 지역의 노론, 인물성동론(인간과 사물의 본성은 같다고 주장) → 북학파(개화사상)

(3) 양명학의 수용
① 배경 : 성리학 비판 – 윤휴(독자적인 경전 해석)·박세당(주자학 비판) → 사문난적으로 배척당함
② 양명학의 수용
  ㉠ 개념 : 지행합일 강조 → 실천적 유학
  ㉡ 연구 : 16세기 경기도 지방 재야의 소론 계열 학자, 종친 출신의 학자
  ㉢ 학파 : 18세기 강화학파(정제두) – 존언, 만물일체설
  ㉣ 영향 : 구한말의 국학자(박은식, 이건창, 정인보)

(4) 국학 연구의 확대
① 배경
  ㉠ 사회 변화에 능동적으로 대응하지 못하는 성리학에 대한 반성
  ㉡ 민족의 전통과 현실에 대한 관심
② 역사 연구
  ㉠ 이익의 「성호사설」 : 중국 중심의 역사관 비판, 주체적 사관
  ㉡ 안정복의 「동사강목」 : 한국사의 독자적 정통론(삼한정통론), 고증사학의 토대 마련
  ㉢ 한치윤의 「해동역사」 : 다양한 외국 자료 인용 → 민족사 인식의 폭 확대
  ㉣ 이긍익의 「연려실기술」 : 조선사를 실증적으로 연구(기사본말체)
  ㉤ 이종휘의 「동사」 : 고구려사를 강조하여 고대사 연구의 시야를 만주까지 확대
  ㉥ 유득공의 「발해고」 : 통일 신라와 발해가 병립한 시기를 남북국 시대로 설정, 발해를 우리 역사로 포용
③ 지리학 연구
  ㉠ 지리서
    • 이중환의 「택리지」 : 8도의 자연환경·인물·풍속·인심을 서술한 인문 지리서
    • 그 외 : 유형원의 「여지지」, 정약용의 「아방강역고」, 김정호의 「대동지지」
  ㉡ 지도
    • 김정호의 「대동여지도」 : 산업·문화에 대한 관심을 보임
    • 그 외 : 정상기의 「동국지도」, 김정호의 「청구도」

④ 한글
　ⓐ 음운 연구 : 신경준의「훈민정음운해」, 유희의「언문지」
　ⓑ 어휘 수집 : 이성지의「재물보」, 이의봉의「고금석림」, 권문해의「대동운부군옥」
⑤ 백과사전 : 이수광의「지봉유설」, 이익의「성호사설」, 이덕무의「청장관전서」, 이규경의「오주연문장전산고」
⑥ 어업 : 정약전의「자산어보」

4 조선 후기 실학과 민중문화의 발전

1. 사회개혁론의 대두

(1) 실학의 대두
① 개념 : 18세기 전후 사회·경제적 모순을 해결하려는 지식인들이 추진한 사회개혁 사상
② 발생 요인
　ⓐ 통치 질서의 와해, 신분의 이동
　ⓑ 성리학의 한계성
　ⓒ 사회·경제적 발전
　ⓓ 서학(서양)·고증학(청)의 영향 → 부국강병·민생 안정
③ 16세기 정인홍(물질·문화의 균형) → 17세기 한백겸, 이수광, 유형원(국가 체제 개편 주장)

(2) 농업 중심의 개혁 사상(중농주의) : 경세치용 학파 – 농민생활 안정을 위한 제도의 개혁을 주장

유형원	「반계수록」	• 균전론 : 관리·선비·농민·상인에게 토지를 차등 분배 → 자영농 육성 • 농병일치의 군사 제도, 사농일치의 교육 제도
이익	「성호사설」	• 한전론 : 영업전 매매 금지, 그 외의 토지 매매 → 점진적 토지 소유의 평등화 • 노비 제도·과거 제도·양반 문벌 제도를 비판, 사치·미신숭배 타파, 여섯 가지 폐단 지적
정약용 기출 24	「목민심서」 「경세유표」 「흠흠신서」	• 여전론 : 마을 단위의 공동농장 제도 → 노동량에 따라 소득 분배 기출 22 • 정전론 : 국가가 재정 한도 내에서 순차적 토지 매입 → 농민 분배 • 향촌 단위의 방위 체제(민보방위제) • 백성의 의사가 반영되는 정치 제도의 개선(탕론·원목)

(3) 상공업 중심의 개혁 사상(중상주의)

① **북학파** : 청·서양의 문물 수입 주장
② **이용후생 학파** : 상공업의 진흥, 기술 혁신에 주력

유수원	「우서」	• 사·농·공·상의 직업적 평등화와 전문화 강조 • 상공업 진흥책 : 합자를 통한 경영규모의 확대, 선대제
홍대용	• 「임하경륜」 • 「의산문답」	• 문벌 제도 철폐, 중국 중심 세계관의 허구성 비판, 혼천의 제작 • 지구 구형설·지전설·무한 우주론 주장
박지원	• 「과농소초」 • 「열하일기」	• 상공업 진흥책 : 수레, 선박 이용, 화폐 유통론 • 양반 사회의 비생산성 비판 : 「양반전」, 「허생전」, 「호질」
박제가	「북학의」	청과의 무역 확대, 수레·선박 이용, 소비 권장(우물에 비유) → 생산 자극

(4) 실학의 역사적 의의

① **민족주의적** : 우리 문화에 대한 독자적 인식
② **근대 지향적** : 사회개혁을 주장
③ **민중적** : 피지배층의 이익을 대변
④ **한계성** : 몰락 양반 중심의 개혁론으로 정책에 반영되지 않음

2. 문학과 예술의 새 경향

(1) 조선 후기 예술의 특징

① 현실적·직설적·사회비판적인 서민문화의 발달
② 서민 및 중인층(역관·서리)의 활발한 문예활동
③ 판소리 보급

(2) 서민문화의 대두

① **배경** : 농민의 경제력 향상, 서당 교육의 보급 → 서민의 의식 향상·사회적 지위 상승
② **특징** : 인간 감정의 적나라한 묘사, 사회부정과 비리 고발, 현실적인 인간세계를 작품 배경으로 함

(3) 조선 후기의 문학 양상

한글소설	• 홍길동전(허균, 최초의 한글소설) : 현실사회의 개혁 추구(서얼 차별 비판) • 춘향전(판소리 형태) : 신분제 비판과 사랑의 실현 추구 • 장화홍련전, 사씨남정기, 구운몽, 콩쥐팥쥐 : 야담·민담의 작품화
사설시조	서민들의 생활상과 사랑을 사실적으로 표현, 「청구영언」(김천택), 「해동가요」(김수장)
판소리	사대부 문학과 서민 문학의 융합 : 신재효가 정리
한문소설	문체반정(박지원) : 자유로운 문체 개발, 사회비판적(허생전, 호질, 양반전, 민옹전)
시	• 풍자시 : 정수동, 김병연(김삿갓) • 시사(詩社) 조직 : 동인지 「소대풍요」, 「풍요속선」의 간행

(4) 예술의 새 경향

화풍	• 18세기 : 진경산수화 창안 → 대표작으로 인왕제색도·금강전도(정선) • 풍속화의 등장 : 서민생활 묘사(김홍도), 양반의 풍류생활 묘사(신윤복) • 서양 화법의 소개 : 강세황(영통골 입구도), 김수철 • 19세기 : 복고적 화풍(김정희의 세한도, 장승업의 그림)
민화	작가 미상, 서민생활의 익살스러운 묘사, 한국적인 정서 → 조선 후기 서민층의 성장을 반영
서예	추사체(김정희) : 오경석에 영향
도자기	청화백자(청아한 한국적 정취 표현), 옹기(서민용)
건축	• 사원 건축(17세기) → 수원 화성(18세기, 전통양식 + 서양식) → 경복궁 중건(19세기) • 17세기 : 금산사 미륵전, 화엄사 각황전, 법주사 팔상전(우리나라 유일의 목조 오층탑) • 18세기 : 논산 쌍계사·부안 개암사·안성 석남사(부농과 상인의 지원으로 건립), 수원 화성(종합적인 도시계획으로 건설) • 19세기 : 경복궁 근정전, 경회루

3. 과학과 기술의 진전

(1) 서양 문물의 수용
① **전래** : 베이징에 파견된 사신에 의하여 서양 문물 도입
② **영향** : 과학기기(천리경·화포)에 대한 실학자의 관심 고취

(2) 과학의 발달
① **배경** : 조선 전기의 과학 계승, 서양문물의 수용, 실학자의 연구
② **천문학** : 김석문, 이익, 홍대용, 정약용 등의 지전설 주장 → 성리학적 세계관 비판
③ **역법** : 김육의 노력으로 아담 샬이 만든 시헌력 채택
④ **지도** : 곤여만국전도(서양 선교사가 만든 세계 지도) 전래 → 정밀한 지리 지식 보급, 세계관 확대
⑤ **의학** : 허준의 「동의보감」(전통 한의학 정리), 허임의 「침구경험방」(침구술 집대성), 정약용의 「마과회통」(종두법 연구), 이제마의 「동의수세보원」(사상 의학 확립)
⑥ **농업** : 신속의 「농가집성」(벼농사 중심의 농법 보급), 박세당의 「색경」, 서유구의 「임원경제지」(농촌 생활 백과사전)
⑦ **기타** : 정약용의 기예론, 거중기·녹로 제작(수원 화성 건설에 사용), 배다리 설계 기출 25, 24

용어사전

- **삼한정통론** : 화이사관(중국 한족의 역사만을 주류로 인정하는 주장)에 반발하여 우리나라의 정통은 '단군조선 – 마한 – 통일 신라'로 이어진다는 주장
- **고증학** : 문헌고증의 정확성을 존중하는 과학적·객관적인 학문 태도
- **양명학** : 중국 명나라 때 등장한 유학으로, 명분보다는 지행합일(知行合一)의 실천성을 강조한 학문
- **이익의 여섯 가지 좀(폐단)** : 노비 제도, 과거 제도, 양반 문벌 제도, 사치와 미신, 승려, 게으름
- **시헌력** : 태음력의 구법에 태양력의 원리를 결합시켜 24절기의 시각과 1일간의 시간을 계산하여 제작한 역법
- **곤여만국전도** : 명 말 예수회 소속 선교사인 마테오 리치가 제작한 세계 지도로, 선조 때 이광정이 들여와 이수광의「지봉유설」에 소개
- **진경산수화** : 이념적인 산수화에서 탈피하여 우리의 자연을 사실 그대로 표현하는 산수화
- **민화** : 서민들이 스스로의 감정을 묘사·창작하고 감상하는 그림

연습문제

다음 내용에 해당하는 문화유산으로 옳은 것은?

- 국보 제55호
- 충청북도 보은군에 위치한 조선 후기 문화유산
- 신라 때 창건된 것을 임진왜란 이후 다시 지은 것으로 현존하는 가장 오래된 목조탑이며, 내부 벽면에 부처의 일생을 8장면으로 그린 그림이 있다.

① 금산사 미륵전
② 법주사 팔상전
③ 화엄사 각황전
④ 쌍봉사 대웅전

해설 조선 후기에는 불교의 사회적 지위가 제고되어 김제 금산사 미륵전, 구례 화엄사 각황전, 보은 법주사 팔상전 등의 사원 건축물이 많이 세워졌다. 특히 보은 법주사 팔상전은 정유재란 때 불탄 법주사를 재건하면서 다시 세워졌는데, 현존하는 우리나라 유일의 목조 오층탑이다.

정답 ②

제 3 장 근대사회

제1절 근대사회의 전개

1 흥선 대원군 집권기

1. 흥선 대원군의 통치 체제와 국제관계

(1) 흥선 대원군의 정치 개혁 기출 23
  ① 배경
      ㉠ 세도 정치에 의한 국정의 혼란
      ㉡ 삼정의 문란으로 인한 민생 파탄
      ㉢ 서양세력의 통상 요구
  ② 개혁정치 기출 25
      ㉠ 전제왕권의 강화
          • 능력에 따른 인재 등용 : 세도 정치 타파, 정치적 기반 강화
          • 서원 정리(47개만 남김) → 국가재정 확보 → 유생의 반발
          • 경복궁 중건 : 원납전 징수, 당백전 남발(물가 폭등), 양반의 묘지림 벌목
      ㉡ 민생안정책
          • 전정 : 양전사업 실시 → 지방관·토호의 토지 겸병 금지, 은결 색출
          • 군정 : 호포법 실시, 양반에게 군포 징수 → 양반의 반발
          • 환곡 : 사창제 실시 등 환곡제 개선
      ㉢ 비변사 기능 축소 : 의정부와 삼군부의 기능 부활 → 정치·군사 분리
      ㉣ 법전 : 대전회통·육전조례 편찬
  ③ 의의와 한계
      ㉠ 의의 : 국가 기강의 확립과 민생 안정에 기여
      ㉡ 한계
          • 왕권 강화를 목적으로 한 전통 체제 내에서의 개혁
          • 양반층의 불만 : 서원 정리, 호포제 실시
          • 백성들의 불만 : 경복궁 중건으로 당백전 발행, 원납전·문세 징수, 부역 동원
          • 흥선 대원군의 하야(1873) : 민심 이반, 유생들의 반발(최익현의 상소)

(2) 병인양요와 신미양요

① **배경** : 위기의식의 고조
  ㉠ 이양선의 출몰, 천주교의 확대, 서양 상품의 유입
  ㉡ 영·프 연합군의 베이징 점령(애로호 사건)과 러시아의 연해주 획득
② **외세의 격퇴**
  ㉠ 병인박해(1866) : 프랑스 측의 협조 거부에 대한 보복, 프랑스 신부와 천주교 신도 처형
  ㉡ 병인양요(1866) : 프랑스 선교사 처형을 구실로 프랑스의 강화도 점령 → 양헌수가 격퇴
  ㉢ 독일 상인 오페르트의 남연군묘 도굴 사건(1868)
  ㉣ 신미양요(1871) : 제너럴셔먼호 사건을 구실로 미국의 강화도 공격, 수비대가 격퇴(어재연) 기출 21
③ **결과** : 척화비 건립, 서양과의 수교 거부, 근대화의 지연

> **용어사전**
> - **원납전** : 흥선 대원군이 경복궁 중건비를 충당하기 위해 강제로 거두어들인 기부금
> - **당백전** : 재정 보충을 위해 발행한 화폐로, 상평통보의 1백 배이나 실질 가치는 1/20도 안 되어 재정 혼란을 야기
> - **제너럴셔먼호 사건** : 미국 상선인 제너럴셔먼호가 지방관의 경고를 무시하고 대동강을 거슬러 올라와 통상을 요구하며 난동을 부리다가 평양 관민의 공격으로 배가 불타 침몰한 사건

(3) 일본과의 조약 체결과 개항

개항의 배경	흥선 대원군의 하야, 박규수·오경석·유홍기 등 통상 개화파의 등장, 일본 내 정한론 대두로 인한 운요호 사건(1875) 발생
강화도 조약 (조일 수호 조규, 1876)	• 최초의 근대적 조약, 불평등 조약 • 조선이 자주국임을 명시(청의 간섭 배제 의도) • 부산·원산·인천 개항, 해안 측량권 허용, 영사 재판권(치외 법권) 인정
조일 수호 조규 부록(1876)	간행이정 10리(4km), 일본 외교관의 여행의 자유, 일본 화폐 유통
조일 무역 규칙(1876)	양곡의 무제한 유출, 일본의 수출입 상품에 대한 무관세 원칙 허용
의의 및 한계	조선이 외국과 맺은 최초의 근대적 조약, 불평등 조약(해안 측량권, 치외법권 등)

(4) 서양 열강과의 조약 체결

「조선책략」 유포(1881)	러시아의 남하에 대응하기 위한 대책으로 친중국(親中國)·결일본(結日本)·연미국(聯美國) 주장, 위정척사 운동이 격화되는 계기
조미 수호 통상 조약(1882)	청의 알선(러시아와 일본을 견제하는 한편, 조선에 대한 청의 종주권 확인 목적), 거중 조정, 치외법권, 최혜국 대우 등이 포함된 불평등 조약
서양 각국과의 통상 조약	영국·독일(1883), 이탈리아(1884), 러시아(1884, 직접 수교), 프랑스(1886, 천주교 포교권 인정)와 조약 체결
조청 상민 수륙 무역 장정(1882)	임오군란을 계기로 체결, 청 상인의 내륙 진출 허용(내지 통상권), 한성과 양화진에 점포 개설 허용 기출 21

2 근대 의식의 성장과 민족운동의 전개

1. 근대화의 추진

(1) **개화정책의 추진**
  ① **개화사상** : 북학파 실학 사상 계승 + 양무운동(청)·문명개화론(일본) 영향
  ② **개화정책**
    ㉠ 제도 개혁 : 통리기무아문·12사 설치, 2영(장어영, 무위영)·별기군 창설
    ㉡ 수신사, 조사시찰단 파견(1881)과 메이지 유신 견학 이후 개화의 필요성 절감
    ㉢ 영선사 파견(1881) : 청에 유학생 파견 → 양무운동·무기 제조법 학습 → 기기창 설치
    ㉣ 보빙사(1883) : 조미 수호 통상 조약을 계기로 미국에 파견 → 일부 사절단의 유럽 순방

(2) **위정척사 운동의 전개** : 외세의 침략에 반발하여 보수적 유생층이 주도함
  ① **개념** : "정학과 정도를 지키고 사학과 이단을 물리친다." – 성리학적 질서를 지키고 서양의 자본주의 문화 배격
  ② **전개 과정**
    ㉠ 1860년대 척화주전론 : 서양과의 통상 반대(이항로, 기정진)
    ㉡ 1870년대 왜양일체론 : 개항 불가론(유인석, 최익현)
    ㉢ 1880년대 개화 반대 운동 : 「조선책략」 유포 반대(이만손, 홍재학) → 영남만인소
    ㉣ 1890년대 의병전쟁으로 계승
  ③ **의의** : 반외세적 자주 운동, 경제적 파멸과 정치적 예속을 우려한 반침략 운동 → 항일 의병 운동으로 이어짐
  ④ **한계**
    ㉠ 봉건적 보수 체제 고수 : 성리학적 유일 사상 체제를 유지하려는 목적
    ㉡ 개화정책의 진전 방해

(3) **임오군란(1882)**
  ① **배경** : 별기군 우대와 구식 군인에 대한 차별 대우
  ② **경과** : 구식 군대 세력이 민씨 정권 제거와 일본 세력 추방을 시도
  ③ **결과** : 대원군이 집권했으나 청의 간섭으로 민씨 정권 재등장 → 청의 내정 간섭
  ④ **영향**
    ㉠ 민씨 정권의 재수립 → 내정과 외교에 대한 청의 간섭
    ㉡ 제물포 조약(일본군의 주둔 허용)
    ㉢ 조청 상민 수륙 무역 장정 체결로 청의 경제적 침투 발판 마련

(4) 개화파의 형성과 활동
① **초기 개화파** : 박규수, 김옥균, 박영효
② **개화파의 분화**
  ㉠ 온건 개화파(김홍집, 김윤식, 어윤중 등) : 청의 양무운동 수용, 점진적 개혁 주장
  ㉡ 급진 개화파(김옥균, 박영효, 홍영식 등) : 자주독립을 위한 급진적 개혁 추구
③ **시련** : 일본으로부터 개화운동을 위한 차관 도입 실패, 민씨 일파의 견제

(5) 갑신정변(1884) 기출 22
① **배경**
  ㉠ 친청 수구 세력의 제거로 자주독립 국가 건설 시도
  ㉡ 청프 전쟁으로 청군의 일부 철수
  ㉢ 일본 공사의 지원 약속
② **경과** : 우정국 사건 → 14개조 개혁 정강 발표(인민평등권, 지조법 개혁, 재정 일원화, 경찰제 실시)
③ **결과** : 청군의 개입으로 인해 3일 천하로 실패 → 개화운동의 흐름 단절
④ **영향**
  ㉠ 한성조약 : 보상금 지불, 일본 공사관 신축비 지불
  ㉡ 톈진조약 : '양군의 철수와 조선에 군대 파병시 서로 알릴 것'이라는 조항(청일 전쟁의 원인이 됨)
⑤ **의의**
  ㉠ 근대국가 수립을 위한 최초의 정치개혁 운동(입헌군주제, 신분제 개혁)
  ㉡ 문벌 폐지 및 인민평등권 확립 등 역사 발전에 부합하는 민족운동

2. 동학 농민 운동 기출 22, 21

(1) 사회 변혁 욕구 고조
① **열강 세력의 경쟁**
  ㉠ 청의 내정 간섭과 일본의 경제적 침략
  ㉡ 러시아의 외교적 접근(조러 수호 통상 조약, 조러 육로 통상 조약)
  ㉢ 영국의 군사적 침략(거문도 사건)
  ㉣ 한반도 중립론 대두(유길준, 독일인 부들러)
② **지배층의 착취** : 배상금 지불과 근대 문물의 수용으로 인한 재정 지출의 보충 → 농민 경제 파탄
③ **일본의 경제적 침투**
  ㉠ 일본의 무역 독점 : 수출 총액의 90% 이상, 수입 총액의 50% 이상(1880년대 초)
  ㉡ 곡물 유출 : 수출품 중 쌀이 30% 이상 차지
  ㉢ 방곡령(1889) : 황해도와 함경도에서 실시, 조일 통상 장정의 규정으로 실패

(2) 동학의 확산
① **동학의 교세 확장** : 교리 정비(동경대전, 용담유사), 교단 조직 정비(포접제)
② **동학 확산 과정**
  ㉠ 삼례 집회(1892) : 교조 최제우의 신원과 동학에 대한 탄압 중지 호소
  ㉡ 복합 상소(1893) : 교조 신원과 포교 자유 요구
  ㉢ 보은 집회(1893) : 탐관오리 숙청, 외세 배척 등 정치적 요구

(3) 동학 농민 운동의 전개

고부 농민 봉기 (1894. 1.)	고부 군수 조병갑의 탐학 → 전봉준의 고부 관아 습격, 만석보 파괴 → 폐정 시정 약속 → 안핵사 이용태의 동학교도 탄압
제1차 봉기 (1894. 3, 백산 봉기)	• 배경 : 안핵사 이용태의 봉기 주도자 체포에 반발 • 경과 : 황토현 전투 → 보국안민·제폭구민의 기치 → 전주성 입성
전주 화약 (1894. 5.)	• 배경 : 조선 정부가 청에 농민 운동 진압을 위한 파병 요청 → 청일 양군의 조선 파병(톈진 조약 구실) • 경과 : 정부와 농민군이 전주 화약 체결 → 폐정 개혁 12개조 제시 → 자진 해산 → 집강소 설치(폐정 개혁안 실천)
제2차 봉기 (1894. 9.)	• 배경 : 전주 화약 체결 후 조선 정부가 청군과 일본군의 철수를 요구함 → 일본이 내정 개혁을 요구하며 경복궁을 기습 점령한 후 청일 전쟁을 일으킴 • 경과 : 동학 농민군의 재봉기 → 논산 집결(남·북접 연합) → 공주 우금치 전투(전봉준), 청주성 공략(김개남), 광주 전투(손화중) 등에서 패배 → 순창에서 전봉준 체포

(4) 동학 농민 운동의 성격
① **발전** : 민란 → 농민전쟁
② **반봉건적 개혁** : 정치개혁 요구 → 갑오개혁에 영향(전통적 봉건 질서 붕괴 촉진)
③ **반침략적 성격** : 의병전쟁으로 계승 → 구국 무장 투쟁 활성화
④ **한계** : 근대사회를 건설하기 위한 구체적인 방안을 제시하지 못함

용어사전

- **최혜국 대우** : 통상조약이나 항해조약을 체결한 나라가 상대국에 대해 가장 유리한 혜택을 받는 나라와 동등한 대우를 하는 일
- **메이지유신(일본)** : 1868년 왕정복고 후 급진적인 개혁을 통해 근대화에 성공하여 입헌군주제를 이룸
- **통리기무아문** : 1880년 조선정부가 개화정책을 추진하기 위해 청의 총리기무아문을 모방해 만든 기관
- **거문도 사건** : 러시아의 남하를 견제한다는 구실로 영국군이 거문도를 불법으로 점령한 사건(1885~1887)
- **포접제** : 동학 포교의 기본 조직으로 동학교도 모임 장소인 접소에 책임자인 접주를 두고 그 위에 도접주·대접주를 두어 접주를 통솔

3. 근대적 개혁의 추진

(1) 제1차 갑오개혁(1894. 7.)

배경		• 일본군의 경복궁 무력 점령, 민씨 정권 붕괴 → 흥선 대원군 섭정, 김홍집 내각 수립 • 군국기무처 : 일본의 강요로 설치된 초법적 개혁 기구 → 1차 갑오개혁 추진 주도 기출 21
내용	정치	'개국' 기년 사용, 왕실 사무와 정부 사무 분리(의정부와 궁내부 설치), 6조를 8아문으로 개편, 과거제 폐지, 경무청(근대적 경찰 제도) 설치
	경제	재정의 일원화(탁지아문), 왕실과 정부 재정 분리, 은 본위 화폐 제도 실시, 조세의 완전 금납화, 도량형 통일
	사회	신분 제도 철폐(노비 제도 폐지, 인신 매매 금지), 과부의 재가 허용, 조혼 금지, 고문과 연좌제 폐지

(2) 제2차 갑오개혁(1894. 12.)

배경		제2차 김홍집 내각(김홍집·박영효 연립 내각)을 수립, 군국기무처를 폐지 → 홍범 14조를 반포
내용	정치	의정부·8아문을 내각·7부로 개편, 지방 행정 구역을 8도에서 23부로 개편, 사법권을 행정권으로부터 분리(근대적 재판소 설치)
	경제	탁지아문 아래 관세사와 징세서 설치(징세 사무 담당)
	사회	교육 입국 조서에 따라 한성 사범 학교·외국어 학교 관제 반포

(3) 을미개혁(1895)

삼국간섭 (1895)		청일 전쟁에서 승리한 일본이 막대한 배상금과 랴오둥 반도 획득 → 러시아가 프랑스·독일과 함께 일본의 랴오둥 반도 점령을 좌절시킴
을미사변 (1895)		명성황후의 친러 선향 → 일본의 명성황후 시해 → 친일 내각 수립 기출 22
을미 개혁	정치	'건양' 연호 제정
	군사	친위대(중앙), 진위대(지방) 설치
	사회	단발령 실시, 태양력 사용, 종두법 실시, 우편 사무 재개, 소학교 설치

(4) 갑오·을미개혁의 의의와 한계

① **의의** : 갑신정변과 동학 농민 운동에서 제기된 요구를 일부 수용, 근대적 개혁(신분제 타파 등 전 분야에 걸친 근대적 개혁안 마련)

② **한계** : 일본의 강요로 진행, 군제 개혁 미흡, 토지 제도 개혁 미실시 → 민중의 지지 획득 실패

4. 독립협회 활동과 대한제국

(1) 독립협회의 창립 기출 22, 21
① **배경** : 아관파천, 러시아와 조선·일본·청 간의 비밀협약 체결 → 열강의 이권 침탈(광산 채굴권, 삼림 채벌권 등) 심화
② **목표** : 자유민주주의 보급 → 자주독립 국가 건설
③ **구성원** : 진보적 지식인(서재필, 윤치호, 이상재 등) + 도시 시민층(학생, 노동자, 부녀자, 천민 등)

(2) 국권·민권 운동의 전개 기출 23
① **자주국권 운동**
  ㉠ 독립문 건립, 독립신문 발간
  ㉡ 만민공동회 개최 → 외국의 내정 간섭과 이권 침탈 및 토지조사 요구에 대항
② **자유민권 운동** : 신체 자유권, 재산권, 언론·출판, 집회, 결사의 자유 확보 노력
③ **자강개혁 운동**
  ㉠ 민의를 국정에 반영하여 근대적 개혁 추진 → 국정 개혁 시도
  ㉡ 관민공동회 개최 → 헌의 6조 → 의회식 중추원 설립 노력

> **관민공동회의 헌의 6조**
> 1. 외국인에게 의지하지 말고 관민이 합세하여 전제황권을 견고하게 할 것
> 2. 외국과의 이권에 관한 계약과 조약은 각 대신과 중추원 의장이 합동 날인하여 시행할 것
> 3. 국가재정은 탁지부에서 전관하고, 예산과 결산은 국민에게 공포할 것
> 4. 중대범죄를 공판하되, 피고의 인권을 존중할 것
> 5. 칙임관을 임명할 때에는 정부에 그 뜻을 물어서 중의에 따를 것
> 6. 정해진 규정을 실천할 것

(3) 해산 : 보수 집권세력이 황국협회(어용 보부상 단체)를 이용해 탄압

(4) 대한제국(1897)

① **배경** : 국민의 자주독립 요구(대내적), 열강의 세력 균형(대외적)
② **성립** : 고종이 경운궁으로 환궁 → 대한제국 선포(칭제건원, 국호 - 대한제국, 연호 - 광무) → 환구단에서 고종 황제 즉위식 거행, 대한제국 선포(1897)
③ **광무개혁** 기출 24, 21
   ㉠ 성격 : 구본신참의 정신 아래 점진적인 개량 추구(복고주의적)
   ㉡ 정치 : 전제군주제의 강화(대한국 국제 제정), 독립협회(입헌군주제 주장) 탄압
   ㉢ 경제
      • 양전사업 실시 → 지계 발급
      • 상공업 진흥정책(공장 건립) → 민생안정, 국가재정 확보
   ㉣ 교육 : 실업 교육, 근대적 시설 확충
   ㉤ 외교 : 자주 외교 추진 - 간도 관리사와 블라디보스토크 통상 사무관 파견
   ㉥ 한계
      • 집권층의 보수적 성향 → 진보적 정치개혁 운동 탄압
      • 열강의 침투 허용

(5) 러일 전쟁(1904~1905)

① **러일 전쟁의 발발** : 일본이 뤼순항의 러시아 함대 선제 공격, 선전 포고 기출 25
② **일제의 고문 통치와 내정 간섭 심화** : 한일 의정서(1904. 2.), 제1차 한일 협약(1904. 8.) → 메가타를 재정 고문, 스티븐스를 외교 고문으로 파견 → 내정 간섭 심화
③ **열강의 이해관계와 밀약 체결** : 가쓰라·태프트 밀약, 제2차 영·일 동맹, 포츠머스 조약에 영향을 미침

(6) 간도와 독도

① **백두산 정계비(1712)** : 조선 숙종 때 조선과 청의 국경선 확정
② **간도협약(1909)** : 일본이 안봉선 철도 부설권을 대가로 간도를 청의 영역으로 인정함
③ **일본의 독도 강제 편입(1905)** : 일본이 러일 전쟁 중 독도를 자국 영토로 일방적 편입

용어사전

- **조일 통상 장정** : 천재·변란 등에 의한 식량 부족의 우려가 있을 때 방곡령 선포 조항 수록
- **군국기무처** : 의원들의 합의로 개혁안을 의결하는 갑오개혁의 핵심기구, 초정부적인 입법부
- **아관파천** : 1896년 2월 11일부터 약 1년 동안 고종과 왕세자가 신변의 위협을 느껴 왕궁을 버리고 러시아 공사관으로 피신한 사건
- **지계** : 광무개혁 당시 발급한 근대적인 토지 문서

5. 항일 의병 투쟁의 전개

(1) 항일 의병 운동

을미의병(1895)	• 계기 : 을미사변 · 단발령 • 유생이 주도(문석봉, 유인석) + 농민군 · 동학군 참여 세력 • 해산 : 단발령 철회, 국왕의 권고
을사의병(1905)	• 계기 : 을사늑약 체결 • 상소(조병세), 자결(민영환), 5적 암살단(나철), 언론 항쟁(장지연) • 의병 : 민종식(홍주성 점령), 최익현(순창), 신돌석(영해, 평민 의병장)
정미의병(1907)	• 계기 : 고종의 강제 퇴위, 군대 해산(제1대 대장 박승환 자결) • 해산 군인들의 참여 → 군사력 강화, 전국 및 만주로 확대
서울 진공 작전(1908) + 국내 진공 작전	13도 창의군(총대장 이인영, 군사장 허위) 편성 → 실패 : 남한 대토벌 작전으로 해산
	간도, 연해주로 이동(홍범도, 이범윤)

① **한계** : 유생 의병장들의 전통 질서 고수, 국제적인 고립
② **의의**
　㉠ 민족의 강인한 저항 정신 표출 : 적극적인 구국 항전
　㉡ 항일 무장 독립 투쟁의 기반 마련
　㉢ 세계 약소 민족 독립운동의 본보기

(2) 의열 투쟁

① **나철, 오기호** : 5적 암살단 조직, 을사 5적 처단 시도
② **이재명** : 명동 성당 앞에서 이완용 암살 시도 → 항일 투쟁 열기 고조에 기여
③ **전명운, 장인환** : 미국 샌프란시스코에서 친일파 미국인 스티븐스 사살(1908) 25
④ **안중근** : 만주 하얼빈에서 이토 히로부미 처단(1909), 옥중에서 「동양평화론」 저술

6. 애국 계몽 운동의 전개

(1) 애국 계몽 단체의 활동
① **의미** : 교육과 산업 등에서 민족의 실력을 양성하여 국권을 회복하자는 운동
② **주요 단체**
  ㉠ 보안회(1904) : 일제의 황무지 개간 반대 운동 → 저지 성공, 일제의 압력으로 해산
  ㉡ 헌정 연구회(1905) : 입헌 군주제 수립을 통한 민권 확대 주장, 일진회의 반민족적 행위 규탄
  ㉢ 대한 자강회(1906) : 장지연 주도, 교육 활동과 산업 진흥 주장, 전국에 지회 설치, 고종의 강제 퇴위 반대 투쟁 전개 → 일제의 탄압으로 해산(1907)
  ㉣ 신민회(1907) 기출 23
    • 최대의 비밀결사 조직(안창호, 양기탁) → 105인 사건(1911) → 해산
    • 목표 : 국권 회복, 공화정체의 국민 국가 건설
    • 표면적 : 문화적·경제적 실력 양성 운동
    • 내면적 : 독립군 기지 건설

(2) 교육과 언론
① **교육운동**
  ㉠ 지방별 학회(서북학회·기호학회) : 교육 진흥을 통한 향토 발전, 민족 실력 양성 운동
  ㉡ 흥사단 : 미국에서 실력 양성 운동 전개(안창호 조직)
② **언론투쟁**
  ㉠ 독립신문(1896~1899) : 독립협회 기관지, 근대 사상 전파
  ㉡ 황성신문(1898~1905) : 민족주의적, '시일야방성대곡(장지연)' 게재
  ㉢ 제국신문(1898~1910) : 서민·부녀자층 대상, 순한글 일간지
  ㉣ 대한매일신보(1904~1910) : 을사조약 이후 민족운동 주도, 신민회의 기관지 역할

(3) 애국 계몽 운동의 의의
① **이념** : 국권 회복, 근대적 국민 국가의 수립 → 근대사의 발전 방향에 합치
② **전략** : 독립운동 기지 건설(신민회) → 무장 투쟁론이 바탕이 됨
③ **기반** : 교육과 산업의 진흥, 독립운동의 인재 양성, 경제적 토대 마련
④ **한계** : 일제에 의하여 정치적·군사적으로 예속된 보호국 체제하에서 전개

용어사전

- **일진회** : 송병준과 이용구가 만든 대표적인 친일 매국 단체
- **105인 사건(1911)** : 일제가 조선 총독 데라우치를 암살하려 했다는 죄목으로 600여 명의 애국지사들을 체포하여 이 가운데 105명을 유죄 판결했던 사건
- **동양평화론** : 안중근 의사가 1910년 3월 옥중에서 쓴 동양 평화 실현을 위한 논문
- **13도 창의군** : 1907년 8월 일본에 의한 군대 해산을 계기로 9월에 이인영, 허위 등으로 구성된 전국적인 의병 조직

연습문제

다음 격문과 관련된 사건으로 옳은 것은?

> 군사를 동원하는 요체는 혼자 움직이는 것을 피하고 일치단결하는 데 있다. 이제 전국 13도의 의병들이 힘을 합하여 거센 강물이 둑을 무너뜨리는 기세로 경기로 쳐들어가면 적을 이기고 한국 문제를 해결하는 데 도움이 될 것이다.
>
> – 창의대장 이인영 –

① 안악 사건
② 105인 사건
③ 3 · 1 운동
④ 서울 진공 작전

해설 1908년 전국의 의병 부대가 연합 전선을 형성하여 서울 진공 작전을 펼쳤으나 실패로 돌아갔다.

정답 ④

3 근대의 경제와 사회

1. 개항 이후 열강에 의한 경제 침탈

(1) 일본 상인의 무역 독점
   ① **개항 초기** : 거류지 무역(약탈적), 중계 무역
   ② **임오군란 이후** : 청국 상인의 대거 진출, 일본 상인과 경쟁
   ③ **1890년 전후** : 일본의 식량 부족 → 곡물 수탈 → 곡가 폭등 → 방곡령
   ④ **청일 전쟁 이후** : 일본 상인의 시장 독점 → 조선 상인의 몰락

(2) 일본의 경제 침탈
   ① **이권 침탈** : 철도 부설권 장악, 전신선 가설(군용), 연해 및 하천 운항권 침탈
   ② **재정 정리 사업** : 궁내부 소속 세목을 탁지부로 전환
   ③ **화폐 정리 사업** : 조선 상인 파산, 금본위 화폐제 실시, 일본은행(제일은행)이 조선의 중앙은행이 됨
   ④ **토지 약탈** : 러일 전쟁 후 철도 부지·군용지의 무제한 무상 약탈, 역둔토 약탈, 동양 척식 주식회사(1908)의 주도로 이주 일본인에게 토지 매매·양도

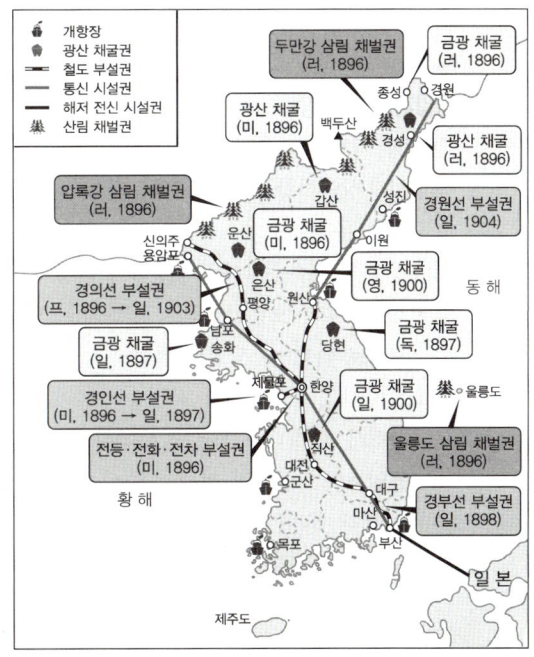

[열강의 이권 침탈]

(3) 제국주의 열강의 이권 침탈
   ① **철도 부설권** : 경인선(미국 → 일본), 경의선(프랑스 → 일본), 경부선(일본)
   ② **광산 채굴권** : 운산 금광(미국), 은산 금광(영국), 당현 금광(독일), 직산 금광(일본)
   ③ **삼림 채벌권** : 압록강·두만강·울릉도 삼림 채벌권(러시아)
   ④ **기타** : 전선 가설권, 연안 어업권 등

2. 경제적 구국운동의 전개

(1) 근대적 상업자본의 성장
① 배경
  ㉠ 외국 자본주의 침탈에 대한 저항운동 발생
  ㉡ 자본주의적 근대 경제 건설 움직임
② 상업자본의 성장
  ㉠ 개항 이전
    • 시전 상인 : 황국중앙총상회 조직 → 상권 수호 운동
    • 경강 상인 : 증기선을 구입하여 대항
    • 객주, 여각, 보부상 : 외국 상인의 내륙 진출로 타격 → 상회사 설립
  ㉡ 1880년대
    • 상회사 출현(대동상회, 장통상회)
    • 동업조합 : 근대적 형태의 주식회사
  ㉢ 1890년대 후반(대한제국 시기) : 정부의 상공업 진흥정책 → 해운·철도·광업회사 설립 → 민족자본의 토대

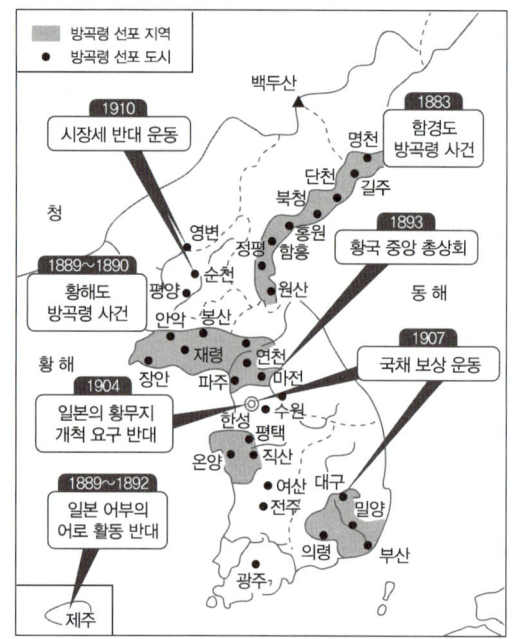

[경제 자주권 수호 운동]

(2) 경제적 침탈 저지 운동
① 방곡령(1889, 1890)
  ㉠ 농촌시장 침투와 곡물 수탈 저지(함경, 황해도)
  ㉡ 함경도(조병식), 황해도(조병철)에서 선포
  ㉢ 일본의 항의로 철회 : 배상금 지불
② 이권 수호 운동(독립협회)
  ㉠ 러시아의 절영도 조차 요구 저지
  ㉡ 한러은행 폐쇄
  ㉢ 러시아의 목포·증남포 토지 매입 저지
③ **상권 수호 운동**
  ㉠ 서울 상인들의 철시·외국 상점 서울 퇴거 요구
  ㉡ 황국중앙총상회 조직(1898)
④ **일본의 황무지 개간 반대 운동(1904, 보안회)** : 일본의 개간권 요구 저지
⑤ **국채 보상 운동(1907)** : 일본의 강제적 차관에 대한 저항 기출 22
  ㉠ 대구에서 시작하여 전국으로 확산, 서상돈 주도
  ㉡ 국채 보상 기성회 설립(서울) + 대한매일신보, 황성신문 등이 주도 → 금주·금연·소비 절약 홍보

> **용어사전**
> - **화폐 정리 사업** : 제1차 한일협약(1904)에 따라 재정 고문으로 파견된 메가타는 1905년 화폐 조례에 의해 일본의 화폐 제도인 금본위제를 채택하고 종래 한국에서 통용되던 백동화와 엽전을 정리하여 일본 제일은행권을 본위 화폐로 사용하게 함
> - **보안회** : 러일 전쟁 중 일본 공사가 한국 영토의 1/4에 해당하는 전국의 황무지 개간권을 요구하자 원세성, 송수만, 송인섭 등이 그것을 저지시키기 위해 만든 단체
> - **국채 보상 기성회** : 국민적 모금을 통해 대한제국이 일본으로부터 강제 제공받은 차관을 상환하기 위해 결성된 조직
> - **연좌제** : 범죄자의 친척들도 같이 처벌하는 법

4 근대문화의 발달

1. 근대 시설의 도입

(1) 근대 시설과 통신·전기

① **근대 시설** : 박문국(1883, 한성순보), 기기창(1883, 무기), 전환국(1883, 화폐) 설치
② **통신·전기** : 우정국(1884)·전신(1885)·전화(1898) 설치, 만국 우편연합 가입(1900), 전등 가설(1887, 경복궁), 한성 전기 회사 설립(1898)

(2) 교통

① **철도** : 경인선(1899, 노량진~제물포), 경부선·경의선(러일 전쟁 중 군사적 목적으로 부설)
② **전차(1899)** : 서대문~청량리 노선 가설

(3) 의료

① **광혜원(1885)** : 최초의 근대식 병원, 미국인 선교사 알렌 경영, 이후 제중원으로 이름을 바꿈
② **광제원(1899)** : 국립 병원, 종두법 실시(지석영의 연구와 보급 → 천연두 예방 노력)

(4) 건축

① 독립문(1897, 파리 개선문 모방), 명동 성당(1898, 고딕식), 덕수궁 석조전(1910, 르네상스식, 광복 이후 미·소 공동 위원회 개최)
② 약현 성당(1892, 한국 최초의 천주교 성당), 손탁 호텔(1902, 대한제국 시기 열강들의 외교 현장)

2. 근대 교육과 국학 연구

(1) 근대 교육의 발전
① **근대 교육의 시작(1880년대)**
  ㉠ 원산학사(1883) : 근대 학문·무술 지도, 최초의 근대식 사립 교육기관
  ㉡ 동문학(1883) : 정부가 세운 통역관 양성소(영어 교육)
  ㉢ 육영공원(1886) : 상류층 자제 교육(영어·수학), 미국인 교사 헐버트 초빙, 최초의 근대식 공립 교육기관
② **갑오개혁 이후 교육 입국 조서 반포(1895)** : 소학교·중학교·사범학교·외국어학교 등 각종 관립 학교 설립 기출 25
③ **개신교 계통의 학교** : 배재학당, 이화학당 등

(2) 국학 연구의 진전 : 실학 → 개화사상 → 애국 계몽 운동 → 국학 운동
① **근대 계몽 사학** : 박은식, 신채호 등, 구국 위인전·외국 흥망사 간행을 통해 애국심 고취, 민족사학 연구
② **조선광문회(최남선, 박은식)** : 민족 고전 정리
③ **국어·국문 연구**
  ㉠ 국한문 혼용 : 국한문 교과서 보급, 유길준의 「서유견문」(1895, 최초의 국한문 혼용체 사용), 황성신문 등
  ㉡ 순한글 사용 : 독립신문, 제국신문 등
  ㉢ 국문 연구소(1907) 설립 : 주시경, 지석영 등이 국어의 새로운 이해체계 확립
④ **국학 연구의 의의** : 근대의식의 성장, 민족의식의 고취

(3) 근대 언론 기관
① **한성순보** : 순한문, 박문국에서 발행, 최초의 근대 신문, 관보의 성격(정부의 개화 정책 홍보)
② **한성주보** : 폐간된 한성순보를 한성주보로 개명하고 일주일에 한 번씩 간행
③ **독립신문** : 한글과 영문으로 발행, 서재필 등이 주도하여 만든 우리나라 최초의 민간 신문, 민권의식 향상에 기여
④ **황성신문** : 국한문 혼용, 양반 지식인 대상, 장지연의 '시일야방성대곡' 게재
⑤ **제국신문** : 순한글, 서민층과 부녀자 대상, 민중 계몽, 교육과 실업 발달 강조
⑥ **대한매일신보** : 영국인 베델과 양기탁이 합작하여 창간, 경제적 구국 운동인 국채 보상 운동의 적극적인 홍보
⑦ **만세보** : 오세창을 중심으로 창간된 천도교계 신문, 여성 교육과 여권 신장에 관심을 가짐

3. 문예와 종교의 새 경향

(1) 문학과 예술계의 새 경향

신소설	• 순한글 사용, 언문일치 : 계몽문학 • 이인직의 「혈의 누」(1906), 이해조의 「자유종」(1910)
신체시	근대시의 형식 개척 : 「해에게서 소년에게」(최남선) → 잡지 「소년」(1908)
연극	• 민속가면극 성행 • 신극운동 : 원각사(1908, 우리나라 최초의 근대식 극장) → 은세계, 치악산 등 공연
미술	서양화풍·서양식 유화의 보급

(2) 종교운동의 새 국면

천주교	• 1880년에 선교의 자유 : 고아원 운영 • 교육·언론활동을 통한 애국 계몽 운동 전개
개신교	• 서양 의술 보급 • 학교의 설립, 한글 보급, 미신 타파 → 평등사상 전파·근대문명 소개
천도교 기출 24	손병희가 동학을 천도교로 개칭, 동학을 계승하여 민족 종교로 발전
유교	• 박은식의 「유교 구신론」 → 새로운 유교정신, 진취적인 교화 활동 • 유교의 개혁 주장 → 간결하고 실천적인 유교정신의 회복
불교	• 한용운의 「조선불교유신론」 • 미신적 요소의 배격 • 불교의 자주성 회복 추진
대종교	• 나철, 오기호 등이 단군신앙을 발전시켜 창시 • 민족적 입장 강조 • 간도, 연해주 등의 무장 항일 운동과 밀접한 관련

> **용어사전**
> - **동도서기론** : 개항 이후 서양 과학기술의 우월성을 인정하면서, 우리의 정신문화는 지키되 서양의 과학기술을 받아들이자는 주장, 전통문화에 대한 강한 자부심
> - **원산학사** : 1883년 연해 각 항구의 침투에 대항하기 위해 덕원 주민들이 성금을 모아 세운 최초의 근대식 학교
> - **교육 입국 조서** : "정부는 널리 학교를 세우고 인재를 양성하여 신민의 학식으로 국가 중흥의 큰 공을 세우고자 하니 … (중략) … 덕과 몸과 지를 기를지어다. 왕실의 안전도, 국가의 부강도 신민의 교육에 있다."
> - **서유견문** : 유길준이 미국 유학을 하면서 세계 각국의 인종·경제·역사·종교·복지 제도 등을 기록한 최초의 국·한문 혼용체 서적
> - **신체시** : 창가와 현대시의 과도기적인 시, 개화사상이 그 주된 주제였으며 창가의 음수율인 3·4조나 4·4조를 그 기본 율조로 함

- **천도교** : 동학의 일부가 이용구에 의해 일진회에 흡수되자 종교로서의 동학의 전통을 계승하기 위해 손병희가 만든 종교
- **대종교** : 고대 동방민족의 신앙을 체계화한 종교로 3신, 즉 환인·환웅·단군을 받들고 3신 일체의 천신사상을 기본으로 하는 민족 종교
- **원각사** : 1908년 세워진 우리나라 최초의 서양식 극장
- **유교 구신론** : 박은식이 새로운 시대에 유교를 전승·보급하기 위해 저술한 것으로, 교화 활동과 실천적인 유교 정신이 중요함을 강조

제2절 민족의 독립운동

1 민족의 시련

1. 국권의 피탈과 민족의 수난

(1) 국권의 피탈

① 러일 전쟁 발발(1904) : 국외 중립 선언
② 한일 의정서(1904) : 군사기지 사용, 국외 중립 파기
③ 제1차 한일 협약(1904) : 고문정치 실시
④ 한국 식민지 계획안 마련 : 영일 동맹 → 가쓰라·태프트 밀약 → 포츠머스 조약
⑤ 을사늑약(1905, 제2차 한일 협약) : 외교권 박탈, 통감부 설치 기출 22, 21
⑥ 한일 신협약(1907) : 고종 퇴위, 군대 해산, 차관정치
⑦ 기유각서(1909) : 사법권·경찰권 박탈
⑧ 한일 병합 조약(1910. 8. 29.) : 국권 강탈(경술국치), 총독부 설치

(2) 조선 총독부 : 일제 강점기하의 통치 변화

| 무단 통치
(헌병 경찰 통치)
1910~1919
기출 25 | • 조선 총독부 설치 : 입법·행정·사법·군대 통수권 장악, 초대 총독 데라우치
• 중추원 설치 : 형식상 조선 총독부의 자문기관 → 친일 한국인 회유술책
• 자유권·생존권 위협 : 언론·출판·집회·결사의 자유 탄압, 강제 징용·징병 및 수탈 정책
• 105인 사건(1911) : 총독부가 확대·조작한 사건으로 신민회가 해산됨
• 토지 조사 사업(1912~1918) : 조선의 토지 약탈을 목적으로 실시, 토지조사령
• 식민지 경제 체제 수립 : 회사령(1910, 허가제), 삼림령(1918), 전매사업 등 기출 22
• 차별교육 : 실업·기술 교육 → 우민화 교육 |

문화 통치
(보통 경찰 통치)
1919~1931
	• 배경 : 3·1 운동 이후 민족에 대한 회유 → 식민 통치 은폐
	• 내용
	  – 정치 : 문관 총독 임명 가능(이행하지 않음), 보통 경찰제 실시
	  – 문화 : 민족계 신문(조선·동아일보) 발행을 허용했으나 검열·삭제 실시
	• 성격 : 한민족의 분열·이간 책동, 명목상의 문화통치에 불과
	• 산미 증식 계획(1920~1934) 기출 25, 23, 22
	  – 추진 내용 : 농지 개량, 수리시설 확충, 품종 개량, 쌀 단작형으로 농업구조 왜곡
	  – 결과 : 실패했으나 수탈은 여전 → 농민 경제 상황의 최악화

민족 말살 통치
(황국 신민화 정책)
1931~1945
기출 23
	• 배경 : 세계 경제 대공황 → 일본의 대륙 침략 전개
	• 황국 신민화 정책 : 민족말살 통치 이념
	  – 내선일체, 일선 동조, 창씨 개명, 우리말과 우리 역사 교육 금지
	  – 초등학교령(1941) : 소학교의 명칭을 '황국 신민의 학교'라는 의미의 국민학교로 개칭
	• 병참 기지화 정책 : 만주사변(1931) 이후 군수공업, 광산 개발에 치중
	  – 국가 총동원법(1938) : 인적·물적 자원 수탈, 공출과 배급 기출 22
	  – 지원병제(1938), 징용제(1939), 학도병제(1939), 징병제·정신대(1944)

2. 경제적 약탈

(1) 토지·산업·식량의 약탈

① 토지의 약탈

  ㉠ 목적
- 표면적 : 근대적 토지 소유권 제도 확립
- 실질적 : 전국적 토지 약탈

  ㉡ 결과 : 토지조사령 → 기한부 신고제 → 전국 농지 약 40% 탈취 → 동양 척식 주식회사(일본인 지주 + 한국인 소작인)

> **용어사전**
>
> • **민족자결주의** : 1918년 미국 대통령 윌슨이 제창, "각 민족은 정치적 운명을 스스로 결정할 권리가 있으며, 다른 민족의 간섭을 받을 수 없다."
> • **5·4 운동** : 베이징 대학생들이 중심이 되어 베르사유 조약 조인 반대와 21개조의 폐기 등
> • **105인 사건** : 1911년 평안도 중심의 기독교 세력과 신민회의 항일운동을 탄압하기 위해 총독 암살 음모라는 허위범죄를 날조하여 그 중심인물 105인을 재판에 회부한 사건
> • **동양 척식 주식회사** : 1908년 일본이 조선을 완전히 장악하기 위해 설립한 국책 회사

(2) 대륙 침략과 총동원령

① **배경** : 일본의 경제공황 타개를 위한 대륙 침략
② **만주사변(1931)** : 공업 원료 증산 정책(남면북양 정책), 군수산업 확충
③ **중일 전쟁(1937)** : 국가 총동원령 공포, 식량배급제·미곡 공출제 실시
④ **태평양 전쟁(1941)** : 금속기 강제 공출, 인적 자원 수탈(징병제·징용제·정신대)

연습문제

다음에서 나타나는 19세기 우리나라의 사상에 대한 설명으로 옳은 것은?

- 사상적 바탕 : 전통적인 민족신앙
- 대표적 이념 : 사람이 곧 하늘이다.
- 교리의 성격 : 여러 종교의 교리의 종합

① 봉건주의, 국수주의 및 민족주의가 내포되어 있다.
② 당시의 지배 계층이 중심이 된 현실개혁의 사회운동이었다.
③ 우리나라의 자생적 자본주의의 이념적 기초를 제공하였다.
④ 보국안민(輔國安民)을 내세워 서양과 일본의 침투를 배척하였다.

해설 제시문은 동학에 대한 내용이다. 동학은 반외세·반봉건 지향적이었으며, 아래부터의 변혁적·급진적 사상이었다.

정답 ④

---

2 독립운동 전개

1. 3·1 운동 기출 22

(1) **비밀결사의 조직과 활동** : 항일 독립운동 추진(1910년대)

① **의병전쟁**
  ㉠ 국내 : 1914년경까지 활동
  ㉡ 국외 : 일부는 간도나 연해주로 옮겨 독립운동 기지 건설
② **항일결사 조직**
  ㉠ 중심 : 도시의 중산층 + 재야 지식인
  ㉡ 독립의군부 : 고종의 밀명을 받아 임병찬 등이 조직 → 국권 회복 운동
  ㉢ 조선국권회복단 : 3·1 운동 적극 참여
  ㉣ 대한광복회 : 군자금 모집, 친일파 처단 → 가장 적극적으로 활동

(2) 3·1 운동의 태동

① **배경** : 파리 강화 회의 → 윌슨의 민족자결주의에 자극
② **국외** : 적극적인 외교 독립 투쟁 – 신한청년단 파견(김규식)
③ **국내** : 종교계 인사 중심으로 거족적 독립운동의 구체적 준비
④ **동경 유학생의 2·8 독립 선언** : 3·1 운동의 선구적 역할

(3) 3·1 독립 선언 : 민족 대표 33인의 독립 선언(1919. 3. 1.) 기출 24

① **길림의 무오 독립 선언(1919. 2.)** : 무장투쟁을 통한 완전 독립의 쟁취 선언
② **서울 탑골공원의 만세시위로 시작** : 전국민의 평화적 만세시위, 일제의 무력 진압
③ **해외 만세운동** : 만주, 연해주, 하와이, 미주 지역 등

(4) 3·1 운동의 확산

① **국내** 기출 25

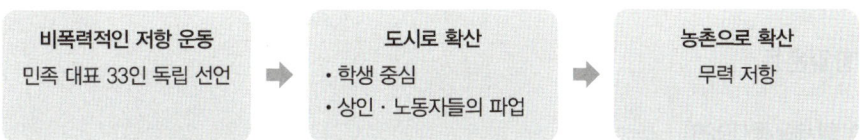

② **국외** : 간도(용정), 연해주(블라디보스토크), 미국(필라델피아), 일본(도쿄 유학생, 오사카 동포)

(5) 3·1 운동의 의의 : 민족 주체성 확인·독립의지의 세계적인 천명

① 일본의 통치방법 변화(문화통치)
② 상하이 대한민국 임시정부 탄생의 계기 기출 25
③ 투쟁방법의 변화(평화투쟁 → 무장 독립투쟁)
④ 사회주의 세력의 대두
⑤ 5·4 운동(중국), 비폭력·불복종 운동(인도의 간디), 중동지역의 민족운동 등 외국의 민족운동에 직·간접적 영향

2. 대한민국 임시정부

(1) 임시정부의 수립

① **배경** : 강력한 독립운동의 추진을 위해 별개의 임시정부를 하나로 통합
② **상하이 대한민국 임시정부** : 국내 한성정부의 법통을 계승
③ **연해주** : 대한국민의회

(2) **임시정부의 통합** : 대한국민의회를 흡수
   ① **3권 분립의 민주 공화정** : 임시 의정원(입법기관) + 국무원(행정기관) + 사법원(사법기관)
   ② **5차 개헌** : 대통령 중심제 → 내각 책임제 → 국무위원 중심제 → 주석제 → 주석·부주석제

(3) **임시정부의 활동** : 국내외 독립운동 추진의 중추기관 역할
   ① **초기** : 전체의 의견 불일치로 국민 대표 회의 소집
   ② **임시정부 조직** 기출 25, 24

행정 조직	연통제(비밀 연락망), 교통국(정보 수집·분석·교환·연락)
군자금	애국공채 발행, 의연금 모금, 이륭양행·백산상회의 적극적인 협조
군사활동	육군 무관학교 설립, 만주의 독립군을 직할부대로 개편, 한국 광복군 창설
외교활동	파리 강화회의(김규식 - 외교총장), 구미 위원부(이승만, 미국 워싱턴)
문화활동	사료 편찬소(한일 관계 사료집 발간), 독립신문(기관지)

3. 학생 항일운동

(1) **6·10 만세운동(1926)**
   ① 순종의 인산일을 계기로 학생의 주도 → 민족주의계 + 사회주의계
   ② 일제의 수탈 정책과 식민지 교육에 대한 비판

(2) **광주 학생 항일운동(1929)** : 6·10 만세운동 이후 학교의 비밀결사를 통한 항일운동 전개 기출 24
   ① **발단** : 광주에서 한·일 학생 간의 충돌, 일제의 식민지 교육에 대한 저항
   ② **전개** : 전국적인 동맹 휴학 → 신간회의 후원
   ③ **확산** : 만주, 일본 유학생에게 확산

4. 무장 독립 전쟁

(1) **독립운동 기지 건설** : 신민회가 선구적 역할 담당
   ① **역할** : 독립운동의 거점 → 독립 쟁취의 경제적 토대 구축, 근대적 교육·군사훈련 강화
   ② **19세기 후반** : 한국인 집단적 거주지 형성(간도·연해주)
   ③ **일제 침략 시기** : 애국 단체 결성, 항일 의병 투쟁
   ④ **국권 피탈 시기** : 애국지사들의 망명, 무장 독립 전쟁
   ⑤ **주요 독립운동 기지** : 삼원보(남만주), 한흥동(밀산부), 신한촌(블라디보스토크), 한인 거주 구역
   ⑥ **민족학교** : 서전서숙, 명동학교, 신흥무관학교

(2) 국내 무장 항일 투쟁
   ① 보합단, 천마산대(일제 국경에 대한 유격전 → 만주 통의부에 편입), 구월산대
   ② 친일파 제거, 군자금 모집
   ③ 의열단(김원봉), 한인애국단(김구) 등 애국단체의 활동 기출 24, 23, 22

(3) 1920년대 국외의 독립 전쟁
   ① **봉오동 전투(1920. 6.)** : 홍범도의 대한 독립군 + 안무의 국민회군 + 최진동의 군무 도독부군 기출 24
   ② **청산리 전투(1920. 10.)** : 김좌진의 북로 군정서군 + 홍범도의 대한 독립군

(4) 독립전쟁의 시련
   ① **간도참변** : 청산리 전투 패배에 대한 보복 조치로서 한민족 학살 → 서일의 대한독립군단 조직
   ② **대한독립군단** : 간도참변 후 밀산부에 주력 부대 집결·조직 → 소련 영내로 이동
   ③ **자유시 참변** : 소련 적색군의 배신 → 독립군 강제 무장 해제
   ④ **독립군의 재정비** : 참의부·정의부·신민부(3부)의 결성 → 국민부로 통합
   ⑤ **미쓰야 협정(1925)** : 일제와 만주 군벌 사이의 독립군 공동 토벌 약속

(5) 1930년대 무장 독립 전쟁
   ① **조선 혁명군** : 만주 조선 혁명당의 군사 조직, 양세봉 지휘, 중국 의용군과 연합 작전 전개, 영릉가·흥경성 전투에서 승리 → 양세봉의 피살 이후 역량 약화
   ② **한국 독립군** : 북만주 한국 독립당의 군사 조직, 총사령 지청천, 중국 호로군과 연합 작전 전개, 쌍성보·시도히지·대전자령 전투 등에서 승리
   ③ **동북 인민 혁명군 결성(1933)** : 중국 공산당이 조직, 한국인 공산주의자들 참여 → 모든 반일 세력을 수용, 동북 항일연군으로 개편(1936)
   ④ **조선 의용대(1938)** : 중국 관내 최초의 한인 무장 부대로, 중국 한커우에서 민족 혁명당의 김원봉을 중심으로 조직됨. 초기에는 중국 국민당 정부군과 합세하여 항일 투쟁을 전개하였고, 이후 일부 세력이 화북 지방으로 이동하여 조선 의용대 화북 지대 결성(1941). 이후 조선 의용군으로 발전 → 김원봉 등 나머지 세력은 충칭으로 이동하여 한국 광복군에 합류(1942) 기출 25

(6) **한국 광복군(1940)** : 중일 전쟁 이후 임시정부의 김구·지청천이 주도 기출 21
   ① **결성** : 신흥무관학교 출신 + 조선 의용대(화북 지역)
   ② **활동**
      ㉠ 임시정부 산하의 무장 투쟁 조직 → 대일 전쟁 전개
      ㉡ 태평양 전쟁 발발 후 대일·대독 선전 포고
      ㉢ 2차 세계대전 참전 → 영국군과 연합 작전, 심리전 참가(심문, 암호문 번역 등)

② 국내 진공 작전 계획 : 지청천, 이범석 등이 국내 정진군 훈련 → 1945년 9월 예정 → 일본의 패망으로 좌절

5. 의열투쟁

(1) 의열단(1919) 기출 22

① **결성 배경** : 3·1 운동 이후 강력한 무장 조직의 필요성을 인식하여 김원봉, 윤세주 등을 중심으로 만주 지린성에서 조직(1919)

② **초기 활동**
  ㉠ 주로 상하이와 국내를 중심으로 1920년대에 활발한 투쟁 전개, 민중 폭력 혁명의 필요성 강조
  ㉡ 조선 혁명 선언(신채호) : 의열단의 투쟁 노선과 행동 강령 제시 기출 22

③ **의거** : 박재혁(1920, 부산 경찰서 투탄), 김익상(1921, 조선총독부 투탄), 김상옥(1923, 종로 경찰서 투탄), 김지섭(1924, 일본 황궁 투탄), 나석주(1926, 동양 척식 주식회사와 식산 은행 투탄) 기출 25

(2) 한인 애국단(1931) 기출 24

① **결성 배경** : 국민 대표 회의(1923) 이후 침체된 임시정부의 활로 모색을 위해 김구가 상하이에서 조직(1931)

② **활동** 기출 25
  ㉠ 이봉창 의거(1932, 도쿄에서 일왕의 마차 폭탄 투척)
  ㉡ 윤봉길 의거(1932, 상하이 훙커우 공원 폭탄 투척)

용어사전

- **연통제** : 상하이 임시정부에서 문서나 명령을 전달하거나 군자금을 송부하고, 정보를 보고받기도 하는 비밀 행정 조직망
- **이륭양행** : 영국 국적 아일랜드인인 조지 쇼우가 만주 안동현에 설립한 무역대리점으로 임시정부의 교통 사무국 역할을 수행
- **백산상회** : 백산 안희제가 부산에 설립한 회사, 국내외 독립운동 단체의 연락처 구실, 군자금을 모아 임시정부에 전달
- **미쓰야 협정** : 조선 총독부와 만주 군벌 사이에 체결된 독립군 공동 토벌 협약
- **동북 항일 연군** : 일제 타도를 위해 만주 지역의 모든 단체들이 이념, 노선, 계층, 민족, 국적 등과 관계없이 연합한 부대
- **한인 애국단** : 상하이에서 김구가 조직한 무장 항일 단체

연습문제

다음 내용과 관련된 독립운동 단체로 옳은 것은?

- 상하이에서 김구가 조직하였다.
- 이 단체에 속한 이봉창이 일왕을 암살하려다 실패하였다.
- 훙커우 공원에서 폭탄을 던진 윤봉길도 이 단체의 소속이다.

① 신간회
② 의열단
③ 한국 광복군
④ 한인 애국단

해설 한인 애국단은 김구가 일본 요인을 암살하기 위해 조직한 단체로, 일본 천황 암살 기도, 훙커우 공원 의거 등의 활동을 하였다.

정답 ④

3 사회·경제적 민족운동

1. 사회적 민족운동의 전개

(1) 사회주의 사상의 유입

① **대두** : 약소민족의 독립운동 지원 약속(레닌) → 사회주의와 연결하여 독립운동을 추진
② **전개** : 청년 지식층 간에 보급
   ㉠ 청년, 소년, 여성, 농민, 노동운동의 활성화
   ㉡ 조선공산당 결성(1925)
③ **문제점** : 민족주의·사회주의 계열의 갈등 → 민족운동의 큰 차질 → 민족 유일당 운동 발생

(2) 사회적 민족운동

① **청년운동**
   ㉠ 목표 : 민족의 생활 개선과 역량 향상 → 자주독립의 기초 마련
   ㉡ 전개 : 지식의 향상, 심신의 단련, 사회 교화, 생활 개선 추구
   ㉢ 조선청년총동맹 결성(1924) : 민족주의·사회주의 계열의 분열을 수습하기 위한 좌우 합작 단체

② 여성운동
  ㉠ 활동
    - 3·1 운동, 실력 양성 운동 참여
    - 여성 교육 계몽 운동 전개(1920년대 초반) : 문맹 퇴치, 구습 타파 → 여성 직업단체 조직(1920년대 후반) : 기술 교육, 저축 장려, 부업 알선
  ㉡ 근우회(1927~1931) : 여성계의 민족 유일당 운동
③ 소년운동
  ㉠ 천도교 청년회의 소년부 설치 → 천도교 소년회의 소년운동(어린이날 제정)
  ㉡ 조선소년연합회(방정환, 조철호)
④ 민족 유일당 운동
  ㉠ 신간회 기출 24, 21
    - 조직 : 민족주의와 사회주의를 결합한 최대의 합법적 반일 단체
    - 강령 : 기회주의 배격, 민족의 대동 단결, 정치적·경제적 각성의 촉구
    - 활동 : 광주 학생 항일 운동 적극 지원
  ㉡ 근우회 : 좌우 합작 여성 운동 단체, 여성 노동자의 권익 옹호, 생활 개선

2. 경제적 저항운동의 전개

(1) 민족기업의 육성
  ① 목적 : 경제적 자립 도모
  ② 유형
    ㉠ 지주 출신 기업 : 경성 방직회사
    ㉡ 서민 출신 기업 : 평양 내의 공장, 고무신 공장
  ③ 특성 : 순수 한국인만으로 운영, 우수한 제품 생산
  ④ 일제의 탄압(1930년대) : 해체 또는 일본인 기업에 흡수

(2) 경제적 저항운동

물산장려운동 (1920)	• 민족산업 육성과 민족 경제의 자립, '내 살림 내 것으로' • 조선 물산 장려회(지주 + 자본가) : 조만식 등이 평양에서 조직 → 전국 확산 • 국산품 애용(일본 상품 배격), 소비 절약, 근검저축, 금주·금연 • 학생의 자작회 운동, 기생조합, 청년회 등
사회운동	• 법적으로 평등(갑오개혁)하나 사회적으로는 관습적 차별 → 백정들의 사회운동 • 조선 형평사의 창립(1923) → 백정들의 형평운동 전개

농민운동 (소작쟁의)	• 일제의 토지 수탈, 고율의 소작료(수확량의 60% 이상), 세금·비료대의 과중 • 암태도 소작쟁의(1923) • 조선농민총동맹 결성, 농민조합(지방) 결성
노동운동 (노동쟁의)	• 노동력의 강제적 수탈(싼 임금 + 열악한 노동조건) • 노동조합 결성 → 계속적인 노동쟁의 • 원산 노동자 총파업(1929)

• 성격 : 생존권 투쟁 → 항일 운동
• 원인 : 토지 조사 사업 → 농민 몰락 + 소작권 약화
• 1930년대 이후 격렬

> **용어사전**
>
> • **레닌** : 마르크스의 공산주의(사유재산 부정, 자본주의 붕괴, 계급투쟁)를 계승하여 소련 연방국가 안에서 혁명적 개혁으로 새로운 사회를 창출함
> • **사회주의** : 생산 수단의 사회적 공유를 기본으로 하는 사회 제도 또는 그런 사회를 실현하려는 사상
> • **물산장려운동** : '내 살림 내 것으로', '조선 사람 조선 것으로', '우리는 우리 것으로 살자.' 등의 구호를 내건 국산품 애용 운동
> • **조선 형평사** : 1923년 4월 진주에서 자산가인 백정 이학찬이 중심이 되어 백정에 대한 차별교육에 분개하여 설립한 기구
> • **농촌진흥운동** : 조선총독부가 주도하여 1932년~1940년까지 전개하였던 관제농민운동. 이 운동은 당시 터져 나왔던 농민(소작농)들의 불만과 소작쟁의 등을 통제하고 안정시키기 위해 벌인 운동이지만 실질적인 성과가 없었고, 오히려 이후에 황국신민화를 위한 사전 운동으로 끝나게 됨

3. 국외 이주동포의 활동과 시련

만주	• 1910년대 : 민족학교의 설립, 독립운동 기지 건설 → 항일 무장 투쟁 전개 • 1920년대 : 독립군의 편성, 간도 참변·미쓰야 협정 → 일제의 탄압 • 1930년대 : 일제의 만주 침략 → 무장부대의 활동 약화
연해주	• 1905년 이후 : 한인 집단촌 형성, 민족학교 설립, 의병활동 • 1910년대 : 13도 창의군 결성, 대한광복군 정부 설립, 대한국민의회 • 1937년 : 소련 당국에 의해 중앙아시아로 강제 이주
일본	• 1910년대 : 2·8 독립 선언, 3·1 운동 참여 → 농민들이 산업 노동자로 취업 • 1920년대 : 관동 대지진(1923) → 재일 동포 6,000여 명 학살
미주	• 애국단체 결성, 독립운동 자금 모금, 대한인국민회 조직, 구미 위원부의 활동 • 제2차 세계대전에 한인군으로 편성되어 태평양 전쟁에 참여

연습문제

다음 중 ㉠에 들어갈 민족운동에 대한 설명으로 옳은 것은?

㉠

- 1920년대 국내 민족운동
- 민족 기업 육성을 통한 경제적 자립이 목적
- 토산품 애용, 자작 운동 등을 추진하여 전국적인 호응을 얻었으나, 자본가의 이익만 추구한다는 비판도 받음
- '내 살림 내 것으로' 등의 구호 사용

① 의열단 결성에 영향을 끼쳤다.
② 조선 물산 장려회가 주도하였다.
③ 김광제, 서상돈 등이 제창하였다.
④ 기회주의 배격을 강령으로 삼았다.

해설 민족 실력 양성 운동의 일환으로 전개된 물산 장려 운동은 민족 운동가들이 조선 물산 장려회를 조직하여 전개하였으며 국산품 애용과 자급자족을 통해 민족의 산업을 발전시키고 민족 자본을 육성하여 일제로부터의 경제적 자립을 이루고자 하였다.

정답 ②

4 민족문화 수호 운동

1. 식민지 문화 정책

(1) 우민화 교육과 언론 정책
　① 식민지 교육 정책 → 민족 교육 억압
　　㉠ 목적 : 우민화 교육을 통한 황국 신민화(내선일체·일선동조론)
　　㉡ 일본어 교육, 국어·국사 교육의 금지
　　㉢ 민족주의 교육기관 탄압, 초급의 실업 교육 실시 → 고등교육의 기회 단절
　② **민족 언론 탄압** : 조선·동아일보 발행 허가 → 검열제 → 삭제, 정간, 폐간

(2) 한국사의 왜곡과 종교 탄압

① **한국사의 왜곡**
　㉠ 일제의 식민통치를 정당화
　㉡ 고대사 부분의 왜곡이 가장 심함(단군조선 부정)
　㉢ 한국사의 타율적 정체성 강조 → 식민사관

② **종교의 탄압**
　㉠ 크리스트교 : 안악사건·105인 사건 → 신사참배 거부
　㉡ 불교 : 사찰령, 승려법
　㉢ 민족 종교 탄압 : 천도교, 대종교 등

2. 국학 운동 및 교육의 전개

(1) 국학 운동

① **국어 연구**
　㉠ 조선어연구회(1921, 이윤재, 최현배) : 국문연구소(1907) 계승, 한글의 연구와 보급, 잡지「한글」창간(1927)
　㉡ 조선어학회(1931) : 한글교재 출판, 한글 맞춤법 통일안·표준어 제정 → 조선어학회 사건(1942) → 강제 해산

② **국사 연구**
　㉠ 민족주의 사학 : 한민족의 기원 규명, 민족문화의 우수성과 한국사의 주체성 강조
　㉡ 박은식의「한국통사」와「한국독립운동지혈사」, 신채호의「조선상고사」와「조선사연구초」, 정인보의「조선사연구」, 문일평의「한·미 오십년사」, 안재홍 외「조선상고사감」
　㉢ 진단학회(↔ 청구학회) → 손진태, 실증사관,「진단학보」발간

(2) 민립 대학 설립 운동

① **배경** : 3·1 운동 이후 교육열 고조, 일제의 교육령 개정
② **목적** : 대학 설립을 통해 고등 교육을 실현하기 위하여 교육 분야의 실력 양성을 추진함
③ **경과** : 조선 민립 대학 기성 준비회 결성(1922) → 조선 민립 대학 기성회의 모금 운동 전개(1923), 천만 원 모금 운동, '한민족 1천만이 한 사람 1원씩'의 구호
④ **결과** : 일제의 방해, 가뭄 및 수해 등으로 인한 모금 운동 부진으로 실패, 일제가 무마책으로 경성 제국 대학 설립(1924)

(3) 문맹 퇴치 운동

① **배경** : 일제의 우민화 정책(문맹자 증가)에 대항하여 실시
② **야학** : 조선어 중심 교과목 교육(미취학 아동·성인의 민족교육 포함)
③ **전개** : 동아일보 – 브나로드운동, 조선일보 – 문자 보급 운동
④ **조선어학회** : 한글 교재(문자 보급 운동) 작성, 한글 강습회(전국적) 개최 → 일제의 문맹 퇴치 운동 금지 명령으로 중단

3. 과학 대중화 및 종교 활동

(1) 과학 대중화 운동

① **배경**
  ㉠ 일제 식민지 과학교육의 미흡(하급기술 인력의 양성이 목적) : 과학교육의 필요성 대두
  ㉡ 열강들의 과학기술 진흥 노력
  ㉢ 안창남의 고국 방문 비행(우리나라 최초의 비행사), 언론·잡지의 계몽운동
② **주요 단체** : 발명협회(잡지 「과학 조선」 창간, 과학의 날 제정), 과학문명보급회 창립

(2) 종교 활동

개신교	계몽 운동(강습소·야학), 신사참배 거부운동	
천주교	사회사업(고아원·양로원), 항일 무장 투쟁 전개(의민단)	
천도교	제2의 3·1 운동 추진(자주독립 선언문)	일제의 종교 탄압 • 안악사건 • 105인 사건 • 사찰령
대종교	민족 교육·항일 무장 투쟁 전개(중광단 → 북로 군정서군)	
불교	불교 혁신 운동(한용운), 호국불교(3·1 운동 참여)	
원불교	• 박중빈 창시 • 개간사업·저축 장려 • 새생활 운동(남녀평등과 허례허식 타파) 전개	

4. 문예 운동

(1) 문학 활동

① **1920년대** : 「개벽」 등 동인지 발간, 신경향파 문학(사회주의의 영향), 저항 문학(한용운의 「님의 침묵」, 심훈의 「그날이 오면」, 이상화의 「빼앗긴 들에도 봄은 오는가」 등)
② **1930년대** : 저항 문학(이육사, 윤동주의 「하늘과 바람과 별과 시」 등), 순수 문학, 친일 문학

(2) 민족예술

음악	안익태의 〈코리아 환상곡〉	제2차 세계대전 발발 이후 • 일제의 문예 활동 통제 • 식민 통치 찬양 강요 • 침략전쟁 감행 • 조선 문인·음악가, 조선 연극 협회 조직
미술	• 전통 회화 계승·발전 : 안중식 • 서양화 : 이중섭의 〈흰소〉, 고희동의 〈부채를 든 자화상〉	
연극	신파극단(3·1 운동 이전) → 극예술협회 조직(동경 유학생 중심) → 토월회·극예술연구회 조직 → 가극무대(중일 전쟁 이후)	
영화	나운규의 〈아리랑〉 → 민족의 애환 묘사, 저항의식 고취	

> **용어사전**
>
> - **안악사건** : 1910년 안명근의 무관학교 설립 자금 모집을 총독 암살 모의 사건으로 날조하여 황해도 지방의 민족 지도자 160여 명을 검거, 이 중 50여 명을 기소하여 기독교 세력을 탄압한 사건
> - **브나로드 운동** : 동아일보가 전개한 문맹퇴치 운동
> - **한국통사** : "옛 사람들이 말하기를 나라는 가히 멸할 수 있으나, 역사는 가히 멸할 수 없으니, 대개 나라는 형이나 역사는 신이기 때문이다. 지금 한국의 형이 훼손되었다고는 하나, 신은 가히 홀로 존재하지 못하겠는가, 이것이 통사를 만드는 소이이다. 신이 존재하여 불멸하면 형은 때맞춰 부활한다."
> - **조선상고사** : "역사란 무엇이뇨. 인류사회의 아와 비아의 투쟁이 시간에서 발전하여 공간까지 확대되는 심적 활동의 상태의 기록이니. … (중략) … 그리하여 아에 대한 비아의 접촉이 많을수록 비아에 대한 아의 투쟁이 더욱 맹렬하여 인류사회의 활동이 휴식할 사이가 없으며, 역사의 전도가 완결될 날이 없다."

| 제 **4** 장 | **현대사회** |

제1절 광복과 통일 정부 수립

1 광복과 통일 정부 수립의 노력

1. 8·15 광복과 분단

(1) 광복 직전 건국 준비 활동
   ① **대한민국 임시정부(1919)** : 상하이에서 이동하여 충칭에 정착(1940), 조소앙이 제창한 삼균주의에 바탕을 둠
   ② **조선 독립 연맹(1942)** : 중국 화북 지방에서 사회주의계 인사들이 결성(김두봉)
   ③ **조선 건국 동맹(1944)** : 국내에서 여운형 주도로 사회주의자와 민족주의자를 망라하여 결성

(2) 8·15 광복과 미·소 군정
   ① **카이로 회담(1943. 11.)** : 미국·영국·중국의 수뇌 참가, 우리나라의 독립을 연합국이 최초로 언급
   ② **얄타 회담(1945. 2.)** : 미국·영국·소련의 수뇌 참가, 소련군의 대일전 참전 결정
   ③ **포츠담 선언(1945. 7.)** : 미국·영국·중국·소련의 연합국 수뇌 참가 → 일본의 무조건 항복 요구, 우리나라의 독립 재확인
   ④ **38도선의 설정** : 38도선을 경계로 미국은 남한을, 소련은 북한을 각각 분할 점령
   ⑤ **미·소 군정의 실시** : 남한(미국의 직접 군정 실시), 북한(소련군의 간접 통치)
   ⑥ **조선 건국 준비 위원회(1945. 8.)** : 조선 건국 동맹을 중심으로 중도 좌파 여운형과 중도 우파 안재홍이 주도
   ⑦ **모스크바 3국 외상 회의(1945. 12.)** : 조선 임시 민주주의 정부 수립을 위한 미·소 공동 위원회 개최, 미·영·중·소 4개국에 의한 최대 5년간의 신탁 통치를 확정적으로 결의 기출 25, 21

2. 통일 정부 수립을 위한 노력

(1) 단독 정부 수립론과 좌우 합작 운동
- ① **미·소 공동 위원회의 개최** : 제1차 미·소 공동 위원회(1946. 3.), 제2차 미·소 공동 위원회 (1947. 5.)
- ② **이승만의 정읍 발언(1946. 6.)** : 남한만의 단독 정부 수립 주장 → 한국 민주당 찬성, 김구 반대
  기출 25, 24
- ③ **좌우 합작 운동(1946~1947)** : 이승만의 정읍 발언으로 김규식과 여운형을 중심으로 좌우 합작 위원회 결성 → 좌우 합작으로 임시정부 수립, 미·소 공동 위원회 속개 요청, 유상 매상·무상 분배에 의한 토지 개혁, 과도 입법 기구에서 친일파 처리 등의 내용을 담은 7원칙 발표

(2) 남한 단독 선거
- ① **한국 문제의 유엔 상정** : 유엔총회(1947. 11.)를 실시했으나 북한과 소련의 거부로 남북한 총선거 실패, 유엔 소총회(1948. 2.)에서 남한만의 총선거 실시 결의
- ② **남북 협상(1948. 4.)** : 김구, 김규식 등이 김일성에게 제의한 연석 회의 → 별다른 성과 없이 끝남, 남북 협상파 남한 단독 선거 불참, 김구 암살(1949. 6.)

제2절 대한민국 정부 수립과 6·25 전쟁

1 대한민국 정부 수립

1. 정부 수립을 둘러싼 갈등

(1) 제주 4·3 사건(1948)
- ① **배경** : 남한만의 단독선거 반대
- ② **내용** : 제주도에서 발생한 무력 충돌과 그 진압 과정에서 많은 주민이 희생된 사건

(2) 여수·순천 10·19 사건(1948)
전라남도 여수에 주둔하던 군부대의 군인들이 제주 4·3 사건 진압을 거부하며 일으킨 반란 사건

2. 대한민국 정부의 수립과 활동

(1) 5 · 10 총선거(1948)
① 우리나라 역사상 최초의 민주적 보통 선거, 제헌 국회의원을 선출(임기 2년)
② 무소속 당선자가 다수, 김구 · 김규식 등 남북 협상파의 선거 불참

(2) 제헌 헌법 공포와 정부 수립
① **제헌 헌법 공포(1948. 7. 17.)** : 민주 공화국임을 밝힘. 3권 분립 · 대통령 중심제 · 국회에서 임기 4년의 대통령 간접 선거(1회에 한해 중임 허용), 단원제 국회
② **정부 수립(1948. 8. 15.)** : 국회 간선제로 대통령(이승만), 부통령(이시영) 선출
③ **파리 유엔 총회(1948. 12.)** : 유엔에서 한반도 유일의 합법 정부로 승인받음

(3) 친일파 청산을 위한 노력과 농지 개혁법 추진 기출 22
① **친일파 청산을 위한 노력** : 반민족 행위 처벌법(1948. 9.) 제정, 반민족행위 특별 조사 위원회(반민특위) 구성 및 해체 → 이승만 · 한민당의 반대와 친일 경찰의 방해로 친일파 청산이 좌절됨
② **농지 개혁법(1949)** : 농지 개혁법 공포(1949) → 개혁 시행(1950) → 개혁 종결(1957), 지주의 토지를 유상 매입, 농민에게 유상 분배(3정보 상한), 농민 중심의 토지 소유 확립, 사회적 지배 계급으로서의 지주 소멸

2 6 · 25 전쟁

1. 6 · 25 전쟁의 배경

냉전의 격화	중국의 공산화, 소련 원자폭탄 실험 성공
남북한의 대립 격화	38도선 지역의 잦은 충돌 등
북한의 군사력 강화	인민군 창설, 소련의 무기 지원 등
애치슨 선언(1950. 1.)	미국의 태평양 지역 방위선에서 한국과 타이완 제외(애치슨 라인) → 북한 지도부의 전쟁 승리 확신

2. 전개 과정 기출 25, 24, 22

전쟁 발발(1950. 6.) → 서울 함락 → 유엔군 결성 · 참전 → 인천 상륙 작전(9. 15.) → 서울 수복(9. 28.) → 38도선 돌파 → 압록강까지 진격 → 중국군의 참전(1950. 10.) → 흥남 철수 작전(1950. 12.) → 서울 재함락(1951. 1 · 4 후퇴) → 서울 재탈환(1951. 3.) → 휴전 회담 시작(1951. 7.) → 휴전 협정 체결(1953. 7.)

제3절 민주주의 시련과 발전

1 민주주의의 시련

1. 이승만의 장기 집권과 4·19 혁명

(1) 이승만의 장기 집권 기출 21

발췌 개헌(1952), 사사오입 개헌(1954, 초대 대통령에 한해 중임 제한 철폐) → 독재 체제 강화

(2) 4·19 혁명(1960) 기출 25, 23

① 자유당 정권의 3·15 부정 선거(4할 사전 투표, 3·5인조 공개 투표) 자행
② 학생과 시민 중심의 반독재 민주주의 혁명
③ 허정 과도 정부 수립 후 헌법 개정(내각 책임제, 양원제 국회)

2. 5·16 군사 정변과 박정희 정부

(1) 5·16 군사 정변(1961) 기출 23

① 박정희 등 일부 군인들이 무력으로 권력 장악
② 혁명 공약 발표, 국가 재건 최고 회의 창설 → 군정 실시

(2) 박정희 정부 기출 22

① **대외 정책** : 한·일 국교 정상화(1965, 굴욕 외교 반대 6·3 시위) 및 베트남 파병(1964~1973) 기출 23
② **장기 집권** : 재선 성공(1967) → 3선 개헌의 강행(1969, 대통령 3선 허용) → 3선 성공(1971) → 유신 헌법 선포(1972, 대통령 임기 6년, 횟수 제한 철폐) → 10·26 사태(1979, 박정희 대통령 피살)

2 민주주의의 발전과 평화적 정권 교체

1. 민주주의의 발전

(1) 5·18 민주화 운동(1980) 기출 24, 22

① 전두환 신군부 세력 퇴진 요구 등 5월 말까지 민주화 운동 전개(서울의 봄)
② 1980년대 이후 민주화 운동의 원동력
③ 5·18 민주화 운동 기록물이 유네스코 세계 기록 유산으로 등재됨(2011)

(2) 6월 민주 항쟁(1987) 기출 24

직선제 개헌 운동 본격화 → 박종철 고문치사 사건(1987)으로 전국적 항의 시위 → 전두환 정부의 4·13 호헌 조치(개헌 논의를 중단시키고 대통령 간선제를 유지) 발표 → 민주 헌법 쟁취 국민운동 본부 결성 → 이한열 최루탄 피격 → 6월 민주 항쟁(1987, '호헌 철폐', '독재 타도' 구호) → 6·29 민주화 선언(5년 단임제 대통령 직선제 개헌인 9차 개헌)

2. 평화적 정권 교체 기출 24, 23

노태우 정부	서울 올림픽 개최, 3당 합당(1990, 민주 자유당 결성), 북방 외교 추진(소련·중국과 수교, 남북한 유엔 동시 가입, 남북 기본 합의서 채택)
김영삼 정부	지방 자치제 전면 실시, 고위 공직자 재산 공개, 금융 실명제 실시(1993), 역사 바로 세우기, 경제 협력 개발 기구(OECD) 가입, 외환 위기로 국제 통화 기금(IMF)에 지원 요청
김대중 정부	노사정 위원회 구성, 금모으기 운동 전개, 국제 통화 기금 지원금 조기 상환, 최초의 남북 정상 회담 개최로 6·15 남북 공동 선언 발표(2000), 개성공단 건설 등 경제 협력 추진 등
노무현 정부	행정 수도 건설 특별법 제정, 제2차 남북 정상 회담 성사(2007)
이명박 정부	기업 활동 규제 완화와 감세 정책 추진, 한·미 FTA 발효

3. 통일정책의 추진 기출 22, 21

8·15 선언(1970)	남북 간 선의의 경쟁 제의
남북 적십자 회담(1971)	이산가족 찾기
7·4 남북 공동 선언(1972)	평화통일 3원칙 합의(자주·평화·민족 대단결)
6·23 평화 통일 선언(1973)	유엔 동시 가입 제안
한민족공동체 통일 방안(1989)	자주·평화·민주의 원칙
민족공동체 통일 방안(1994)	3원칙·3단계·3대 기조의 통일 방안 수렴
남북 정상 회담(2000)	6·15 남북 공동 선언 발표, 금강산 관광, 개성공단 건설 합의
제2차 남북 정상 회담(2007)	10·4 남북 공동 선언 발표

제4절 경제 성장과 사회 변화

1 박정희 정부 시기 경제 개발 5개년 계획 기출 22

제1, 2차 계획 (1962~1971)	• 자본 마련 : 국제 경제 협정 가입, 일본과의 국교 정상화, 베트남 전쟁 파병, 독일에 간호사와 광부 등 인력 수출 • 특징 : 경공업 육성, 노동 집약적 산업(가발·섬유 산업) 중심, 베트남 특수에 힘입어 고도성장 • 성과 : 고도의 경제 성장, 경부 고속 국도 개통(1970) 등 → 한강의 기적
제3, 4차 계획 (1972~1981)	• 특징 : 중화학 공업에 주력, 철강·비철금속·화학·기계·조선·전자를 6대 전략 업종으로 선정(1973) • 성과 : 포항 제철소 준공(1973), 수출액 100억 달러 달성(1977)

2 1980년대 이후의 경제 변화

1980년대 경제 상황	• 선진 자본주의 국가들의 자유 무역 확대, 시장 개방 압박 강화 • 1970년대 말 경제 위기 : 제2차 석유 파동 • 1980년대 중반 이후 : 3저 호황(저유가·저금리·저달러)
김영삼 정부	• 세계 무역 기구(WTO) 출범(1995)으로 시장 개방 가속화 • 우루과이 라운드 타결(1993), 금융 실명제 실시(1993), 경제 협력 개발 기구(OECD) 가입(1996), 외환 위기로 국제 통화 기금(IMF)의 긴급 구제 금융 지원
김대중 정부	국제 통화 기금 관리 체제 조기 극복(2001)
노무현 정부	칠레와 자유 무역 협정(FTA) 체결(2004), 한·미 자유 무역 협정 체결(2007, 일부 분야 한정 체결)
이명박 정부	재협상 후 한·미 자유 무역 협정 발효

3 사회·문화의 변화

1. 새마을 운동(1970)

(1) 박정희 정부의 주도로 전개, 근면·자조·협동을 바탕으로 농촌 환경 개선에 중점을 둔 정부 주도 운동

(2) 새마을 운동 기록물은 2013년 유네스코 세계 기록 유산으로 등재

2. 노동운동과 사회운동

(1) **전태일 분신 사건(1970)** : 근로 기준법 준수를 요구하며 분신자살

(2) **여성운동** : 남녀 고용 평등법(1987) · 남녀 차별 금지법(1999) 제정, 호주제 폐지(2005), 가족관계 등록부 마련(2008)

(3) **교육** : 국민 교육 헌장 제정(1968), 고교 평준화(1974), 과외 전면 금지와 본고사 폐지(1980), 중학교 의무 교육의 전면적 확대 시행(2004)

(4) **스포츠** : 프로 야구 출범(1982), 서울 올림픽(1988), 한 · 일 월드컵(2002), 평창 동계 올림픽 대회(2018) 개최

용어사전

- **사사오입 개헌** : 이승만이 대통령 연임을 위해 사사오입 논리로 개헌안 불법 통과 선포, 제3대 대통령 선거(1956)에서 이승만 대통령의 3선 성공
- **발췌 개헌** : 대통령 직선제 안(여당)과 내각 책임제 안(야당)을 발췌 · 절충하여 개헌안 상정 → 국회 통과(대통령 직선제, 양원제 국회)
- **양원제 국회** : 1960년에 의원 내각제로 헌법이 바뀌며 초대 참의원(상원) 58명과 제5대 민의원(하원) 233명이 선출되어 양원제 국회가 구성
- **4 · 13 호헌 조치** : 전두환이 개헌에 대한 합의가 이루어지지 않았다는 구실로 대통령 간선제를 유지하겠다고 선언함
- **금융 실명제 실시** : 1993년 김영삼 정부에서 은행이나 금융 기관과 거래할 때 실제 명의를 사용하도록 한 제도
- **석유 파동** : 1973년 아랍 · 이스라엘 전쟁, 1979년 이란의 이슬람 혁명과 이란 · 이라크 전쟁이 계기가 되었음. 산유국들이 원유를 무기로 사용하면서 6~7년 사이에 유가가 10배나 뛰어올랐음

연습문제

다음 내용과 관련된 민주화 운동에 대한 설명으로 옳은 것은?

> • 고문 없는 나라에서 살고 싶다.
> • 호헌 철폐, 독재 타도, 민주 쟁취

① 일본과의 국교 정상화에 반대하였다.
② 대통령이 하야하는 결과를 가져왔다.
③ 계엄군의 무력 진압으로 시민들이 희생되었다.
④ 대통령 직선제 개헌이 이루어지는 계기가 되었다.

해설 '고문 없는 나라', '호헌 철폐' 등의 내용을 통해 자료와 관련된 민주화 운동이 6월 민주 항쟁임을 알 수 있다. 6월 민주 항쟁으로 대통령 직선제 개헌이 이루어졌다.
① 6·3 시위
② 4·19 혁명
③ 5·18 광주 민주화 운동

정답 ④

합격의 공식 시대에듀

우리 인생의 가장 큰 영광은 결코 넘어지지 않는 데 있는 것이 아니라
넘어질 때마다 일어서는 데 있다.

– 넬슨 만델라 –

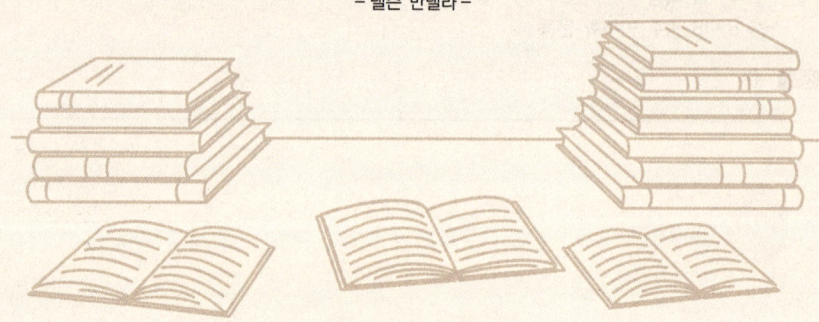

국사

적중모의고사

- **제1회** 적중모의고사
- **제2회** 적중모의고사
- **제3회** 적중모의고사
- **제4회** 적중모의고사
- **제5회** 적중모의고사
- **제6회** 적중모의고사
- **제7회** 적중모의고사
- **제8회** 적중모의고사
- **제9회** 적중모의고사
- **제10회** 적중모의고사

얼마나 많은 사람들이 책 한 권을 읽음으로써 인생에 새로운 전기를 맞이했던가.

− 헨리 데이비드 소로 −

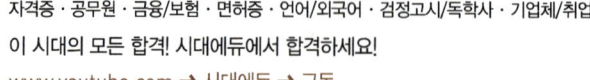

제1회 적중모의고사 | 국사

제한시간: 50분 | 시작 ___시 ___분 – 종료 ___시 ___분

정답 및 해설 207p

01 (가) 시대의 유물로 옳은 것은?

- 주제 : [(가)] 시대의 흔적을 찾아서
- 경로 : 연천 → 공주 → 단양
- 체험 : 연천 전곡 선사박물관에서 막집 만들기, 공주 석장리에서 출토된 유물 확인, 단양 금굴 유적지에서 동굴 체험

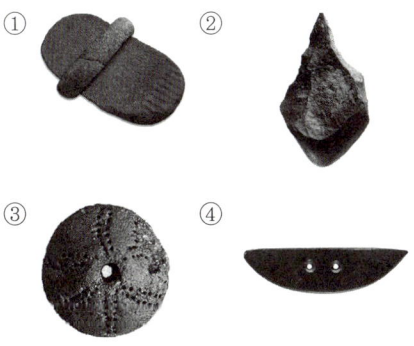

02 서로 관련 있는 것끼리 연결된 것으로 옳지 <u>않은</u> 것은?

① 구석기 시대 – 동굴 거주, 이동 생활
② 신석기 시대 – 가락바퀴, 뼈바늘
③ 청동기 시대 – 군장, 평등사회
④ 철기 시대 – 세형 동검, 잔무늬 거울

03 (가) 시대 사람들의 생활 모습으로 옳은 것은?

1925년의 대홍수로 서울 암사동에서 다량의 유물들이 지표면에 드러났다. 당시는 일제 강점기여서 별반 조사를 하지 않았고, 1960~70년대 이후 본격적으로 발굴 작업이 이루어졌다. 기원전 6,000~5,000년경의 것으로 추정되는 집터를 비롯해 빗살무늬 토기와 간석기들이 대거 발굴되었는데, 이는 [(가)] 시대의 대표적인 유적이다.

① 가락바퀴를 이용하여 실을 뽑았다.
② 중국과의 교류에 명도전을 이용하였다.
③ 세형 동검과 잔무늬 거울을 제작하였다.
④ 철제 무기를 가지고 다른 부족을 공격하였다.

04 다음 중 고조선과 관련된 설명으로 옳지 <u>않은</u> 것은?

① 청동기 문화를 바탕으로 형성되었다.
② 한 무제의 공격으로 인해 멸망하였다.
③ 사람을 죽인 자는 사형에 처하였다.
④ 물건을 훔친 자는 12배로 배상하게 하였다.

05 다음 내용에 해당하는 나라에 대한 설명으로 옳은 것은?

> 혼인할 때는 말로 미리 정하고, 여자 집에서는 본채 뒤편에 작은 별채를 짓는데, 그 집을 서옥이라 부른다. 해가 저물 무렵에 신랑이 신부의 집 문 밖에 도착하여 자기 이름을 밝히고 절하면서, 신부의 집에서 머물기를 청한다. …… 자식을 낳아 장성하면 아내를 데리고 집으로 돌아간다.
> — 「삼국지」 동이전

① 12월에 영고라는 제천 행사를 열었다.
② 제가 회의에서 국가의 중대사를 결정하였다.
③ 특산물로 단궁, 과하마, 반어피 등이 있었다.
④ 제사장인 천군과 신성 지역인 소도가 있었다.

06 다음 지도는 5세기경 삼국의 형세를 나타낸 것이다. 이러한 상황과 관련이 깊은 것은?

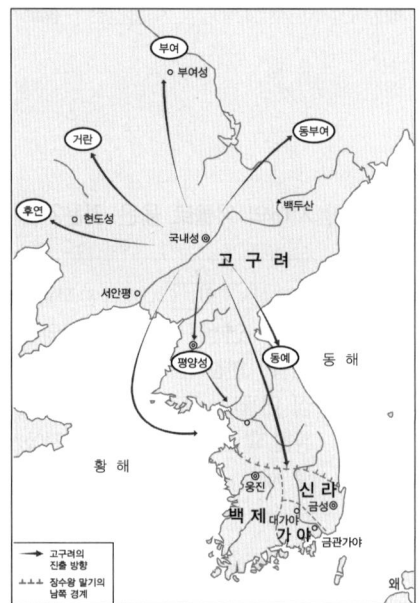

① 울진 봉평 신라비
② 단양 적성비
③ 충주 고구려비
④ 진흥왕 순수비

07 (가)에 해당하는 국왕에 대한 설명으로 옳은 것은?

> 당시의 백제 왕 근개루는 장기와 바둑을 좋아하였다. 도림이 대궐 문에 이르러, "제가 어려서부터 바둑을 배워 상당한 묘수의 경지를 알고 있으니, 원컨대 곁에서 알려 드리고자 합니다."라고 하였다. 왕이 그를 불러들여 대국을 하여 보니 과연 국수(國手)였다. …… 이에 도림이 도망쳐 돌아와 이를 보고하니, 장수왕이 기뻐하며 백제를 치기 위해 장수들에게 군사를 나누어 주었다. 근개루가 이 말을 듣고 아들 (가) 에게 말했다. "내가 어리석고 총명하지 못하여 간사한 사람의 말을 믿고 썼다 이렇게 되었다."
> – 「삼국사기」

① 웅진 천도
② 국호 남부여로 개칭
③ 고구려의 평양성 공격
④ 신라 눌지왕과 동맹 체결

08 (가), (나) 왕의 공통점으로 옳은 것은?

> • (가) 은(는) 수도를 웅진에서 사비로 옮기고 국호를 남부여로 고쳤다. 중앙 관서를 22부로 재정비하였다.
> • (나) 은(는) 화랑도를 국가적인 조직으로 개편하여 인재를 양성하였다. 활발한 정복 전쟁을 벌여 정복한 각 지역에 순수비를 세웠다.

① 고구려를 공격하여 한강 유역 일부를 확보하였다.
② 불교를 공인하여 사상 통합을 꾀하였다.
③ 율령을 반포하여 통치 체제를 정비하였다.
④ 요서 지방으로 진출하였다.

09 다음과 같은 불교 사상의 영향을 받아 만들어진 문화재는?

> 이 사상은 개인적 정신세계를 추구하는 경향이 강하였기 때문에 지방에서 독자적인 세력을 이루어 성주나 장군을 자처하던 자들로부터 큰 호응을 받았다.

① 성덕대왕 신종
② 화순 쌍봉사 철감선사탑
③ 개성 경천사지 십층석탑
④ 금동 미륵보살 반가사유상

10 삼국 통일 과정을 순서대로 바르게 나열한 것은?

> ㉠ 나·당 연합군이 평양성을 함락시켰다.
> ㉡ 신라가 매소성에서 당군을 크게 물리쳤다.
> ㉢ 계백의 저항에도 불구하고 사비성이 함락되었다.
> ㉣ 백제·왜 연합군이 나·당 연합군과 백강에서 전투를 벌였다.

① ㉡ - ㉠ - ㉢ - ㉣
② ㉡ - ㉢ - ㉠ - ㉣
③ ㉢ - ㉣ - ㉠ - ㉡
④ ㉣ - ㉢ - ㉠ - ㉡

11 밑줄 친 '왕'의 업적으로 옳은 것은?

> 왕이 직접 3만여 명의 군대를 이끌고 한성을 공격하여 점령하는 데 성공하였다. 백제군은 성문을 걸어 잠그고 버텼으나 끝내 패배하였고, 개로왕은 사로잡혀 죽임을 당하였다. 고구려의 한성 점령은 지속적으로 추진해 온 남진 정책의 성과로 평가할 수 있을 것이다.

① 평양으로 수도를 옮겼다.
② 영락이라는 연호를 제정하였다.
③ 지방의 22담로에 왕족을 파견하였다.
④ 낙랑군을 축출하여 영토를 확장하였다.

12 다음 문화재들을 통하여 알 수 있는 이 시기 미술의 특징은?

① 소박한 자연미
② 자유분방한 미
③ 통일과 균형의 미
④ 패기와 정열의 미

13 발해에 대한 설명으로 옳지 <u>않은</u> 것은?

① 당의 3성 6부 제도를 수용하였으나 독자적인 방법으로 개편하여 시행하였다.
② 남북국 시대를 최초로 언급한 책은 한치윤의 「해동역사」이다.
③ 전략적 요충지에 5경을 두었고, 지방 행정의 중심인 15부에는 도독을 두었다.
④ 국립대학인 주자감을 설치하였다.

14 다음 밑줄 친 '그'가 집권한 시기에 있었던 사실로 옳은 것은?

> 무관 중 일부가 공공연히 말하기를 "정시중이 문관들을 억눌러 우리들의 울분을 씻어주고 무관의 위세를 펼쳤는데 시해당하다니, 누가 공을 시해한 <u>그</u>를 토벌할 것인가?"라고 하였다. 그는 이를 두려워하여 결사대 1백 수십 명을 불러 모아 자기 집에 머물게 하고 도방이라 불렀다.

① 전주 관노의 난이 진압되었다.
② 명학소가 충순현으로 승격되었다.
③ 이의방 등이 보현원 사건을 일으켰다.
④ 교정도감이 설치되어 국정을 총괄하였다.

15 다음 내용과 관련 있는 지배 세력에 대한 설명으로 옳은 것은?

> • 이자겸의 난 : 경원 이씨와 왕실의 혼인, 이자겸의 전횡과 몰락
> • 묘청의 서경 천도 운동 : 서경 세력과 개경 세력의 대립, 묘청의 난과 그 영향

① 교정도감을 통해 국정을 총괄하였다.
② 홍건적과 왜구를 물리치면서 성장하였다.
③ 비변사의 구성원이 되어 권력을 장악하였다.
④ 과거와 음서를 통해 고위 관직을 독점하였다.

16 다음 사건들을 일어난 순서대로 바르게 나열한 것은?

> ㉠ 김보당의 난 발생
> ㉡ 이의민의 권력 장악
> ㉢ 김사미와 효심의 난 발생
> ㉣ 교정도감의 설치

① ㉠ - ㉡ - ㉢ - ㉣
② ㉡ - ㉢ - ㉠ - ㉣
③ ㉢ - ㉣ - ㉠ - ㉡
④ ㉣ - ㉢ - ㉠ - ㉡

17 (가), (나) 역사서에 대한 설명으로 옳지 <u>않은</u> 것은?

(가) 삼국사기   (나) 삼국유사

① (가) - 김부식이 주도하여 편찬하였다.
② (가) - 유교적 합리주의 사관에 기초하였다.
③ (나) - 신라와 발해를 남북국이라 하였다.
④ (나) - 단군의 건국 이야기가 수록되어 있다.

18 다음 지도는 통일 신라의 행정 구역을 표시한 것이다. ●으로 표시된 지역에 속하지 <u>않는</u> 지역은?

① 김해   ② 청주
③ 부산   ④ 원주

19 고려 시대에 국정 전반에 걸친 중요 사항을 관장했던 최고 회의 기구는?

① 도병마사
② 중추원
③ 어사대
④ 상서성

20 밑줄 친 '그'에 대한 설명으로 옳은 것은?

> 그는 이성계를 추대하여 조선 왕조를 개창한 공으로 개국 1등 공신이 되었으며, 의정부를 중심으로 하는 재상 중심의 관료 정치를 주창하였다. 또한 「불씨잡변」을 저술하여 불교의 사회적 폐단을 비판하였다.

① 왜구의 소굴인 쓰시마 섬을 정벌하였다.
② 백성들의 윤리서인 「삼강행실도」를 편찬하였다.
③ 여진족을 두만강 밖으로 몰아내고 6진을 개척하였다.
④ 「조선경국전」을 편찬하여 왕조의 통치 규범을 마련하였다.

21 고려 시대 대외 관계에서 다음 내용과 관련이 있는 민족은?

- 동북 9성 축조
- 윤관의 별무반 조직

① 여진족
② 거란족
③ 선비족
④ 몽골족

22 지도에 표시된 지역에 대한 내용으로 옳은 것은?

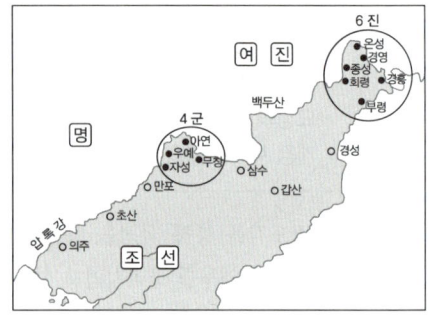

① 삼별초 항쟁이 이루어졌다.
② 웅진 도독부가 설치되었다.
③ 명량 대첩에서 대승을 거두었다.
④ 사민 정책이 시행되었다.

23 조선 건국에 주도적 역할을 담당한 세력을 〈보기〉에서 모두 고른 것은?

> 보기
> ㄱ. 신흥 무인 세력
> ㄴ. 신진 사대부
> ㄷ. 권문세족 세력
> ㄹ. 지방 호족 세력

① ㄱ, ㄴ
② ㄱ, ㄹ
③ ㄴ, ㄷ
④ ㄷ, ㄹ

24 다음 밑줄 친 '왕'의 재위 기간에 있었던 사실로 옳은 것은?

> 오랫동안 세자가 없다가 무진년에 귀인 장씨가 아들을 낳자 왕께서 아주 사랑하여 세자 탄생의 예로써 높이려 하였다. 그러나 송시열과 김수항이 불만의 말을 하자 왕께서 아주 싫어하셨다. 사람들은 김수항과 송시열이 당할 재앙이 이에서 싹텄다고 하였다.

① 나선 정벌에 조총 부대가 파견되었다.
② 효장세자의 후사(後嗣)로서 왕위에 올랐다.
③ 청과의 경계를 정한 백두산 정계비가 세워졌다.
④ 후금의 침입에 대비하여 어영청을 설치하였다.

25 다음 사건들의 결과를 바르게 설명한 것은?

> • 무오사화
> • 갑자사화
> • 기묘사화

① 사회 질서를 유지하고 상하 관계를 중시하게 되었다.
② 사림 세력이 크게 타격을 받았다.
③ 세도 가문이 비변사를 장악하였다.
④ 역성 혁명을 주장하는 세력들이 등장하였다.

26 과전법에 의해 지급되는 토지에 대한 설명으로 옳지 않은 것은?

① 과전 – 공전에 속하는 대표적 토지이다.
② 공신전 – 공신에게 지급되며, 세습이 허용되었다.
③ 공해전 – 관청의 운영 경비 조달을 위해 지급되었다.
④ 수신전 – 관료 미망인의 생계 유지를 위해 지급되었다.

27 (가)와 관련된 설명으로 옳지 않은 것은?

> 조선은 건국 후 약 100여 년 동안 나라의 기틀을 다지는데 힘썼으나 훈구 세력이 점차 권력을 독점하면서 문제점이 드러나게 되었다. 이런 현실에서 (가) 은(는) 15세기 말 성종 때 김종직을 필두로 중앙 정치 무대에 본격적으로 진출하였으며, 주로 3사에서 언론과 학술을 담당하였다.

① 소격서 폐지를 주장하였다.
② 중앙집권 체제를 강조하였다.
③ 서원과 향약을 바탕으로 세력을 확장하였다.
④ 도덕과 의리를 바탕으로 왕도정치를 주장하였다.

28. 다음의 내용이 갖는 공통된 목적으로 옳은 것은?

> - 사창제
> - 향약
> - 동계
> - 동약

① 국가 재정의 안정
② 농민들의 생활 안정
③ 양반들의 향촌 지배 질서 확립
④ 왕권과 중앙집권 강화

29. 다음과 같은 내용을 주장한 조선 중종 때의 인물은?

> - 현량과 설치
> - 공납제의 폐단 시정
> - 기묘사화
> - 불교, 도교의 종교 행사 폐지

① 곽재우
② 송상현
③ 주세붕
④ 조광조

30. 다음 중 조선 태종이 실시한 정책으로 옳은 것은?

① 6조 직계제
② 의정부 서사제
③ 「경국대전」 편찬
④ 직전법 실시

31. 조선 후기의 근대 지향적 움직임으로 옳지 않은 것은?

① 세도 정치의 등장
② 상공업의 발달
③ 실학의 대두
④ 평등 사회의 추구

32. 다음은 조선 후기의 실학자 유득공에 대한 설명이다. 그가 중점적으로 다루었던 국가로 옳은 것은?

> 조선 후기 유득공은 우리 고대사의 연구 시야를 만주 지방으로 확대하여 한반도 중심의 협소한 사관을 극복하고자 하였다.

① 부여
② 고려
③ 가야
④ 발해

33 (가) 왕의 업적으로 옳은 것은?

> [(가)]은(는) 왕세손이던 정조에게 은도장을 내렸는데, 이는 사도세자에 대한 세손의 효심에 감동하여 만들어 준 것으로 효손이라는 글자가 새겨져 있다.

① 정방을 폐지하였다.
② 장용영을 설치하였다.
③ 균역법을 실시하였다.
④ 동북 9성을 개척하였다.

34 다음 사료에서 나타나는 상황이 전개되던 시기에 볼 수 있는 모습으로 옳은 것은?

> • 남쪽이나 북쪽이나 농사짓는 방법이 똑같고, 높고 평탄한 땅과 낮고 습한 땅을 구별하지 않은 채 이앙하는 경우가 많고 직파하는 경우는 드물다.
> – 「정조실록」
> • 이앙법은 노동력을 크게 덜어 주기 때문에 지금은 삼남 지방 외에 다른 도에서도 모두 이를 본받아 이미 풍속을 이루었다.
> – 「증보문헌비고」

① 녹읍을 지급받는 진골 귀족
② 시전을 관리 감독하는 경시서 관원
③ 청과의 무역으로 부를 축적한 만상
④ 벽란도에서 무역을 하는 송의 상인

35 조선 후기 보부상의 활동을 바르게 설명한 것은?

① 의주를 중심으로 대청 무역을 주도하였다.
② 한강을 근거지로 미곡과 어물을 판매하였다.
③ 장시를 무대로 봇짐과 등짐장수로 활동하였다.
④ 개성을 중심으로 인삼을 재배하고 판매하였다.

36 다음 사건들을 일어난 순서대로 바르게 나열한 것은?

> ㉠ 강화도 조약
> ㉡ 갑신정변
> ㉢ 임오군란
> ㉣ 갑오개혁
> ㉤ 독립협회 창립
> ㉥ 방곡령 사건

① ㉠ – ㉢ – ㉡ – ㉥ – ㉣ – ㉤
② ㉠ – ㉣ – ㉡ – ㉢ – ㉥ – ㉤
③ ㉡ – ㉢ – ㉠ – ㉤ – ㉥ – ㉣
④ ㉡ – ㉣ – ㉠ – ㉤ – ㉢ – ㉥

37 다음에서 설명하는 사건의 직접적 결과로 옳지 <u>않은</u> 것은?

> 개항 이후 일본으로의 식량 유출이 심화되면서 국내 미곡의 가격이 폭등하였다. 이로 인해 장어영, 무위영에 지급해야 할 녹봉이 제대로 지급되지 않았을 뿐 아니라, 의복·무기 등도 13개월 동안 한번도 지급되지 못하였다. 이에 불만에 가득 찬 구식 군인들과 몰락한 도시 하층민들이 봉기하여 일본 영사관과 궁성을 공격하였다.

① 제물포 조약 체결
② 청의 고문 파견
③ 함경도에서 방곡령 선포
④ 청의 흥선 대원군 압송

38 (가)와 (나)를 주장한 각 인물에 대한 설명으로 옳은 것은?

> (가) 우리는 남방만이라도 임시정부 혹은 위원회 같은 것을 조직하여 38도선 이북에서 소련이 철퇴하도록 세계 공론에 호소해야 할 것이다.
> (나) 나는 통일된 조국을 달성하려다 38도선을 베고 쓰러질지언정 일신의 구차한 안일을 위하여 단독 정부를 세우는 데는 협력하지 아니하겠다.

① (가) - 5·10 총선거에 불참하였다.
② (가) - 좌우 합작 7원칙을 지지하였다.
③ (나) - 신탁 통치 반대 국민 총동원 위원회를 조직하였다.
④ (나) - 남조선 과도 입법 의원의 의장을 역임하였다.

39 다음은 대한민국 정부 수립 과정을 나타낸 것이다. (가) 시기에 일어난 사실이 <u>아닌</u> 것은?

> 모스크바 3국 외상 회의 개최 → (가) → 대한민국 정부 수립 선포

① 미·소 공동 위원회가 결렬되었다.
② 반민족 행위 처벌법이 제정되었다.
③ 김구, 김규식 등이 남북 협상을 추진하였다.
④ 5·10 총선거가 실시되었다.

40 다음 중 현대사의 발전 과정에서 정권 연장을 목적으로 일어난 사건이 <u>아닌</u> 것은?

① 사사오입 개헌
② 4·19 혁명
③ 3선 개헌
④ 10월 유신

제2회 적중모의고사 | 국사

제한시간: 50분 | 시작 ___시 ___분 – 종료 ___시 ___분

정답 및 해설 213p

01 구석기 시대 사람들의 생활상에 대한 설명으로 옳은 것은?

① 대체로 동굴이나 바위 그늘에서 생활하였으며 불을 사용하였다.
② 단양 수양개, 연천 전곡리, 공주 석장리 등 강가에 살던 사람들은 주로 고기잡이와 밭농사를 하며 생활하였다.
③ 이 시기의 대표적인 무덤 형식은 고인돌과 돌널무덤이다.
④ 주먹도끼, 가로날도끼, 민무늬 토기 등의 도구를 사용하였다.

02 다음에서 제시된 내용을 통해 알 수 없는 것은?

> • 간음한 자는 사형에 처한다.
> • 투기가 심한 부인은 사형에 처한다.
> • 남의 물건을 훔친 자는 물건값의 12배를 배상하게 한다.
> • 살인자는 사형에 처하고, 그 가족은 노비로 삼는다.

① 보복주의적 성격
② 토테미즘 신앙 숭배
③ 가부장적 가족 제도
④ 사유 재산과 노동력 중시

03 청동기 시대 유물로만 짝지어진 것으로 옳은 것은?

① 고인돌, 세형 동검, 반달돌칼, 빗살무늬 토기
② 고인돌, 비파형 동검, 반달돌칼, 민무늬 토기
③ 돌널무덤, 세형 동검, 홈자귀, 민무늬 토기
④ 돌널무덤, 비파형 동검, 가락바퀴, 빗살무늬 토기

04 다음 중 부여에 대한 설명으로 옳은 것은?

① 신성 구역인 소도와 계절제가 있었다.
② 영고라는 제천 행사를 했으며, 은력을 사용하였다.
③ 가족 공동묘와 민며느리제도가 있었다.
④ 동맹이라는 제천 행사와 형사취수제라는 풍습이 있었다.

05 고구려 장수왕 때의 사실로 옳은 것은?

① 영락이라는 연호를 사용하였다.
② 후연을 정벌하여 요동 지역을 확보하였다.
③ 중국의 남북조와 외교 관계를 맺었다.
④ 신라를 침입한 왜를 격퇴하였다.

06 다음 중 고구려와 백제의 공통점으로 옳은 것은?

① 16관등 체제를 정비하였다.
② 3경 제도를 실시하였다.
③ 군사 제도와 지방 행정 조직이 밀접하게 연관되어 있었다.
④ 관직명에 형, 사자의 이름이 많이 나타났다.

07 신라 하대에 나타난 사회 현상을 바르게 설명한 것은?

① 호족 세력의 저항이 일어났다.
② 골품 제도가 폐지되었다.
③ 중앙집권 체제가 강화되었다.
④ 화랑도 정신이 크게 일어났다.

08 신라 원성왕 때 학문 성적에 따라 관리를 채용하고자 하였으나 골품 제도로 인해 제대로 시행되지 못하였던 제도는?

① 빈공과
② 상수리 제도
③ 기인 제도
④ 독서삼품과

09 다음에 제시된 역사서들에 대한 설명으로 옳은 것을 〈보기〉에서 모두 고른 것은?

- 고구려 영양왕 때 이문진이 신집 5권을 편찬하였다.
- 백제 근초고왕 때 고흥이 서기를 편찬하였다.
- 신라 진흥왕 때 거칠부가 국사를 편찬하였다.

보기
ㄱ. 나라의 전통을 이해하고 왕실의 권위를 높이기 위한 목적으로 이루어졌다.
ㄴ. 청소년들의 학습 도움에 목적을 두고 편찬되었다.
ㄷ. 이 중 신집 5권은 현존하는 우리나라 최고(最古)의 역사서이다.
ㄹ. 학문의 발달과 중앙집권적 체제 정비에 따라 편찬되었다.

① ㄱ, ㄴ
② ㄱ, ㄷ
③ ㄱ, ㄹ
④ ㄴ, ㄹ

10 통일 신라 시대 귀족 세력을 약화시키고 국가의 토지 지배권을 강화하기 위해 지급한 토지를 〈보기〉에서 모두 고른 것은?

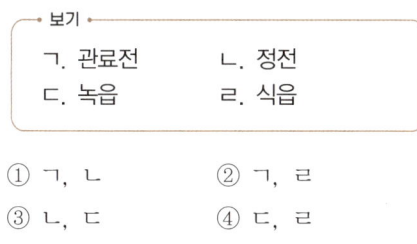

① ㄱ, ㄴ
② ㄱ, ㄹ
③ ㄴ, ㄷ
④ ㄷ, ㄹ

11 고려 시대 신분 제도에 대한 설명으로 옳은 것은?

① 노비는 재산으로 간주하여 엄격히 관리하였다.
② 백정은 의료 기술을 갖춘 중인 계층이었다.
③ 귀족들은 가문보다 능력을 중시하였다.
④ 향리는 귀족으로서 대농장을 소유하였다.

12 다음에 제시된 사건들의 결과로 옳은 것은?

- 이자겸의 난
- 무신 정권의 성립
- 묘청의 서경 천도 운동

① 권문세족 등장
② 유교 정치 사상 강조
③ 문벌귀족 사회 붕괴
④ 사회 모순 개혁

13 고려 시대에 다음과 같은 역할을 했던 신분 계층에 대한 설명으로 옳은 것은?

- 지방 행정의 실무를 담당했으며, 각 관청에 소속되어 잡역에 종사하였다.
- 궁궐에서 먹고 자면서 실무 행정을 담당하였다.

① 통치 체제의 상부 구조를 담당하였다.
② 자식에게 직역을 물려주었다.
③ 법제적으로 문과 시험에 응시할 수 없었다.
④ 음서를 통해 관직에 진출하였다.

14 다음 고려 시대의 연표에서 ⓒ 시기에 해당하는 사건은?

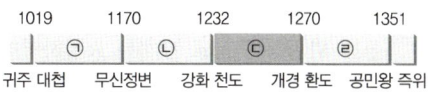

① 강동 6주 설치
② 몽골에 대한 항쟁
③ 위화도 회군
④ 동북 9성 축조

15 (가)에 대한 설명으로 옳지 않은 것은?

> 예전에 성종이 (가) 시행에 따르는 잡기가 정도(正道)에 어긋나는데다가 번거롭고 요란스럽다 하여 이를 모두 폐지하였다. …… 이것을 폐지한 지가 거의 30년이나 되었는데, 이때에 와서 정당문학 최항이 청하여 이를 부활시켰다.

① 국제 교류의 장이었다.
② 정월 보름에 개최되었다.
③ 토속 신에게 제사를 지냈다.
④ 훈요 10조에서 시행할 것을 강조하였다.

16 조선의 대외 관계에 대한 설명으로 옳은 것은?

① 태조는 북방의 여진족을 몰아내고 4군 6진을 개척하였다.
② 왜란이 끝난 후 조선은 일본에 통신사를 파견하여 국교 재개를 요청하였다.
③ 조선 후기 북학 운동의 한계를 느낀 지식인들은 북벌 운동을 전개하였다.
④ 조선 후기 중국과의 외교와 무역에 은이 대거 소비되면서 은광이 활발하게 개발되었다.

17 조선 시대 사림파에 대해 바르게 설명한 것은?

① 경학보다는 사장(詞章)을 중시하였다.
② 서원과 향약을 통하여 세력을 확대하였다.
③ 왕권 강화와 중앙집권 체제를 추구하였다.
④ 불교, 도교, 풍수지리 사상, 민간 신앙을 포용하였다.

18 (가), (나) 정치 기구의 이름이 바르게 짝지어진 것은?

> (가) 궁궐 안에 있는 경서와 서적을 관리하고 문한(文翰)을 관리하며 왕의 자문에 대비한다. 모두 문관을 임용하며, 제학 이상은 다른 관부의 관원이 겸한다.
> (나) 시정(時政)을 논평하고 모든 관원을 감찰하며 풍속을 바로잡고 억울한 일을 밝히며, 외람된 행위와 허위의 언동을 금지하는 등의 일을 관장한다.

	(가)	(나)
①	홍문관	승정원
②	사헌부	사간원
③	홍문관	사헌부
④	승정원	사간원

19 다음과 같은 조선 후기 사회 변화에 대한 설명으로 옳은 것은?

> - 농업에서는 광작이 등장하고, 상업에서는 도고가 출현하였으며, 수공업에서는 선대가 등장하였다.
> - 광산을 전문적으로 경영할 수 있는 덕대가 등장하였으며, 곳곳에서 장시가 발달하였다.
> - 서당 교육이 확대되고 한글 소설과 판소리가 보급되었다.

① 경제 활동에 있어서 국가의 개입이 강화되었다.
② 광작과 도고 활동을 통해 부유한 양반층이 나타났다.
③ 국내 상공업 활동이 부진하였다.
④ 서민들의 사회 비판 의식이 높아졌다.

20 다음 중 18세기 화폐 제도에 대한 설명으로 옳지 않은 것은?

① 은 본위 제도
② 주화 중심
③ 상품 화폐 경제 발달
④ 상평통보 유행

21 조선 시대의 양인 농민에 대하여 바르게 설명한 것은?

① 과거 응시는 법제상 제약을 받았다.
② 모두 자영농으로 존재하였다.
③ 남녀를 막론하고 호패를 소지하였다.
④ 장정은 빠짐없이 군역의 의무를 수행하였다.

22 조선 시대 향약에 관한 설명으로 적절하지 않은 것은?

① 조광조와 같은 사림파들이 널리 보급하고자 힘썼다.
② 중앙집권적 정치 체제를 강화하고자 국가적으로 실시되었다.
③ 사림파의 향촌 기반으로서 농민들에 대한 강한 영향력을 가졌다.
④ 향규, 계와 같은 전통적인 향촌 규약에 유교 윤리를 포함하여 발전시킨 것이다.

23 조선 성리학의 학설이나 동향을 시기 순으로 바르게 나열한 것은?

> ㉠ 현실세계를 구성하는 기를 중시하여 경장(更張)을 주장하였다.
> ㉡ 우주를 무한하고 영원한 기로 보는 '태허(太虛)설'을 제기하였다.
> ㉢ 정지운의 「천명도」 해석을 둘러싸고 사단칠정 논쟁이 시작되었다.
> ㉣ 향약 보급 운동과 함께 일상에서의 실천 윤리가 담긴 「소학」을 중시하였다.

① ㉡ - ㉠ - ㉣ - ㉢
② ㉡ - ㉣ - ㉠ - ㉢
③ ㉣ - ㉡ - ㉢ - ㉠
④ ㉣ - ㉢ - ㉡ - ㉠

24 다음 중 정조가 시행한 정책으로 옳지 않은 것은?

① 수원 화성 축조
② 장용영 설치
③ 「속대전」 편찬
④ 초계문신제 시행

25 다음 글의 밑줄 친 ㉠과 ㉡에 대한 설명으로 옳은 것은?

> 조선 후기에 성리학이 현실 문제를 해결할 수 있는 기능을 상실하자, 이를 비판하면서 민생 안정과 부국강병을 목표로 하여 비판적이고 실증적인 논리로 사회 개혁론을 제시한 실학이 등장하게 되었다. 실학자들 가운데는 농업을 중시하고 ㉠ 토지 제도의 개혁을 통해 농민들의 생활을 안정시키는 것이 사회 발전의 기초가 된다고 주장하는 사람들과, ㉡ 상공업 활동을 활발히 하고 청의 선진 문물을 받아들여 기술을 개발함으로써 국가의 경제가 발전될 수 있을 것이라고 생각하는 사람들이 있었다.

① ㉠은 농업의 상업적 경영과 기술 혁신을 통해 생산을 높이자고 주장하였다.
② ㉠은 토지 제도의 개혁을 중심으로 자영농 육성을 통한 개혁을 주장하였다.
③ ㉡은 양반 문벌 제도와 화폐 유통의 비생산성을 적극적으로 주장하였다.
④ ㉡은 급진적인 토지 제도 개혁보다는 점진적인 토지 소유의 평등을 주장하였다.

26 다음은 조선 후기 문화의 새로운 동향을 나타낸 것이다. 이를 통해 공통적으로 알 수 있는 사실은?

> • 판소리 보급   • 사설시조 등장
> • 풍속화 화풍   • 시사 조직

① 서민문화의 대두
② 성리학적 윤리관의 중시
③ 양명학의 체계 수립
④ 양반문화의 발달

27 다음에서 설명하는 인물의 저서로 옳은 것은?

> • 종래의 조선 농학과 박물학을 집대성하였다.
> • 전국 주요 지역에 국가 시범 농장인 둔전을 설치하여 혁신적 농법과 경영 방법으로 수익을 올려서 국가 재정을 보충할 것을 제안하였다.

① 「색경」
② 「산림경제」
③ 「과농소초」
④ 「임원경제지」

28 조선 후기에 발생한 사건들을 시대 순으로 바르게 나열한 것은?

① 임오군란 – 갑신정변 – 동학 농민 운동 – 아관파천
② 임오군란 – 아관파천 – 동학 농민 운동 – 갑신정변
③ 갑신정변 – 임오군란 – 아관파천 – 동학 농민 운동
④ 갑신정변 – 아관파천 – 임오군란 – 동학 농민 운동

29 다음 사건의 결과로 옳은 것은?

> 1875년 8월 서해안에 출몰한 일본 군함 운요호의 선원 일부가 작은 배로 허가 없이 한강 하구를 거슬러 올라왔다. 이에 우리 군이 포를 쏘아 저지하자, 운요호가 함포를 발사하여 초지진을 파괴하였다. 다음 날 일본군은 영종진에 상륙하여 많은 피해를 입혔다.

① 5군영이 설치되었다.
② 통신사가 파견되었다.
③ 척화비가 건립되었다.
④ 강화도 조약이 체결되었다.

30 흥선 대원군에 대한 설명으로 옳지 않은 것은?

① 「대전통편」을 편찬하여 체제를 정비하였다.
② 서원을 대폭 정리하여 서원에 딸려 있던 토지와 노비를 몰수함으로써 국가의 재정을 확보하고, 백성을 괴롭히는 양반 유생들의 횡포를 막았다.
③ 전국 각지에 척화비를 세워 통상 수교 거부 의지를 널리 알렸다.
④ 경복궁 중건을 위한 당백전의 발행으로 물가가 폭등하였다.

31 다음 중 병인양요에 대한 설명으로 옳지 않은 것은?

① 프랑스 선교사와 천주교도 처형
② 한성근 부대(문수산성)
③ 양헌수 부대(정족산성)
④ 제너럴셔먼호 사건

32 온건 개화파와 급진 개화파를 비교한 내용으로 옳지 않은 것은?

구분	온건 개화파	급진 개화파
대표적 인물	김홍집, 어윤중, 김윤식	김옥균, 박영효, 홍영식, 서재필
① 다른 표현	사대당, 수구당	개화당, 독립당
② 사상 배경	청의 중체서용 (동도서기론)	일본의 문명 개화론
③ 개혁의 본보기	점진적 개혁 추구	급진적 개혁 추구
④ 주장	서양의 사상과 제도까지 수용	서양의 과학 기술만 수용
성격	민씨 정권에 참여	갑신정변 주도

33 다음의 사건을 시기 순으로 바르게 나열한 것은?

> ㉠ 아관파천
> ㉡ 전주 화약 체결
> ㉢ 홍범 14조 발표
> ㉣ 군국기무처 설치

① ㉠ - ㉢ - ㉡ - ㉣
② ㉡ - ㉣ - ㉢ - ㉠
③ ㉢ - ㉠ - ㉣ - ㉡
④ ㉣ - ㉡ - ㉠ - ㉢

34 (가) 시기에 해당되는 사실로 옳은 것은?

> 방금 안핵사 이용태의 보고에 따르면 "죄인들이 대다수 도망치는 바람에 조사하지 못하였다."라고 하였다.
> 　　　　　　　　　　－「승정원일기」
>
>
>
> (가)
>
>
>
> 전봉준은 금구 원평에 앉아 (전라) 우도에 호령하였으며, 김개남은 남원성에 앉아 좌도를 통솔하였다.
> 　　　　　　　　　　－「갑오약력」

① 논산에서 남·북접의 동학군이 집결하였다.
② 우금치 전투에서 동학군이 일본군과 격전을 벌였다.
③ 동학 교도가 궁궐 앞에서 교조 신원을 주장하는 집회를 열었다.
④ 백산에서 전봉준이 보국안민을 위해 궐기하라는 통문을 보냈다.

35 독립협회의 활동과 관련이 <u>없는</u> 것은?

① 독립신문 간행
② 관민공동회 개최
③ 국채 보상 운동 전개
④ 독립문, 독립관 건립

36 (가), (나)에 대한 설명으로 옳지 <u>않은</u> 것은?

구분	(가)	(나)
명칭 변화	1905년 동학에서 현재 명칭으로 바뀜	1910년 단군교에서 현재 명칭으로 바뀜
주요 인물	손병희 등	나철 등
활동	제2회 독립 선언 운동 계획	만주에서 독립 운동 전개

[일제 강점기 종교계의 활동]

① (가)는 개벽 등의 잡지를 발간하였다.
② (가)는 한성 사범 학교를 세웠다.
③ (나)는 단군 신앙을 체계화하였다.
④ (나)는 중광단 등 항일 단체를 조직하였다.

37 일제에 의한 국권 침탈 과정에서 강압적으로 체결된 조약을 시대 순으로 바르게 나열한 것은?

> ㉠ 간도 협약
> ㉡ 한일 의정서
> ㉢ 정미 7조약
> ㉣ 제1차 한일 협약

① ㉠ - ㉡ - ㉢ - ㉣
② ㉡ - ㉣ - ㉢ - ㉠
③ ㉢ - ㉡ - ㉣ - ㉠
④ ㉣ - ㉡ - ㉠ - ㉢

38 다음의 법률에 근거하여 실시된 식민지 정책으로 옳지 <u>않은</u> 것은?

> 제4조 정부는 전시에 국가 총동원상 필요하다고 인정될 때에는 칙령이 정하는 바에 따라서 제국 신민을 징용하여 총동원 업무에 종사하도록 할 수 있다.
> 제7조 정부는 칙령이 정하는 바에 따라 노동 쟁의의 예방 혹은 해결에 관한 명령, 작업소 폐쇄, 작업 혹은 노무의 중지 … (중략) … 등을 명할 수 있다.

① 물자통제령을 공포하여 배급제를 확대하였다.
② 육군특별지원병령을 제정하여 지원병을 선발하였다.
③ 금속류 회수령을 제정하여 주요 군수 물자를 공출하였다.
④ 국민 징용령을 공포하여 강제적인 노무 동원을 실시하였다.

39 다음 내용과 관련이 있는 정부 시기에 있었던 사실로 옳은 것은?

> • 컬러 텔레비전 방송 시작
> • 두발 및 교복 자율화 조치
> • 야간 통행 금지 해제
> • 프로 야구 출범

① 최초로 남북 정상 회담이 개최되었다.
② 대통령 특별 선언으로 10월 유신이 선포되었다.
③ 개헌 당시의 대통령에 한해 중임 제한이 철폐되었다.
④ 대통령 직선제 요구를 거부하는 4 · 13 호헌 조치가 발표되었다.

40 밑줄 친 '정부' 시기의 경제 상황으로 옳은 것은?

> 경제 개발 5개년 계획 추진을 위해 외화가 필요했던 <u>정부</u>는 독일과 협정을 체결하여 광부를 파견하였다. 또한, 광부뿐만 아니라 많은 간호사도 고국을 떠나 독일로 건너갔다.

① 3저 호황으로 수출이 증가하였다.
② 베트남 전쟁 참전에 따른 특수를 누렸다.
③ 경제 협력 개발 기구(OECD)에 가입하였다.
④ 국제 통화 기금(IMF)의 관리를 받게 되었다.

제 3 회 적중모의고사 | 국사

제한시간: 50분 | 시작 ___시 ___분 – 종료 ___시 ___분

정답 및 해설 219p

01 다음은 신석기 시대에 나타난 신앙에 대한 설명이다. 밑줄 친 부분과 같은 현상이 나타나게 된 배경으로 옳은 것은?

> 신석기 시대에는 <u>자연물에도 정령이 있다고 보는 애니미즘</u>이 있었다. 그 중에서도 태양과 물에 대한 숭배가 최고였다.

① 정착 생활
② 농경 생활
③ 씨족 생활
④ 계급 생활

02 (가) 시대에 해당하는 생활 모습으로 옳은 것은?

> 강화 부근리에 있는 고인돌은 (가) 시대에 처음 만들어졌으며, 권력을 가진 군장이 출현했음을 보여 준다.

① 우경이 널리 보급되었다.
② 주로 동굴이나 막집에서 살았다.
③ 빗살무늬 토기를 제작하기 시작하였다.
④ 반달돌칼을 사용하여 곡식을 수확하였다.

03 신석기 시대와 청동기 시대에 대한 내용으로 옳지 않은 것은?

	신석기 시대	청동기 시대
①	강가, 구릉	산간 지역에서 생활
②	평등 사회	선민 사상 대두
③	농기구로 석기 사용	농기구로 청동기 사용
④	부족 사회	군장 국가 출현

04 다음과 같은 풍습이 있었던 부족 국가는?

> 산천을 중시하여 각 부족의 영역을 함부로 침범하지 못하게 하였다. 만약 다른 부족의 생활권을 침범하면 노비와 소, 말로 변상하게 하였다.

① 고구려
② 부여
③ 삼한
④ 동예

05 다음 지도는 4세기 후반 백제의 발전을 나타낸 것이다. 이 시기와 관련이 있는 왕은?

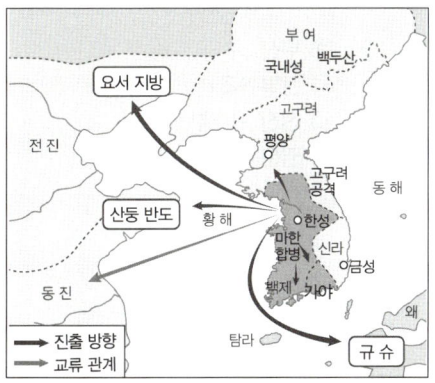

① 개로왕
② 동성왕
③ 고이왕
④ 근초고왕

06 다음에서 설명하고 있는 직책은?

- 신라 법흥왕 때 처음 설치
- 화백 회의 의장
- 신라 중대에 세력 약화

① 대대로
② 상대등
③ 시중
④ 상좌평

07 삼국 시대의 사회 모습으로 옳은 것은?

① 부족장의 세력이 강하여 왕권이 약했다.
② 신라를 제외한 고구려, 백제는 신분 제도가 없었다.
③ 국가의 중요한 일은 귀족 대표 회의에서 결정하는 제도가 있었다.
④ 개인의 능력이 인정되어 실력에 따라 출세할 수 있었다.

08 후삼국의 통일 과정에서 나타난 사실들을 일어난 순서대로 바르게 나열한 것은?

㉠ 고려는 후백제군의 주력을 선산에서 격파하였다.
㉡ 고려는 신라를 병합하는 데 성공하였다.
㉢ 왕건은 궁예를 몰아내고 새 왕조를 세웠다.
㉣ 거란에 멸망한 발해의 유민들이 고려로 망명해 오자 크게 우대하였다.

① ㉠ - ㉡ - ㉢ - ㉣
② ㉡ - ㉢ - ㉣ - ㉠
③ ㉢ - ㉣ - ㉡ - ㉠
④ ㉣ - ㉢ - ㉡ - ㉠

09 경주 호우총에서 발굴된 호우명 그릇을 통해 알 수 있는 고대 삼국의 관계에 대한 내용으로 옳은 것은?

① 백제는 왜와 친선 관계를 강화하였다.
② 신라와 백제가 서로 적대시하였다.
③ 고구려가 신라에 정치적 영향을 미쳤다.
④ 신라와 당나라가 연합군을 결성하였다.

10 다음에 제시된 내용을 뒷받침할 근거로 옳은 것을 〈보기〉에서 모두 고른 것은?

> 삼국 시대에 성립된 고대 국가는 안으로 왕권의 강화 및 국가 조직의 정비, 밖으로 정복 활동에 따른 영토의 확장을 그 특징으로 한다.

보기
ㄱ. 율령 반포
ㄴ. 관등제 정비
ㄷ. 사출도 운영
ㄹ. 3성 6부제 도입

① ㄱ, ㄴ
② ㄱ, ㄹ
③ ㄴ, ㄷ
④ ㄴ, ㄹ

11 밑줄 친 '이 나라'에 대한 설명으로 옳은 것은?

> 이 나라는 한강 이남의 진(辰)이 고조선의 유이민을 흡수하여 연맹체로 발전하였다. 각기 장수(將帥)가 있어 큰 세력을 지닌 이를 신지라 하고 그 다음은 읍차라고 하였다.

① 남의 물건을 훔친 자는 12배의 배상을 하게 하였다.
② 집집마다 부경이라는 창고를 두었다.
③ 특산물인 단궁, 과하마, 반어피 등을 수출하였다.
④ 파종한 5월과 추수한 10월에는 제의를 행하였다.

12 고려 시대 지배 계층의 변천 과정을 바르게 나열한 것은?

㉠ 무신
㉡ 문벌귀족
㉢ 신진 사대부
㉣ 권문세족

① ㉠ - ㉡ - ㉢ - ㉣
② ㉡ - ㉠ - ㉣ - ㉢
③ ㉢ - ㉣ - ㉠ - ㉡
④ ㉣ - ㉢ - ㉡ - ㉠

13 고려의 대외 관계와 관련된 사건들을 시대 순으로 바르게 나열한 것은?

㉠ 금의 사대 요구 압력
㉡ 거란의 침입과 귀주 대첩
㉢ 홍건적과 왜구의 침입
㉣ 몽골과의 전쟁

① ㉠ - ㉢ - ㉡ - ㉣
② ㉡ - ㉠ - ㉣ - ㉢
③ ㉢ - ㉣ - ㉡ - ㉠
④ ㉣ - ㉡ - ㉠ - ㉢

14 다음 인물에 대한 설명으로 옳은 것은?

> 대각국사로 교종과 선종의 통합에 힘썼으며, 화폐를 주조할 것을 주장하였다.

① 돈오점수를 강조하였다.
② 「화엄일승법계도」를 남겼다.
③ 「십문화쟁론」을 저술하였다.
④ 해동 천태종을 창시하였다.

15 (가)에 공통으로 들어갈 제도로 옳은 것은?

> • 경종 원년 11월에 처음으로 직관(職官)·산관(散官) 각 품의 (가) 을 (를) 제정하였다. …… 자삼(紫衫) 이상은 18품으로 나누었다.
> – 「고려사」
>
> • 문종 30년, 양반 (가) 을(를) 다시 고쳤다. 제1과는 중서령, 상서령, 문하시중으로 전지 100결과 시지 50결을 주며, …… 제18과는 한인(閑人), 잡류(雜類)로 전지 17결을 주었다.
> – 「고려사」

① 과전법　　② 역원제
③ 전시과　　④ 호포제

16 밑줄 친 '선왕'에 대한 설명으로 옳은 것은?

> 선왕(先王)께서는 백성의 참상을 불쌍히 여겨 …… 바다 건너 당의 조정에 들어가서 군사를 요청하셨다. …… 백제는 평정하셨지만 고구려는 미처 멸망시키지 못하셨다. 선왕의 평정하시려던 뜻을 과인이 이어받아 마침내 이루게 되었다.
> – 「삼국사기」

① 사비로 천도하였다.
② 우산국을 정벌하였다.
③ 진골 출신으로 왕위에 올랐다.
④ 영락이라는 연호를 사용하였다.

17 고려의 중앙 관제에 대한 설명으로 옳은 것은?

① 도병마사 : 왕명의 출납을 담당하는 기구
② 어사대 : 국가의 회계 업무를 담당하는 기구
③ 식목도감 : 재신과 추밀이 법제와 격식을 다루는 회의 기구
④ 삼사 : 관리를 감찰하고 간쟁하는 언론 역할 담당 기구

18 다음에서 설명하는 고려 말의 세력 집단은?

> • 지방의 중소 지주층이나 향리 출신이 많았다.
> • 성리학을 공부하여 과거를 통해 중앙 관리로 진출하였다.
> • 불교의 폐단을 지적하면서 사회 개혁을 적극적으로 주장하였다.

① 문벌귀족
② 권문세족
③ 무신
④ 신진 사대부

19 다음에서 설명하는 인물과 관련이 있는 것은?

> 인도와 중앙아시아를 여행한 신라의 승려로, 자신이 여행한 나라들의 풍물 등을 기록한 기행문을 남겼다.

① 「십문화쟁론」을 저술하였다.
② 「화엄일승법계도」를 남겼다.
③ 「왕오천축국전」을 저술하였다.
④ 교관겸수를 주장하였다.

20 다음 중 고려 시대 교육 기관에 대한 설명으로 옳지 <u>않은</u> 것은?

① 대표적인 교육기관으로 국자감, 향교, 학당, 사학이 있다.
② 중등 교육 기관인 향교는 지방 관리와 서민 자제의 교육을 담당하였다.
③ 국자감에 장학재단인 양현고를 두어 관학의 경제 기반을 강화하였다.
④ 예종 때 최고 국립 교육 기관인 국자감이 설치되었다.

21 조선 초기의 노비에 대한 설명으로 옳지 <u>않</u>은 것은?

① 천인 신분의 대부분을 차지하였다.
② 매매, 상속, 증여의 대상이 되었다.
③ 전세, 공납, 군역의 의무를 부담하였다.
④ 혼인을 하여 가정을 이룰 수 있었다.

22 정책 결정 및 집행 과정의 착오와 부정을 막기 위한 조선 시대 국가 기관은?

① 승정원, 의금부
② 사간원, 사헌부
③ 한성부, 포도청
④ 홍문관, 춘추관

23 조선 시대에 사림 세력이 성장할 수 있었던 토대는?

① 세조의 찬탈에 협조
② 서원과 향약
③ 중앙집권 체제
④ 사장(詞章) 중심의 학풍

24 19세기 세도 정치 시기에 있었던 사실이 <u>아닌</u> 것은?

① 탐관오리를 비방하는 백서 사건이 빈발하였다.
② 진주 민란 등 전국적 농민 봉기가 일어났다.
③ 동학이 삼남 지방을 중심으로 널리 확산되었다.
④ 실학 사상을 국가 정책에 충실히 반영하였다.

25 조선 시대 신분제에 대한 설명으로 옳지 <u>않</u>은 것은?

① 중앙 관직에 진출할 수 있던 고려 시대의 향리와 달리 조선의 향리는 수령을 보좌하는 아전으로 격하되었다.
② 유교의 적서 구분에 의해 서얼에 대한 차별이 심했기 때문에 서얼은 관직에 진출하지 못하였다.
③ 뱃사공, 백정 등은 법적으로는 양인으로 취급되기도 했으나 노비처럼 천대받으며 특수직업에 종사하였다.
④ 순조 때에 공노비 중 일부가 양인으로 해방되었다.

26 다음 글과 연관 있는 조선 시대 효종의 재위 기간에 있었던 사실로 옳은 것은?

> 효종은 이조 판서 송시열이 추위에 고생할까 염려되어 담비 가죽옷을 하사하기도 하였다.

① 사병 혁파
② 4군 6진 개척
③ 수원 화성 건설
④ 북벌 정책 추진

27 다음 내용에 해당하는 시기에 볼 수 있었던 모습으로 적절하지 않은 것은?

> 이 시기에는 양반도 아니었던 사람들이 향회 운영에 참여하기도 하고, 수령에게 돈을 주고 향안에 오른 사람들이 향촌의 일을 결정하기도 하였다.

① 팔만대장경 조판에 참여하는 승려
② 나루터에서 탈춤 공연을 벌이는 광대
③ 시사(詩社)를 조직하여 활동하는 중인
④ 고추, 인삼을 상품 작물로 재배하는 농민

28 조선 후기에 전개된 국학 연구에 대한 설명으로 옳지 않은 것은?

① 유희는 「언문지」를 통해 우리말의 음운을 연구하였다.
② 이의봉은 「고금석림」을 편찬하여 우리의 어휘를 정리하였다.
③ 한치윤은 「동사강목」을 통해 토지 제도의 개혁을 주장하였다.
④ 이종휘는 「동사」를 통해 고구려사에 대한 관심을 고조시켰다.

29 다음 내용에 해당하는 인물에 대한 설명으로 옳은 것은?

> • 조선 후기 실학자이며 호는 연암이다.
> • 양반전 등을 지어 양반의 무능과 허례를 비판하였다.
> • 화폐의 원활한 유통을 주장하였다.

① 「반계수록」에서 균전론을 제시하였다.
② 「열하일기」에서 수레 이용을 강조하였다.
③ 「목민심서」에서 수령의 덕목을 제시하였다.
④ 「북학의」에서 소비의 중요성을 주장하였다.

30 조선 후기 회화전에 전시될 그림으로 가장 적절한 것은?

①
고사관수도

②
천산대렵도

③
인왕제색도

④
몽유도원도

31 밑줄 친 '이 사건'에 대한 설명으로 옳은 것은?

> 갑: 평안도에서 이 사건이 왜 일어났을까?
> 을: 평안도 지역에 대한 정부의 차별 대우 때문이야. 또한 관리들의 수탈도 극심했지.
> 병: 그래서 몰락 양반, 농민, 중소 상인, 광산 노동자 등 다양한 계층이 참여한 거야.

① 홍경래의 주도로 일어났다.
② 청의 군대에 의해 진압되었다.
③ 척화비가 건립되는 결과를 가져왔다.
④ 서경에 대위국이 수립되는 계기가 되었다.

32 밑줄 친 (가)에 대한 탐구 활동으로 옳은 것은?

> 당백전은 (가) 고종 때 왕실 권위를 세우기 위한 정책의 재원을 마련하고자 발행한 것이다. 상평통보의 100배가 되는 고액 화폐이지만 실제 가치는 매우 낮다. 당백전의 남발로 물가가 오르자 백성들의 원성이 높아지기도 하였다.

① 「속대전」의 편찬 배경을 알아본다.
② 삼정이정청이 설치된 이유를 파악한다.
③ 백두산 정계비의 건립 목적을 살펴본다.
④ 경복궁 중건 사업의 추진 과정을 조사한다.

33 다음에서 설명하는 사건 이후에 있었던 사실로 옳은 것은?

> 이상설, 이준, 이위종은 을사조약의 부당성을 알리기 위해 네덜란드의 헤이그에서 열린 만국 평화 회의에 특사로 파견되었다.

① 고종 황제가 강제 퇴위를 당하였다.
② 홍범 14조가 반포되었다.
③ 전환국에서 백동화를 발행하였다.
④ 아관파천이 단행되었다.

34 조선 태형령이 시행된 시기에 있었던 사실로 옳은 것은?

① 통감부가 설치되었다.
② 회사령이 시행되었다.
③ 조선 형평사가 창립되었다.
④ 치안 유지법이 제정되었다.

35 다음 연보에 해당하는 인물로 옳은 것은?

〈연보〉
- 1878년 평안도 강서 출생
- 1907년 신민회 조직
- 1908년 대성학교 설립
- 1913년 흥사단 조직
- 1937년 수양 동우회 사건으로 투옥
- 1938년 서울에서 별세

① 김원봉
② 안창호
③ 윤봉길
④ 이봉창

36 애국 단체들의 활동에 대한 설명으로 옳지 않은 것은?

① 서북 학회 – 대일 무력 항쟁 전개
② 헌정 연구회 – 입헌 정체의 수립을 연구
③ 대한 자강회 – 고종의 양위 반대 운동 전개
④ 보안회 – 일제의 황무지 개간 요구를 철회

37 1910년대 일제의 무단 통치 시기에 시행된 정책이 <u>아닌</u> 것은?

① 토지 조사 사업
② 회사령
③ 산미 증식 계획
④ 헌병 경찰제

38 다음 (가), (나)가 끼친 영향으로 옳은 것을 〈보기〉에서 모두 고른 것은?

(가) 조선 내에서 허용되는 범위에서 일대 정치적 결사를 조직하여야 한다는 것이 우리의 주장이다.
– 이광수 –

(나) 민족 백년대계를 위해 민력을 함양하고 실력을 양성하며, 가슴 깊이 민족의식을 간직하고 당국의 정책 및 시설의 결점에 대해서는 합법적 수단으로 항쟁함으로써 서서히 정치적 투쟁 훈련을 쌓아야 한다.
– 최린 –

보기
ㄱ. 헌병 경찰 통치에 대한 불만이 고조되었다.
ㄴ. 자치론이 부각되었으나, 비판을 불러 일으켰다.
ㄷ. 민족주의 세력이 타협과 비타협으로 분화되었다.
ㄹ. 민립 대학 설립 운동과 물산 장려 운동을 촉발하였다.

① ㄱ, ㄴ ② ㄱ, ㄷ
③ ㄴ, ㄷ ④ ㄷ, ㄹ

39. 다음은 일제 강점기에 상영된 영화에 대한 설명이다. 이 영화가 상영되었던 당시의 시대상으로 옳은 것은?

> 나운규가 각본·주연·연출을 맡은 영화로 8·15 해방 이전에 만들어진 한국 영화 중에서 최고의 걸작으로 꼽히는 작품이다. 단성사에서 개봉되어 선풍적인 인기를 모았으며, 주제가 〈신아리랑〉도 대중적으로 널리 알려졌다. 주인공 영진 역은 나운규가 맡았고, 영진의 동생 영희 역은 신일선, 영진의 친구이자 영희의 연인인 현구 역은 남궁운, 악덕 지주의 청지기인 오기호 역은 주인규가 각각 연기했다. 촬영은 이명우가 맡았다.

① 문학의 사회적 실천을 강조하는 신경향파 문학의 등장
② 브나로드 운동에 참여해 한글을 가르치는 청년
③ 원각사에서 신극을 관람하며 눈물을 흘리는 관객
④ 학도병 지원을 권유하는 강연회의 연사로 나선 문인

40. 다음 경축사를 발표한 정부 시기의 통일 노력으로 옳은 것은?

> IMF 위기 상황 아래 대통령에 취임하면서 저는 우리 국민의 저력에 대한 확신이 있었기에 1년 반 안에 외환 위기를 이겨내겠다고 약속할 수 있었고, 또 이 약속을 지킬 수 있었습니다. 대북 정책에 있어서도 안보를 바탕으로 한 포용 정책을 일관되게 추진해서 한반도의 전쟁 위기를 감소시키겠다고 한 약속을 지켜가고 있습니다.
>
> – 광복절 경축사 –

① 남북 기본 합의서를 채택하였다.
② 남북 조절 위원회를 설치하였다.
③ 민족 공동체 통일 방안을 발표하였다.
④ 최초로 남북 정상 회담을 개최하였다.

제4회 적중모의고사 | 국사

제한시간: 50분 | 시작 ___시 ___분 – 종료 ___시 ___분

정답 및 해설 224p

01 다음 유물이 처음 사용된 시대의 생활 모습으로 옳은 것은?

① 거친무늬 거울을 사용하였다.
② 주로 동굴이나 막집에서 살았다.
③ 빗살무늬 토기에 식량을 저장하였다.
④ 철제 농기구를 이용하여 농사를 지었다.

02 다음 유물이 제작된 시기의 사회 모습으로 옳은 것은?

① 주로 해안이나 강가에서 움집을 짓고 살았다.
② 무리를 이루어 큰 사냥감을 찾아 이동 생활을 하였다.
③ 전문 장인이 출현하였으며, 사유 재산과 계급이 나타났다.
④ 인구 증가로 배산임수의 지형에 취락을 형성하였다.

03 철기 문화가 보급됨으로써 나타난 사실이 아닌 것은?

① 농기구의 변화
② 무덤 양식의 변화
③ 여러 초기 국가의 성립
④ 족장 세력의 등장

04 삼한의 경제생활에 대한 설명으로 옳지 않은 것은?

① 경제생활에서 농업과 목축이 차지하는 비중이 비슷하였다.
② 벼농사를 위한 저수지를 축조하였다.
③ 두레라는 작업 공동체를 만들어 농업 노동력을 효과적으로 이용하였다.
④ 철제 농기구의 사용으로 농업이 크게 발달하였다.

05 밑줄 친 '이 나라'에 대한 설명으로 옳은 것은?

> 이 나라는 구릉과 넓은 못이 많아서 동이 지역 중에서 가장 넓고 평탄한 곳이다. 토질은 오곡을 가꾸기에는 알맞지만, 과일은 생산되지 않았다. 사람들은 체격이 매우 크고, 성품이 강직하며, 후덕하여 다른 나라를 노략질하지 않았다. 나라에는 군왕이 있고, 관직의 이름을 가축의 이름을 따서 불렀다.

① 특산물로는 단궁, 과하마가 있었다.
② 동맹이라는 제천 행사가 있었다.
③ 별도의 행정 구역인 사출도가 있었다.
④ 신성 지역인 소도가 있었다.

06 다음 유물과 관련이 있는 두 나라를 바르게 짝지은 것은?

① 고구려 – 백제
② 고구려 – 일본
③ 백제 – 신라
④ 백제 – 일본

07 신라 중대에 나타난 역사적 사실이 아닌 것은?

① 녹읍의 폐지와 관료전 지급
② 집사부 시중의 권한 강화
③ 6두품 세력의 반신라적 태도
④ 왕권의 전제화

08 다음 왕의 재위 기간에 있었던 사실로 옳은 것은?

> • 왕 원년 : 소판 김흠돌, 파진찬 흥원, 대아찬 진공 등이 반역을 도모하다가 사형을 당하였다.
> • 왕 9년 : 달구벌로 서울을 옮기려다 실현하지 못하였다.
> – 「삼국사기」

① 사방에 우역을 설치하였다.
② 수도에 서시와 남시를 설치하였다.
③ 국학을 설치하여 유학을 교육하였다.
④ 관료에게 지급하는 녹읍을 부활하였다.

09 다음에서 설명하는 고대 국가의 사회 제도는?

> • 귀족들이 국가의 중대사를 협의하였다.
> • 귀족과 왕권 사이의 권력을 조절하였다.
> • 만장일치의 의결 방법을 택하였다.

① 골품 제도
② 화랑도
③ 화백 회의
④ 관등 제도

10 시기별 정치 기구와 관련된 설명으로 옳지 않은 것은?

① 신라의 화백 회의와 고려의 재추 회의는 만장일치를 원칙으로 하였다.
② 발해의 정당성은 합의기구의 성격도 가지고 있다.
③ 궁예는 광평성, 내봉성, 수춘부 등 독자적인 관제를 갖추기도 하였다.
④ 고려 시대 식목도감과 중추원은 송의 영향을 받아 만든 기구이다.

11 음서 제도와 공음전이 고려 사회에 끼친 영향은?

① 농민층의 몰락을 방지하였다.
② 문벌귀족 세력을 강화시켰다.
③ 국가 재정 확보에 공헌하였다.
④ 개방적인 사회 분위기를 낳았다.

12 고려 시대에 국가가 농민에게 취한 다음의 조치를 통하여 당시 사회를 추론한 것으로 옳지 않은 것은?

- 농번기에는 잡역에 동원을 금지한다.
- 법으로 이자율을 정하여 이자가 원곡과 같은 액수가 되면, 그 이상은 이자를 받지 못하게 한다.
- 재해가 심할 경우에는 조세와 부역을 감면한다.
- 춘궁기에 빈궁한 백성에게 곡식을 대여했다가 추수기에 상환토록 한다.

① 의창, 상평창, 제위보, 대비원, 혜민국 등이 설치되었다.
② 국가는 농민의 유민화, 민호의 상실, 전호로의 몰락 등의 방지를 위해 노력하였다.
③ 귀족들과 사원 등에서도 생활이 빈곤한 농민들에게 싼 이자로 곡물을 대여하여 농민생활을 안정시켰다.
④ 국가는 농민을 보호하여 농업 재생산의 활동을 유리하게 이룩하고자 하였다.

13 고려 귀족 문화의 대표적 예술품인 '상감청자'에 대한 설명으로 옳은 것은?

① 13세기 중엽까지 주류를 이루었으나, 원 간섭기 이후에는 퇴조해 갔다.
② 순백의 고상함으로 선비의 취향에 부합하였다.
③ 실용과 검소를 지향한다.
④ 백토를 도자기 표면에 바르고 장식을 하여 무늬를 만드는 방법에 따라 기법을 나누었다.

14 음서제는 5품 이상 고위 관직자의 자손에게 과거를 보지 않고도 관직을 받을 수 있도록 규정한 제도이다. 이 제도가 고려 사회에 미친 영향을 바르게 설명한 것은?

① 몇몇 가문이 고위 관직을 독점하였다.
② 보수적인 사대 외교를 전개하였다.
③ 과거제의 기능이 점차 약화되었다.
④ 새로운 관료층의 진출을 용이하게 하였다.

15 다음 지도에서 고려 말 공민왕이 무력으로 되찾은 쌍성총관부의 위치는?

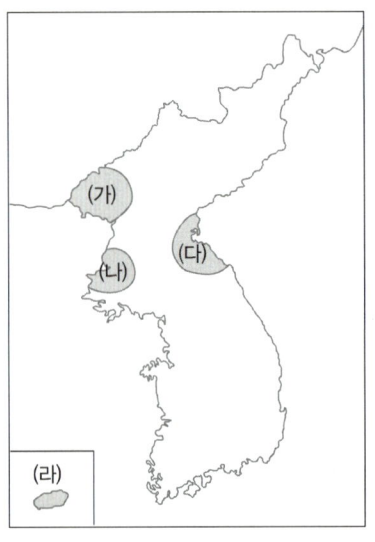

① (가)   ② (나)
③ (다)   ④ (라)

16 밑줄 친 '왕'의 재위 기간에 있었던 일로 옳은 것을 〈보기〉에서 모두 고른 것은?

> 왕이 백관을 불러 금나라를 섬기는 문제에 대한 가부를 의논했는데 모두 섬길 수 없다고 하였다. 그런데 이자겸과 척준경 둘만이 말하기를, "금나라가 날로 강해질 뿐 아니라 우리 국경과 인접해 있어 섬기지 않을 수 없습니다. 또 작은 나라가 큰 나라를 섬기는 것은 옛날 제왕이 취한 도리이니, 마땅히 사신을 먼저 보내 방문해야 합니다."라고 하니 그대로 따랐다.

─ 보기 ─
ㄱ. 수도를 강화도로 옮겼다.
ㄴ. 노비안검법을 시행하였다.
ㄷ. 묘청이 서경 천도를 주장하였다.
ㄹ. 김부식이 「삼국사기」를 편찬하였다.

① ㄱ, ㄴ   ② ㄱ, ㄷ
③ ㄴ, ㄷ   ④ ㄷ, ㄹ

17 다음 지도는 임진왜란 당시 이순신 장군의 승전도이다. 승전의 의미로 옳은 것을 〈보기〉에서 모두 고른 것은?

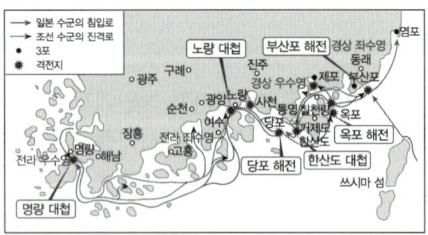

─ 보기 ─
ㄱ. 중립 외교 정책의 추진
ㄴ. 명의 원군 요청 계기
ㄷ. 전라도 곡창 지대 보존
ㄹ. 남해의 제해권 장악

① ㄱ, ㄴ   ② ㄴ, ㄷ
③ ㄷ, ㄹ   ④ ㄱ, ㄹ

18 다음 글의 배경에 해당하는 민란은?

> 우리나라에서는 경인년과 계사년 이래 고위 관리들이 천민과 노비에서 많이 나왔다. 장군과 재상이 어찌 타고난 씨가 따로 있겠는가? 때만 만나면 누구나 될 수 있는 것이다. 우리라고 어찌 뼈 빠지게 일만 하고 채찍 아래에서 고통만 당하겠는가.

① 만적의 난
② 조위총의 난
③ 김사미의 난
④ 효심의 난

19 조선 시대 향촌 자치를 허용하면서도 중앙집권을 효율적으로 강화할 수 있게 한 기구는?

① 유향소, 경재소
② 홍문관, 춘추관
③ 승정원, 의금부
④ 사헌부, 사간원

20 조선 시대의 법률에 대한 설명으로 옳은 것은?

① 범죄가 발생한 군, 현은 호칭이 강등되었다.
② 민법은 아직 마련되지 않았기 때문에 관습법에 의존할 수밖에 없었다.
③ 수령은 행정관으로, 재판 업무에는 관여하지 않았다.
④ 재판은 단심제로 운영되어 판결에 불만이 있어도 항소할 수 없었다.

21 양반, 상민, 노비의 신분별 인구 변동이 심했던 조선 후기에 상민 또는 노비가 합법적으로 양반이 될 수 있었던 방법은?

① 흉년이 들었을 때 나라에 곡식을 바치고 관직을 얻었다.
② 향교나 서원의 유생을 청탁하였다.
③ 외가나 처가의 문중에 가서 족보를 구입하였다.
④ 향청에 기부금을 내고 향안에 등록하였다.

22 다음과 같은 내용을 통해 각 나라가 공통적으로 추구한 것은?

> • 신라 : 골품에 따라 오를 수 있는 관등에 한계를 두었다.
> • 조선 : 이용하는 사람의 신분에 따라 건물 규모를 법적으로 제한하였다.

① 신분 질서 유지
② 계급 간 알력 해소
③ 농민 생활 안정
④ 국민적 결속 강화

23 다음과 같은 특징을 가진 조선 후기 역사서는?

> • 단군부터 고려에 이르기까지 우리 역사를 치밀한 고증에 입각하여 엮은 통사이다.
> • 마한을 중시하고 삼국을 무통(無統)으로 보는 입장에서 우리 역사를 체계화하였다.

① 허목의 「동사」
② 유계의 「여사제강」
③ 한치윤의 「해동역사」
④ 안정복의 「동사강목」

24 다음의 정책 시행 결과로 나타난 현상으로 적절한 것은?

> 지금 서울 시내의 민폐를 말하자면 시전의 금난전 행위가 으뜸이다. 우리나라의 금난전권은 국역을 지는 육의전으로 하여금 이익을 온전케 하기 위해 실시한 것이다. 그러나 근래에는 무뢰배들이 삼삼오오로 시전을 만들어 일상 생활품을 독점하지 않는 것이 없다. …… 30년 이전에 조직된 작은 규모의 시전들을 해체하고, 또 육의전 이외의 시전에는 금난전권을 인정하지 말며, 그것을 어기는 상인은 법으로 다스려야 할 것이다.
> — 「정조실록」

① 공인의 상업 활동이 억제되었다.
② 특권 상인에게 중과세가 부과되었다.
③ 몰락 농민의 도시 이주가 줄어들었다.
④ 사상(私商)의 활동 범위가 확대되었다.

25 조선 후기 예송논쟁 중 현종 때 발생한 정치적 사건에 대한 설명으로 옳지 <u>않은</u> 것은?

① 서인과 남인이 대립하였다.
② 자의 대비의 복상 기간이 문제가 되었다.
③ 조의제문의 내용이 빌미가 되었다.
④ 효종 사후와 효종비 사후에 일어났다.

26 다음의 폐단을 해결하기 위해 실시한 정책으로 옳은 것은?

> 50만 호가 져야 할 양역을 10여만 호가 감당해야 하니 한 집안에 남자가 4, 5명이 있어도 모두 군역에서 벗어나지 못합니다. 그리고 한 사람의 신포(身布) 값이 4, 5냥이니 한 집안의 4, 5명에 모두 소용되는 비용은 20여 냥이나 됩니다. …… 비록 날마다 매질을 하여도 그것을 마련할 수 없어 마침내는 죽지 않으면 도망을 가게 됩니다.
> — 「영조실록」

① 개경과 서경에 물가기관을 마련하였다.
② 토지 1결당 쌀 4두를 납부하게 하였다.
③ 의창을 운영하여 양민들을 보호하였다.
④ 1년에 2필씩 걷던 군포를 1필로 줄였다.

27 다음에서 설명하는 기구로 옳은 것은?

> 1880년(고종 17)에 개화 정책을 총괄하기 위해 설치된 기구로 의정부, 6조와는 별도로 운영되었다. 소속 관청으로 사대사, 교린사, 군무사, 기계사 등 12개의 사(司)를 두었다.

① 박문국
② 승정원
③ 통리기무아문
④ 탁지아문

28 밑줄 친 '이 책'으로 옳은 것은?

> 이중환이 지은 이 책은 사민(四民) 총론, 팔도 총론, 복거(卜居) 총론, 총론으로 구성되어 있다. 각 지방의 자연 환경, 풍속, 인물 등을 자세히 수록하였으며, 특히 취락과 거주지의 이상적인 조건으로는 지리, 생리(生利), 인심, 산수를 제시하였다.

① 「택리지」
② 「동사강목」
③ 「목민심서」
④ 「반계수록」

29 다음 내용에 나타난 사건의 결과로 옳은 것은?

> 강화도를 점령한 프랑스군이 떼를 지어 다니며 집을 부수고 불을 질렀다. 양헌수 부대는 강화도를 되찾기 위해 밤을 틈타 정족산성에 들어가 진을 쳤다. 프랑스군이 정족산성을 공격해오자, 기다리고 있던 양헌수 부대가 적을 공격하여 승리를 거두었다.

① 외규장각 도서를 약탈당하였다.
② 화통도감이 설치되었다.
③ 최제우가 동학을 창시하였다.
④ 통신사가 일본에 파견되었다.

30 다음 대화 이후에 전개된 사실로 옳은 것은?

> 갑 : 며칠 전 서양 오랑캐들이 통상을 요구하며 남연군 묘를 도굴하려 했다는 소식 들었는가?
> 을 : 나도 들었네. 이양선이 평양에 들어와 행패를 부리다 불태워진 지 얼마 되지 않았는데 이게 무슨 일인지 모르겠군.

① 척화비가 건립되었다.
② 홍경래가 난을 일으켰다.
③ 삼정이정청이 설치되었다.
④ 최제우가 동학을 창시하였다.

31 다음 비석의 내용과 관련된 정치 세력이 이후 전개한 활동으로 옳은 것은?

> 서양 오랑캐가 침범함에 싸우지 않음은 화의하는 것이요, 화의를 주장함은 곧 매국이라. 우리 만년 자손에 경계할지어다. 병인년에 만들고 신미년에 세우다.

① 활빈당 활동
② 영학당 활동
③ 의병 전쟁
④ 계몽 운동

32 다음은 개항 이후 활동하였던 (가)와 (나) 두 인물의 행적을 요약한 것이다. 두 인물에 대한 설명으로 옳은 것은?

> (가) 그는 1881년에 조사시찰단의 일원으로 일본을 시찰하였으며, 1883년에는 보빙사의 부사로 40여 일 동안 미국을 공식 방문하고 돌아왔다. 이를 통해 개화 운동의 필요성을 절감하였으며, 병조참판으로 우정국 총사가 되어 정변의 기회를 제공하였다. 청국 군대가 궁궐로 들어왔을 때, 끝까지 고종을 호위하다가 죽임을 당하였다.
> (나) 그는 청나라로 건너가 중국의 개화 정책을 보고 돌아와 초기 개화 정책의 주도적인 역할을 하였다. 그는 과거 제도의 폐지와 인재 등용 등 능률적인 정부 운영을 강조하였으며, 김홍집 내각의 탁지부 대신으로 재정·경제 부문의 개혁을 단행하였다. 아관파천 후 김홍집 내각이 무너지면서 죽임을 당하였다.

① (가)는 임오군란을 주도하였다.
② (가)는 입헌군주제를 지향하였다.
③ (나)는 갑신정변을 주도하였다.
④ (나)는 친러파로 몰려 죽임을 당하였다.

33 다음 지도를 통해 알 수 있는 한말 열강의 이권 침탈에 대한 설명으로 옳지 <u>않은</u> 것은?

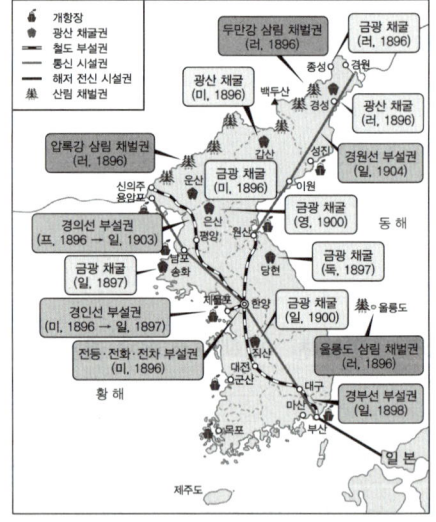

① 열강은 철도·삼림·금광·어업·전선 등의 이권을 장악하였다.
② 러일 전쟁 이후, 미국은 철도 부설권을 독점적으로 장악하였다.
③ 철도 부설은 침략 전쟁과 물자 수탈을 목적으로 이루어졌다.
④ 열강의 이권 침탈은 아관파천 시기에 집중적으로 이루어졌다.

34 다음 중 민족 유일당 운동을 벌였던 신간회의 3대 구호로 옳지 않은 것을 〈보기〉에서 모두 고른 것은?

> 보기
> ㄱ. 일체의 기회주의 배격
> ㄴ. 문맹 퇴치와 민족의 실력 양성
> ㄷ. 민족적 단결의 공고화
> ㄹ. 정치적·경제적 각성 촉구
> ㅁ. 자치권과 참정권의 획득

① ㄱ, ㄴ
② ㄱ, ㄹ
③ ㄴ, ㅁ
④ ㄹ, ㅁ

35 근대 교육기관에 대한 설명으로 옳지 않은 것은?

① 배재학당 : 선교사 아펜젤러가 서울에 설립한 사립 학교이다.
② 동문학 : 정부가 설립한 외국어 교육 기관으로 통역관을 양성하였다.
③ 경신학교 : 고종의 교육 입국 조서에 따라 설립된 관립 학교이다.
④ 원산학사 : 함경도 덕원 주민들이 기금을 조성하여 설립한 학교이다.

36 3·1 운동에 관한 설명으로 옳지 않은 것은?

① 2·8 독립 선언과 미국 윌슨 대통령의 민족자결주의에 영향을 받았다.
② 1919년 3월 1일 33인의 민족대표가 탑골공원에서 독립 선언서를 발표하였다.
③ 비폭력 시위에서 인원과 계층이 늘어나면서 폭력 투쟁으로 발전하였다.
④ 일본의 통치 방식을 민족 말살 통치로 변화시키는 계기가 되었다.

37 (가) 부대에 대한 설명으로 옳은 것은?

> (가) 은(는) 1933년에 중국인 부대와 연합하여 동경성 전투 등을 치르며 큰 전과를 올렸고, 대전자령에서는 일본군을 기습 공격하여 승리를 거두었다.

① 하와이에 대조선 국민군단을 창설하였다.
② 양세봉의 지휘하에 흥경성 전투에 참여하였다.
③ 만주 지역에서 활동했던 한국 독립당의 산하 조직이었다.
④ 중국 의용군과 연합하여 영릉가 전투에서 일본군을 물리쳤다.

38 다음 상황 이후에 전개된 사실로 옳은 것은?

> 정부, 내각 책임제 헌법 공포 정부는 국회에서 이송해 온 내각 책임제 개헌안을 국무 회의의 의결을 거쳐 정식으로 공포하였다. 그리고 새로운 헌법에 따라 참의원과 민의원 선거를 실시할 것이라고 발표하였다.

① 5·10 총선거가 실시되었다.
② 이승만 대통령이 하야하였다.
③ 장면이 국무총리에 인준되었다.
④ 좌우 합작 위원회가 결성되었다.

39 다음 성명을 발표한 정부의 통일 노력으로 옳은 것은?

> 첫째, 통일은 외세에 의존하거나 외세의 간섭을 받음이 없이 자주적으로 해결하여야 한다.
> 둘째, 통일은 서로 상대방을 반대하는 무력 행사에 의거하지 않고 평화적 방법으로 실현하여야 한다.
> 셋째, 사상과 이념, 제도의 차이를 초월하여 우선 하나의 민족으로서 민족 대단결을 도모하여야 한다.

① 개성 공단 조성에 합의하였다.
② 남북 조절 위원회를 구성하였다.
③ 남북 기본 합의서를 채택하였다.
④ 금강산 육로 관광 사업을 개시하였다.

40 각 정부에서 실시한 정책으로 옳은 것은?

① 박정희 정부 : 외환 위기, 경제 협력 개발 기구(OECD) 가입
② 전두환 정부 : 3선 개헌 확정, 한·일 협정 체결
③ 김영삼 정부 : 야간 통행 금지 해제, 교복 자율화
④ 김대중 정부 : 남북 정상 회담 개최, 개성 공단 건설

제5회 적중모의고사 | 국사

제한시간: 50분 | 시작 ___시 ___분 – 종료 ___시 ___분

정답 및 해설 229p

01 (가) 시대의 생활 모습으로 옳은 것은?

> 전라북도 임실의 하가 유적에서 슴베찌르개, 모뿔 석기 등이 발견되었다. 이 유물들은 뗀석기가 출현한 (가) 시대의 도구 제작 기술을 잘 보여 준다. 특히, 모뿔 석기와 나이프형 석기는 한반도에서 드물게 발견되는 것으로, 국내외 학계에서 큰 관심을 보이고 있다.

① 소를 이용하여 농사를 지었다.
② 주로 동굴이나 막집에서 거주하였다.
③ 지배층의 무덤으로 고인돌을 축조하였다.
④ 반달돌칼을 사용하여 곡식을 수확하였다.

02 선사 시대의 사회 변화에 대한 설명으로 옳지 않은 것은?

> • 농경 기구의 발달 등으로 잉여 농산물이 증가하여 계급이 발생하였다.
> • 농업 생산물 등은 개인이나 가족의 소유로 만들 수 있었다.

① 남부 지역의 강가나 해안가에서는 벼농사도 지었다.
② 직사각형의 지상형 움집을 지어 생활하였다.
③ 배산임수의 취락 여건을 갖추고, 피수 지역인 구릉지에 모여 살았다.
④ 세형 동검이 비파형 동검으로 발전하였다.

03 한서지리지에 다음의 법 조항을 가진 나라로 기록된 국가는?

> • 사람을 죽인 자는 즉시 사형에 처한다.
> • 남에게 상처를 입힌 자는 곡물로써 배상한다.
> • 남의 재산을 훔친 사람은 노비로 삼고, 용서받으려면 한 사람당 50만 전을 내야 한다.

① 고구려
② 고조선
③ 발해
④ 신라

04 밑줄 친 '이 유물'에 해당하는 문화유산으로 옳은 것은?

> 부여 능산리 절터에서 출토된 이 유물은 도교와 불교 사상이 함께 반영된 백제의 뛰어난 문화유산으로 학계가 주목하고 있다.

①
②
③
④

05 밑줄 친 '왕'의 재위 기간에 있었던 사실로 옳은 것은?

> 왕 30년, 달솔 노리사치계를 왜에 보내 서가어래상과 불경을 전했다.

① 북위에 국서를 보내 고구려를 공격해 줄 것을 요청하였다.
② 평양성까지 진군하여 고국원왕을 전사시켰다.
③ 국호를 남부여로 고쳤다.
④ 불교를 공인하였다.

06 다음 풍습을 가진 국가에 대한 설명으로 옳은 것은?

> 12월의 제천 행사는 국중 대회로 날마다 마시고 먹고 노래하고 춤추는데 그 이름을 '영고'라 하였다. 이때에는 형옥을 중단하고 죄수를 풀어주었다. …… 전쟁을 하게 되면 하늘에 제사를 지내고, 소를 잡아 발굽을 보고 길흉을 점쳤다.
> – 「삼국지」 위서 동이전

① 결혼 풍속으로 민며느리제가 있었다.
② 소도라 불리는 신성한 지역이 있었다.
③ 수해나 한해로 흉년이 들면 왕에게 책임을 물었다.
④ 상가, 고추가 등 대가들이 각기 관리를 거느렸다.

07 다음 글을 읽고 알 수 있는 고대 일본 문화에 대한 설명으로 옳은 것은?

> 철수는 일본의 교토 지방으로 여행을 하였다. 그때 철수를 놀라게 한 것은 고구려 담징이 호류사에 벽화를 그렸고, 많은 학자나 승려들이 유학과 불교를 전해주어 지금도 일본에 우리 문화의 발자취가 많이 남아 있다는 사실이었다.

① 삼국이 일본을 지배하였다.
② 삼국 문화가 일본에 전파되었다.
③ 삼국과 일본의 대립이 심화되었다.
④ 중국 문화가 일본에 영향을 주었다.

08 다음 중 발해에 관한 설명으로 옳지 않은 것은?

① 발해의 6부 중 하나인 충부는 고려의 호부에 속한다.
② 고려 시대의 북진 정책에 영향을 주었다.
③ 중앙 관제는 당의 3성 6부제를 채택하였으나, 당과 달리 정당성을 중심으로 운영되었다.
④ 9세기 초 선왕 때 전성기를 맞아 해동성국이라 불렸다.

09 다음 (가), (나) 역사서에 대한 설명으로 옳지 않은 것은?

- 김부식은 많은 이들이 중국의 역사만 알고 우리 역사를 모른다고 여겨 임금의 명으로 삼국의 역사를 담은 (가) 을(를) 편찬하였다.
- 일연은 예부터 전해지던 단군의 건국 이야기 등 나라를 세운 왕들의 신비스러운 이야기를 (나) 의 기이(紀異)편에 기록하였다.

① (가) : 우리나라에 현존하는 가장 오래된 역사서이다.
② (가) : 유교 사관에 입각하여 기전체 형식으로 서술되었다.
③ (나) : 신라와 발해를 남북국이라 칭하였다.
④ (나) : 불교사를 중심으로 고대의 민간 설화 등이 수록되었다.

10 고려 시대의 사회 계층 이동과 가장 관련이 적은 것은?

① 향리들은 과거를 거쳐 중앙의 관료 세력으로 편입되기도 하였다.
② 외거 노비가 재력을 쌓아 양인이 되었다.
③ 향·소·부곡민들의 신분이 해방되어 양인이 되었다.
④ 남반 관리들이 왕실과의 혼인으로 귀족 계층이 되었다.

11 밑줄 친 '그'의 정책으로 옳은 것은?

최근에 발견된 그의 동상은 황제를 상징하는 통천관을 쓰고 있어 그 위용을 느낄 수 있다. 「고려사」에 의하면, 그는 19년 동안 노심초사한 끝에 삼한을 통일하였고, 왕위에 26년간 있었으며, 후손들의 감정과 욕심으로 왕조의 질서가 문란해질 것을 근심하여 훈요를 남겼다고 한다.

① 과거제를 통해 관리를 등용하였다.
② 전시과 제도를 마련하여 시행하였다.
③ 지방 통제를 위하여 사심관 제도를 실시하였다.
④ 12목에 상주하는 지방관을 파견하기 시작하였다.

12 고려 시대의 사회 제도에 대한 설명으로 옳은 것은?

① 의창 : 환자 치료를 위한 병원
② 혜민국 : 각종 자연 재해 발생 시 빈민 구제
③ 제위보 : 기금을 마련한 뒤 이자로 빈민 구제
④ 동·서 대비원 : 흉년에 빈민 구제

13 고려 시대에 고리대가 성행하면서 기금을 만들어 그 이자로 사업 경비를 충당하였던 일종의 재단은?

① 보
② 상평창
③ 경시서
④ 구제도감

14 다음 사건들이 발생하게 된 근본적인 원인은?

- 무신정변
- 묘청의 서경 천도 운동
- 이자겸의 난

① 몽골의 내정 간섭
② 사대교린 정책 추진
③ 불교 정책의 강화
④ 문벌귀족 사회의 모순

15 공민왕의 개혁 정치에 대한 설명으로 적절하지 않은 것은?

① 권문세족의 적극적인 후원을 받았다.
② 친원 세력을 숙청하였다.
③ 반원 자주 정책을 추진하였다.
④ 쌍성총관부를 무력으로 철폐하였다.

16 다음 내용과 관련이 있는 조선 시대의 군사 조직은?

- 전직 관료, 향리, 서리, 노비 등으로 조직
- 유사시 향토 방위를 맡은 일종의 예비군

① 총융청
② 잡색군
③ 훈련도감
④ 삼별초

17 광해군이 추진한 정책으로 옳지 않은 것은?

① 국가 수입 증대를 위해 양안과 호적을 작성하였다.
② 대외적으로 친명배금 정책을 실시하였다.
③ 대동법을 경기도에서 시범적으로 시행하였다.
④ 성곽과 무기를 수리하는 등 국방에 힘을 기울였다.

18 다음은 임진왜란 이후 도쿠가와 막부의 요청에 의해 파견된 조선 외교 사절의 행로를 나타낸 지도이다. 이 행로를 따라 조선의 선진 문물을 일본에 전달한 외교 사절의 명칭은?

① 수신사
② 영선사
③ 통신사
④ 신사 유람단

19 조선 시대의 기본 법전인 「경국대전」에 관한 설명으로 옳지 않은 것은?

① 세조가 편찬을 시작하여 성종 대에 완성되었다.
② 조선 초의 법전인 「경제육전」의 원전과 속전 및 그 뒤의 법령을 종합해 만들었다.
③ 형전을 완성한 뒤, 재정·경제의 기본이 되는 호전을 완성하였다.
④ 이전·호전·예전·병전·형전·공전 등 6전으로 이루어졌다.

20 조선 광해군과 신하 이원익의 대화에서 밑줄 친 '법'에 대한 설명으로 옳은 것은?

> 이원익 : 전하, 방납의 폐단이 극심하여 백성들이 고통을 받고 있습니다. 현물로 내던 공물을 쌀로 납부하게 하는 법을 시행해야 할 것입니다.
> 광해군 : 그렇다면 우선 경기부터 실시하도록 하시오.

① 지주에게 결작을 부과하였다.
② 관청에서 조세를 거두어 관리에게 지급하였다.
③ 어장세, 선박세 등으로 재정 부족분을 보충하였다.
④ 공납의 부과 기준을 가호에서 토지 결수로 바꾸었다.

21 조선 시대에 수원 화성을 건설한 왕의 정책으로 옳지 않은 것은?

① 국왕 친위 부대인 장용영을 창설하였다.
② 전국 각지에 척화비를 건립하였다.
③ 정책 연구 기관으로 규장각을 육성하였다.
④ 초계문신제를 실시하여 문신들을 재교육하였다.

22 조선 후기 예송에 대한 설명으로 옳지 않은 것은?

① 갑인예송 – 남인은 조대비가 9개월 상복을 입어야 한다고 주장하였다.
② 기해예송 – 서인은 조대비가 효종을 위해 1년 복을 입는 것을 주장하였다.
③ 기해예송 – 효종이 사망하자 조대비가 상복을 3년 입을 것인가, 1년 입을 것인가를 둘러싸고 일어났다.
④ 갑인예송 – 효종비가 사망하자 조대비가 상복을 1년 입을 것인가, 9개월 입을 것인가를 둘러싸고 일어났다.

23 다음 자료에 나타난 시기의 사회 모습에 대한 설명으로 옳은 것은?

> 옷차림은 신분의 귀천을 나타내는 것이다. 그런데 어찌된 까닭인지 근래 이것이 문란해져 상인·천민들이 갓을 쓰고 도포를 입는 것을 마치 조정의 관리나 선비와 같이 한다. 진실로 한심스럽기 짝이 없다. 심지어 시전 상인들이나 군역을 지는 상민들까지도 서로 양반이라 부른다.

① 불교의 신앙 조직인 향도가 널리 확산되었다.
② 서얼의 청요직 진출이 부분적으로 허용되었다.
③ 양민의 대다수를 차지한 농민을 백정(白丁)이라고 하였다.
④ 선현에 대한 제사와 교육을 위한 서원이 건립되기 시작하였다.

24 조선 후기 농촌 사회에서 볼 수 있는 모습이 아닌 것은?

① 모내기하는 농민
② 무역을 하는 향리
③ 장시를 찾아다니는 보부상
④ 서당에 다니는 농부의 아들

25 다음 중 상공업 중심의 개혁을 주장한 실학자들로만 짝지어진 것은?

① 유형원, 이익, 정약용
② 홍대용, 박지원, 박제가
③ 신경준, 유희, 이성지
④ 안정복, 한치윤, 이긍익

26 밑줄 친 '개혁'의 내용으로 옳은 것은?

> 을미사변 이후 개혁이 추진되었다. 이때 정부는 기존의 음력 대신 태양력을 채택하였다. 즉, 음력 1895년 11월 17일을 양력 1896년 1월 1일로 삼은 것이다.

① 정방 폐지
② 단발령 실시
③ 통리기무아문 설치
④ 한성순보 발행

27 밑줄 친 '그'가 집권하여 개혁을 펼치던 시기에 발생한 사실이 아닌 것은?

> 그는 "백성을 해치는 자는 공자가 다시 살아난다 해도 내가 용서하지 않을 것이다."라는 단호한 결의로 47개소만 남기고 대부분의 서원을 철폐하였다.

① 신미양요
② 제너럴셔먼호 사건
③ 오페르트 도굴 사건
④ 갑신정변

28 다음에서 제시된 내용을 공통적으로 포함한 개혁은?

> - 청과의 조공 관계 청산
> - 인민 평등 실현
> - 혜상공국 혁파
> - 재정의 일원화

① 갑오개혁의 홍범 14조
② 독립협회의 헌의 6조
③ 동학 농민 운동의 폐정 개혁안
④ 갑신정변 때의 14개조 정강

29 다음과 같은 개혁을 주장한 세력으로 옳은 것은?

> - 모든 천인들의 대우를 개선하고 백정이 쓰는 패랭이를 없앤다.
> - 토지는 골고루 나누어 경작한다.
> - 젊은 과부의 재혼을 허락한다.

① 동학 농민군
② 이순신 지휘하의 수군
③ 이성계 휘하의 고려군
④ 최익현 의병 부대

30 다음과 같은 상황이 발생하게 된 원인으로 옳은 것은?

> 1920년 봉오동 전투, 청산리 전투 등에서 독립군에게 참패를 당한 일본은 한국 독립군 토벌 작전을 대대적으로 전개하였다. 따라서 한국 독립군은 러시아 영토로 이동하였는데, 이동 중 독립군을 통합·재편성하여 대한 독립군단을 조직하였다. 이에 1921년 1월 중순부터 3월 중순에 걸쳐 독립군이 자유시에 집결하였다.

① 일제가 만주 군벌과 미쓰야 협정을 체결하였다.
② 일제가 만주 사변을 일으켜 만주 지역을 점령하였다.
③ 일제가 독립군 색출을 위해 간도 주민을 학살하였다.
④ 사회주의 확산으로 독립군 내부에 노선 대립이 발생하였다.

31 일제가 다음의 구호를 어린 학생들에게 암송할 것을 강요하던 식민 교육이 이루어질 당시의 상황을 바르게 서술한 것은?

> • 우리는 대일본 제국의 신민(臣民)입니다.
> • 우리는 마음을 합하여 천황 폐하에게 충의(忠義)를 다합니다.
> • 우리는 인고단련(忍苦鍛鍊)하고 훌륭하고 강한 국민이 되겠습니다.

① 교사도 칼을 차고 수업하는 헌병 경찰 통치를 실시하였다.
② 일제는 이른바 토지 조사 사업을 통해 토지를 약탈하였다.
③ 중일 전쟁을 도발하여 본격적인 대륙 침략을 강행하였다.
④ 일본 국내 식량이 부족해지자 식량 수탈 정책을 추진하였다.

32 을미의병에 대한 설명으로 옳은 것은?

① 평민 의병장인 신돌석이 등장하여 활약하였다.
② 13도 창의군을 결성하여 서울 진공 작전을 펼쳤다.
③ 아관파천 이후 고종의 해산 조칙을 계기로 대부분 해산하였다.
④ 일제의 강요로 군대가 해산되자 그에 반발하여 일어났다.

33 다음과 같은 강령을 지침으로 삼아 활동한 민족 운동 단체에 대한 내용으로 옳지 않은 것은?

> • 민족의 단결 촉구
> • 민족의 정치적·경제적 각성 촉구
> • 기회주의자 배격

① 민립 대학 설립에 앞장섰다.
② 최초의 민족 협동 전선 단체였다.
③ 노동 운동과 민족 운동을 지원하였다.
④ 광주 학생 항일 운동에 진상 조사단을 파견하였다.

34 다음 활동을 전개한 단체로 옳은 것은?

> 평양 대성학교와 정주 오산학교를 설립하였고 민족 자본을 일으키기 위해 평양에 자기 회사를 세웠다. 또한 민중 계몽을 위해 태극 서관을 운영하여 출판물을 간행하였다. 그리고 장기적인 독립운동의 기반을 마련하여 독립 전쟁을 수행할 목적으로 국외에 독립운동 기지 건설을 추진하였다.

① 보안회
② 신민회
③ 대한 자강회
④ 대한 광복회

35 다음 의거를 일으킨 단체에 대한 설명으로 옳은 것은?

- 1920년, 박재혁의 부산 경찰서 폭탄 투척
- 1921년, 김익상의 조선 총독부 폭탄 투척
- 1926년, 나석주의 동양 척식 주식회사 폭탄 투척

① 김원봉 등이 만주에서 조직하였다.
② 기관지로 만세보를 발행하였다.
③ 고종의 밀지를 받아 결성되었다.
④ 국채 보상 운동을 주도하였다.

36 다음 내용에 해당하는 인물의 활동으로 옳은 것은?

- 파리 강화 회의에 파견되어 활동(1919)
- 좌우 합작 위원회에 우익 대표로 참여 (1946)
- 대한민국 임시정부 부주석으로 활동 (1944)

① 자유당을 창당하였다.
② 남북 협상에 참여하였다.
③ 한인 애국단을 조직하였다.
④ 조선 의용군을 창설하였다.

37 다음 상황이 전개된 민주화 운동에 대한 설명으로 옳은 것은?

오늘 대학 교수단이 '학생의 피에 보답하라.'는 현수막을 들고 거리로 나섰다. 교수단은 '3·15 선거를 규탄한다.'는 구호를 외치며 국회의사당으로 향했고, 1만여 명의 학생과 시민들이 시위에 가담하였다.

① 6·29 민주화 선언을 이끌어냈다.
② 4·13 호헌 조치의 철폐를 요구하였다.
③ 신군부의 비상계엄 확대를 반대하였다.
④ 이승만 대통령이 하야하는 결과를 가져왔다.

38 박정희의 장기 집권을 강화시킨 유신 헌법에 대한 설명으로 옳은 것은?

① 제헌 국회에서 제정되었다.
② 6월 민주 항쟁의 결과로 개정되었다.
③ 국회를 양원제로 운영하도록 하였다.
④ 대통령에게 긴급 조치권을 부여하였다.

39 다음 중 6·25 전쟁과 관련된 내용으로 옳지 않은 것은?

① 중국에서 활동하였던 조선 의용군은 북한에 들어가 인민군의 핵심 전력이 되었다.
② 휴전에 반대하였던 이승만 정부는 반공 포로를 일방적으로 석방하였다.
③ 중국군의 참전으로 서울을 빼앗겼으나 인천 상륙 작전을 전개하여 되찾았다.
④ 미국은 중국군의 공세를 막기 위해 원자 폭탄의 사용을 고려하기도 하였다.

40 김대중 정부 시기에 북한과의 교류가 크게 확대되면서 이루어진 정책으로 옳은 것은?

① 6·15 남북 공동 선언 합의
② 남북한 유엔 동시 가입
③ 남북 기본 합의서 채택
④ 한반도 비핵화 공동 선언 발표

제6회 적중모의고사 | 국사

제한시간: 50분 | 시작 ___시 ___분 – 종료 ___시 ___분

정답 및 해설 235p

01 밑줄 친 '이 토기'가 주로 사용되었던 시대에 대한 설명으로 옳은 것은?

> 이 토기는 팽이처럼 밑이 뾰족하거나 둥글고 표면에 빗살처럼 생긴 무늬가 새겨져 있다. 곡식을 담는 데 많이 이용된 이 토기는 전국 각지에서 출토되고 있는데, 대표적 유적지는 서울 암사동, 봉산 지탑리 등이다.

① 농경과 정착 생활이 이루어졌다.
② 고인돌이나 돌널무덤을 만들었다.
③ 빈부의 격차가 나타나고 계급이 발생하였다.
④ 군장이 부족의 풍요와 안녕을 기원하는 제사를 지냈다.

02 다음과 같은 법이 있었던 국가에 대한 설명으로 옳은 것은?

> • 사람을 죽인 자는 즉시 죽이고, 남에게 상처를 입히는 자는 곡식으로 갚는다.
> • 도둑질을 한 자는 노비로 삼는다.
> • 용서받고자 하는 자는 한 사람마다 50만 전을 내야 한다.

① 옥저와 동예를 정복하였다.
② 족외혼과 책화의 풍습이 있었다.
③ 별도의 행정구역인 사출도가 있었다.
④ 중국의 한과 대립할 정도로 성장하였다.

03 고조선의 세력 범위를 추정할 수 있는 유물로 옳은 것은?

① 세형 동검, 빗살무늬 토기
② 비파형 동검, 고인돌
③ 세형 동검, 검은 간토기
④ 비파형 동검, 덧무늬 토기

04 가야에 대한 설명으로 옳지 않은 것은?

① 풍부한 철을 수출하고 중계 무역을 실시하며 발전하였다.
② 낙동강 하류 변한 지역에서 성장하였다.
③ 가야 토기는 일본의 스에키 토기에 영향을 주었다.
④ 중앙집권 국가로 발전하였다.

05 다음을 통해 알 수 있는 각국의 공통점은?

> • 고구려 – 태학
> • 백제 – 5경 박사
> • 신라 – 임신서기석
> • 통일 신라 – 국학
> • 발해 – 주자감

① 국토의 효율적인 이용과 관련이 있다.
② 풍수지리설이 각국에 큰 영향을 주었다.
③ 유교 경전에 대한 교육이 이루어졌다.
④ 지방 호족들을 교육시키는 기관이 있었다.

06 다음 인물들의 공통점은?

> 복신, 도침, 검모잠, 흑치상지

① 삼국 통일 주역
② 6두품 출신의 유학자
③ 부흥 운동 전개
④ 불교 전파

07 발해에 대한 설명으로 옳은 것은?
① 건국 초부터 당과 우호적 관계를 유지하였다.
② 발해 문화는 당 문화의 전통을 바탕으로 발전하였다.
③ 신라와는 처음부터 친선 관계가 이루어졌다.
④ 중앙 정치 기구로는 3성 6부를 두었다.

08 밑줄 친 제도와 같은 성격의 정책은?

> 고구려의 고국천왕이 을파소 등을 기용하여 왕 16년(194)에 실시한 진대법은 춘궁기에 가난한 백성에게 관곡을 빌려주었다가 추수인 10월에 관(官)에 환납하게 하는 제도이다. 이것은 귀족의 고리 대금업으로 인한 폐단을 막고, 양민들의 노비화를 막으려는 목적으로 실시한 제도였다. 이러한 제도는 신라나 백제에도 있었을 것이며 고려의 의창, 조선의 환곡제도의 선구가 되었다.

① 실업자를 위한 일자리 창출 대책
② 출산율 상승을 위한 출산장려금 정책
③ 생활 무능력자를 대상으로 한 공공부조
④ 초등학생을 대상으로 한 무상급식제도

09 평양성 전투에서 고구려 고국원왕을 전사시킨 백제 국왕의 정책으로 옳은 것은?
① 중앙집권을 위해 율령을 반포하였다.
② 동맹국인 신라의 왕에게 배신당하였다.
③ 사상의 통합을 위해 불교를 공인하였다.
④ 고흥이 「서기」라는 역사책을 편찬하였다.

10 신라 촌락(민정) 문서를 통해서 알 수 있는 내용이 아닌 것은?
① 인구를 중시하여 소아의 수까지 파악하였다.
② 내시령과 같은 관료에게 토지가 지급되었다.
③ 촌락의 경제력을 파악할 때 유실수의 상황을 반영하였다.
④ 촌락을 통제하기 위해서 지방관으로 촌주가 파견되었다.

11 (가)와 (나) 사이의 시기에 있었던 사실에 대한 설명으로 옳은 것은?

> (가) 관리의 녹읍을 혁파하고 매년 조(租)를 내리되 차등이 있게 하였다.
> (나) 여러 관리의 월봉을 없애고, 다시 녹읍을 나누어 주었다.

① 처음으로 병부를 설치하였다.
② 화백 회의에서 국왕을 폐위시킨 일이 있었다.
③ 호족이 지방의 행정권과 군사권을 장악하였다.
④ 6두품이 학문적 식견을 바탕으로 국왕의 조언자로 활동하였다.

12 후삼국 시대의 정치 상황에 대한 설명으로 옳지 않은 것은?

① 견훤은 900년에 무진주에서 후백제를 건국하였다.
② 궁예는 901년에 송악에서 후고구려를 건국하였다.
③ 궁예는 국호를 마진으로 바꾸고, 도읍을 철원으로 옮겼다.
④ 견훤은 신라에 적대적이었으며 호족 포섭에 실패하였다.

13 고려 원 간섭기 충선왕의 개혁으로 옳은 것은?

① 원나라 연호와 관제를 폐지하였다.
② 몽골풍의 의복과 변발을 폐지하였다.
③ 왕권을 강화하고 개혁을 주도하기 위한 기구로 사림원을 두었다.
④ 정치도감을 두어 부원 세력을 척결하였다.

14 고려 시대 향리에 대한 설명으로 옳은 것은?

① 주현의 행정을 감독하였다.
② 속현의 행정 실무를 담당하였다.
③ 반독립적 세력을 형성하여 활동하였다.
④ 음서와 공음전을 기반으로 활동하였다.

15 고려 시대 향도에 대한 설명으로 옳지 않은 것은?

① 불교 신앙적 차원에서 출발하였다.
② 신라의 화랑도를 계승한 것이다.
③ 점차 노동 공동체 조직으로 발전하였다.
④ 매향이나 불교 행사 때 주도적으로 참여하였다.

16 다음 중 고려 시대 노비에 대한 설명으로 옳은 것은?

① 자신의 토지를 소유할 수 있는 노비도 있었다.
② 조세, 공납, 역의 의무를 지고 있었다.
③ 주로 농업에 종사했으며 백정이라고 하는 노비도 있었다.
④ 과거에도 응시하여 관직에 진출할 수 있었다.

17 묘청의 서경 천도 운동에 대한 설명으로 옳지 <u>않은</u> 것은?

① 중앙 세력과 지방 세력의 다툼
② 문무 차별에 따른 문신과 무신의 충돌
③ 금의 압력에 대한 반발
④ 전통 사상과 보수적 유교 사상의 충돌

18 다음 표에서 (가)에 들어갈 고려 시대의 정치 세력은?

구분	출신	사상	경제	영향
권문세족	친원파 귀족	유교, 불교	대농장 소유	왕권 약화
(가)	지방 향리 출신	성리학	중소 지주	조선 건국

① 무신
② 호족
③ 신진 사대부
④ 문벌귀족

19 다음에서 설명하는 토지 제도는?

> 고려 시대에는 관리의 등급에 따라 관직 복무와 직역에 대한 대가로 토지와 임야를 지급받았다. 이때 지급된 토지는 소유권이 아니라 수조권만 갖는 토지였다.

① 균전제
② 전시과
③ 과전법
④ 직전법

20 다음 내용에 해당하는 문화유산으로 옳은 것은?

> • 종목 : 국보 제48-1호
> • 소재지 : 강원도 평창군
> • 소개 : 고려 시대에 다각형의 다층 석탑이 유행하면서 세워진 탑이다. 2단의 기단 위에 탑신부와 상륜부를 세웠으며, 탑 앞에는 공양하는 모습의 석조 보살 좌상이 있다.

① 불국사 삼층석탑
② 감은사지 삼층석탑
③ 정림사지 오층석탑
④ 월정사 팔각 구층석탑

21 고려 광종이 실시한 다음 정책들의 공통적인 목적으로 옳은 것은?

> • 과거 제도
> • 주현 공부법
> • 백관의 공복 제정
> • 노비안검법

① 지방 분권   ② 사성 정책
③ 왕권 강화   ④ 호족 융합

22 조선 시대 과학기술의 발전에서 나머지 셋과 시기가 <u>다른</u> 하나는?

① 강우량을 측정하는 측우기
② 화약을 이용한 신무기인 신기전
③ 「기기도설」을 참고하여 만들어진 거중기
④ 우리 풍토에 맞는 농사법을 기록한 「농사직설」

23 다음 제시문의 내용에 해당하는 법전은?

> • 조선 시대 국가 행정을 체계화하기 위해 국가 조직, 재정, 의례, 군사 제도 등 통치 전반에 걸친 법령을 종합하여 만든 법전이다.
> • 세조 때 편찬을 시작하여 성종 때 완성하고 반포하였다.

① 「경국대전」
② 「대전통편」
③ 「육전조례」
④ 「조선경국전」

24 다음 자료를 통해 추론할 수 있는 조선의 경세 정책을 바르게 설명한 것은?

> 우리나라에는 이전에 공상(工商)에 관한 제도가 없어, 백성들 중 게으르고 놀기 좋아하는 자들이 수공업과 상업에 종사하였기 때문에 농사를 짓는 백성이 줄어들었으며, 상업이 발달하고 농업이 피폐하였다. 이것을 염려하지 않을 수 없었다.
> — 「조선경국전」

① 민영 수공업이 활발하게 이루어졌다.
② 농업을 장려하고 상공업을 통제하였다.
③ 조세를 걷기 위해 상공업을 장려하였다.
④ 사상의 활동이 자유롭게 이루어지게 되었다.

25 다음 중 호란에 대한 설명으로 옳지 않은 것은?

① 청군이 왜군보다 장기간 침입하여 전 국토가 더욱 황폐해졌다.
② 후금은 인조반정을 이유로 쳐들어왔다.
③ 조선은 청과 군신 관계를 맺게 되었다.
④ 청에 대한 적개심으로 북벌론이 제기되었다.

26 다음 내용에 해당하는 실학자는?

> • 토지 제도의 개혁론으로 여전제를 주장하였다.
> • 실학 사상을 집대성하였다.
> • 「마과회통」에서 종두법을 소개하였다.
> • 「목민심서」, 「경세유표」, 「흠흠신서」 등 방대한 저서를 남겼다.

① 이익
② 유형원
③ 정약용
④ 유수원

27 다음 중 조선 후기 정치적 상황으로 옳은 것은?

① 헌종 때 홍경래의 난이 일어나 평안도 청천강 이북 지역을 장악하였다.
② 순조 즉위 후 이인좌는 소론·남인 세력을 규합하여 난을 일으켰다.
③ 순조 때 천주교 신자를 탄압하는 과정에서 황사영 백서사건이 발생하였다.
④ 철종 때 임술 농민 봉기 이후 삼정이정청을 설치하여 근본적인 개선책을 내놓았다.

28 19세기 세도 정치기에 대한 설명으로 옳지 않은 것은?

① 지방관의 부패로 삼정이 문란하였다.
② 세도 정권에 의해 천주교가 장려되었다.
③ 각지에서 농민들이 저항 운동을 일으켰다.
④ 납속, 공명첩 등으로 신분 변동이 활발해졌다.

29 조선 후기 모내기법이 전국으로 확산되어 발생한 결과로 옳은 것은?

① 수확량이 감소하였다.
② 노동력이 절감되었다.
③ 직파법이 유행하였다.
④ 저수지의 수가 줄어들었다.

30 다음과 같은 조선 후기 경제의 새로운 변화로 인해 나타난 결과로 옳은 것은?

- 광작의 발달
- 도고의 성장
- 민영 수공업의 발달

① 양반의 수적 감소
② 향촌 자치제의 강화
③ 사회 계층의 분화 촉진
④ 붕당 정치의 쇠퇴

31 다음의 사건들을 일어난 순서대로 바르게 나열한 것은?

- ㉠ 자의 대비의 복상 기간을 둘러싼 예송 논쟁이 발생하였다.
- ㉡ 붕당의 폐해를 경계하기 위해 탕평비가 건립되었다.
- ㉢ 서인과 남인의 대립으로 경신환국이 일어났다.

① ㉠ - ㉡ - ㉢
② ㉠ - ㉢ - ㉡
③ ㉡ - ㉠ - ㉢
④ ㉡ - ㉢ - ㉠

32 다음에서 설명하는 인물로 옳은 것은?

- 1778년 이래 4차례나 북경을 방문한 실학자이다.
- 첫 북경 방문에서 돌아와 저술한 「북학의」에서 생산을 자극하기 위해 소비를 권장하였다.
- 서얼 출신으로 규장각 검서관에 등용되었다.

① 이익
② 박제가
③ 홍대용
④ 정약용

33 밑줄 친 '이 사건'에 대한 설명으로 옳은 것은?

> 박영효, 서광범, 서재필, 김옥균 등은 정부의 소극적인 개화 정책에 불만을 품고 우정총국 개국 축하연을 기회로 삼아 <u>이 사건</u>을 일으켰다.

① 청군의 개입으로 3일 만에 실패하였다.
② 보국안민, 제폭구민을 기치로 내세웠다.
③ 제물포 조약을 체결하는 결과를 가져왔다.
④ 신식 군대인 별기군이 창설되는 배경이 되었다.

34 밑줄 친 '이 단체'에 관한 설명으로 옳지 않은 것은?

> 대한민국 임시정부에서는 만주 지역의 독립군과 각처에 산재해 있던 무장 투쟁 세력을 모아 충칭에서 <u>이 단체</u>를 창설하였다.

① 김원봉이 이끄는 조선 의용대의 일부를 통합하여 군사력을 증강하였다.
② 초기에는 중국 군사 위원회의 지휘와 간섭을 받았다.
③ 중국의 화북 전선에서 일본군에 대항하여 팔로군과 연합 작전을 전개하였다.
④ 중국 주둔 미국 전략 정보국(OSS)와 합작하여 국내 진공 작전을 계획하였으나 실현되지 못하였다.

35 다음 내용에 해당하는 독립군 부대로 옳은 것은?

> • 중일 전쟁 발발 이후 조선 민족 전선 연맹의 주도로 중국 관내에서 최초로 조직된 부대이다.
> • 부대원 중 일부는 화북 지방으로 이동하였고, 김원봉 등 또 다른 이들은 한국 광복군에 합류하였다.

① 조선 의용대
② 조선 혁명군
③ 한국 독립군
④ 동북 항일 연군

36 다음 중 의병 운동에 대한 설명으로 옳지 않은 것은?

① 을미의병은 고종의 해산 명령에 따라 스스로 해산하였다.
② 을미의병 때부터 신돌석 등과 같은 평민 의병장이 출현하여 일제에 대항하였다.
③ 일본군의 호남의병 초토화 작전으로 국내 의병 활동이 쇠약해졌다.
④ 군대 해산으로 무력 항쟁이 격렬해졌으며, 1908년 서울 진공 작전을 감행하였다.

37 다음 내용에 해당하는 시기에 일제가 실시한 정책으로 옳은 것을 〈보기〉에서 모두 고른 것은?

> 날마다 경성은 침침하고 음울(陰鬱)하게 변해갔다. 거리에서는 동원당하는 여자아이들과 통곡하는 어머니의 무리를 쉽게 볼 수 있었다. 참으로 눈물 나는 광경이었다. 그리고 대부분의 가게와 수리점이 문을 닫았다. 배급소 근처에는 수많은 사람이 줄을 서 있었다.

▶ 보기 ◀
ㄱ. 조선인에게만 적용되는 조선 태형령을 만들었다.
ㄴ. 인력 동원을 위해 여자 정신 근로령을 제정하였다.
ㄷ. 미곡을 헐값에 강제로 거두는 공출제를 실시하였다.
ㄹ. 소비 규제를 명목으로 식량 배급 제도를 실시하였다.

① ㄱ, ㄴ
② ㄱ, ㄹ
③ ㄱ, ㄷ, ㄹ
④ ㄴ, ㄷ, ㄹ

38 다음은 여러 임시정부의 통합 과정을 나타낸 것이다. 이에 대한 설명으로 옳지 <u>않은</u> 것은?

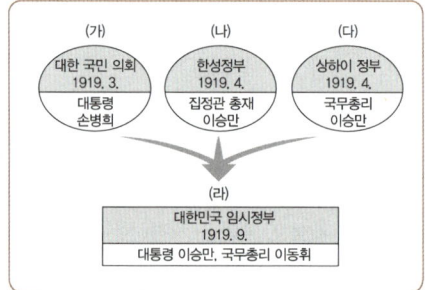

① (가), (나), (다), (라)는 모두 공화제를 주장하였다.
② (가)는 (라)로의 통합 결정에 따라 해산을 선언하였다.
③ (라)는 13도 대표가 참석한 국민 대회를 거쳐 수립되었다.
④ (라)는 (나)를 계승하여 정통성을 확립하고, 소재지를 외교 활동에 유리한 (다) 지역에 두었다.

39 대한민국 정부 수립 과정이 바르게 나열된 것은?

① 모스크바 3국 외상 회의 → 이승만의 정읍 발언 → 미국, 한국 문제를 유엔에 상정 → 제주 4·3 사건 → 5·10 총선거 실시 → 대한민국 정부 수립
② 미국, 한국 문제를 유엔에 상정 → 모스크바 3국 외상 회의 → 이승만의 정읍 발언 → 제주 4·3 사건 → 5·10 총선거 실시 → 대한민국 정부 수립
③ 이승만의 정읍 발언 → 미국, 한국 문제를 유엔에 상정 → 제주 4·3 사건 → 5·10 총선거 실시 → 대한민국 정부 수립
④ 모스크바 3국 외상 회의 → 제주 4·3 사건 → 이승만의 정읍 발언 → 미국, 한국 문제를 유엔에 상정 → 5·10 총선거 실시 → 대한민국 정부 수립

40 다음 중 유신 헌법이 제정된 이후의 사실로 옳지 않은 것은?

① 7·4 남북 공동 성명 발표
② 북한의 사회주의 헌법 채택
③ 수출 중심의 중화학 공업 육성 정책 실시
④ 3선 개헌 반대 투쟁

제 7 회 적중모의고사 | 국사

제한시간: 50분 | 시작 ___시 ___분 – 종료 ___시 ___분

정답 및 해설 241p

01 (가) 시대의 생활 모습으로 옳은 것은?

> 고인돌은 (가) 시대에 처음 만들어졌으며, 권력을 가진 군장이 출현했음을 보여주고 있다.

① 우경이 널리 보급되었다.
② 주로 동굴이나 막집에서 살았다.
③ 빗살무늬 토기를 제작하기 시작하였다.
④ 반달돌칼을 사용하여 곡식을 수확하였다.

02 실을 뽑는 도구인 가락바퀴가 처음 사용된 시대의 생활 모습으로 옳은 것은?

① 거친무늬 거울을 사용하였다.
② 주로 동굴이나 막집에서 살았다.
③ 빗살무늬 토기에 식량을 저장하였다.
④ 철제 농기구를 이용하여 농사를 지었다.

03 단군 신화의 내용에서 고조선이 농경 사회임을 알 수 있는 것은?

① 곰과 범이 환웅에게 사람이 되기를 빌었다.
② 환웅은 태백산 신단수 밑에 신시(神市)를 세웠다.
③ 환인의 서자 환웅이 천하에 뜻을 두고 인간 세계를 갈구하였다.
④ 환웅은 풍백, 우사, 운사를 거느리고 바람, 비, 구름을 주관하게 하였다.

04 다음에서 설명하는 나라의 생활상으로 옳은 것은?

> 국읍마다 한 사람을 세워서 천신에 대한 제사를 주관하게 하고 천군이라 불렀다. 또한 나라마다 별읍이 있는데 소도라고 불렀다. 큰 나무를 세우고, 방울과 북을 매달아 귀신을 섬겼다.
> – 「삼국지」 위서 동이전

① 매년 5월과 10월에 계절제를 주관하여 하늘에 제사를 지냈다.
② 서옥제라는 혼인 풍습이 있었다.
③ 왕 아래에 가축의 이름을 딴 관리가 있었다.
④ 가족 공동 무덤인 골장제가 있었다.

05 다음과 같은 유물을 남긴 나라에 대한 설명으로 옳은 것은?

① 낙랑과 왜의 규슈 지방을 연결하는 중계 무역을 실시하였다.
② 한군현 세력과 항쟁을 거치며 성장하였다.
③ 박, 석, 김 3성이 번갈아 왕위에 올랐다.
④ 한강 유역의 토착민이 중심이 되어 세웠다.

06 다음의 사건이 일어난 시기를 연표에서 바르게 고른 것은?

> 김유신 장군이 이끄는 5만여 명의 신라군이 황산벌에서 백제의 5천 명의 결사대에 승리하였다. 이 전투에서 백제의 계백 장군이 전사하였다.

562	612	645	668	678	698
	(가)	(나)	(다)	(라)	(마)	
대가야 멸망	살수 대첩	안시성 전투	평양성 함락	매소성 전투	발해 건국

① (가)   ② (나)
③ (다)   ④ (라)

07 발해의 문화 중 고구려의 영향을 받은 것을 〈보기〉에서 모두 고른 것은?

> 보기
> ㄱ. 정혜공주묘
> ㄴ. 상경성의 주작대로
> ㄷ. 영광탑
> ㄹ. 석등
> ㅁ. 궁궐의 온돌 장치

① ㄱ, ㄴ, ㄷ
② ㄱ, ㄹ, ㅁ
③ ㄴ, ㄹ, ㅁ
④ ㄷ, ㄹ, ㅁ

08 삼국 시대에 대한 설명으로 옳지 않은 것은?

① 백제 근초고왕은 고구려의 평양성을 공격하여 고국원왕을 전사시켰다.
② 백제 문주왕은 고구려에 의해 개로왕이 전사하고 한성이 함락되자 웅진으로 천도하였다.
③ 고구려 장수왕은 평양성으로 천도하고 남진 정책을 실시하였다.
④ 신라 진흥왕이 금관가야를 정복하여 후기 가야 연맹이 해체되었다.

09 밑줄 친 '그'에 대한 설명으로 옳은 것은?

> 신라 6두품 출신의 학자인 그는 당에 유학하여 빈공과에 합격하였고, '토황소격문'으로 이름을 떨쳤다. 문집으로는 계원 필경이 있다.

① 9재 학당에서 후진을 양성하였다.
② 「화랑세기」, 「고승전」 등을 저술하였다.
③ 「왕오천축국전」이라는 기행문을 남겼다.
④ 진성여왕에게 시무책 10여 조를 올렸다.

10 다음에 해당하는 정치 기구로 옳은 것은?

> 고려의 회의 기구로 중서문하성과 중추원의 고위 관료들이 모여 주로 국방과 군사 문제를 다루었다. 후에 그 기능과 역할이 확대되어 국정 전반의 중요 사항을 논의하였다. 충렬왕 때에 이르러 그 명칭이 도평의사사로 바뀌었다.

① 삼사
② 비변사
③ 상서성
④ 도병마사

11 다음에서 설명하는 인물의 활동으로 옳은 것은?

> • 교종을 중심으로 불교 통합 운동을 전개
> • 개경 흥왕사에 교장도감을 설치하여 교장을 간행
> • 화폐를 만들어 유통시킬 것을 주장

① 해동 천태종을 창시하였다.
② 무애가를 지어 불교 대중화에 힘썼다.
③ 정혜쌍수를 수행 방법으로 강조하였다.
④ 황룡사 구층목탑의 건립을 건의하였다.

12 다음 지도는 고려 무신 집권기의 주요 민란 발생 지역을 나타낸 것으로, 이 민란들의 공통적인 성격은?

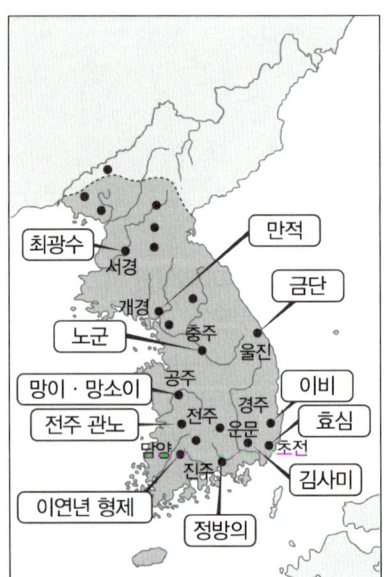

① 신분 해방 운동
② 정권 쟁탈 운동
③ 개항 반대 운동
④ 민족 구국 운동

13 고려 시대 귀족의 특징에 대한 설명으로 옳은 것은?

① 귀족 세력은 왕족을 비롯하여 7품 이상의 고위 관료가 주류를 형성하였다.
② 귀족은 대대로 고위 관직을 차지하여 사림 세력을 형성하였다.
③ 귀족의 자제는 음서를 통해 관직에 진출할 수 있었다.
④ 향리의 자제는 과거를 통하여 귀족의 대열에 들 수 없었다.

14 다음 설명에 해당하는 고려 시대 신분 계층은?

- 자유로운 신분의 일반 농민이었다.
- 소유하고 있는 토지를 민전이라 하였다.
- 조세·공납·역을 부담할 의무가 있었다.

① 양반 ② 향리
③ 노비 ④ 백정

15 고려 후기 문화를 바르게 설명한 것은?

① 천태종이 유행하고, 초조대장경이 간행되었다.
② 서예에서는 전기에 송설체가 후기에는 구양순체가 유행하였다.
③ 정통과 대의명분을 중시하는 성리학적 사관이 받아들여졌다.
④ 사원 건축과 고분을 중심으로 조형 미술이 발달하였다.

16 고려의 역사서에 대한 설명으로 옳지 않은 것은?

① 김부식의 「삼국사기」는 현존하는 가장 오래된 역사서로, 기전체 형식이다.
② 각훈의 「해동고승전」은 삼국 시대 승려들의 일대기를 다루었다.
③ 이규보의 「동명왕편」은 불교사 중심이며, 단군 건국설화가 수록되어 있다.
④ 이승휴의 「제왕운기」는 우리 역사를 단군에서부터 서술하여 자주 의식을 표현하였다.

17 이성계와 신진 사대부 세력이 정치적 실권을 장악하게 된 역사적 계기는?

① 4군 6진 개척
② 정동행성 폐지
③ 위화도 회군
④ 과전법 공포

18 조선 시대의 과거 제도에 대한 설명으로 옳지 않은 것은?

① 잡과는 역관 등 기술관을 선발하는 시험이다.
② 과거는 3년마다 실시하는 것을 기본으로 하였다.
③ 문과에 합격해야 요직으로 나갈 수 있었다.
④ 무인 선발을 위한 무과는 시행하지 않았다.

19 다음 내용과 관련 있는 조선의 왕이 추진한 정책으로 옳은 것은?

- 「경국대전」을 완성하였다.
- 「국조오례의」를 편찬하였다.
- 사림을 중앙 정계에 통용하였다.

① 한양으로 천도하였다.
② 관수관급제를 실시하였다.
③ 나선 정벌을 단행하였다.
④ 영정법을 시행하였다.

20 다음 중 임진왜란의 영향으로 옳은 것은?

① 비변사의 기능이 강화되었다.
② 황룡사 구층목탑이 소실되었다.
③ 이종무가 쓰시마섬을 정벌하였다.
④ 국경 지역에 4군 6진이 개척되었다.

21 다음은 백두산 정계비의 내용이다. 이 비문의 해석과 관련하여 청나라와의 영토 분쟁이 있었던 지역은?

서쪽으로는 압록강, 동쪽으로는 토문강이 두 나라의 경계선이 된다.
西爲鴨綠, 東爲土門, 故於分水, 勒石爲記

① 간도
② 요동
③ 연해주
④ 산둥 반도

22 공인(貢人)에 대한 설명으로 옳지 않은 것은?

① 대동법 시행 후에 출현하였다.
② 관청별, 품목별로 공동 출자를 하여 계를 조직하였다.
③ 수공업자에게 대량으로 주문을 한 까닭에 수공업 발달에 기여하였다.
④ 관청에 예속되어 자유로운 활동이 억제되어 도고로 성장할 수 없었다.

23 다음의 업적을 남긴 세력이 추진한 정치적 특징과 관련이 있는 것은?

- 온건파 사대부 계승
- 도덕과 의리 숭상
- 왕도정치 추구
- 16세기 사상계 주도

① 패도정치
② 중앙집권
③ 우민화 정책
④ 향촌 자치제

24 다음과 같은 주장을 펼친 조선 후기 중상학파 실학자의 저서는?

- 청나라 문물의 수용을 적극적으로 제창
- 수레나 선박의 이용을 늘릴 것
- 절약보다는 소비를 권장하여 생산을 자극시킬 것

① 「정감록」
② 「북학의」
③ 「목민심서」
④ 「농가집성」

25 조선 후기 농업에 나타난 변화에 대한 설명으로 옳은 것은?

① 남부 지방에 이앙법이라는 새로운 농법이 전래되었다.
② 밭농사에서 밭의 고랑에 파종하는 방법이 널리 확대되었다.
③ 농업 기술의 발달로 벼농사에서 공동 노동 관행이 약화되었다.
④ 수확의 일정 비율을 소작료(지대)로 내는 타조법이 등장하였다.

26 다음은 승정원일기에서 체제공이 (가)에 대해 평가한 내용 중의 일부이다. (가)에 들어갈 정책으로 옳은 것은?

> 제가 장단 적소에 있을 때 면포 상인의 왕래가 끊이지 않는 것을 보았는데, 길 가는 사람들이 (가) 의 효과라 하였습니다. 작년 겨울 서울의 면포 가격이 이 때문에 등귀하지 않아 서울 사람들이 생업을 즐길 수 있게 되었습니다.
> ─「승정원일기」

① 균역법
② 대동법
③ 호포법
④ 신해통공

27 다음과 같은 내용이 발표된 배경으로 가장 적절한 것은?

> 옛날에는 군대를 가지고 나라를 멸망시켰으나 지금은 빚으로 나라를 멸망시킨다. 옛날에 나라를 멸망케 하면 그 명호를 지우고 그 종사와 정부를 폐지하고, 나아가 그 인민으로 하여금 새로운 변화를 받아들여 복종케 할 따름이다. 지금 나라를 멸망케 하면 그 종교를 없애고 그 종족을 끊어버린다. 옛날에 나라를 잃은 백성들은 나라가 없을 뿐이었으나, 지금 나라를 잃은 백성은 아울러 그 집안도 잃게 된다. …… 국채는 나라를 멸망케 하는 원본이며, 그 결과 망국에 이르게 되어 모든 사람이 화를 입지 않을 수 없게 된다.

① 일제가 황무지 개간권을 요구하여 막대한 면적의 황무지를 차지하였다.
② 우리나라 최초의 은행인 조선은행이 설립되면서 자금 조달이 어려워졌다.
③ 외국 상인의 활동 범위가 넓어지면서 서울을 비롯한 전국의 상권을 차지하였다.
④ 일제는 화폐 정리와 시설 개선 등의 명복으로 거액의 차관을 대한제국에 제공하였다.

28 갑신정변이 일어나게 된 배경으로 옳은 것을 〈보기〉에서 모두 고른 것은?

> 보기
> ㄱ. 흥선 대원군은 개화 세력에 대한 탄압을 강화하였다.
> ㄴ. 청의 간섭으로 개화 정책 추진이 어렵게 되었다.
> ㄷ. 청프 전쟁으로 청군 일부가 철수하였다.
> ㄹ. 개화 정책 추진에 대한 민중의 지지 열기가 더해졌다.

① ㄱ, ㄴ
② ㄴ, ㄷ
③ ㄴ, ㄹ
④ ㄷ, ㄹ

29 조일 수호 조규(강화도 조약)와 그 부속 조약에 대한 설명으로 옳은 것을 〈보기〉에서 모두 고른 것은?

> 보기
> ㄱ. 청을 의식하여 조선을 자주국으로 인정하였다.
> ㄴ. 개항장 밖 10리까지 외국인의 왕래를 허가하였다.
> ㄷ. 부산, 인천, 원산에 이어 군산, 마산까지 개항하기로 하였다.
> ㄹ. 초량에 전관 거류지를 설치하고 수출입 물품에 5% 관세를 부과하였다.

① ㄱ, ㄴ
② ㄱ, ㄹ
③ ㄴ, ㄷ
④ ㄷ, ㄹ

30 갑신정변 당시 개화당이 발표한 '개혁정강 14개조'의 내용으로 적절하지 않은 것은?

① 청에 잡혀간 흥선 대원군을 곧 돌아오게 한다.
② 각 도의 환상미를 영구히 받지 않는다.
③ 조세의 징수와 경비 지출은 모두 탁지아문의 관할에 속한다.
④ 대신과 참찬은 의정부에 모여 정령을 의결하고 반포한다.

31 (가)에 들어갈 내용으로 옳은 것은?

> • 보안회 : _____(가)_____
> • 헌정 연구회 : 근대적 입헌 정치 추구
> • 대한 자강회 : 교육과 산업의 진흥 강조, 고종 강제 퇴위 반대 운동 전개

① 일제의 황무지 개간권 요구 저지
② 좌우 합작 7원칙 발표
③ 국외 독립운동 기지 건설
④ 오산학교와 대성학교 설립

32 다음은 1882년 임오군란 전개 과정이다. (가)에 들어갈 내용으로 옳은 것은?

> 구식 군인들의 소요 발생 → 구식 군인들과 도시 하층민의 일본 공사관 습격 → (가) → 청군의 개입으로 군란 진압

① 군국기무처 설치
② 강화도 조약 체결
③ 미국에 보빙사 파견
④ 흥선 대원군의 재집권

33 다음 중 독립협회의 활동 내용으로 옳지 <u>않</u>은 것은?

① 한러은행 폐쇄 등 열강의 이권 침탈을 저지하였다.
② 대중적 성향으로 근대화를 위한 구체적 방안을 제시하지 못하였다.
③ 계층과 신분의 제약 없이 민중을 정치에 참여시키고자 하였다.
④ 독립신문을 발간하였으며, 국민의 성금을 모아 독립문을 건립하였다.

34 대한민국 임시정부의 활동에 대한 설명으로 옳지 <u>않</u>은 것은?

① 구미 위원부를 설치하였다.
② 국민 대표 회의를 개최하였다.
③ 연통제와 교통국을 운영하였다.
④ 조선 혁명 간부 학교를 설립하였다

35 다음에서 설명하는 정책으로 옳은 것은?

> 일제가 조선을 자국의 식량 공급지로 삼기 위해 추진한 것이다. 1920년부터 시작되어 1934년 중단되었다가, 1937년 일제가 중일 전쟁을 일으키면서 1940년 다시 추진되었다.

① 미곡 공출제
② 산미 증식 계획
③ 농촌 진흥 운동
④ 토지 조사 사업

36 다음 내용에서 나타난 정책과 같은 시기에 실시된 것은?

> 슬프다. 일찍 나라가 망할 때 죽지 못하고 30년간 치욕을 당할 때 저들의 패륜을 귀로써 듣지 못하고 눈으로써 보지 못하겠더니, 이제 혈족의 성(姓)마저 뺏으려 한다. …… 이것은 금수(禽獸)의 도를 5천 년 문화 민족에게 강요한 것이니, 짐승이 되어 살기보다는 차라리 죽음을 택하노라.

① 조선 태형령
② 치안 유지법
③ 조선 사상범 예방 구금령
④ 신문지법

37 다음 노래의 배경이 된 사건으로 옳은 것은?

> 굳세어라 금순아
> 눈보라가 휘날리는 바람 찬 흥남 부두에
> 목을 놓아 불러 봤다 찾아를 봤다
> 금순아 어디로 가고 길을 잃고 헤매었더냐
> 피눈물을 흘리면서 1・4 이후 나 홀로 왔다

① 6・25 전쟁
② 12・12 사태
③ 5・16 군사 정변
④ 베트남 국군 파병

38 다음 내용과 관련이 있는 민주화 운동에 대한 설명으로 옳은 것은?

> 박종철 고문치사 사건과 4·13 호헌 조치로 직선제 개헌과 민주 헌법 제정을 요구하는 시위가 확산되었다. 시위 도중 연세대 재학생 이한열이 사망하자 시위가 더욱 격화되어 전국적으로 확대되었다.

① 유신 헌법에 반발하여 일어났다.
② 일본과의 국교 정상화에 반대하였다.
③ 대통령이 하야하는 결과를 가져왔다.
④ 대통령 직선제 개헌이 이루어지는 계기가 되었다.

39 전두환 정권과 관련된 것은?

① 제4공화국
② 베트남 파병
③ 4·13 호헌 조치
④ 금융 실명제

40 역대 정권들의 통일 노력 중 남북 양측의 통일 의지가 함께 반영된 것은?

① 1972년 7·4 남북 공동 성명
② 1973년 6·23 선언
③ 1970년 평화 통일 구상 선언
④ 1989년 한민족 공동체 통일 방안

제8회 적중모의고사 | 국사

제한시간: 50분 | 시작 ___시 ___분 – 종료 ___시 ___분

➡ 정답 및 해설 247p

01 밑줄 친 '이 시기'에 해당하는 사실로 옳은 것은?

> 이 시기에는 반달돌칼 등 다양한 간석기가 사용되었고 민무늬 토기를 비롯한 토기의 종류도 다양해졌으며, 고인돌과 돌널무덤이 만들어졌다.

① 농경과 목축이 시작되었다.
② 주로 동굴이나 강가의 막집에 거주하였다.
③ 용호동 유적에서 불 땐 자리가 확인되었다.
④ 목을 길게 단 미송리식 토기가 사용되었다.

02 다음 자료와 관련된 나라에 대한 설명으로 옳지 <u>않은</u> 것은?

> 정월에 지내는 제천 행사는 국중 대회로 날마다 마시고 먹고 노래하고 춤추는데 그 이름을 영고라 한다.
> – 「삼국지」 위서 동이전

① 쑹화강 유역의 평야지대에서 성장하였다.
② 왕 아래 가축의 이름을 딴 여러 가(加)들이 있었다.
③ 왕이 죽으면 노비 등을 함께 묻는 순장의 풍습이 있었다.
④ 국력이 쇠퇴하여 고구려 광개토대왕 때 완전히 병합되었다.

03 고구려와 신라의 관계를 다음과 같이 기록한 삼국 시대의 비석으로 옳은 것은?

> • 고구려의 군대가 신라 영토에 주둔했던 것으로 이해할 수 있는 기록이 보인다.
> • 고구려가 신라의 왕을 호칭할 때 '동이 매금(東夷 寐錦)'이라고 부르고 있다.
> • 고구려가 신라의 왕과 신하들에게 의복을 하사하는 의식을 거행한 것으로 보인다.

① 광개토대왕릉비
② 집안 고구려비
③ 충주 고구려비
④ 영일 냉수리비

04 (가), (나)에 대한 설명으로 옳지 않은 것은?

> - 임금과 신하들이 인재를 어떻게 뽑을까 의논하였다. 그래서 여러 사람들을 모아 함께 다니게 하고 그 행실과 뜻을 살펴 등용하였다. 김대문이 쓴 책에서는 '우리나라의 현명한 재상과 충성스러운 신하, 훌륭한 장수와 용감한 병졸은 모두 (가) 에서 나왔다.'라고 하였다.
> - (나) 은(는) 예부에 속한다. 경덕왕이 태학으로 이름을 고쳤다. 박사와 조교가 예기·주역·논어·효경을 가르친다. 9년이 되도록 학업에 진척이 없는 자는 퇴학시킨다.

① (가)에서는 귀족과 평민이 함께 활동하였다.
② (가)는 원시 사회의 청소년 집단에서 기원하였다.
③ (나)에는 7품 이상 문무 관리의 자제가 입학하였다.
④ (나)는 유학 교육을 위하여 신문왕 때 설치하였다.

05 (가)와 (나)의 공통적인 신분상의 특징으로 옳은 것은?

> - (가) 은(는) 신문왕에게 화왕계를 통하여 조언하였다.
> - (나) 은(는) 진성여왕에게 시무책 10여 조를 올렸다.

① 왕이 될 수 있는 신분이었다.
② 자색(紫色)의 공복을 착용하였다.
③ 중앙 관부의 최고 책임자를 독점하였다.
④ 관등 승진에서 중위제(重位制)를 적용받았다.

06 (가)에 해당하는 왕의 업적으로 옳은 것은?

> 신라 (가) 은(는) 병부와 상대등을 설치하였다. 또한 불교를 신라의 국교로 공인하였다.

① 평양 천도
② 22담로 설치
③ 금관가야 병합
④ 독서삼품과 실시

07 고구려 장수왕의 남진 정책 이후 전개된 삼국의 상황으로 옳은 것은?

① 신라와 백제가 나제 동맹을 체결하였다.
② 미천왕이 낙랑군을 축출하였다.
③ 고국천왕이 빈민 구제를 위해 진대법을 실시하였다.
④ 근초고왕이 마한 전역을 정복하였다.

08 다음 사건이 일어난 이후의 사실로 옳은 것은?

> 을지문덕이 우문술의 군사가 굶주린 기색이 있음을 보고 이들을 피곤하게 만들려고 매번 싸울 때마다 달아났다. ······ 7월에 살수(薩水)에 이르러 [적의] 군사가 반쯤 강을 건넜을 때 아군이 뒤에서 적군을 공격하여 우둔위 장군 신세웅을 전사시켰다.
> — 「삼국사기」

① 고구려가 대방군을 축출하였다.
② 대가야가 신라의 공격으로 멸망하였다.
③ 고구려가 안시성 전투에서 당의 군대를 물리쳤다.
④ 신라가 군사 업무를 총괄하는 병부를 설치하였다.

09 발해에서 일어난 일을 시기 순으로 바르게 나열한 것은?

> ㉠ 장문휴가 당의 산둥 지방 등주를 공격하였다.
> ㉡ 수도를 중경 현덕부에서 북쪽의 상경 용천부로 옮겼다.
> ㉢ 당으로부터 '발해군왕'에서 '발해국왕'으로 봉해졌다.
> ㉣ '건흥'이라는 연호를 사용하였다.

① ㉠ - ㉡ - ㉢ - ㉣
② ㉠ - ㉢ - ㉡ - ㉣
③ ㉠ - ㉢ - ㉣ - ㉡
④ ㉡ - ㉠ - ㉣ - ㉢

10 고려 태조 왕건이 실시한 정책으로 옳지 않은 것은?

① 사심관 제도와 기인 제도 등의 호족 견제 정책을 실시하였다.
② 연등회와 팔관회를 중요하게 다룰 것을 강조하였다.
③ 과거 제도를 실시하여 신진 세력을 등용하였다.
④ '훈요 10조'를 통해 후대의 왕들에게 유언을 남겼다.

11 고려의 사회 모습에 대한 설명으로 옳지 않은 것은?

> 고려는 국가가 주도하여 산업을 재편하면서 ① 경작지를 확대하고, ② 상업과 수공업의 체제를 확립하여 안정된 경제 기반을 확보하였다. 또 ③ 수취 체제를 정비하면서 양전사업을 실시하고 ④ 토지 제도를 정비하였다.

① 농민이 황무지를 개간하면 일정 기간 소작료나 조세를 감면해 주었고, 여러 수리 시설도 개축하였다.
② 개경에 시전을 만들어 관영 점포를 열었고, 소는 생산한 물품을 일정하게 공물로 납부하였다.
③ 국초부터 군현 단위로 20년마다 양전을 실시하여 1/10의 조세를 거두었다.
④ 경종 때의 전시과 제도는 문무 관리의 지위와 직역과 인품에 따라 전지와 시지를 지급하였다.

12 다음은 고려 무신 집권기의 기구명과 그에 대한 특징이다. (가)에 들어갈 내용으로 옳은 것은?

기구명	특징
중방	고위 무신들의 회의 기구
교정도감	국정을 총괄하는 최고 권력 기구
정방	(가)

① 법률과 소송을 관장한 기구
② 곡식의 출납 및 회계 담당 기구
③ 최우가 설치한 인사 행정 담당 기구
④ 역사서의 편찬과 보관을 담당한 기구

13 밑줄 친 '그'에 대한 설명으로 옳은 것은?

> 묘청의 서경 천도 운동에서 그가 패하고 묘청이 이겼더라면 조선사는 독립적·진취적으로 진전하였을 것이니 이것이 어찌 일천년래 제일 사건이라 하지 아니하랴.

① 성리학적 유교 사관에 입각한 「사략」을 저술하였다.
② 현존하는 우리나라의 최고(最古)의 역사서를 편찬하였다.
③ 우리나라 역사를 단군에서부터 서술한 역사서를 저술하였다.
④ 동명왕의 업적을 칭송한 영웅 서사시인 「동명왕편」을 저술하였다.

14 고려 시대의 대외 무역을 설명한 것으로 옳지 않은 것은?

① 예성강 어귀의 벽란도는 국제 무역항으로 번성하였다.
② 송, 요, 거란, 일본 등과 교역이 이루어졌고, 아라비아 상인들까지도 왕래하였다.
③ 대송 무역에서 고려의 주요한 수출품은 종이와 먹으로 주로 육로를 통해 이루어졌다.
④ 아라비아 상인들은 고려에 와서 수은, 향료, 산호 등을 팔았다.

15 고려 말 원 간섭기에 대한 설명으로 옳은 것은?

① 해동청(매)을 징발하기 위해서 순마소를 설치하였다.
② 고려의 세자를 인질로 삼아 북경에서 지내게 하다가 돌려보내 왕위에 오르게 하였다.
③ 충선왕은 개경에 만권당을 설치하였다.
④ 응방을 통해 처녀들을 차출하였다.

16 다음은 고려 말 신돈이 공민왕에게 건의한 내용이다. 그 결과 나타난 사실로 옳은 것은?

> 신돈은 공민왕에게 권세가들이 부당하게 빼앗은 토지와 노비를 본래의 소유주에게 돌려주고, 불법적으로 노비가 된 자를 양민으로 해방시킬 것을 건의하였다.

① 흑창이 설치되었다.
② 전시과가 제정되었다.
③ 전민변정도감이 운영되었다.
④ 서경 천도 운동이 일어났다.

17 다음에서 설명하는 탑으로 옳은 것은?

> - 1348년(충목왕 4년)에 세워진 이 탑은 대리석으로 만들어졌으며, 기단과 탑신에는 부처, 보살, 풀꽃 무늬 등이 새겨져 있다.
> - 이 탑의 양식은 이후 원각사지 십층석탑에 영향을 주었으며, 현재는 국립중앙박물관에 위치하고 있다.

① 경천사지 십층석탑
② 정림사지 오층석탑
③ 진전사지 삼층석탑
④ 감은사지 삼층석탑

18 역사 속 하층민의 봉기에 대한 설명으로 옳지 않은 것은?

① 통일 신라 진성여왕 때 조세 징수에 대한 반발로 원종과 애노가 난을 일으켰다.
② 고려 무신 정권 때 공주 명학소에서 망이, 망소이가 반란을 일으켰다.
③ 고려 시대 문벌귀족인 이자겸의 노비인 만적이 신분 차별에 항거하여 반란을 도모하였다.
④ 조선 후기 세도 정치 시기에 삼정의 문란과 서북민에 대한 차별이 원인이 되어 홍경래를 중심으로 농민 봉기가 발생하였다.

19 고려 말 조선 초에 있었던 요동 정벌에 관한 설명으로 옳지 않은 것은?

① 우왕 때 최영은 명이 철령위 설치를 통고하자 요동을 공격할 계획을 세웠다.
② 태조 이성계는 요동 정벌을 추진하였고 정도전과 남은은 군사 훈련을 강화하였다.
③ 명은 정도전을 '조선의 화근'이라며 명으로 압송할 것을 요구하였다.
④ 이방원은 태조의 요동 정벌 운동을 적극 지지하였다.

20 조선 전기 사림(士林)에 대한 설명으로 옳지 않은 것은?

① 재야에서 공론을 주도하는 지도자로서 산림(山林)이 존중되었다.
② 지방 사족이 영남과 기호 지방을 중심으로 성장하였다.
③ 향촌 자치를 내세우며, 도덕과 의리를 바탕으로 한 왕도정치를 강조하였다.
④ 3사의 언관직을 차지하고, 자신들의 의견을 공론으로 표방하였다.

21 다음에서 설명하는 교육기관으로 옳은 것은?

> 조선의 최고 교육기관으로 초시인 생원시와 진사시에 합격한 유생들이 우선적으로 입학할 수 있었고, 엄격한 규칙에 의해 생활이 이루어졌다. 또한 출석 점수를 일정 점수 이상 취득해야 대과 초시에 응시할 수 있었다.

① 4부 학당
② 향교
③ 성균관
④ 주자감

22 다음에서 설명하는 기관으로 옳은 것은?

> 사간원, 홍문관과 함께 삼사를 구성하였으며 관리의 비리를 감찰하고 풍속을 교정하였다.

① 승정원
② 의정부
③ 춘추관
④ 사헌부

23 다음 자료에 나타난 상황으로 인하여 시행한 제도로 옳은 것은?

> 국가의 조세 제도는 원래 전분 6등과 연분 9등으로 나누었다. … (중략) … 그런데 근래 토지의 등급을 나누고 세를 내게 할 때는 모두 하하(下下)를 따른다. 중상(中上)의 법이 있음을 알지 못하고 되풀이하여 답습하다 보니 마침내 일상적인 규정이 되어 버렸다.
> – 「선조실록」

① 균역법
② 대동법
③ 영정법
④ 호포법

24 밑줄 친 '조치'에 대한 설명으로 옳은 것은?

> 양인이 내는 포를 반으로 감면한 조치는 오로지 만 백성을 걱정하는 뜻에서 나온 것이다. 감면한 것을 계산하여 보면 모두 50여만 필에 이르는데, 돈으로 계산하면 1백여만 냥이다. 감면에 따라 각 아문과 영진(營鎭)의 비용을 줄였지만 아직도 40여만 냥이 부족하다. 이에 어·염·선세를 받아들여 모자라는 액수를 충당하도록 하였다.

① 공인이 등장하는 계기가 되었다.
② 호를 단위로 군포를 부과하였다.
③ 군역의 폐단을 시정하기 위해 시행되었다.
④ 풍흉을 고려하여 전세를 차등 있게 징수하였다.

25 조선 후기 가족 제도에 대한 설명으로 가장 적절한 것은?

① 제사는 형제가 돌아가면서 지냈으며 책임을 분담하였다.
② 태어난 순서대로 족보에 기재하여 남녀 차별을 하지 않았다.
③ 입양 제도가 확대되고 부계 위주의 족보가 적극적으로 편찬되었다.
④ 사위가 처가의 호적에 입적하여 처가에서 생활하는 것이 일반적이었다.

26 밑줄 친 '이 인물'에 대한 설명으로 옳은 것은?

> 조선 후기 실학자인 <u>이 인물</u>은 농민 생활의 안정을 중시하여 자신의 저서인 「반계수록」에서 균전론을 주장하였다.

① 여섯 가지 폐단을 지적하였다.
② 과거 제도와 노비 제도의 모순을 비판하였다.
③ 거중기와 배다리를 설계하였다.
④ 청에 다녀온 후 「열하일기」를 저술하였다.

27 조선 시대 병자호란에 대한 설명으로 옳은 것은?

① 4군 6진이 설치되는 결과를 가져왔다.
② 정봉수와 이립이 의병장으로 활동하였다.
③ 외적의 침입에 맞서 강화도 천도가 단행되었다.
④ 군신 관계를 맺는 조건으로 강화가 이루어졌다.

28 다음 정책을 시행한 왕에 대한 설명으로 옳은 것은?

> • 국왕의 호위를 전담하기 위해 군대를 새로 설치하였다. 그 군대의 규모를 계속 확대하여 도성을 중심으로 한 내영과 화성을 중심으로 한 외영으로 정비하였다.
> • 창덕궁 후원에 왕실 도서관을 세우고 직제학, 직각, 대교 등의 관원을 두었다.

① 「대전회통」을 편찬하였다.
② 초계문신제를 시행하였다.
③ 삼정이정청을 설치하였다.
④ 삼군부의 기능을 부활시켰다.

29 다음 자료에 나타난 조약이 시행되기 전에 있었던 사실로 옳은 것은?

> 제1조 일본국 정부는 동경의 외무성을 경유하여 금후 한국의 외국과의 관계 및 사무를 감리, 지휘할 수 있고, 일본국의 외교 대표자와 영사는 외국에 있는 한국의 신민 및 이익을 보호할 수 있다.

① 의병 부대들은 간도와 연해주로 이동하여 의병 기지를 건설하였다.
② 명성황후 시해 사건과 단발령으로 의병 운동이 확산되었다.
③ 유생과 전직 관료, 평민 출신 등 다양한 계층에서 의병을 일으켰다.
④ 유생 출신의 의병장을 중심으로 13도 연합의병 부대가 결성되었다.

30 다음 중 국채 보상 운동에 대한 설명으로 옳지 <u>않은</u> 것은?

① 대구에서 시작되어 전국으로 확산됨
② 나라의 빚을 갚고 국권을 지키고자 함
③ 조선 총독부의 탄압으로 좌절됨
④ 언론 기관의 지원을 받음

31 다음 기구에서 추진한 개혁 내용으로 옳은 것은?

- 총재 1명, 부총재 1명 그리고 16명에서 20명 사이의 회의원으로 구성
- 총재는 영의정 김홍집이 겸임, 부총재는 내아문독판으로 회의원인 박정양이 겸임

① 은 본위 화폐 제도를 실시하였다.
② 의정부와 삼군부의 기능을 회복하였다.
③ 양전 사업을 실시하여 지계를 발급하였다.
④ 재판소를 설치하여 사법권과 행정권을 분리하였다.

32 국권이 침탈되기까지의 과정을 순서대로 바르게 나열한 것은?

㉠ 헤이그 특사 파견을 문제 삼아 고종 황제를 강제로 퇴위시켰다.
㉡ 일본인 메가타를 재정 고문으로, 미국인 스티븐스를 외교 고문으로 임명하도록 하였다.
㉢ 대한제국의 사법권을 빼앗고 감옥 사무를 장악하였다.
㉣ 통감이 추천한 일본인을 대한제국의 관리로 임명하도록 하였다.

① ㉠ - ㉡ - ㉢ - ㉣
② ㉡ - ㉠ - ㉣ - ㉢
③ ㉡ - ㉢ - ㉠ - ㉣
④ ㉣ - ㉡ - ㉠ - ㉢

33 다음은 동학 농민 운동의 전개 과정이다. (가)~(라) 시기에 있었던 사실로 옳은 것은?

(가)	(나)	(다)	(라)
최제우의 동학 창시	삼례 집회 (교조 신원 운동)	고부관아 습격	전주성 점령	우금치 전투

① (가) - 황토현 전투
② (나) - 청일 전쟁의 발발
③ (다) - 남·북접군의 논산 집결
④ (라) - 일본군의 경복궁 점령

34 대한민국 임시정부와 관련이 없는 것은?

① 독립운동 자금 모금
② 건국 강령 발표
③ 한국 광복군 창설
④ 물산 장려 운동 주도

35 '시일야방성대곡'이 최초로 실린 신문은?

① 한성순보
② 황성신문
③ 독립신문
④ 대한매일신보

36 다음 법이 공포된 이후 나타난 일제의 지배 정책에 대한 설명으로 옳지 않은 것은?

> 제4조 정부는 전시에 국가 총동원 상 필요할 때에는 칙령이 정하는 바에 따라 제국 신민을 징용하여 총동원 업무에 종사하게 할 수 있다.

① 마을에 애국반을 편성하여 일상생활을 통제하였다.
② 일본식 성과 이름으로 고치는 창씨 개명을 시행하였다.
③ 여성에게 작업복인 '몸뻬'라는 바지의 착용을 강요하였다.
④ 토지 현황 파악을 위해 전국적으로 토지 소유권을 조사하였다.

37 다음 원칙을 발표한 기구가 내세운 주장으로 옳은 것은?

> 조선의 좌우 합작은 민주 독립의 단계요, 남북 통일의 관건이라는 점에서 3천만 민족의 지상 명령이며 국제 민주화의 필연적 요청이었음에도 불구하고 저간의 복잡다단한 내외 정세로 오랫동안 파란 곡절을 거듭해 오던 바, 드디어 … (중략) … 다음과 같은 원칙을 결정하였다.

① 외국 군대의 철수
② 미·소 공동 위원회의 속개
③ 토지의 무상 몰수, 무상 분배
④ 유엔 감시하의 남북 총선거 실시

38 다음의 협정과 관련된 설명으로 옳지 않은 것은?

> 군사 분계선을 확정하고 쌍방이 이 선에서 2km씩 후퇴하여 비무장 지대를 설정한다. 비무장 지대는 완충 지대로서 적대 행위로 인해 우려되는 사건을 미리 방지한다.

① 협상 과정에서 휴전 반대 운동이 있었다.
② 협정 조인으로 발췌 개헌 파동이 야기되었다.
③ 협상 과정에서 정부는 반공 포로를 석방하였다.
④ 협정 조인 이후 정부는 미국과 한미 상호 방위 조약을 체결하였다.

39 (가), (나), (다)에 대한 설명으로 옳은 것은?

> (가) 6·15 남북 공동 선언
> (나) 7·4 남북 공동 성명
> (다) 남북 간의 화해와 불가침 및 교류 협력에 관한 합의서

① (가) - 한반도 비핵화를 선언하였다.
② (가) - 남북한 동시 유엔 가입에 합의하였다.
③ (나) - 통일의 3대 원칙을 천명하였다.
④ (다) - 남북 정상 회담의 성과였다.

40 (가)에 들어갈 내용으로 옳은 것은?

> • 전두환 정부 : 남북 이산가족 최초 상봉
> • 노태우 정부 : (가)
> • 김영삼 정부 : 민족 공동체 통일 방안 제안

① 남북 조절 위원회 구성
② 경의선 복구 사업 시작
③ 남북 기본 합의서 채택
④ 7·4 남북 공동 성명 발표

제9회 적중모의고사 | 국사

제한시간: 50분 | 시작 ___시 ___분 – 종료 ___시 ___분

정답 및 해설 252p

01 우리나라 청동기 시대의 유적과 유물에 대한 설명으로 옳은 것은?

① 청동기 시대에는 수공업 생산과 관련된 가락바퀴가 처음으로 사용되었다.
② 불에 탄 쌀이 여주 흔암리, 부여 송국리 유적에서 발견되었다.
③ 청동기 시대 유적은 주로 한반도 지역에 국한하여 분포되어 있다.
④ 청동기 시대에는 조개껍데기 가면 등의 예술품도 많이 제작되었다.

02 다음은 「삼국지」 동이전에 기록된 어떤 나라에 대한 설명이다. (가)와 (나)에 해당하는 나라에 대한 설명으로 옳은 것은?

> (가) 토질은 오곡에 알맞고, 동이 지역 중에서 가장 넓고 평탄한 곳이다.
> (나) 큰 산과 깊은 골짜기가 많고, 사람들의 성품이 흉악하고 노략질을 좋아하였다.

① (가)는 10월에 추수 감사제인 동맹이라는 제천 행사를 지냈다.
② (나)는 자신의 생활권을 침범하면 노비나 소와 말로 변상하게 하였다.
③ (가)는 남의 물건을 훔쳤을 때 물건 값의 12배를 배상하게 하는 법이 있었다.
④ (나)는 가족이 죽으면 시체를 가매장했다가 뼈만 추려서 커다란 목곽에 안치하였다.

03 (가)와 (나) 사이의 시기에 있었던 사실로 옳은 것은?

> (가) 동성왕은 신라에 사신을 보내 혼인을 청하였는데, 신라의 왕이 이벌찬(伊伐飡) 비지(比智)의 딸을 시집보냈다.
> (나) 왕은 신라를 습격하기 위하여 친히 보병과 기병 50명을 거느리고 밤에 구천(狗川)에 이르렀는데, 신라의 복병이 나타나 그들과 싸우다가 살해되었다.

① 도읍을 금강 유역의 웅진으로 옮겼다.
② 장수왕의 공격을 받아 한성이 함락되었다.
③ 국호를 남부여로 고치고 중흥을 꾀하였다.
④ 동진으로부터 불교를 수용하여 공인하였다.

04 밑줄 친 '왕'이 재위한 시기의 사실로 옳은 것은?

> 왕이 신하들을 불러 "흑수말갈이 처음에는 우리에게 길을 빌려서 당나라와 통하였다. …… 그런데 지금 당나라에 관직을 요청하면서 우리나라에 알리지 않았으니, 이는 분명히 당나라와 공모하여 우리나라를 앞뒤에서 치려는 것이다."라고 하였다. 이리하여 동생 대문예와 외숙 임아상으로 하여금 군사를 동원하여 흑수말갈을 치려고 하였다.

① 5경 15부 62주의 행정 제도가 완비되었다.
② 길림성 돈화 부근 동모산 기슭에서 나라를 세웠다.
③ 북만주 일대를 차지하고 산동의 등주를 공격하였다.
④ 수도를 중경에서 상경, 동경으로 옮겨 중흥을 꾀하였다.

05 다음 괄호 안에 들어갈 제도는 무엇인가?

> 삼국은 사회가 발전함에 따라 (   )가 정비되어 각 부의 귀족들과 그 밑에 있는 관리들은 왕의 신하가 되었다. 그러므로 왕권이 강화되고, 부족적 성격이 행정적 성격으로 바뀌어 중앙집권 체제가 형성되었다.

① 관등제
② 귀족 회의제
③ 과거제
④ 3성 6부제

06 다음 통일 신라의 통치 조직에 대한 설명으로 옳은 것은?

> 전국을 9주로 나누고 주 아래에는 군, 현을 두었으며, 집사부 기능을 강화하고 14개 행정 부서가 확립되었다. 또 지방의 각 주에는 1정씩 군대가 배치되었다.

① 지방조직 정비로 왕권 약화
② 중앙의 지방 세력에 대한 통제력 약화
③ 중앙집권적 정치 체제 정비
④ 집사부의 기능 강화는 귀족들의 권한 강화를 뜻함

07 삼국의 항쟁 과정을 순서대로 바르게 나열한 것은?

> ㉠ 백제가 신라의 대야성을 비롯한 40여 성을 빼앗았다.
> ㉡ 백제가 고구려의 평양성을 공격하여 고국원왕이 전사하였다.
> ㉢ 신라가 대가야를 정복하면서 가야 연맹이 완전히 해체되었다.
> ㉣ 고구려가 평양으로 도읍을 옮기고 백제의 수도 한성을 함락하였다.

① ㉠ - ㉢ - ㉣ - ㉡
② ㉡ - ㉣ - ㉢ - ㉠
③ ㉢ - ㉠ - ㉡ - ㉣
④ ㉣ - ㉡ - ㉠ - ㉢

08 신라의 돌무지덧널무덤에 대한 설명으로 옳은 것은?

① 돌로 방을 만들고 외부와 연결되는 통로를 설치하였다.
② 황남대총, 장군총, 천마총 등의 사례가 있다.
③ 무덤 안에 벽돌로 널방을 만들고 그 안에 돌로 덧널을 설치하였다.
④ 무덤 안에서 많은 부장품이 출토되었는데 서봉총 등의 사례가 있다.

09 화랑도에 대한 설명으로 옳은 것을 〈보기〉에서 모두 고른 것은?

― 보기 ―
ㄱ. 씨족 사회의 전통을 계승·발전시켰다.
ㄴ. 탁월한 6두품 출신의 청소년도 화랑으로 선출될 수 있었다.
ㄷ. 계급 간의 갈등을 조절하고 완화하는 기능을 지녔다.
ㄹ. 무열왕 때 화랑도가 정식으로 국가적 조직으로 확대되었다.

① ㄱ, ㄴ　② ㄱ, ㄷ
③ ㄴ, ㄷ　④ ㄷ, ㄹ

10 다음에 제시된 유물의 공통점은?

• 무령왕릉의 지석
• 금동 대향로
• 사택지적비
• 사신도 벽화

① 유학의 발달
② 도교의 성행
③ 왕권의 강화
④ 불교의 발달

11 고려 시대 불교에 관한 내용으로 옳은 것을 〈보기〉에서 모두 고른 것은?

― 보기 ―
ㄱ. 천태종의 지눌은 선종을 중심으로 교종을 포용하는 선교일치를 주장하였다.
ㄴ. 의천은 불교와 유교가 심성 수양이라는 면에서 차이가 없다고 하였다.
ㄷ. 의천이 죽은 뒤 교단은 분열되고 귀족 중심이 되었다.
ㄹ. 요세는 참회수행과 염불을 통한 극락왕생을 주장하며 백련사를 결성했다.

① ㄱ, ㄴ
② ㄱ, ㄷ
③ ㄴ, ㄹ
④ ㄷ, ㄹ

12 고려 건국의 역사적 의의에 대한 설명으로 옳지 않은 것은?

① 삼국의 재통일을 이룩한 것이다.
② 후삼국의 분열상을 극복하여 민족사 전개의 올바른 방향을 제시하였다.
③ 지방 호족 및 6두품 세력의 역할이 크게 작용하여 나라를 세웠다.
④ 무너져 가는 골품제를 다시 확립시켜 강한 혈연 기반 위에서 나라를 세웠다.

13 다음 밑줄 친 '국왕'의 업적으로 옳은 것은?

> 최승로는 <u>국왕</u>께 시무 28조를 건의하였다. 불교 행사 축소 등 중요한 개혁 내용을 담고 있어 향후 국정 운영에 영향을 미칠 것으로 보인다.

① 12목 설치
② 후삼국 통일
③ 몽골 풍속 금지
④ 노비안검법 시행

14 고려 시대의 대외 관계에 관한 내용을 시대 순으로 바르게 나열한 것은?

> ㉠ 홍건적의 2차 침입
> ㉡ 동북 9성 축조
> ㉢ 몽골과 강화 후 개경으로 환도
> ㉣ 강동 6주 획득

① ㉠ - ㉡ - ㉢ - ㉣
② ㉡ - ㉣ - ㉢ - ㉠
③ ㉣ - ㉡ - ㉠ - ㉢
④ ㉣ - ㉡ - ㉢ - ㉠

15 고려의 형률 제도에 대한 설명으로 옳은 것은?

① 주로 당나라의 법률을 토대로 하였으며, 때에 따라 고려의 실정에 맞는 율문도 만들었다.
② 행정과 사법이 명확하게 분리·독립되어 있었다.
③ 실형주의보다는 배상제를 우위에 두고 있었다.
④ 기본적으로 태형, 장형, 도형, 유형의 4형 체계를 가지고 있었다.

16 고려 시대에 편찬된 역사서에 대한 설명으로 옳은 것은?

① 「삼국유사」는 인종 때 왕명으로 편찬되었다.
② 「삼국사기」는 고구려 정통 의식을 반영하였다.
③ 「동명왕편」은 단군의 건국 설화를 수록하였다.
④ 「제왕운기」는 우리 역사를 중국사와 대등하게 파악하였다.

17 고려의 농민을 위한 정책으로 옳지 않은 것은?

① 농민 자제의 과거를 위한 기금으로 광학보를 설치하였다.
② 개간지는 일정 기간 면세하여 줌으로써 농민의 부담을 경감해 주었다.
③ 재해를 당했을 때에는 세금을 감면해 농민 생활의 안정을 꾀하였다.
④ 농번기에는 잡역 동원을 금지하여 농사에 지장을 주지 않도록 하였다.

18 다음과 같은 정책들을 실시한 직접적인 원인으로 옳은 것은?

- 사병 혁파
- 개국 공신 세력 숙청
- 사간원의 독립

① 유교 진흥
② 북진 정책
③ 왕권과 신권의 조화
④ 국왕의 정치 주도권 장악

19 다음 내용과 관련된 붕당이 주도했던 사건은?

- 이이의 학풍을 계승하고 정통 사림을 자처하였다.
- 대의명분론을 존중하고 친명배금을 주장하였다.
- 후금과의 항쟁 과정에서 새로운 군영을 설치하였다.

① 중종반정   ② 기묘사화
③ 이괄의 난   ④ 인조반정

20 조선 시대 북방 정책과 관련된 인물에 대한 설명으로 옳은 것은?

① 최명길 – 청나라의 군신관계 요구에 대해 무력 항쟁을 주장하였다.
② 남이 – 기병을 주축으로 하는 별무반을 조직하여 여진과의 싸움에 대비하였다.
③ 김종서 – 세종의 명으로 두만강 유역의 여진족을 몰아내고 6진을 개척하였다.
④ 임경업 – 효종을 도와 북벌을 계획하고 국방력 강화에 주력하였다.

21 광해군의 외교 정책으로 옳은 것은?

① 명과의 친분 때문에 후금을 배척하였다.
② 명을 배척하고 후금과 친교하였다.
③ 명과 후금을 인정하는 중립 외교 정책을 폈다.
④ 일본을 이용하여 후금을 경계하였다.

22 다음과 같은 조선의 외교 정책의 대상이 되었던 국가로 옳은 것은?

- 회유책으로 관직과 토지, 주택 등을 주어 귀순을 장려
- 강경책으로 세종 때 4군 6진 설치
- 사민 정책으로 북방으로 주민 이주

① 명   ② 여진
③ 일본   ④ 거란

23 비변사에 관한 설명으로 옳지 <u>않은</u> 것은?

① 왜구와 여진족의 침입에 대비하여 16세기 초에 설치된 임시 기구였다.
② 임진왜란을 계기로 문무 고관들의 합의 기관으로 확대되고 국방, 외교, 내정까지 관장하게 되었다.
③ 양난 후 전후 복구, 사회·경제 변동에 대처하고 붕당 간 이해관계 조정 기구였다.
④ 비변사 기능의 강화로 의정부와 6조의 권한은 더욱 강화되었다.

24 다음 내용과 관련이 있는 군대는 무엇인가?

> 포수, 살수, 사수의 삼수병으로 편성되었으며, 장기간 근무를 하고 일정한 급료를 받는 상비군으로서 직업 군인의 성격을 갖는 군인이었다.

① 훈련도감
② 수어청
③ 장용영
④ 어영청

25 다음은 조선 초기에 제작·편찬된 것들이다. 이들의 공통적인 편찬 목적은?

> - 팔도도
> - 팔도지리지
> - 혼일강리역대국도지도
> - 동국여지승람

① 왕조 개창 정당화
② 중앙집권과 국방 강화
③ 통치 규범 성문화
④ 유교적 질서 확립

26 16세기 조선 성리학이 크게 발전하게 된 배경으로 옳지 <u>않은</u> 것은?

① 사림들의 정치적·경제적 지위가 향상되었다.
② 대외 관계가 안정되어 평화가 오래 계속되었다.
③ 정치적 갈등 속에서도 서원 중심의 학문 연구가 진전될 수 있었다.
④ 종래의 화이관에 대한 비판의 기운이 고조되었다.

27 조선 후기의 문화에 대한 설명으로 옳지 <u>않은</u> 것은?

① 성리학은 초기에는 유행하였으나 후기로 갈수록 힘을 잃어갔다.
② 진경산수화가 유행하여 우리 산천에 대한 사실적인 묘사가 많아졌다.
③ 서양인이 제작한 세계지도의 전래로 조선인들의 세계관이 확대되었다.
④ 판소리나 탈춤이 유행하여 서민들의 문화 생활을 풍요롭게 하였다.

28 다음 내용과 관련이 있는 조선 후기의 의학 서적으로 옳은 것은?

> - 체질 의학 이론 확립
> - 태양인, 태음인, 소양인, 소음인으로 구분한 사상 의설

① 허준의 「동의보감」
② 정약용의 「마과회통」
③ 허임의 「침구경험방」
④ 이제마의 「동의수세보원」

29 실학자들이 주장한 토지 제도의 개혁안에 대해 바르게 설명한 것은?

① 유형원 - 사민 간에 균등하게 토지를 분배하여 자영농을 육성한다.
② 홍대용 - 국가가 장기적으로 토지를 매입하여 가난한 농민에게 지급한다.
③ 박지원 - 토지 소유의 상한을 철폐하여 광작을 가능하게 함으로써 농업 생산력을 증대시킨다.
④ 이익 - 농가마다 영업전을 지정하고 이의 매매를 금지시켜, 농민의 몰락을 방지한다.

30 세도 정치기의 지배 체제 유지를 위한 정책으로 옳은 것은?

① 도평의사사 설치
② 장용영 설치
③ 비변사를 통한 정국 운영
④ 의정부 부활

31 밑줄 친 '왕'의 업적으로 옳은 것은?

> 경연에서 신하들이 "붕당(朋黨)이 나누어지는 것은 전랑(銓郞)으로부터 비롯되었으므로 그 권한을 없애야 합니다."라고 하였다. 왕도 역시 이를 인정하여 이조 낭관(郞官)과 한림(翰林)들이 자신의 후임을 자천(自薦)하는 제도를 폐지하도록 명하였다. 그 결과 이조 전랑의 인사 권한이 축소되었다.

① 「속대전」, 「속오례의」 등을 편찬하였다.
② 주자소를 설치하고 계미자를 주조하였다.
③ 초계문신제를 시행하여 관리들을 재교육하였다.
④ 호포제를 실시하여 양반들에게도 군포를 징수하였다.

32 개항 전의 상황으로 옳은 것은?

① 「조선책략」은 유생들의 위정척사 운동을 옹호하였다.
② 흥선 대원군 집권기에도 개항의 필요성을 내세우는 주장이 있었다.
③ 강화도 조약에서 일본은 조선에 대한 청의 종주권을 인정하였다.
④ 청의 알선으로 러시아에도 문호를 개방하였다.

33 위정척사 운동과 동학 농민 운동의 공통점은?

① 외세의 침략에 저항하였다.
② 전제 왕권을 타도하려 하였다.
③ 봉건 체제를 개혁하려 하였다.
④ 근대 문물 수용에 앞장섰다.

34 다음의 사건이 일어난 순서대로 바르게 나열한 것은?

> ㉠ 자유시 참변
> ㉡ 봉오동 전투
> ㉢ 간도 학살(경신 참변)
> ㉣ 청산리 전투

① ㉠ - ㉡ - ㉢ - ㉣
② ㉠ - ㉢ - ㉣ - ㉡
③ ㉡ - ㉠ - ㉣ - ㉢
④ ㉡ - ㉣ - ㉢ - ㉠

35 다음 활동을 펼친 인물로 옳은 것은?

> 1915년에는 국혼을 강조한 「한국통사」를, 1920년에는 전세계 민중의 힘에 의한 일본의 패망을 예견한 「한국독립운동지혈사」를 지었다.

① 정인보
② 박은식
③ 안재홍
④ 신채호

36 다음 사건 이후 전개된 대한민국 임시정부의 활동으로 옳은 것은?

> 대한민국 임시정부는 충칭에서 광복군을 창립하였다. 총사령에는 지청천, 참모장에는 이범석이 임명되었다.

① 건국 강령을 공포하였다.
② 국무령 중심의 내각 책임제를 채택하였다.
③ 구미 위원부를 설치하였다.
④ 국민 대표 회의를 소집하였다.

37 다음의 내용과 같은 일제의 식민 통치가 실시되었던 시기는?

> • 궁성 요배
> • 신사 참배
> • 일본식 성명 강요
> • 황국 신민 서사 암송
> • 국어 · 국사 교육의 금지

① 1900년대
② 1910년대
③ 1920년대
④ 1930년대 이후

38 다음 글이 발표된 배경으로 옳은 것은?

> 내가 30년 동안 조국을 그리다가 겨우 이 반쪽에 들어온 지도 벌써 만 2년 반에 가까웠다. 그동안에 또 다시 안타깝게 그리던 조국의 저 반쪽을 찾아가서 이제 38선을 넘게 되었다. …… 이번 회담의 방안이 무엇이냐고 묻는 친구들이 많다. 그러나 우리는 미리부터 특별한 방안을 작성하지 않고 피차에 백지로 임하기로 약속되었다. …… 조국을 위하여 민주 자주의 통일 독립을 전취하는 현 단계에 처한 우리에게는 벌써 우리의 원칙과 노선이 명백히 규정되어 있는 까닭이다.

① 6·25 전쟁이 발발하였다.
② 브라운 각서가 체결되었다.
③ 애치슨 선언이 발표되었다.
④ 남한만의 단독 선거가 결정되었다.

39 대한민국 정부 수립에 관한 사실로 적절하지 않은 것은?

① 여운형 등은 건국 준비 위원회를 조직하여 독립 국가로서의 정부를 수립하고자 하였다.
② 미국은 한국의 독립 문제를 유엔 총회에 상정하여 유엔으로 하여금 해결해야 한다고 주장하였다.
③ 유엔은 한국 임시 위원단을 구성하고, 유엔의 감시하에 선거를 통해 조속히 통일된 정부를 수립해야 한다고 결의하였다.
④ 김구, 김규식, 이승만 등 정치인들은 남한만이라도 총선거로서 정부를 세워야 한다고 주장하였다.

40 다음 내용을 시대 순으로 바르게 나열한 것은?

> ㉠ 대한민국 정부 수립
> ㉡ 경제 개발 5개년 계획 추진
> ㉢ 제24회 서울 올림픽 개최
> ㉣ 6·15 남북 공동 선언

① ㉠ - ㉡ - ㉢ - ㉣
② ㉠ - ㉢ - ㉡ - ㉣
③ ㉠ - ㉢ - ㉣ - ㉡
④ ㉠ - ㉣ - ㉢ - ㉡

제10회 적중모의고사 | 국사

제한시간: 50분 | 시작 ___시 ___분 – 종료 ___시 ___분

정답 및 해설 256p

01 다음 유물이 등장한 시기의 생활 모습에 관한 설명으로 옳은 것은?

- 빗살무늬 토기
- 가락바퀴

① 철제 농기구로 농사를 지었다.
② 비파형 동검을 의식에 사용하였다.
③ 취사와 난방이 가능한 움집에 살았다.
④ 죽은 자를 위한 고인돌 무덤을 만들었다.

02 다음 중 고조선에 대한 설명으로 옳은 것은?

① 고조선의 세력 범위는 청동기 시대 민무늬 토기(무문 토기)가 출토된 지역과 거의 일치한다.
② 철기 문화를 바탕으로 중국과 대등한 문화수준을 향유하였다.
③ 제사장과 정치적 군장이 분리되어 있는 제정 분리 사회였다.
④ 8조의 법이 있었는데 그 중 3개 조목만이 중국의 기록에 전한다.

03 다음 초기 국가들의 풍속에서 같은 국가의 풍속끼리 바르게 연결된 것은?

① 데릴사위제 – 무천
② 골장제 – 상달제
③ 소도 – 계절제
④ 순장 – 동맹

04 밑줄 친 '이 나라'에 대한 설명으로 옳은 것은?

이 나라는 지방 정치 구획인 읍락 사이에 경계를 정해, 서로 침범하는 경우 노예와 소·말로 배상하게 하였다. 이는 타 지역 주민의 생활의 안전과 재산 보호를 위해 있었던 엄한 벌칙이었다.

① 해산물이 풍부하고 방직 기술이 발달하였다.
② 왕 아래 대가들은 각기 독립된 세력을 유지하였다.
③ 선비족의 침입으로 쇠퇴하여 고구려에 편입되었다.
④ 제천 행사인 영고와 우제점법의 풍습이 있었다.

05 6세기 중반 백제와 신라가 힘을 합하여 고구려를 밀어내고 탈환한 지역은?

① 한강 유역
② 요서 지방
③ 만주 지방
④ 가야 지역

06 다음 중 가장 먼저 일어난 사실은?

① 백제는 말갈족을 방어하면서 여러 읍락 사회들을 통합하기 시작하였다.
② 고구려는 중국의 정치적 혼란을 이용하여 고조선 시대의 옛 땅을 회복하였다.
③ 신라는 김씨의 왕위 세습을 확립하고, 왕호로 마립간을 사용하였다.
④ 금관가야가 주축이 된 가야 세력은 백제와 신라에게 분할 점령되었다.

07 신라 말의 역사적 사실로 가장 적절하지 않은 것은?

① 귀족과 호족의 대토지 소유가 확대되면서 농민들은 토지를 잃고 노비가 되거나 도적이 되었다.
② 후삼국의 성립으로 신라의 지배권은 왕경 부근의 경상도 일대로 축소되었다.
③ 6두품 세력은 골품제를 비판하여 새로운 정치이념으로 성리학을 제시하였다.
④ 중앙정부의 지방에 대한 통제력이 약화되면서 지방에서는 군사력과 경제력을 갖춘 호족 세력이 성장하였다.

08 다음 중 후삼국의 통일 과정을 바르게 나열한 것은?

㉠ 왕건은 궁예를 몰아내고 새 왕조를 세웠다.
㉡ 거란에게 멸망한 발해의 유민들이 고려로 망명해 오자 크게 우대하였다.
㉢ 고려는 신라를 병합하는 데 성공하였다.
㉣ 고려는 후백제군의 주력을 선산에서 격파하였다.

① ㉠ - ㉡ - ㉢ - ㉣
② ㉠ - ㉢ - ㉡ - ㉣
③ ㉠ - ㉢ - ㉣ - ㉡
④ ㉠ - ㉣ - ㉢ - ㉡

09 다음에 제시된 내용으로 알 수 있는 것은?

• 문무왕 – 통일 왕국 이룩
• 신문왕 – 귀족 세력 숙청
• 김유신 – 무열왕 추대

① 전제 왕권의 강화
② 농민 생활의 안정
③ 율령과 제도의 정비
④ 귀족 사회의 동요

10 백제 근초고왕의 업적에 대한 설명으로 옳지 않은 것은?

① 남쪽으로는 마한을 멸하여 전라남도 해안까지 영토를 확장하였다.
② 북쪽으로는 고구려의 평양성까지 쳐들어가 고국천왕을 전사시켰다.
③ 중국의 동진, 일본과 무역 활동을 전개하였다.
④ 왕위의 부자 상속을 확립하였다.

11 통일 신라 시대 귀족 경제의 변화를 말해 주는 녹읍에 대한 설명으로 옳은 것은?

① 성덕왕 때 왕권 강화의 일환으로 폐지하였다가 경덕왕 때 부활하였는데, 이는 당시 전제 왕권의 동요를 보여 준다.
② 수급자가 토지로부터 조(租)를 받을 뿐 아니라, 그 지역의 주민을 노역에 동원할 수 있었다.
③ 삼국 통일 이후 국가에 큰 공을 세운 6두품 신분에게 특별히 지급하였다.
④ 촌락에 거주하는 양인 농민인 백정이 공동으로 경작하였다.

12 다음 자료에 대한 해석으로 옳은 것은?

- 신라 지증왕 3년의 순장 금지
- 신라 무덤에서 출토한 순장 대용 흙인형

① 전쟁 노비의 소멸로 순장할 대상이 없어졌다.
② 농업 생산력의 상승에 따라 노동력을 중시하였다.
③ 죽음에 대한 의식에 도교 사상이 반영되었다.
④ 왕실은 귀족층의 사치와 허례허식을 막기 위해 노력하였다.

13 다음 중 신라 승려에 대한 설명으로 옳지 않은 것은?

① 원효는 미륵 신앙을 전파하며 불교 대중화를 위해 노력하였다.
② 원효는 무애가라는 노래를 유포하며 일반 백성을 교화하였다.
③ 의상은 관음 신앙과 함께 아미타 신앙을 화엄 교단의 주요 신앙으로 삼았다.
④ 의상은 국왕이 큰 공사를 일으켜 도성을 새로이 정비하려 할 때 백성을 위해 이를 만류하였다.

14 백제 문화재에 해당하는 것을 〈보기〉에서 모두 고른 것은?

> 보기
> ㄱ. 백률사 석당
> ㄴ. 정림사지 오층석탑
> ㄷ. 법주사 쌍사자 석등
> ㄹ. 창왕명석조사리감

① ㄱ, ㄴ ② ㄱ, ㄷ
③ ㄴ, ㄷ ④ ㄴ, ㄹ

15 고려 광종의 개혁 정치로 옳은 것을 〈보기〉에서 모두 고른 것은?

> 보기
> ㄱ. 노비안검법
> ㄴ. 국자감 설치
> ㄷ. 지방관 파견(12목 설치)
> ㄹ. 공복 제정

① ㄱ, ㄴ ② ㄱ, ㄷ
③ ㄱ, ㄹ ④ ㄴ, ㄹ

16 다음에서 설명하는 인물은?

> • 서경 길지설 주장
> • 금국 정벌론 주장
> • 국호를 대위, 연호를 천개라 하고, 그 군대를 천견충의군이라 함

① 묘청 ② 신채호
③ 최충 ④ 이자겸

17 고려 사회에 대한 설명으로 옳지 <u>않은</u> 것은?

① 문벌귀족 위주의 사회였다.
② 사회 신분은 귀족, 양민, 천민으로 구성되었다.
③ 백정 농민은 과거에 응시할 수 있었다.
④ 노비를 부모로 둔 자식은 어머니 쪽의 소유주에 귀속되었다.

18 고려 시대의 생활 모습으로 옳지 <u>않은</u> 것은?

① 법으로 이자율을 정하여 이자가 빌린 곡식과 같은 액수가 되면 그 이상의 이자를 받지 못하도록 하였다.
② 개경, 서경, 12목에 의창을 두어 물가의 안정을 꾀하였다.
③ 사위와 외손자에게까지 음서의 혜택이 있었다.
④ 공을 세운 사람의 부모는 물론 장인, 장모도 함께 상을 받았다.

19 고려 시대 여성의 지위에 관한 설명으로 가장 적절한 것은?

① 여성도 호주가 될 수 있었다.
② 남존여비 사상이 확산되었다.
③ 아들이 없을 경우 딸이 제사를 지낼 수 없었다.
④ 호적에서 자녀 간에도 차별을 두었다.

20 고려 시대의 과학과 기술학에 대한 설명으로 옳지 않은 것은?

① 과학과 기술학은 유학과 한문학에 비해 비교적 소홀히 취급되었다.
② 화약 제조법이 알려져 화약과 함께 화포가 제작되어 실전에 사용되었다.
③ 국자감의 잡학 교육이나 과거에서의 잡과에는 주로 중류층이 참여하였다.
④ 고려 후기 이후에는 금속 활자보다 글씨체가 부드러운 목판 인쇄가 더 유행하였다.

21 고려 시대 원 간섭기의 권문세족에 대한 설명으로 옳지 않은 것은?

① 권문세족은 가문의 권위보다는 현실적인 관직을 통하여 정치 권력을 행사하였다.
② 공민왕은 권문세족의 경제력을 약화시키기 위해 전민변정도감을 설치하였다.
③ 권문세족은 사원 세력의 대표인 신돈과 연대하여 신진 사대부에 대항하였다.
④ 권문세족에는 종래의 문벌귀족 가문, 무신정권기에 등장한 가문, 원과의 관계에서 성장한 가문 등이 포함되었다.

22 우리나라 농서에 대한 설명으로 옳은 것은?

① 「농가집성」은 고려 말 이암이 원에서 들여온 것이다.
② 「농사직설」은 정초 등이 왕명을 받아 편찬한 것이다.
③ 「산림경제」는 박세당이 과수, 축산 등을 소개한 것이다.
④ 「과농소초」는 홍만선이 화초 재배법에 대해 저술한 것이다.

23 다음에서 설명하는 제도의 시행에 대한 내용으로 옳은 것은?

> 6조에서 올라오는 모든 일을 영의정, 좌의정, 우의정이 중심이 되는 의정부에서 논의하여 합의된 사항을 국왕에게 올려 결재받게 하였다.

① 세종은 이 제도를 시행하여 왕권과 신권의 조화를 이루었다.
② 세조는 이 제도를 이용하여 초기의 불안한 왕권을 안정시켰다.
③ 태조는 이 제도를 이용하여 유교적 통치 체제를 확립하였다.
④ 태종은 이 제도를 실시하여 직접 6조를 관할하였다.

24 조선 전기의 경제 생활에 관한 설명으로 옳은 것은?

① 시비법의 발달로 휴경지가 소멸하였다.
② 상공업이 발달하여 대외 무역의 발달과 더불어 화폐의 유통이 활발해졌다.
③ 영농 기술이 발달하여 모내기법과 이모작 기술이 전국적으로 널리 보급되었다.
④ 세조 때 직전법의 실시 이후 토지의 사유화 현상이 사라졌다.

25 다음에서 설명하는 대책이 <u>아닌</u> 것은?

> 16세기 이후에 나타난 농민의 토지 유리 현상을 막고자 정부와 지주층인 양반이 여러 가지 대책을 마련하였다.

① 녹읍 부활
② 호패법 강화
③ 오가작통법 강화
④ 향약 시행

26 16세기에 이르러 농민의 부담을 가중시킨 것으로 다음과 가장 관계가 깊은 것은?

> • 인징·족징 등이 행해졌다.
> • 이이와 유성룡은 수미법을 주장하였다.

① 환곡의 고리대화
② 전분 6등법의 실시
③ 방납의 폐단
④ 방군수포제 실시

27 조선 후기 각 문화의 영역별 특징으로 옳지 <u>않은</u> 것은?

① 그림 – 진경산수화, 풍속화가 유행하였다.
② 문학 – 현실세계를 주된 소재로 다루었다.
③ 건축 – 거중기를 이용하여 견고한 토성을 축조하였다.
④ 서예 – 고대 금석문에서 서도의 원류를 찾으려는 서체가 나왔다.

28 조선 후기 농업의 발달과 관련이 있는 것을 〈보기〉에서 모두 고른 것은?

> ― 보기 ―
> ㄱ. 이앙법과 견종법이 보급되었다.
> ㄴ. 상품 작물의 재배가 활발하였다.
> ㄷ. 2년 3작의 농법이 새로 보급되었다.
> ㄹ. 노동력 부족으로 수리 시설이 감소하였다.
> ㅁ. 고구마, 감자 같은 구황작물이 재배되었다.
> ㅂ. 많은 토지를 경작하는 광작이 성행하였다.

① ㄱ, ㄴ, ㄷ, ㄹ
② ㄱ, ㄴ, ㄷ, ㅁ
③ ㄱ, ㄴ, ㅁ, ㅂ
④ ㄴ, ㄷ, ㄹ, ㅁ

29 다음의 결과를 가져 온 조선 시대의 제도 개혁으로 옳은 것은?

> • 방납의 폐단을 시정하기 위해 시행되었다.
> • 과중했던 농민들의 공납 부담이 다소 경감되었다.
> • 물품의 조달을 위해 공인의 활동이 활발해졌다.

① 영정법
② 균역법
③ 대동법
④ 타조법

30 흥선 대원군의 개혁 정치로 옳지 않은 것은?

① 호포법 시행
② 사창제 실시
③ 「대전회통」 편찬
④ 비변사의 기능 강화

31 한말 의병 운동이 의병 전쟁으로 발전하게 된 계기로 옳은 것을 〈보기〉에서 모두 고른 것은?

― 보기 ―
ㄱ. 단발령
ㄴ. 을사조약
ㄷ. 군대 해산
ㄹ. 고종 황제의 강제 퇴위

① ㄱ, ㄴ
② ㄱ, ㄷ
③ ㄴ, ㄹ
④ ㄷ, ㄹ

32 다음과 같은 활동을 한 밑줄 친 '이 단체'는?

'이 단체'의 깃발 밑에 공고한 단결을 이루기가 뼈저리게 힘들다고 고민할망정 결국 분산을 재촉한 것은 중대한 과오가 아닌가. 계급 운동을 무시한 민족 당일당 운동이 문제가 있는 것과 같이 민족을 도외시하고 계급 운동만 추구하며 민족주의 진영을 철폐하자는 것도 중대한 과오이다. … (중략) … 조선의 운동은 두 진영의 협동을 지속적으로 추구해야 할 정세에 놓여 있고, 서로 대립할 때가 아니다. 두 진영의 본질적 차이를 발견하기 어려운 만큼 긴밀히 동지적 관계를 기할 수 있는 것이다.

① 신민회
② 정우회
③ 신간회
④ 근우회

33 다음의 경제적 구국운동에 대한 설명으로 옳은 것은?

남자는 담배를 끊고 부녀자들은 비녀·가락지 등을 팔아서 민족 언론 기관에 다양한 액수의 돈을 보내며 호응했다. 이는 정부가 일본으로부터 빌린 차관 1,300만 원이라는 액수를 상환하여 경제적 독립을 이룩하기 위한 것이었다.

① 보안회가 주도하였다.
② 총독부의 탄압과 방해로 실패하였다.
③ 대구에서 시작되어 전국적으로 확대되었다.
④ '내 살림 내 것으로', '조선 사람 조선 것' 등의 표어를 내걸었다.

34 (가)와 (나) 시기 사이에 발생한 사건으로 옳은 것은?

> (가) 병인년에 프랑스인이 강화도를 점령하자 양헌수가 정족산성에 들어가 그들과 맞서 싸웠다.
> (나) 신미년에 미국인이 강화도를 침범하자 어재연이 광성보에서 그들과 맞서 싸웠다.

① 운요호가 강화도 초지진을 공격하였다.
② 영남 지역의 유생들이 만인소를 올렸다.
③ 미국과 조미 수호 통상 조약을 체결하였다.
④ 오페르트가 남연군의 무덤을 도굴하려 하였다.

35 다음 중 을사의병에 대한 설명으로 옳지 않은 것은?

① 외교권 박탈에 대항하여 일어났다.
② 최초의 평민 출신 의병장 신돌석이 활약하였다.
③ 유생 최익현은 쓰시마 섬에 유배되어 순국하였다.
④ 고종의 해산 권고 조칙으로 해산하였다.

36 다음 강령을 채택한 단체에 대한 설명으로 옳은 것은?

> • 우리는 정치적·경제적 각성을 촉구한다.
> • 우리는 단결을 공고히 한다.
> • 우리는 기회주의를 일체 부인한다.

① 조선 물산 장려회를 조직하였다.
② 한글 맞춤법 통일안을 제정하였다.
③ 암태도 소작 쟁의를 주도적으로 이끌었다.
④ 광주 학생 항일 운동의 진상 조사 활동을 펼쳤다.

37 다음 사건에 대한 설명으로 옳은 것은?

> 미군이 제너럴셔먼호 사건을 구실로 광성보를 침공하였다. 어재연이 이끄는 조선군은 격렬히 항전했지만, 미군에 패하고 말았다. 그러나 조선 정부는 굴복하지 않았고, 결국 미군은 물러갔다.

① 「조선책략」에 대한 반발로 발생한 사건이었다.
② 전국 여러 곳에 척화비가 세워지는 계기가 되었다.
③ 오페르트가 남연군묘 도굴 사건을 일으킨 원인이 되었다.
④ 이 사건 당시 정족산성에서 양헌수 부대가 승리를 거두었다.

38 다음 글의 (가)에 들어갈 내용으로 옳은 것은?

> 국내·외에서 줄기차게 전개된 독립운동은 연합국이 한국의 독립을 약속하는 데에 영향을 미쳤다. 1943년에 미국의 루스벨트 대통령과 영국의 처칠 수상, 중국의 장제스 총통은 '한국인이 노예적 상태에 있음에 유의하여 적당한 절차(in due course)를 밟아 한국을 독립시키기로 결의한다.'는 내용이 담긴 (가) 을 발표하였다.

① 얄타 협정
② 카이로 선언
③ 포츠담 선언
④ 트루먼 독트린

39 8·15 광복 직후 일어난 역사적 사실로 옳은 것은?

① 여운형은 조선 건국 동맹을 조직하였다.
② 대한민국 임시정부는 건국 강령을 발표하였다.
③ 조선어학회는 우리말 큰사전 편찬을 시작하였다.
④ 모스크바 3국 외상 회의에서 한반도 문제가 논의되었다.

40 다음 사실들을 시기 순으로 바르게 나열한 것은?

> ㉠ 서울 올림픽 개최
> ㉡ 한·일 월드컵대회 개최
> ㉢ 금융 실명제 개시
> ㉣ 제3차 경제 개발 5개년 계획 실시

① ㉠ - ㉣ - ㉡ - ㉢
② ㉡ - ㉢ - ㉣ - ㉠
③ ㉢ - ㉡ - ㉣ - ㉠
④ ㉣ - ㉠ - ㉢ - ㉡

국사

정답 및 해설

- **제1회** 정답 및 해설
- **제2회** 정답 및 해설
- **제3회** 정답 및 해설
- **제4회** 정답 및 해설
- **제5회** 정답 및 해설
- **제6회** 정답 및 해설
- **제7회** 정답 및 해설
- **제8회** 정답 및 해설
- **제9회** 정답 및 해설
- **제10회** 정답 및 해설

지식에 대한 투자가 가장 이윤이 많이 남는 법이다.

— 벤자민 프랭클린 —

 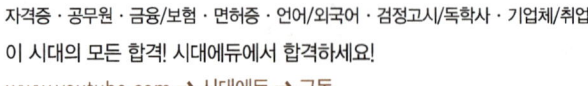 

제1회 정답 및 해설 | 국사

01	02	03	04	05	06	07	08	09	10	11	12	13	14	15	16	17	18	19	20
②	③	①	④	②	③	①	①	②	①	①	③	②	①	④	①	③	③	①	④
21	22	23	24	25	26	27	28	29	30	31	32	33	34	35	36	37	38	39	40
①	④	①	③	②	①	②	③	④	①	①	④	③	③	③	①	③	③	②	②

01 정답 ②

(가)에 해당하는 시기는 구석기 시대이다. 구석기 시대 유적지로는 경기도 연천 전곡리, 충남 공주 석장리, 단양 금굴 등이 있으며, 대표적 유물로는 주먹도끼, 찍개·긁개 등의 뗀석기, 골각기 등이 있다.
① · ③ 신석기 시대, ④ 청동기 시대

02 정답 ③

청동기 시대에는 분화되면서 권력과 지배력을 가진 군장이 나타나며 계급 사회를 이루었다.

03 정답 ①

제시된 내용은 신석기 시대와 관련이 있다. 신석기 시대에는 가락바퀴와 뼈바늘로 옷이나 그물을 제작하였다.
② · ③ · ④ 철기 시대

04 정답 ④

④ 부여는 1책 12법이라 하여 물건을 훔친 자는 12배로 배상하게 하는 제도가 있었다.

05 정답 ②

제시된 사료는 고구려의 서옥제라는 혼인 풍습에 대한 것이다. 이는 남녀가 혼인을 하면 신부 집 뒤꼍에 서옥이라는 집을 짓고 살다가, 자식을 낳아 장성하면 신부를 데리고 자기 집으로 가는 풍습이다. 제가 회의는 고구려의 귀족 회의로 유력 부족의 우두머리들이 모여 국가의 중대사와 주요 정책을 논의하고 결정하였다.
① 부여, ③ 동예, ④ 삼한

06 정답 ③

충주 고구려비
5세기 고구려 장수왕 때 고구려의 남방 진출과 주도권 장악을 의미하는 국내 유일의 고구려비로 중원(충주)에 선립된 적경비이다. 이 비를 만들 당시 고구려군이 신라에 주둔했으며, 고구려가 신라에 대한 영향력을 행사했음을 알 수 있다.
① 법흥왕 때 건립된 울진 봉평 신라비이다.
② · ④는 신라 진흥왕 때 건립된 순수비와 적성비이다.

07 정답 ①

(가)는 문주왕이다. 장수왕의 공격으로 인해 한성이 함락되고 개로왕이 죽자, 뒤를 이어 즉위한 문주왕은 475년에 백제의 도읍을 웅진(공주)으로 옮겼다.

08 정답 ①

(가)는 백제의 성왕, (나)는 신라의 진흥왕이다. 성왕과 진흥왕은 고구려의 한강 지역을 공격하여 한강 유역 일부를 확보하였다. 그러나 진흥왕은 관산성 전투에서 성왕을 전사시키고 한강 유역을 독점하였다.

09 정답 ②

제시문에서 설명하고 있는 불교 사상은 신라 하대에 유행한 '선종'이다.
② 신라 하대에는 선종의 영향으로 승려의 사리를 봉안한 승탑이 유행하였는데, 화순 쌍봉사 철감선사탑은 팔각원당형의 대표적인 승탑이다.

10 정답 ③

ⓒ 신라 김유신이 황산벌 전투에서 백제 계백이 이끄는 군대를 격파하고 사비성을 함락시키며 백제가 멸망하였다(660).
ⓔ 왜의 수군이 백제 부흥 운동을 지원하여 백강 입구까지 왔으나 나·당 연합군에게 패배하였다(663, 백강 전투).
㉠ 나·당 연합군이 고구려의 수도인 평양성을 함락시키면서 고구려가 멸망하였다(668).
ⓛ 신라는 고구려 부흥 운동을 후원하며 백제에 대한 지배권을 장악하였고, 이어 남침해 오던 당나라 이근행의 20만 대군을 매소성에서 격파하였다(675).

11 정답 ①

밑줄 그은 왕은 고구려의 장수왕이다. 장수왕은 중국의 남북조와 각각 우호 관계를 맺고 본격적인 남하 정책을 펼쳤다. 이에 따라 도읍을 평양으로 옮기고 백제의 수도 한성을 점령한 후 개로왕을 전사시키고 한강 유역을 차지하였다.

12 정답 ③

통일 신라 시대 미술(이상적인 미의 세계와 통일된 조화의 세계를 창조)
• 석굴암 : 불교의 융성에 힘입어 발달한 미술로 뛰어난 제작 기술과 고상한 미적 감각으로 신라 미술품 중 가장 정채롭다. 통일 신라 조각 미술의 결정체로써 김대성이 발원함으로써 8세기 후반에 축조되었다.
• 불국사 삼층석탑(석가탑) : 삼층석탑은 통일 신라의 대표적 양식이다. 초기에 등장한 감은사탑이나 고선사탑에서는 웅장하고 강건한 품격을 보여 주었는데, 석가탑에 이르러서는 극도로 세련된 미적 감각과 절제된 균형미가 무르익어 조화의 극치를 보여 준다.

13 정답 ②

② 남북국 시대라는 용어를 최초로 언급한 책은 유득공의 「발해고」이다.

14 정답 ①

도방은 경대승이 신변 보호 등을 목적으로 설치한 사병 기구이다. 경대승의 집권기인 1182년에 지방관의 가혹한 수탈에 반발하여 전주 관노의 난이 일어났다.

15 정답 ④

고려 전기의 지배층인 문벌귀족은 특권을 누리면서 12세기 이후 점차 보수화되었다. 이들은 왕실이나 유력 가문과 중첩된 혼인 관계를 맺고 과거와 음서를 통해 주요 관직을 독점하였다. 또한 전시과와 공음전, 고리대를 통해 대토지를 소유하는 등 경제적 기반을 확대하였다.

16 정답 ①

㉠ 무신정변이 일어난 지 3년 뒤인 1173년에 문신 출신 동북면 병마사 김보당이 난을 일으켰다.
㉡ 천민 출신이었던 이의민은 경대승이 병으로 죽게 되자 명종의 부름을 받아 1183년부터 권력을 장악하였다.
㉢ 김사미와 효심의 봉기는 1193년에 경상도 지방에서 발생하였다.
㉣ 최충헌은 자신에 대한 암살을 모의한 세력을 수색하고 처벌하기 위하여 1209년에 교정도감을 임시 기구로 설치하였다. 그러나 이후에도 교정도감은 존속하면서 무신 정권 최고의 권력 기구로 자리 잡았다.

17 정답 ③

(나)는 삼국유사는 불교사 중심으로 서술되었고 단군의 건국 설화가 수록되었다. 신라와 발해를 남북국으로 칭한 책은 유득공의 「발해고」이다.

18 정답 ③

지도에 표시된 지역들은 통일 신라의 행정 구역인 9주 5소경이다. 신라의 수도는 반도의 동남쪽에 치우쳐 있어서 확대된 영역을 통치하기가 불편하였으므로 한때 수도를 달구벌(대구)로 옮기려 하였으나 실패하였다. 그 대신 수도 외에 대가야의 본거지와 백제·고구려의 옛 땅에 모두 5개의 소경을 두었다. 5소경은 북원경(원주), 중원경(충주), 서원경(청주), 남원경(남원), 금관경(김해)으로, 중앙 귀족의 자제나 호민, 그리고 여러 주군의 민호를 강제로 이주시켜서 지방 세력을 견제하게 하였다. 각 소경에는 사신(仕臣)이라는 장관이 있어 그곳을 다스렸다.

19 정답 ①

고려의 독자성을 보여 주는 관청인 도병마사는 양부(중서문하성과 중추원)의 고관(재신과 추밀)으로 구성된 회의 기관이다. 국방 문제를 담당하는 임시 기구였으나, 고려 후기에 도평의사사(도당)로 개편되면서 구성원이 확대되고, 국정 전반에 걸친 중요 사항을 담당하는 최고 정무 기구로 발전하였다.

20 정답 ④

제시문의 '그'는 삼봉 정도전이다. 조선 태조 때 활약한 정도전은 「조선경국전」과 「경제문감」을 저술하여 민본적 통치 규범을 마련하고, 재상 중심의 정치를 주장하였다.
① 1419년(세종 원년) 이종무는 쓰시마섬을 토벌하여 왜구의 근절을 약속받고 돌아왔다.
② 「삼강행실도」는 모범이 될 만한 충신, 효자, 열녀 등의 행적을 그림으로 그리고 설명을 붙인 윤리서로서 세종 때 편찬하였다.
③ 세종 때에는 김종서와 최윤덕을 보내 여진을 토벌하고 4군과 6진을 설치하여 압록강과 두만강을 경계로 하는 오늘날과 같은 국경선을 확정하였다.

21 정답 ①

고려의 여진 정벌
윤관의 별무반(신기군·신보군·항마군) 조직 (1104, 숙종) → 여진 정벌 → 동북 9성 축조 (1107, 예종)·반환

22 정답 ④

조선 세종 때 북쪽 국경 지대에 최윤덕과 김종서를 보내 여진을 토벌하고 4군 6진을 설치하여 남방의 백성을 북방으로 이주시키는 사민 정책을 실시하여 국경 지대를 공고히 하였다.

23 정답 ①
조선 건국의 주도 세력
- 신진 사대부
  - 온건 개혁파 : 다수, 고려의 틀 안에서 점진적 개혁 추구
  - 급진 개혁파 : 소수, 역성 혁명 주장
- 신흥 무인 세력 : 홍건적과 왜구의 침입을 격퇴하면서 성장

24 정답 ③
제시된 사료는 1689년의 기사환국에 대한 내용으로, 밑줄 친 '왕'은 숙종이다. 숙종 38년에 국경을 명확히 하자는 청의 요구에 백두산 일대를 답사하고 국경을 확정하는 백두산 정계비를 세웠다.

25 정답 ②
무오사화, 갑자사화, 기묘사화는 훈구와 사림의 대립 과정에서 일어난 사화이다. 사화를 거치면서 사림 세력은 크게 타격을 입게 되었다.

26 정답 ①
과전법
고려 말과 조선 초에 관리에게 토지를 주던 제도 가운데 하나이며, 과전은 수조권에 따라 공전, 사전으로 구분되었다.
- 공전 : 민전을 징세의 대상으로 파악(농민의 경작권 보장)
- 사전 : 과전(관리, 경기도의 토지에 한정, 원칙적으로 세습 불가), 공신전(공신, 세습 허용), 공해전·늠전(지방 관청), 학전(학교), 사원전(사원), 수신전(미망인), 휼양전(유자녀)

27 정답 ②
(가)는 사림파를 말한다. 사림파의 특징은 왕도정치, 향촌 자치 추구, 소격서 폐지, 성리학 이외의 사상 배격 등이 있다.
② 중앙집권 체제를 강조한 것은 훈구파이다.

28 정답 ③
근세 사회의 촌락 공동체 조직
- 동계·동약 : 사족들이 촌락민에 대한 지배력을 신분적으로 강화할 목적으로 조직 → 지주제를 통하여 사회 경제적 지배를 관철시킴
- 향도계·동린계 : 일반 백성들이 농촌에서 만든 자생적인 생활 문화 조직

29 정답 ④
조광조의 개혁 정치
왕도정치의 이상 실현, 현량과 설치, 불교·도교 행사 폐지, 공납 제도의 개혁, 향약 실시, 위훈 삭제 문제로 중종과 반정 공신의 반발 → 기묘사화(1519) 발생

30 정답 ①
태종은 왕권 강화를 위해 국가의 업무를 6조에서 국왕에게 직접 보고하게 하는 6조 직계제를 실시하고 사병을 혁파하였다.

31 정답 ①
세도 정치는 조선 후기 왕의 신임과 직접적인 위임을 받는 특정 가문의 인물들이 정권을 잡고 나라를 다스리던 것이다. 조선 후기에 당쟁이라고 했던 붕당 정치는 정당정치적 민주주의라고 할 수 있지만, 세도 정치는 오히려 근대화에 역행하는 요인이 되었다.

32 정답 ④
조선의 실학자 유득공은 정조 때 발해의 역사서인 「발해고」를 완성하였다. 이 책은 발해사를 독립적으로 다루었다는 점과 특히 자주적인 입장에서 발해사를 체계화하고 발해를 한국 역사의 영역으로 끌어들여 발해의 영역이 한국 영토라는 사료적 근거를 제공해 주었다는 점에서 높이 평가된다.

33 정답 ③
영조는 군포 징수 과정의 폐단을 극복하고 농민의 군포 부담을 줄여 주기 위해 군포 부담을 1년 2필에서 1필로 줄이는 균역법을 실시하였다.

34 정답 ③
제시문은 조선 후기 모내기법(이앙법)으로 벼의 싹인 모를 작은 못자리에서 키운 후에 논으로 옮겨 심는 방법에 대한 내용이다. 의주의 만상은 조선 후기 중국과 개시·후시 무역을 통해 부를 축적하였다.

35 정답 ③
보부상은 생산자와 소비자를 연결하고, 보부상단을 결성하여 전국의 장시를 무대로 활동하였다.
① 의주의 만상(대청 무역)과 동래의 내상(대일 무역)에 대한 설명이다.
② 경강 상인은 한강을 중심으로 운송업에 종사하고 선박의 건조 등 생산 분야에 진출하였다.
④ 송상은 개성을 중심으로 전국에 지점(송방)을 설치하고 인삼을 재배하여 판매하였다.

36 정답 ①
㉠ 강화도 조약(1876년) → ㉢ 임오군란(1882년) → ㉡ 갑신정변(1884년) → ㉥ 방곡령 사건(1889년) → ㉣ 갑오개혁(1894년) → ㉤ 독립협회 설립(1896년)

37 정답 ③
제시된 내용은 임오군란의 원인과 과정이다. 방곡령에 대한 규정은 1883년 조일 통상 장정의 결과에 따라 삽입되었으며, 그 결과로 양곡이 무제한으로 유출되어 방곡령이 선포되었다. 대표적 사례로는 1889년 함경도, 황해도에서의 방곡령을 들 수 있다.

38 정답 ③
제시문의 (가)는 1946년에 발표한 이승만의 정읍 발언이며, (나)는 1948년 김구가 연설한 「삼천만 동포에게 읍고함」의 내용이다. 김구를 비롯한 임시정부 진영은 신탁 통치를 적극 반대하기 위해 '신탁 통치 반대 국민 총동원 위원회'를 조직하였다.

39 정답 ②
② 모스크바 3국 외상 회의는 1945년 12월에 개최되었으며, 대한민국 정부 수립은 1948년 8월 15일에 선포되었다. 반민족 행위 처벌법은 1948년 9월에 제정되었다.
① 제1차 미·소 공동 위원회(1946)와 제2차 미·소 공동 위원회(1947)는 합의하지 못하고 결렬되었다.
③ 1948년 4월 김구, 김규식 등이 북한을 방문하여 남북 협상을 개최했으나 실패하였다.
④ 5·10 총선거는 1948년에 실시되었다.

40 정답 ②

② 4·19 혁명(1960) : 이승만의 자유당 정권이 저지른 부정 선거에 항의하는 학생들을 중심으로 시작되었다. 이를 통해 이승만은 대통령직에서 물러났으며, 동시에 자유당 정권이 붕괴되었다.
① 사사오입(四捨五入) 개헌(1954) : 당시 집권당이었던 자유당이 사사오입(반올림)을 내세워 당시 정족수 미달이었던 헌법안을 통과시킨 제2차 헌법 개정에 붙은 별칭이다.
③ 3선 개헌(1969) : 1969년 박정희의 3선을 목적으로 이루어진 대한민국의 6번째 헌법 개정이다.
④ 10월 유신(1972) : 박정희 정권이 제3공화국 헌법을 제4공화국 헌법으로 개헌한 것을 말한다.

제2회 정답 및 해설 | 국사

01	02	03	04	05	06	07	08	09	10	11	12	13	14	15	16	17	18	19	20
①	②	②	②	③	③	①	④	③	①	①	③	②	②	④	②	③	④	①
21	22	23	24	25	26	27	28	29	30	31	32	33	34	35	36	37	38	39	40
④	②	③	③	②	①	④	①	④	①	④	④	②	④	③	③	②	②	④	②

01 정답 ①
① 구석기 시대에는 이동생활을 하며 주로 동굴이나 바위 그늘에서 생활하였다. 구석기 시대 후기에 이르면 강가에 막집을 짓고 살았는데, 막집에서 담 자리와 불 땐 자리가 발견되어 이 시기에 불을 사용했음을 알 수 있다.

02 정답 ②
제시된 내용은 부여의 4조목이다. 남의 물건을 훔쳤을 때 12배로 갚게 하는 1책 12법에서 보복 주의적 성격과 사유 재산 및 노동력을 중시하는 풍습이 나타나며, 투기가 심한 부인을 사형에 처하는 조항에서는 가부장적 가족 제도를 알 수 있다.

03 정답 ②
청동기 시대의 도구 및 무덤
- 석기 : 반달돌칼, 바퀴날 도끼, 홈자귀 등
- 청동기 : 비파형 동검, 거친무늬 거울 등
- 토기 : 미송리식 토기, 민무늬 토기, 붉은 간토기 등
- 무덤 : 고인돌(지배층의 무덤, 탁자식·바둑판식), 돌널무덤 등

04 정답 ②
부여에는 순장 풍속, 형사취수제, 우제점법, 1책 12법, 제천 행사인 영고(12월) 등이 있었다.
① 삼한
③ 옥저
④ 고구려

05 정답 ③
장수왕 때에는 중국의 남북조 모두와 친선 관계를 맺어 대립하고 있던 두 세력을 조종하는 외교 정책으로 중국을 견제하였다. 또한 몽골 지역의 유연과도 교류하여 동아시아의 4강 혹은 5강 체제를 성립하였다.
①·②·④ 광개토대왕 때의 사실이다.

06 정답 ③
③ 삼국 시대의 군사 제도는 지방 조직과 매우 밀접한 연관이 있었다. 삼국은 모두 지방 군대를 조직하고 있었는데, 지방의 행정 조직은 곧 군사 조직이기도 했다. 성에는 일정한 수의 군대가 주둔하고, 성주는 지휘관이었다.
① 16관등은 백제의 관직 및 관료 체제이다.
② 3경 제도는 고구려에서 나타났다(평양성, 국내성, 한성).
④ 고구려의 관직명에 '형'과 '사자'의 이름이 많이 나타났다.

07 정답 ①

신라 시대는 상대와 중대, 그리고 하대로 나뉘는데, 하대(선덕왕~경순왕)는 무열왕계 왕위 세습이 끊어지고 내물왕계 진골 왕실이 성립된 시기이다. 이 시기에는 골품 제도가 변화된 사회 현실을 수용하지 못한 채 폐쇄적으로 전개되고, 족당의 형성 및 왕권의 쇠퇴로 호족과 해상 세력이 등장하는 시기였다.

08 정답 ④

④ 독서삼품과는 통일 신라 시대 원성왕이 처음으로 관리 채용을 위해 실시한 제도로, 당시의 국립대학인 국학의 여러 학생들을 독서로써 시험하여 그 성적에 따라 상·중·하 3등급으로 나누어 등용하였다. 실력에 의한 관리 선발이라는 점에서 고려의 과거 제도에 앞선 선구적 제도였으나, 당시 신라 하대의 왕권 약화, 골품 제도를 고수하려는 진골 귀족 세력의 반대 등으로 제대로 실시될 수 없었다.

09 정답 ③

삼국은 학문이 발달하고 중앙집권적 체제가 자리를 잡아감에 따라 각자 나라의 역사를 편찬하기 시작하였다. 고구려는 수 문제의 30만 대군을 막아낼 정도로 강했던 영양왕 때 신집이 편찬되었고, 백제는 전성기 때인 근초고왕 때 서기를 편찬하였다. 또, 신라는 발전기였던 진흥왕 때 국사를 편찬하였다. 이렇듯 역사 편찬은 나라의 전통을 이해하고 왕실의 권위를 바로잡아 백성들이 나라에 대한 충성심을 갖도록 하는 것을 목적으로 실시되었다.

10 정답 ①

ㄱ. 관료전은 남북국 시대에 신라에서 관료들에게 지급한 토지로서, 직전이라고도 한다. 신라에서는 처음 관료에게 녹읍을 지급하다가 신문왕 때 종전의 제도를 고쳐 녹읍을 폐지하고 관료전과 병행하여 녹봉을 지급하였다.

ㄴ. 정전은 남북국 시대에 신라에서 백성들에게 지급한 토지이다. 정전의 지급은 기본적으로 국가에 일정한 역(役)을 담당하는 정(丁)을 대상으로 하였으며, 국가가 농민에게 나누어 주고 경작하게 하여 국가에 직접 조를 바치게 하였다.

ㄷ. 녹읍은 신라 때부터 고려 초기까지 나라에서 벼슬아치에게 직무의 대가로 지급한 수조권을 말한다. 땅의 소유권은 나라에 속하였고, 녹읍을 받는 이는 그 땅의 조세와 함께 노동력을 징발할 수 있을 뿐이었다.

ㄹ. 식읍은 공신이나 왕족에게 내리던 토지이다. 식읍은 녹읍과 마찬가지로, 소유권은 나라에 있고 그 땅의 조세와 함께 노동력을 징발할 수 있을 뿐이었다. 다만, 녹읍과는 달리 봉작과 함께 상속할 수 있었다.

11 정답 ①

고려 시대 노비의 지위
매매·증여·상속의 대상, 주인에게 예속, 비인격적 대우, 부모 중 한쪽이 노비이면 자식도 노비(일천즉천)
② 백정 : 농민(양민, 조세·공납·역의 의무)
③ 귀족 : 5품 이상 고위 관료(음서제와 공음전 특전)
④ 향리 : 중류(지방 행정 담당)

12 정답 ③

이자겸의 난과 묘청의 서경 천도 운동은 문벌귀족 사회의 모순을 나타낸 것으로, 문벌귀족 사회가 흔들리는 계기가 되었다. 이후 무신정변으로 무신이 정권을 잡음으로써 문벌귀족 사회가 붕괴되었다.

13 정답 ②
제시문에 해당하는 계층은 중류층이다. 중류층은 직역을 세습적으로 물려받았으며, 그에 상응하는 토지도 받았다.
① 중류층은 통치 체제의 하부 구조를 맡았다.
③ 법제적으로 문과 시험에 응시할 수 없었던 계층은 중인 신분인 서얼이다.
④ 귀족에 대한 설명이다.

14 정답 ②
몽골의 침입
강화도로 천도하여 장기간 항쟁(팔만대장경 제작) → 최씨 정권 붕괴 → 몽골과 강화 후 개경 환도(1270)
① 강동 6주 설치(993)
③ 위화도 회군(1388)
④ 동북 9성 축조(1107)

15 정답 ②
제시문의 (가)는 팔관회이다.
② 팔관회는 주로 10, 11월에 개최되었다. 정월 대보름에 개최된 행사는 연등회이다. 성종 때 민생의 안정과 국가 재정을 위해 최승로의 시무 28조를 수용하여 연등회, 팔관회를 모두 폐지하였다.

16 정답 ④
조선 후기에 청과의 교역이 활발해지면서 은의 수요가 늘어났고, 이에 따라 은광 개발이 활발해졌다.
① 북방의 여진족을 몰아내고 4군 6진을 개척한 왕은 세종이다.
② 임진왜란 이후 국교 재개를 먼저 요청한 것은 일본이다.
③ 조선 후기 북벌 운동의 한계를 느낀 지식인들은 북학 운동을 전개하였다.

17 정답 ②
사림파는 본래 고려 말부터 지방의 중소 지주 출신 사대부 가운데 중앙 정계에 진출하지 않고, 지방에서 영향력을 행사하던 세력을 가리키는 말이었다. 이들은 조선 건국 시기에 역성 혁명을 반대하고 주로 향촌 사회에서 세력을 형성하였으며, 학문과 교육에 힘썼다. 또한 유향소를 구성하여 지방의 백성들을 교화하고 수령의 자문에 응하는 등 향촌의 행정을 도왔고, 향약을 보급하는 데에도 힘썼다.

18 정답 ③
(가) : 홍문관
(나) : 사헌부
• 승정원 : 국왕 비서 기관, 왕명 출납
• 사간원 : 간쟁(고려 중서문하성의 대간과 동일한 역할)
• 사헌부 : 감찰(고려의 어사대 역할)

19 정답 ④
서당 교육의 확대와 서민 문학의 발달로 서민들의 사회 비판 의식이 높아졌으며, 광작과 도고 활동을 통해 부유한 평민층이 나타났다. 또한 조선 전기에는 국가가 상공업을 통제하는 중농억상 정책을 실시했으나, 조선 후기에는 국가의 통제가 약화되어 지방 장시가 활성화되고 사상의 성장과 민영 수공업의 발달 등으로 상품 화폐 경제가 발달하였다.

20 정답 ①
은 본위 제도는 갑오개혁(1894~1896) 이후 시행되었다.
• 화폐 유통 배경 : 상공업의 발달에 따라 동전의 전국적 유통
• 은 본위 제도 : 일정량의 은을 화폐 단위로 하는 본위 화폐 제도이다.

21 정답 ④
① 과거에 응시할 수 있는 자격은 천인을 제외하고는 특별한 제한이 없었다. 양인 농민은 과거에 응시가 가능했으나 시간과 비용에 따른 제약이 있어 실질적으로 이를 통한 신분 상승이 곤란하였다.
② 양민 농민 모두가 자영농은 아니었다.
③ 여자는 호패를 소지할 수 없었다.

22 정답 ②
향약 성립
- 전통적 공동 조직과 미풍양속 계승, 삼강오륜의 유교 윤리 가미
- 향촌 자치적 기능(사회의 풍속 교화, 질서 유지, 치안 담당 등), 사림의 농민 통제 강화, 사림의 지위 강화

23 정답 ③
② 조광조를 비롯한 사림파의 향약 보급 운동과 「소학」을 중시하던 시기는 중종 때인 16세기 초를 말한다.
ⓒ 서경덕의 주기 철학에 관한 내용이다. 태허설은 서경덕이 중종 말기인 1544년에 쓴 논문으로 우주 공간은 비어 있으면서도 비어 있지 않고 영원불멸한 무한의 존재라고 하였다.
ⓒ 사단칠정 논쟁은 이황과 기대승 사이에서 총 8년(1559~1566)동안 편지를 통해 벌어졌다.
㉠ 16세기 중반 이후 혼란한 상황에서 이이가 주장한 경장론과 기에 대한 내용이다.

24 정답 ③
③ 「속대전」은 영조 때 편찬된 법전이며, 정조 때에는 「대전통편」이 편찬되었다.

25 정답 ②
㉠은 중농주의, ㉡은 중상주의 실학자의 입장이다. 중농주의 실학자들은 농촌 사회의 안정을 위하여 자영 농민을 육성하기 위한 토지 제도의 개혁을 추구하였고, 중상주의 실학자들은 상공업의 진흥과 기술의 혁신을 주장하면서 청나라의 문물을 적극 수용하여 부국강병과 이용후생에 힘쓸 것을 주장하였다. 또한 중농주의 실학자는 남인 계열이, 중상주의 실학자는 서인 계열이 많았다.

26 정답 ①
인간 감정의 적나라한 묘사, 사회 비판적 소재, 서민적 주인공의 등장과 현실세계를 작품 무대로 설정한 것이 조선 후기 서민 중심의 문화 풍조이다.

27 정답 ④
농학과 박물학을 집대성하고, 둔전을 설치한 인물은 조선 후기의 실학자 서유구이다. 서유구는 농학을 집대성하여 농촌 생활 백과사전인 「임원경제지」를 저술하였다.
① 박세당이 지은 농서
② 홍만선이 지은 농서
③ 박지원이 지은 농서

28 정답 ①

임오군란 (1882)	별기군 창설에 대한 구식 군인의 반발, 청의 내정 간섭 초래
갑신정변 (1884)	급진적 개혁 추진, 청의 내정 간섭 강화
동학 농민 운동(1894)	반봉건·반외세 민족운동, 우금치 전투에서 패배
아관파천 (1896)	명성황후가 시해당한 뒤 고종과 왕세자가 러시아 공관으로 대피

29 정답 ④

제시된 자료는 운요호 사건(1875)이다. 이후 일본은 조선과 강화도 조약을 맺어 강제로 문호를 개방하도록 강요하였다. 이 조약에는 부산·원산·인천 등 3개 항구 개항, 해안 측량권과 치외법권을 허용하는 불평등 조항이 포함되었다.

30 정답 ①

흥선 대원군의 중앙 기구 개편

인사 개혁	안동 김씨 가문 축출, 당파·지역·신분을 초월하여 능력을 기준으로 등용
제도 개혁	비변사 축소 및 철폐 → 의정부와 삼군부 기능 부활(정치·군사 업무 분리)
법전 정비	법전을 정비하여 「대전회통」, 「육전조례」 편찬
군제 개혁	훈련도감의 군사력 증강, 중국을 통해 서양의 화포 기술 도입, 수군 강화

① 법전을 정비하여 「대전회통」을 편찬하였다.

31 정답 ④

병인양요
- 원인 : 병인박해 때 프랑스 선교사 탄압·처형
- 경과 : 프랑스 함대가 강화도에 침입 → 한성근 부대(문수산성)와 양헌수 부대(정족산성)가 프랑스군 격퇴
- 결과 : 프랑스 함대 퇴각, 외규장각 소각, 의궤 등의 문화유산 약탈(외규장각 도서는 2011년 조건부 반환)
- ④ 미국은 제너럴셔먼호 사건(1866)에 대한 배상금 지불과 통상 체결을 요구하였으며, 이는 신미양요(1871)의 원인이 되었다.

32 정답 ④

④ 온건 개화파는 서양의 과학기술만 수용하자고 주장하였으며, 급진 개화파는 서양의 사상과 제도까지 수용하자고 주장하였다.

33 정답 ②

ⓒ 전주 화약 체결(1894. 5.) → ⓔ 군국기무처 설치(1894. 6.) → ⓒ 홍범 14조 발표(1895. 1.) → ⓖ 아관파천(1896. 2.)

34 정답 ④

첫 번째 제시문은 1894년 1월의 고부 민란에 대한 내용이며, 두 번째 제시문은 전주 화약 이후 집강소를 설치하여 전봉준은 전라우도를, 김개남은 전라좌도를 통솔하는 내용이다. 안핵사 이용태가 고부 민란의 참여자와 주도 세력을 탄압하자 전봉준, 김개남 등이 보국안민, 제폭구민의 기치를 내걸고 농민군을 재조직하였고, 백산에서 4대 강령을 발표하였다.

35 정답 ③

③ 국채 보상 운동은 1907년 대구의 서상돈, 김광제가 중심이 되어 운동을 전개, 전국 각지로 확대되었다.

36 정답 ②

(가) 천도교, (나) 대종교
② 갑오개혁 이후 고종은 교육 입국 조서를 발표하여 교육의 중요성을 강조하였다. 이에 따라 조정에서는 소학교, 중학교, 한성 사범 학교 등을 세웠다.
① 천도교는 「개벽」, 「어린이」, 「신여성」 등의 잡지를 간행하였다.
③·④ 1910년대에 많은 애국지사들이 대종교에 가담하여 간도·연해주 등지에서 활발한 독립운동을 전개하였으며, 대종교의 3종사 중 한 명인 서일은 중광단, 북로 군정서군 등을 조직하여 만주 지역에서 항일 운동을 전개하였다.

37 정답 ②

ⓛ 1904. 2. → ㉣ 1904. 8. → ㉢ 1907 → ㉠ 1909

38 정답 ②

제시문은 일제가 인적·물적 자원의 총동원을 위해 1938년 4월 제정·공포한 국가 총동원법에 대한 내용이다. 물자 통제, 금속류 회수, 징용제 등의 내용을 담고 있다.

② 육군특별지원병령은 1938년 2월에 제정되었다.
① 1941년 물자 통제령을 공포하여 전쟁 물자로부터 생필품까지 배급제를 확대하였다.
③ 1941년 금속류 회수령을 제정하여 주요 군수 물자를 공출하였다.
④ 1939년 국민 징용령을 공포하여 1944년까지 백만명 이상을 강제적인 노무에 동원하였다.

39 정답 ④

민주화 운동을 진압하고 무력으로 정권을 잡은 전두환 정부는 언론을 규제하기 위해 언론 통폐합(1980)을 단행하였으며, 국민 유화 정책으로 해외 여행 자유화(1981), 야간 통행 금지 해제(1982), 프로 야구 출범(1982), 중고생 두발 및 교복 자율화(1983) 등을 실시하였다. 전두환 정부 시기였던 1985년 국회의원 선거에서 야당이 대거 당선되자 야당과 재야 세력을 중심으로 대통령 직선제 개헌 운동이 일어났다. 그러나 전두환이 4·13 호헌 조치로 개헌하지 않겠다고 선언하자 전국적으로 항의 시위가 발생하게 되었다.

40 정답 ②

박정희 정부는 부족한 외화를 보충하기 위해 서독에 광부와 간호사를 파견하는 정책을 추진하였다. 또한 베트남 전쟁에 국군을 파병하여 미국으로부터 경제적 지원을 받았다.

제3회 정답 및 해설 | 국사

01	02	03	04	05	06	07	08	09	10	11	12	13	14	15	16	17	18	19	20
②	④	③	④	④	②	③	③	③	①	④	②	②	④	③	③	③	④	③	④
21	22	23	24	25	26	27	28	29	30	31	32	33	34	35	36	37	38	39	40
③	②	②	④	②	④	①	③	②	③	④	④	①	④	①	②	②	①	③	①	④

01 정답 ②
신석기 시대에는 농경 생활이 시작되면서 농사에 많은 영향을 미치는 물과 태양을 숭배하는 애니미즘이 생겨났다. 이는 농사에 영향을 끼치는 자연 현상이나 자연물에 정령이 있다고 믿는 신앙을 말한다.

02 정답 ④
청동기 시대에는 정치 권력과 경제력을 가진 군장이 등장하였는데 족장의 무덤인 고인돌을 통해 당시 이들의 권력을 짐작할 수 있다. 청동기 시대에는 조, 보리, 콩 등의 밭농사와 함께 벼농사도 짓기 시작하였으며 반달돌칼을 이용하여 벼를 수확하였다.

03 정답 ③
③ 청동기 시대에도 농기구는 석기(반달돌칼)가 사용되었으며, 청동제 농기구는 없었다. 대량 생산이 힘들고 비쌌기 때문에 청동기는 주로 상류층들의 의기로 사용되었고 일반 농민들은 쉽게 구할 수 있는 석기를 농기구로 사용하였다.

04 정답 ④
책화는 동예의 풍습으로 생활권을 상호 존중하는 씨족 사회의 폐쇄성을 말해 준다. 만약 이를 어기고 침범하면, 노예와 소, 말로 배상하게 하였다.

05 정답 ④
근초고왕(4세기) 시기에는 마한 지역 정복, 황해도 지역을 놓고 고구려와 대립, 요서·산둥·규슈 지방으로 진출, 왕권의 전제화, 왕위의 부자 상속 등이 이루어졌다.

06 정답 ②
신라의 화백 회의는 상대등을 의장으로 하는 귀족들의 회의 기구로, 만장일치의 의결 방법을 통해 국가의 중대사를 결정하였다.

07 정답 ③
③ 제가 회의(고구려), 정사암 회의(백제), 화백 회의(신라)
① 중앙집권 체제 : 왕권 강화 → 왕위 세습, 지방 족장 세력 통합
② 신분제적 질서(귀족·평민·천민 구성)
④ 친족의 사회적 위치에 따라 신분 결정

08 정답 ③
ⓒ 고려 건국(918) → ⓔ 발해 멸망(926) → ⓛ 신라 멸망(935) → ㉠ 후백제 멸망(936)

09 정답 ③
광개토대왕은 신라 내물왕의 요청으로 신라에 침입한 왜구를 격퇴하였고, 이후 고구려는 신라에 영향력을 행사하게 되었다. 경주 호우총에서 발굴된 호우명 그릇은 고구려와 신라의 관계를 짐작할 수 있는 중요한 유물이다.

10 정답 ①
율령 반포나 관등제 정비는 왕권 강화, 국가 조직 정비 등에 해당한다.
ㄷ. 사출도는 부여의 족장 세력인 가(加)들이 다스리던 행정 구획으로 이들은 왕을 추대하기도 하였고, 자연재해를 입었을 경우 왕에게 책임을 묻기도 하였으므로 왕권 약화·견제와 관계있는 내용이다.
ㄹ. 3성 6부제는 왕권을 견제하는 역할을 하였다.

11 정답 ④
'신지', '읍차'를 통해 밑줄 친 '이 나라'는 삼한임을 알 수 있다. 삼한에서는 파종한 5월에 수릿날, 추수한 10월에는 계절제를 열어 제사를 지냈다.

12 정답 ②
고려 초기(지방 호족, 향리) → 중기(문벌귀족) → 무신 정권(무신) → 원 간섭기(권문세족) → 고려말기(신진 사대부)

13 정답 ②
ⓒ 거란의 1차 침입(993, 성종)과 귀주 대첩 (1019, 현종)
ⓐ 금의 사대 요구 압력에 굴복(1126)
ⓓ 몽골과의 전쟁(1231~1270)
ⓑ 홍건적과 왜구의 침입(14세기 후반)

14 정답 ④
고려의 왕족 출신으로 승려가 된 의천은 교종과 선종의 통합 운동을 전개하고 해동 천태종을 창시하였다.

15 정답 ③
고려의 관리를 대상으로 한 토지 제도인 전시과는 관품과 인품을 기준으로 직관, 산관에게 토지를 제공하였으며, 경종 원년 처음 실시되었다. 그러나 점차 관리들에게 지급할 토지가 부족해지면서 목종 때 개정 전시과를 시행하였으며, 고려 문종 때에는 현직 관료에게만 전시와 시지를 지급하는 경정 전시과가 시행되었다.

16 정답 ③
사료는 문무왕이 태종 무열왕을 언급한 글이다. 문무왕의 아버지인 태종 무열왕은 신라 최초의 진골 출신 왕으로 나·당 연합군을 동원하여 백제를 멸망시켰다.

17 정답 ③
① 도병마사 : 재신과 추밀이 국방 문제를 다루는 회의 기구
② 어사대 : 풍속을 바로 잡고, 관리들의 잘못을 규탄, 감찰
④ 삼사 : 국가의 회계 업무를 담당

18 정답 ④
신진 사대부
향리·하급 관리, 과거를 통해 중앙에 진출, 사전(私田)의 폐단 지적, 권문세족과 대립하면서 개혁 추진, 불교 비판

19 정답 ③
인도와 중앙아시아 여러 나라의 풍물을 기록한 기행문은 혜초가 저술한 「왕오천축국전」이다. 이는 8세기의 인도와 중앙아시아에 관한 현존하는 세계 유일의 기록이다.

20 정답 ④
④ 국자감은 개경에 설치된 최고 국립 교육 기관으로서 성종 때 체제를 갖추어 설치되었다. 예종은 국자감 내에 양현고를 설치하여 관학의 경제 기반을 마련하였다.

21 정답 ③
조선 시대 노비
천민의 대부분 구성, 재산 취급, 매매·상속·증여의 대상, 외거 노비(독립 생활, 신공 제공)
③ 농민 : 조세, 공납, 부역 등의 의무

22 정답 ②
삼사
- 사간원(언관), 사헌부(감찰관), 홍문관(학문 연구 기관) → 권력 독점과 부정 방지
- 양사(사간원과 사헌부) → 간쟁과 감찰 기능 및 서경권 행사

23 정답 ②
지방 사림들은 서원이나 향약, 향청(유향소) 등을 통해 지위와 기반을 강화하였다. → 경학 중시, 향촌 자치제 주장, 왕도 정치 추구

24 정답 ④
④ 실학은 대체로 정치적 실권과 거리가 먼 몰락한 지식인들의 개혁론이었기 때문에 당시의 국가 정책에 반영되지는 못하였다.

25 정답 ②
② 서얼은 서얼금고(차대)법에 의하여 문과 응시가 금지되었고 무과나 잡과 등에 응시하여 관직에 진출할 수 있었다. 또한 서얼은 영·정조 시기에 청요직 진출 허용을 요청하는 신분 상승 운동을 전개하였고, 정조 때에는 규장각 검서관으로 등용되기도 하였다. 대표적인 서얼 출신 규장각 검서관으로 유득공, 이덕무, 박제가 등이 있다.

26 정답 ④
송시열은 조선 효종에게 올린 기축봉사를 통해 명에 대한 의리와 청에게 당한 수모를 갚아주자고 주장하는 등 효종이 계획하는 북벌 정책의 핵심 인물로 활약하였다.

27 정답 ①
향안은 조선 시대 지방에 거주하는 사족의 명단을 뜻한다. '돈을 주고 향안에 오른 자'와 '양반도 아니었던 자'라는 대화 내용으로 보아 당시가 신분제 동요가 심하게 일어난 조선 후기임을 짐작할 수 있다.
① 팔만대장경 조판은 고려 시대 몽골의 침입 당시 부처의 힘으로 몽골군을 물리치고자 16년에 걸쳐 조성되었다.

28 정답 ③
③ 한치윤의 「해동역사」는 500여 종의 중국 및 일본의 역사 자료를 참고하여, 고조선에서 고려 말까지의 우리 역사를 기전체로 정리한 역사서이다. 한치윤은 「해동역사」를 통하여 우리 민족사 인식의 폭을 넓히는 데 이바지하였다. 「동사강목」은 안정복의 역사서이다.

29 정답 ②
조선 후기 중상주의 실학자인 박지원은 「양반전」, 「허생전」, 「호질」 등을 통해 양반의 무능과 허례를 풍자하고 비판하였다. 박지원은 청에 다녀온 뒤 저술한 「열하일기」에서 수레와 선박의 이용, 화폐 유통의 필요성을 주장하였다.

30 정답 ③
조선 후기에 정선은 진경산수화라는 화풍을 개척하여 '인왕제색도', '금강전도' 등을 남겼다.

31 정답 ①
평안도의 몰락한 양반 출신인 홍경래를 중심으로 세도 정치와 삼정의 문란으로 인해 고통을 받던 농민들과 평안도 지역에 대한 차별 대우에 불만을 품은 평안도 지방 사람들이 가산 지역에서 홍경래의 난을 일으켰다(1811). 이들은 평안도 일부 지역을 점령하면서 기세를 올렸으나 관군에 의해 정주성에서 진압되었다.

32 정답 ④
흥선 대원군은 왕실의 권위 회복을 위해 임진왜란 때 소실된 경복궁을 중건하였는데, 이에 필요한 재정을 확보하기 위해 원납전을 징수하고 당백전을 발행하였다.

33 정답 ①
고종은 을사늑약 체결의 부당함을 알리기 위해 헤이그에 특사를 파견하였으나 일본의 방해와 주최국의 거부로 큰 성과를 거두지 못하였다. 일본은 헤이그 특사 사건을 빌미로 고종을 강제로 퇴위시켰다(1907).

34 정답 ②
무단 통치기에 일제가 조선 태형령을 실시하여 곳곳에 배치된 헌병 경찰들이 조선인들에게 태형을 통한 형벌을 가하였다. 또한 일제는 회사령을 통해 회사를 설립하거나 해산할 때 총독부의 허가를 받게 하여 민족 기업의 설립을 방해하였다.

35 정답 ②
안창호는 양기탁과 함께 신민회를 결성하고 국권 회복과 공화 정체에 바탕을 둔 국민 국가 건설을 목표로 활동하였다. 평양에 대성학교를 세워 민족 교육을 실시하였으며 미국에서 흥사단을 조직하기도 하였다.

36 정답 ①
① 서북 학회는 한말에 설립된 대표적인 교육 단체이자, 애국 계몽 운동 단체이다.

37 정답 ③
③ 일제는 1920년대 산미 증식 계획을 시행하여 한반도 내에서 쌀 생산량을 증가시키고 이를 일본 본토로 반출하였다(1920~1934).

38 정답 ③
1920년대 타협적 민족주의를 대표하는 이광수와 최린은 일제의 식민지 지배를 인정하고 일제가 허용하는 범위 내에서 한국인의 자치권을 얻자는 자치 운동을 전개하였다.
ㄱ. 3·1 운동 당시 전 민족의 참여를 가져온 계기가 되었다.
ㄹ. 자치 운동은 비타협적 민족주의자와 사회주의계의 연대를 추진하여 결국 신간회를 탄생시켰다. 1920년대 민립 대학 설립 운동과 물산 장려 운동은 자치론자에 의하여 추진되었다.

39 정답 ①
제시문은 1926년 상영된 영화 '아리랑'에 대한 설명이다. 1920년대에는 다양한 문예 사조와 문학의 사회적 실천을 강조한 신경향파 문학이 등장하였다.

40 정답 ④
김대중 정부 시기에 최초로 남북 정상 회담이 성사되어 6·15 남북 공동 선언이 발표되었다(2000).
① 노태우 정부(1991)
② 박정희 정부(1972)
③ 김영삼 정부(1994)

제4회 정답 및 해설 | 국사

01	02	03	04	05	06	07	08	09	10	11	12	13	14	15	16	17	18	19	20
③	①	④	①	③	④	③	③	③	④	②	③	①	①	③	④	③	①	③	①

21	22	23	24	25	26	27	28	29	30	31	32	33	34	35	36	37	38	39	40
①	①	④	④	①	④	③	①	①	①	③	②	②	③	①	④	③	③	②	④

01 정답 ③
제시된 유물은 신석기 시대의 유물인 가락바퀴이다. 가락바퀴는 실을 뽑는 도구로 신석기 시대에 원시적 형태의 수공예가 이루어졌음을 알 수 있는 증거이다. 빗살무늬 토기는 신석기 시대를 대표하는 토기이며 서울 암사동 유적지에서 출토된 밑이 뾰족한 모양의 토기가 대표적이다.

02 정답 ①
제시된 유물은 빗살무늬 토기로, 나무나 뼈 도구를 이용해 빗살무늬를 새겨 넣은 신석기 시대의 유물이다. 신석기 시대에는 주로 해안이나 강가에서 움집을 짓고 살았으며, 농경이 시작되었다.

03 정답 ④
철기 시대에는 청동기 시대와 달리 널무덤과 독무덤 등이 만들어졌으며, 철제 농기구의 사용으로 농업이 발달하여 경제 기반이 확대되었다.
④ 족장 세력이 등장한 것은 청동기 시대이다.

04 정답 ①
① 삼한 사회는 철기 문화를 바탕으로 한 농경 사회로 농업이 경제생활의 대부분을 차지하고 있었다.

05 정답 ③
사출도란 부여의 지방 행정 구획으로 마가, 우가, 저가, 구가 등의 가(加)들이 각각 다스리던 지역이다. 이러한 가들은 그 세력이 막강하여 왕을 추대하기도 하였고 자연 재해로 어려움을 겪으면 왕에게 책임을 묻기도 하였다.
① 동예, ② 고구려, ④ 삼한

06 정답 ④
일본에 보관 중인 칠지도는 백제 왕이 일본 왕에게 하사한 것으로서, 백제와 일본의 친교 관계를 잘 보여 준다.

07 정답 ③
신라 하대
6두품 지식인들의 사회 개혁 시도 → 진골 귀족들의 탄압·배척, 호족 세력과 연계

08 정답 ③
제시문에서 '김흠돌의 난'과 '달구벌 천도' 등을 통해 신문왕 시기임을 알 수 있다. 신문왕은 국학을 설립하여 유교 교육을 강화하였다.
① 소지왕에 대한 설명이다.
② 효소왕에 대한 설명이다.
④ 신라 하대에는 왕권이 약화되고 귀족세력이 강화되면서 경덕왕 때 관료전을 폐지하고 녹읍을 부활시켰다.

09 정답 ③

화백 회의는 신라 시대에 나라의 중대사를 의논하던 귀족 회의 제도이며, 의결 방법은 만장일치제였다. 화백 회의의 원칙은 귀족뿐 아니라 신라 전 사회에서 널리 행하였고, 각계 각층의 독재력 발생을 억제하여 국가의 완전성을 증대시키는 요인이 되었다.

10 정답 ④

④ 식목도감과 도병마사는 고려의 독자적인 기구이며, 송의 영향을 받아 등장한 것은 중추원과 삼사이다. 고려는 당의 제도인 3성 6부를 도입하여 운영하였으며, 이는 운영 과정에서 3성이 2성으로 변하였다.

11 정답 ②

문벌귀족은 고위 관직을 독점하고 음서의 특권을 가졌으며 가문을 배경으로 승진하였다. 또한 과전, 공음전, 사전 등의 경제적 특권을 누리기도 하였다.

12 정답 ③

③ 고려는 농업 중심의 사회로서 농민 생활의 안정이 곧 국가의 안정과 직결되었으므로 국가가 농민 보호 정책을 실시하였다. 그러나 국가의 이러한 노력에 반하여, 귀족이나 사원은 고리대업을 자행하여 많은 폐단을 낳기도 하였다.

13 정답 ①

상감청자는 12세기 중엽부터 고려에서 개발된 독창적인 상감법으로 만들어졌다. 이후 강화도에 도읍한 13세기 중엽까지 주류를 이루었으나, 원 간섭기 이후에는 퇴조해 갔다.

②·③ 조선 시대에 유행한 백자에 대한 설명이다.
④ 조선 시대에 유행한 분청사기에 대한 설명이다.

14 정답 ①

음서제는 공음전과 함께 문벌귀족 세력을 강화시키는 구실을 하였으며, 문벌귀족의 자제들은 가문을 배경으로 요직에 승진하여 정치의 주도 세력이 되었다.

15 정답 ③

(다) : 철령 이북 쌍성총관부(공민왕이 무력으로 탈환함)
(가) : 강동 6주(서희의 협상으로 반환됨)
(나) : 자비령 이북 동녕부(충렬왕 때 반환됨)
(라) : 제주도 탐라총관부(충렬왕 때 반환됨)

16 정답 ④

자료는 이자겸이 자신의 정치적 기반을 유지하기 위해 금의 사대 요구를 수락하는 내용이다(1125). 당시의 왕은 인종이며 이때는 이자겸의 난과 묘청의 서경 천도 운동 등으로 문벌귀족 사회의 모순이 드러나고 있을 무렵이다. 「삼국사기」는 인종의 명에 의하여 김부식이 편찬한 역사서이다.

17 정답 ③

ㄷ. 왜군의 수륙 병진 작전 좌절, 전라도 곡창 지대 보존
ㄹ. 남해 제해권 장악 : 옥포, 사천(최초의 거북선 사용), 당포, 당항포, 한산도 대첩

18 정답 ①
제시된 글의 배경이 된 민란은 만적의 난이다. 이는 1198년 만적이 중심이 되어 일으키려다 미수에 그친 노비 해방 운동이며, 만적은 당시의 집권자인 최충헌의 사노비로서 개경에서 공·사 노비를 모아 놓고 난을 일으킬 의논을 하였다.

19 정답 ①
양반 중심의 향촌 사회
- 유향소(향청) : 향촌의 덕망있는 인사들로 구성, 수령 보좌와 견제, 향리 감찰, 풍속 교정
- 경재소 : 지방 관청의 서울 출장소, 유향소와 정부 사이의 연락 기구(유향소 통제)

20 정답 ①
② 조선 초기에 기본 법전인 「경국대전」을 편찬하였다.
③ 지방의 수령은 재판 업무까지 담당하였다.
④ 재판 불만은 다른 관청이나 상부 관청에 소송을 제기하거나 신문고나 징으로 임금에게 호소하였다.

21 정답 ①
조선 후기 노비는 군공과 납속 등을 통하여 자신의 신분을 상승시키려 노력하였다.

22 정답 ①
- 골품에 따라 관등에 한계(신라) : 삼국은 귀족 중심의 신분 질서를 유지하기 위하여 신라의 골품 제도와 같은 엄격한 신분 제도 마련
- 건물의 규모를 법적으로 규제(조선) : 신분에 따라 크기와 장식 제한, 국왕의 권위 강화, 유교적 신분 질서 유지 목적

23 정답 ④
안정복의 「동사강목」은 고조선부터 고려까지의 역사를 치밀하게 고증한 통사로 고증 사학의 토대를 마련하였다. 또한 중국 중심의 세계관에서 탈피하여 마한을 중시하고 삼국을 무통으로 보는 독자적 정통론의 입장에서 우리 역사를 체계화하였다.

24 정답 ④
자료는 정조 때 금난전권을 폐지하는 조치에 관한 내용이다. 금난전권은 시전 상인들이 서울 난전을 금지하고 특정 상품을 독점 판매할 수 있는 권리였다. 조선 후기 상품 경제가 발달하면서 사상(私商)이 증가하여 시전 상인들과의 충돌이 잦아졌다. 결국 정조는 1791년 신해통공으로 육의전을 제외한 일반 시전 상인이 가진 금난전권을 폐지하였다. 신해통공 이후 사상의 활동 범위는 크게 확대되었다.

25 정답 ③
③ 조의제문을 사초에 기록한 것이 빌미가 되어 일어난 사건은 연산군 때의 무오사화(1498)이다.

26 정답 ④
조선 후기에 군역으로 인한 농민들의 부담이 가중되자, 영조는 균역법을 시행하였다. 이에 따라 농민은 기존 1년에 2필씩 납부하던 군포를 1필만 부담하게 되었다.

27 정답 ③
1880년 고종은 국내외의 군국 기무를 총괄하는 관청인 통리기무아문을 설치하고, 그 아래 12사(司)를 두어 행정 업무를 맡게 하였다.

28 정답 ①
이중환은 현지 답사를 바탕으로 각 지방의 자연환경, 풍속, 인물 등을 수록한 우리나라의 지리서인 「택리지」를 저술하였다.

29 정답 ①
병인박해 때 프랑스 선교사 9명이 목숨을 잃은 것을 빌미로 프랑스 군대가 강화도를 침략하였다(1866, 병인양요). 이때 프랑스군은 강화도에 상륙하여 외규장각 등을 불태우고 의궤와 각종 보물을 약탈해 갔다.

30 정답 ①
대화의 내용은 독일 상인인 오페르트가 흥선 대원군의 아버지인 남연군의 묘를 도굴하려 했던 오페르트 도굴 사건(1868)과 미국의 상선 제너럴셔먼호가 평양 대동강까지 들어와 교역을 요구하자 평양 관민들이 이를 거부하고 배를 불태워 버린 제너럴셔먼호 사건에 관한 것이다(1866). 흥선 대원군은 병인양요, 신미양요 등의 사건이 발생하자 척화비를 건립(1871)하고 서양과의 통상 수교 반대 정책을 전개하였다.

31 정답 ③
제시된 자료는 흥선 대원군이 세운 척화비에 새겨진 내용이다. 이와 관련된 정치 세력은 위정척사 계열이며, 이들이 을미사변과 단발령을 계기로 주도했던 것이 을미의병이다. 따라서 이후 의병 전쟁은 위정척사의 계보가 계승된 것으로 보아야 한다.

32 정답 ②
(가)는 급진 개화파 홍영식, (나)는 온건 개화파 어윤중에 관한 내용이다.

구분	내용
급진 개화파	• 성격 : 일본 의존적(개화당) • 주장 : 서양의 기술 및 문화까지 수용할 것, 입헌군주제 지향 • 결과 : 갑신정변, 독립협회에 영향
온건 개화파	• 성격 : 청국 의존적(사대당) • 주장 : 서양의 근대적 기술만을 수용할 것(동도서기 사상) • 결과 : 갑오개혁, 을미개혁 추진

33 정답 ②
청일 전쟁 이후 제국주의 열강들은 광산, 삼림, 철도 등 주요 이권 침탈에 본격적으로 손을 뻗쳤다. 특히 아관파천 무렵부터는 최혜국 대우 조항을 내세워 이권을 빼앗아 갔다.
② 철도 부설권을 독점적으로 장악한 나라는 일본이다.

34 정답 ③
신간회의 3대 강령
• 우리는 정치적·경제적 각성을 촉구한다.
• 우리는 단결을 공고히 한다.
• 우리는 일제의 기회주의를 부인한다.
③ 자치권과 참정권의 획득은 민족주의 우파 계열에서, 문맹 퇴치와 민족의 실력 양성 운동은 민족주의 좌파 계열에서 각각 주장하였다.

35 정답 ③
③ 경신학교는 1886년 미국 초대 선교사 언더우드(H. G. Underwood)에 의하여 설립된 우리나라 근대 학교이다. 고종의 교육 입국 조서(1895) 반포 이후 설립된 학교로는 한성 사범 학교, 소학교, 한성 중학교 등이 있다.

36 정답 ④
④ 일제의 식민 통치 방식이 3·1 운동 이후 문화 통치로 바뀌게 되었다.

37 정답 ③
(가) 부대는 1930년대 만주에서 활동한 한국 독립군이다. 지청천이 이끌었던 한국 독립군은 중국의 호로군과 연합하여 쌍성보 전투, 대전자령 전투, 동경성 전투 등에서 승리하였다. 한국 독립군은 한국 독립당의 산하 조직이었다.

38 정답 ③
4·19 혁명으로 제1공화국이 붕괴되고 제3차 개헌 이후 실시된 선거에서 대통령에 윤보선, 국무총리에 장면이 선출되었다.

39 정답 ②
1971년 박정희 정부 시기 남한 적십자사가 이산가족 재회를 위한 남북 적십자 회담을 제의하자 북한이 이를 받아들여 남북 적십자 회담이 개최되었다. 이를 배경으로 1972년에는 남북한 당국자들의 비밀 접촉을 거쳐 자주, 평화, 민족 대단결의 통일 기본 원칙을 담은 7·4 남북 공동 성명이 합의되었다. 이를 계기로 통일 문제를 논의하기 위한 남북 조절 위원회가 설치되어 회담이 개최되었으나 남북한의 의견 차이로 별다른 성과를 거두지 못하였다.

40 정답 ④
① 박정희 정부 : 3선 개헌 확정, 한·일 협정 체결
② 전두환 정부 : 야간 통행금지 해제, 교복 자율화
③ 김영삼 정부 : 외환 위기, 경제 협력 개발 기구(OECD) 가입

제 5 회 정답 및 해설 | 국사

01	02	03	04	05	06	07	08	09	10	11	12	13	14	15	16	17	18	19	20
②	④	②	①	③	③	②	③	④	③	③	①	④	①	②	②	④	③	③	④
21	22	23	24	25	26	27	28	29	30	31	32	33	34	35	36	37	38	39	40
②	①	②	②	②	②	④	④	①	③	③	③	①	②	①	②	④	④	③	①

01 정답 ②

슴베찌르개, 찍개 등의 뗀석기는 구석기 시대의 특징으로 이 시대의 사람들은 동굴이나 막집에서 살았으며 계절에 따라 이동 생활을 하였다.

02 정답 ④

제시된 내용은 청동기 시대의 특징을 나타내고 있다. 청동기 시대는 사유 재산이 인정되고 계급이 발생하였고 비파형 동검이 유행하였다. 철기 시대에는 비파형 동검이 세형 동검으로 발전하게 되었다.

03 정답 ②

고조선의 8조법에 대한 내용이다. 현재 3개의 조목만 전해지는 8조법을 통해 고조선은 사유 재산과 개인의 생명 보호를 중시했으며 계급 사회였음을 알 수 있다.

04 정답 ①

① 백제의 수도였던 부여(사비)의 능산리에서 발견된 백제 금동 대향로는 도교와 불교 사상이 함께 반영된 유물로 국보 제287호로 지정되어 있다.
② 금동 연가 7년명 여래 입상(국보 제119호, 고구려)
③ 정혜공주묘 돌사자상(발해)
④ 도기 바퀴장식 뿔잔(보물 제637호, 가야)

05 정답 ③

노리사치계가 일본에 불상(석가여래상)을 전했다는 내용으로 보아 밑줄 친 왕은 백제 성왕임을 알 수 있다. 6세기 성왕은 사비(부여)로 천도하고(538) 국호를 남부여로 개칭하여 백제의 중흥을 꾀하였다.

06 정답 ③

'영고'는 부여의 제천 행사이다. 부여에는 마가, 우가, 저가, 구가 등의 관리가 있었는데, 그 세력이 막강하여 왕을 추대하기도 하였고, 자연 재해를 입어 작황이 좋지 않으면 그 책임을 왕에게 물었다.
① 옥저, ② 삼한, ④ 연맹 왕국 시기의 고구려

07 정답 ②

한반도의 문화와 일본
• 삼국의 문화 : 야마토 조정의 성립과 나라 지방의 아스카 문화 형성에 큰 영향을 끼침
• 통일 신라 문화 : 하쿠호 문화 성립에 기여, 원효·설총·강수가 발전시킨 불교와 유교 문화 전파

08 정답 ①

발해의 6부(괄호 안은 고려의 6부)
- 충부(이부) : 관리의 선발과 인사 관련 업무 담당
- 인부(호부) : 토지와 조세 관련 업무 담당
- 의부(예부) : 의례, 시험, 외교 업무 담당
- 지부(병부) : 군사에 관련된 업무 담당
- 예부(형부) : 형벌에 관련된 업무 담당
- 신부(공부) : 교량, 도선, 수선, 공장 관련 업무 담당

① 발해의 중앙 정치 제도는 3성 6부이다. 3성은 정당성, 선조성, 중대성이었고, 6부는 충부, 인부, 의부, 지부, 예부, 신부이다. 3성은 정당성을 중심으로 운영되었으며, 정당성에 모여 귀족들이 나라의 중요한 일에 대해 회의를 하는 등 제가 회의의 영향을 받았다.

09 정답 ③

(가) 「삼국사기」는 고려 인종 때 김부식이 편찬한 현존하는 우리나라 최고(最古)의 역사서이다.
(나) 「삼국유사」는 고려 충렬왕 때 일연이 저술한 역사서이다.
③ 발해를 우리의 역사로 인식하고 처음으로 '남북국'이라는 용어를 사용한 것은 조선 정조 때 서얼 출신인 유득공이 저술한 「발해고」이다.

10 정답 ④

④ 문벌귀족들은 왕실과의 혼인을 통하여 자신의 문벌을 높이고 정권을 장악하려 하였다.

11 정답 ③

제시문에서 삼한을 통일했다는 부분과 훈요를 남겼다는 부분에서 태조 왕건임을 유추할 수 있다. 태조 왕건은 고려 초창기 지방 호족 세력을 통제하기 위하여 사심관 제도를 실시하였다.

① 과거제를 통해 관리를 등용한 왕은 광종이다.
② 전시과 제도를 처음 마련하여 시행한 왕은 경종이다.
④ 최승로의 건의를 받아들여 12목에 상주하는 지방관을 파견하기 시작한 왕은 성종이다.

12 정답 ③

고려 시대의 사회 제도
- 제위보 : 기금을 마련해 이자로 빈민 구제
- 의창 : 평시에 곡물 비치, 흉년에 빈민 구제(진대법을 발전시킨 제도)
- 상평창 : 물가 조절 기관, 개경·서경·12목에 설치
- 동·서 대비원 : 환자 진료 및 빈민 구휼
- 혜민국 : 의약 전담
- 구제도감, 구급도감 : 각종 재해 발생 시 설치한 임시 기구

13 정답 ①

② 상평창 : 물가 조절 기관, 개경과 서경, 12목에 설치
③ 경시서 : 상행위 감독과 물가 조절
④ 구제도감·구급도감 : 각종 재해 발생 때 설치한 임시 기구

14 정답 ④

문벌귀족의 정치 권력과 경제적 특권 독점(음서, 공음전), 귀족 사회의 폐단과 모순은 이자겸의 난과 묘청의 서경 천도 운동의 원인이 되었다.

15 정답 ①
공민왕의 개혁 정치

반원 자주 정책	왕권 강화 정책
친원파 숙청, 관제 복구, 몽골풍 폐지, 쌍성총관부 탈환, 요동 점령(이성계)	정방 폐지, 전민변정도감 설치(신돈의 건의)

16 정답 ②
① · ③ 5군영 설치 : 훈련도감(삼수병, 장번급료병, 직업적 상비군), 어영청, 수어청, 총융청, 금위영
④ 삼별초 : 고려 시대 항몽 투쟁

17 정답 ②
광해군은 명과 후금의 싸움에 말려들지 않고 중립적인 외교 정책을 펴 내실을 기할 수 있었다.
② 친명배금 정책은 광해군을 폐위하고 정권을 잡았던 인조 반정 세력이 내세웠던 외교 정책의 방향이었다.

18 정답 ③
조선 통신사는 일반적으로 개화기 이전까지 조선이 일본에 파견한 대규모 사절단을 지칭하는 말이다.

19 정답 ③
③ 1460년(세조 6) 7월에 먼저 재정·경제의 기본이 되는 호전을 완성했고, 이듬해 7월에는 형전을 완성하여 공포·시행하였다.

20 정답 ④
공납의 폐단을 해결하기 위해 광해군 때 경기도부터 대동법을 실시하였다. 대동법은 토산물 대신 토지 1결당 미곡 12두를 납부하게 하였다.

21 정답 ②
정조의 정책
조선의 22대 왕 정조는 아버지인 사도세자의 무덤을 수원으로 옮기고 화성을 축조하였으며 국왕의 친위 부대인 장용영을 설치하였다. 또한 규장각을 설치하고 초계문신제를 실시하여 능력있는 인재들을 등용하고자 하였으며, 신분적으로 차별을 받았던 서얼들을 대거 등용하여 규장각 검서관으로 삼았다. 그리고 신해통공을 통해 육의전을 제외한 시전 상인들의 금난전권을 폐지하여 자유로운 상업 활동을 도모하였다.
② 척화비를 건립하고 서양과의 통상 수교 반대 정책을 전개한 인물은 흥선 대원군이다.

22 정답 ①
① 갑인예송에서 남인은 조대비가 1년 상복을 입어야 한다고 주장하였다. 9개월을 주장한 것은 서인이다.

23 정답 ②
제시문에서 신분제가 동요되고 있는 것으로 보아 조선 후기의 상황임을 알 수 있다. 조선 후기에는 정조 때에 이르러 서얼의 청요직 진출이 부분적으로 허용되었다.

24 정답 ②
① 모내기법 확대 : 노동력 감소, 소득 증대
③ 보부상의 활동 : 18세기 전국에 장시 보급, 생산자와 소비자 연결
④ 서민 의식 확대 : 농민의 경제력 향상, 서당의 보급으로 중인과 상민의 문예 활동 활발

25 정답 ②

조선 후기의 실학파
- 중농학파(경세치용) : 조선 후기 실학의 한 분파로 토지개혁과 농민 생활의 안정을 중시하였으며, 경세치용 학파라고도 한다. 유형원(「반계수록」), 이익(「성호사설」), 정약용(「목민심서」) 등의 학자들이 대표적이다.
- 중상학파(북학파) : 조선 후기 실학의 한 분파로 상공업 발달을 중시하였으며, 이용후생 학파, 북학파라고도 한다. 북학파라는 명칭은 이들이 청나라 문물의 영향을 많이 받았기 때문에 붙여진 이름이다. 유수원(「우서」), 홍대용(「임하경륜」), 박지원(「과농소초」), 박제가(「북학의」) 등의 학자들이 대표적이다.

26 정답 ②

을미사변 이후 실시된 을미개혁으로 건양 연호, 태양력 사용, 단발령 등의 개혁 정책이 시행되었다.

27 정답 ④

흥선 대원군이 집권했던 시기는 1863년부터 1873년까지이고, 이때 신미양요(1871), 제네럴셔먼호 사건(1866), 오페르트의 도굴 사건(1868) 등이 발생하였다.
④ 갑신정변은 1884년에 일어났다.

28 정답 ④

갑신정변 당시 급진 개화파가 표방한 개혁 정강 14조의 일부이다. 급진 개화파는 반청 세력이었기 때문에 청과의 조공 청산을 주장하였으며, 신분제 폐지와 호조로 재정의 일원화, 혜상공국 폐지 등 봉건적 잔재를 청산하기 위한 개혁을 주장하였다.

29 정답 ①

동학 농민군의 폐정 개혁 12조
1. 동학과 정부 사이의 반감을 없애고 정치에 협력한다.
2. 탐관 오리의 죄상을 조사하여 이를 엄중히 처벌한다.
3. 횡포한 부호들을 엄중히 처벌한다.
4. 불량한 유림과 양반들을 징계한다.
5. 노비문서를 불태워 없앤다.
6. 모든 천인들의 대우를 개선하고 백정이 쓰는 패랭이를 없앤다.
7. 젊은 과부의 재혼을 허락한다.
8. 규정 이외의 모든 세금을 폐지한다.
9. 관리의 채용은 문벌을 타파하고 인재를 등용한다.
10. 일본인과 몰래 통하는 자는 엄벌한다.
11. 공·사채는 물론이고, 농민이 이전에 진 빚은 모두 무효로 한다.
12. 토지는 골고루 나누어 경작한다.

30 정답 ③

만주 지역에서 활동하던 독립군 부대는 1920년 봉오동에서 홍범도가 주도한 연합부대를 이끌고 일본 군대를 기습하여 큰 승리를 거두었다. 이어 홍범도, 김좌진 등의 연합부대가 다시 청산리 전투에서도 승리를 거두었다. 이에 대한 보복으로 일제는 만주 지역 주민들을 대거 학살하는 간도 참변을 일으켰고, 결국 독립군은 자유시로 피신하였다.

31 정답 ③

제시된 자료는 '황국 신민 서사'로, 이 글의 암송이 강요되었던 시기는 1930년대 민족 말살 통치기이다.
① 1910년대 헌병 경찰 통치기의 사실이다.
② 토지 조사 사업은 1910년대 회사령과 함께 시행되었다.
④ 산미 증식 계획으로 1920년대에 추진되었다.

32 정답 ③
을미의병은 을미사변과 단발령의 선포에 반대하여 일어난 의병으로서 고종이 아관파천 이후 단발령을 철회하고 해산 권고 조칙을 내리자 대부분 해산하였다.
① 평민 의병장 신돌석이 활약한 것은 을사의병이다.
②·④ 13도 창의군을 결성하여 서울 진공 작전을 펼친 것과 일제의 강요로 군대가 해산되자 그에 반발하여 일어난 의병은 정미의병이다.

33 정답 ①
신간회는 1927년에 결성된 단체로 회장 이상재, 부회장 홍명희를 선출하여 민족의 단결과 정치적·경제적 각성을 촉구하고 기회주의를 부인한다는 3대 강령을 발표하였다.
① 민립 대학 설립 운동은 1922년 11월에 시작된 것이다.

34 정답 ②
신민회는 1907년에 창립되어 국권 피탈기에 애국 계몽 운동과 무장 투쟁을 함께 하였던 단체이다. 신민회는 평양 대성학교와 정주 오산학교를 설립하고 태극서관 및 평양 자기 회사를 운영하는 등 교육과 산업의 진흥을 강조하였다. 또한 장기적인 무장 투쟁을 위해 국외 독립운동 기지를 건설하고자 경학사, 신흥강습소를 설치하고, 서간도 삼원보에 신한민촌을 만들었다.

35 정답 ①
김원봉은 만주에서 의열단을 결성하고 신채호가 작성한 조선 혁명 선언을 기본 행동 강령으로 하여 직접적인 투쟁 방법인 암살, 파괴, 테러 등을 통해 독립운동을 전개하였다. 의열단원인 박재혁은 부산 경찰서, 김익상은 조선 총독부, 나석주는 동양 척식 주식회사와 식산 은행에 각각 폭탄을 투척하는 의거를 일으켰다.

36 정답 ②
김규식은 파리 강화 회의에 파견되어 활동하였으며, 대한민국 임시정부의 부주석으로도 활동하였다. 또한 좌우 합작 위원회에 우익 대표로 참여하고, 남한만의 단독 선거에 반대하여 김구와 함께 남북 협상에 참여하였다.

37 정답 ④
이승만의 장기 집권과 자유당 정권의 3·15 부정 선거에 대한 항거로 4·19 혁명이 발발하였다(1960). 당시 대학 교수단은 대통령의 하야를 요구하는 시위 행진을 전개하였다. 이에 이승만 대통령이 하야하고 하와이로 망명하였다.

38 정답 ④
유신 헌법은 대통령에게 긴급 조치권, 대통령의 국회의원 1/3 추천 임명권 등의 권한을 부여하였고 이는 박정희의 장기 집권을 위해 이용되었다.

39 정답 ③

③ 국군과 유엔군은 인천 상륙 작전을 성공시키며 전세를 역전하고 서울을 수복한 뒤 38도선을 넘어 압록강 유역까지 진격하였다. 그러나 중공군의 참전으로 다시 서울을 빼앗기게 되었다(1951. 1·4 후퇴).

40 정답 ①

김대중 정부 시기에 북한과의 교류가 크게 확대되어 평양에서 최초로 남북 정상 회담이 이루어졌고 6·15 남북 공동 선언을 발표하였다(2000). 이를 통해 금강산 관광 사업의 활성화, 개성 공단 건설 운영에 관한 합의서 체결, 이산가족 상봉, 경의선 복원 등이 실현되었다.
②·④ 노태우 정부
③ 김영삼 정부

제 6 회 정답 및 해설 | 국사

01	02	03	04	05	06	07	08	09	10	11	12	13	14	15	16	17	18	19	20
①	④	②	④	③	③	④	④	④	④	①	④	②	②	①	②	①	③	②	④
21	22	23	24	25	26	27	28	29	30	31	32	33	34	35	36	37	38	39	40
③	③	①	②	①	③	④	②	②	③	②	③	①	③	①	②	④	③	①	④

01 정답 ①
신석기 시대의 대표적인 토기인 빗살무늬 토기에 대한 설명이다. 신석기 시대부터 농경 활동을 시작하게 되었고, 그 결과 점차 정착 생활을 하게 되었다.

02 정답 ④
고조선의 8조법 중 일부에 대한 내용이다. 고조선은 농업과 수공업을 바탕으로 한과 경제적·군사적으로 대립할 정도로 성장하였다.
① 고구려, ② 동예, ③ 부여

03 정답 ②
고조선 세력의 범위는 청동기 시대의 비파형 동검과 미송리식 토기, 탁자형 고인돌이 집중적으로 발굴·출토된 만주와 한반도 북부 지역이다.

04 정답 ④
④ 가야는 동쪽으로 신라, 서쪽으로 백제를 접하고 있었다. 2~3세기경 금관가야를 중심으로 5개국이 합쳐져 전기 가야 연맹이 성립되었으나, 고구려의 공격을 받아 큰 피해를 입자 5~6세기경 피해를 거의 입지 않은 대가야를 중심으로 후기 가야 연맹이 만들어졌다. 그러나 이 역시 신라와 백제의 사이에서 위협을 받으며 서서히 멸망하였기 때문에 삼국과 같은 중앙집권 국가로서의 정치적 발전을 이룩하지는 못하였다.

05 정답 ③
고구려의 태학, 백제의 5경 박사 등은 유교와 관련이 있다. 임신서기석을 통해 신라에서 청소년이 유교 경전을 공부한 것으로 추측되며, 통일 신라 신문왕이 설치한 국학은 유학 교육 기관이었다. 또한 발해의 주자감 역시 유학 교육을 목적으로 설치되었다.

06 정답 ③
백제·고구려 부흥 운동의 전개

백제	고구려
• 주류성(복신·도침)	• 한성(검모잠)
• 임존성(흑치상지)	• 보덕국(안승)

07 정답 ④
발해는 당의 3성 6부 제도를 수용하였지만, 그 명칭과 운영은 고구려의 전통을 살렸다.
① 건국 초인 8세기 당과 대립 하면서 만주와 연해주 지역을 차지하였다.
② 고구려 문화(온돌 장치, 굴식 돌방무덤)를 계승하고 당 문화를 수용(상경의 주작대로)하였다.

③ 발해는 고구려를 멸망시킨 신라와 적대적인 관계였다가 문왕 때에는 사신 교환을 하는 등 신라와의 무역이 이루어졌다.

08 정답 ③
고구려의 진대법, 고려의 의창, 조선의 환곡 제도는 흉년이나 춘궁기에 곡식을 빈민에게 대여하고 추수기에 이를 환수하던 제도이다. 이는 오늘날 어려운 사람들의 의식주를 돕기 위한 공공부조의 성격이라고 할 수 있다.

09 정답 ④
근초고왕(4세기)
- 정복 활동 : 마한 세력 정복, 전라도 남해안까지 영토 확장, 황해도 지역을 놓고 고구려와 대립 → 고구려 고국원왕 전사, 가야에 영향력 행사
- 해외 진출 : 중국의 요서 · 산동, 왜의 규슈 지방 진출, 왜에 칠지도 하사
- 기타 : 「서기」 편찬, 왕위 부자 상속 확립

10 정답 ④
④ 촌주는 지방관이 아닌 지방 토착 세력이었다. 대개 1명의 촌주가 4~5개 촌락의 조세, 공물, 역 징수를 담당하였다.

11 정답 ④
(가)는 신문왕이 지급한 관료전, (나)는 경덕왕 때의 녹읍 부활에 대한 내용이다. (가)와 (나) 사이의 시기는 신라 중대로서 왕권이 강하고 6두품은 학문적 식견을 바탕으로 국왕의 조언자로 활동하던 시기이다.

12 정답 ①
① 견훤은 900년에 완산주(지금의 전주) 지역에 도읍을 정하고 후백제를 건국하였다.

13 정답 ③
충선왕은 정방을 폐지하고, 사림원을 설치하여 인사행정 기능을 이관하였다. 사림원은 국왕의 고문 역할과 인사 및 왕명 출납을 담당하여 왕권을 강화하고자 하였다.
① · ②는 공민왕, ④는 충목왕 때이다.

14 정답 ②
고려 시대 향리는 지방 행정 실무를 담당했던 계층으로 중앙의 서리와 구분된다. 군현에서 지방관의 지휘와 통제를 받으면서 백성에 대한 조세 수취와 요역 징발에 관한 행정 실무를 실질적으로 수행하였다.
① 지방관이 주현의 행정을 감독하였다.
③ 신라 말, 고려 초에 호족이 반독립적 세력을 형성하였다.
④ 음서와 공음전은 문벌귀족에게 유리한 제도였다.

15 정답 ②
향도
매향 활동을 하는 불교의 신앙 조직이자 농민 공동체 조직(마을 노역, 혼례와 상장례, 마을 제사 등 공동체 생활 주도)

16 정답 ①

고려 시대의 노비
- 공노비 : 입역노비(관청 근무), 외거노비(지방 거주, 농업 종사, 일정액 관청 납부)
- 사노비 : 솔거노비(귀족·사원 소속), 외거노비(소작·자작, 경제적으로 양민 백성과 비슷, 신분 상승을 시도하는 재산가도 있었음)
- ②·③ 고려 시대 백정은 조선 시대의 천민을 뜻하는 백정과 달리 일반 농민을 칭하는 것으로 조세, 공납, 역의 의무가 있었다.
- ④ 노비는 과거에 응시할 수 없었다.

17 정답 ②

묘청의 서경 천도 운동(1135)의 성격

귀족 사회 내의 족벌과 지역 간의 대립, 전통 사상과 유교적 사대 정치 사상의 대립, 금의 압력에 대한 반발

18 정답 ③

신진 사대부

고려 후기 무신 정권으로 말미암아 귀족 정치가 붕괴된 이후에 새로운 관료층이 등장하게 된다. 그들은 학문적인 교양을 갖추었으며, 또한 정치 실무에도 능한 사대부들이었다. 이들의 사회적 진출은 고려의 정치적 대세를 변화시켰다.
- 성격 : 유교적 교양과 행정 실무에 능한 학자 출신 관료
- 출신 : 지방의 향리나 중소 지주 출신으로 권문 세족 비판
- 사상 : 성리학을 수용하여 권문세족의 친불적 성향을 비판

19 정답 ②

전시과

문무 관리에서 군인, 한인까지 18등급으로 나누어 전지와 시지의 수조권을 지급하였다. 사망하거나 퇴직 시 토지를 반납하였으며, 예외로 공음전은 세습이 가능하였다.

20 정답 ④

① 불국사 삼층석탑은 경북 경주시 불국사에 있는 석탑으로 석가탑이라 불리며 국보 제21호로 지정되어 있으며 8세기 유행한 통일 신라 시대 삼층석탑의 전형을 보여 주고 있다.

② 감은사지 삼층석탑은 경북 경주시 감은사지에 있는 석탑으로 서로 같은 규모와 양식을 갖춘 쌍탑이며 국보 제112호로 지정되어 있다.

③ 정림사지 오층석탑은 충남 부여군에 있는 석탑으로 백제의 대표적인 석탑이며 국보 제9호로 지정되어 있다. 목탑의 구조와 비슷하지만 돌의 특성을 잘 살린 탑이다.

21 정답 ③

광종의 중앙집권화(왕권 강화) 정책
- 과거 제도 실시(958) : 문치주의
- 주현 공부법 실시 : 국가 수입 증대
- 백관의 공복 제정 : 관료 기강 확립
- 노비안검법 실시 : 왕권 강화 및 국가 재정 확보

22 정답 ③

③ 조선 정조 때 정약용이 「기기도설」을 참고하여 만든 거중기는 수원 화성 축조에 사용되었다.

① 조선 세종 때 장영실은 물시계인 자격루와 해시계인 앙부일구 등을 제작하였으며 측우기를 만들어 민생 안정을 위해 강우량을 측정하였다.

② 조선 세종 때 고려 말 최무선이 제작한 주화를 개량하여 신무기인 신기전을 제작하였다(1448).
④ 조선 세종은 정초, 변효문 등을 시켜 우리 풍토에 맞는 농서인 「농사직설」을 간행하였다(1429).

23 **정답** ①
세조 때 편찬되기 시작하여 성종 때 완성된 「경국대전」은 조선의 기본 법전으로서 국가 조직, 재정, 의례, 군사 제도 등 통치 전반에 걸친 법령을 담고 있다.

24 **정답** ②
조선 전기에는 농업 중심의 경제 정책을 실시하였으며, 수공업과 상업은 국가가 통제하여 크게 발달하지 못하였다.
①·③·④ 조선 후기

25 **정답** ①
① 청군의 침입은 왜군의 침입에 비하여 기간이 짧았지만, 청군이 거쳐 간 서북 지방은 약탈과 살육에 의하여 매우 황폐해졌다.

26 **정답** ③
정약용 : 「목민심서」(지방 행정 개혁), 「경세유표」(중앙 행정 개혁), 「여전론」(일종의 공동 농장 제도)
① 이익 : 「성호사설」, 「한전론」
② 유형원 : 「반계수록」, 「균전론」
④ 유수원 : 「우서」(사농공상의 직업적 평등과 전문화 강조)

27 **정답** ③
신유박해로 인하여 청나라 신부 주문모 등 많은 천주교도가 처형되거나 귀양을 가게 되자, 황사영이 탄압의 실태와 그 대책을 적은 편지를 북경에 있던 프랑스 주교에게 보내려다 발각된 사건으로 순조 때 발생하였다.
① 홍경래의 난은 1811년 순조 때에 발생하였다.
② 이인좌의 난은 1728년 영조 때에 발생하였다.
④ 삼정이정청은 1862년(철종 13)에 있었던 임술 농민 봉기 이후 삼정의 폐단을 고치기 위하여 설치한 임시 관청이었지만 근본적인 개선책을 내놓지 못하고 철폐되었다.

28 **정답** ②
② 19세기 세도 정치기의 사회 불안과 어려운 현실에 대한 불만 속에서 백성들은 천주교의 평등 사상과 내세 신앙 등의 교리에 공감하였으나, 정부에서는 노론 벽파가 집권하면서 천주교를 탄압하였다.

29 **정답** ②
모내기법 확대의 영향
• 벼와 보리의 이모작 가능 : 보리는 수취의 대상에서 제외(소득 증대)
• 경영 방식의 변화 : 잡초를 제거하는 일손 감소로 경작지의 규모 확대
• 농업 경영 방식의 변화(광작) : 농가의 소득 증대, 일부 농민은 부농으로 성장

30 **정답** ③
경제 구조의 변동으로 일부 농민들이 부농층으로 성장하였고, 도시에서는 상품 화폐 경제가 발달하면서 상업 자본가와 독립 수공업자 등 새로운 계층이 나타났다.

31 정답 ②

㉠ 조선 현종 때 두 번의 예송이 발생하여 서인과 남인 사이의 대립이 심화되었다. 처음 효종의 국상 당시 인조의 계비인 자의 대비의 복상 문제를 놓고 서인은 1년, 남인은 3년을 주장하여 서인이 승리하였다(1659, 기해예송). 이후 효종비 국상 때 같은 문제가 제기되어 서인은 9개월, 남인은 1년을 주장하여 남인이 승리하였다(1674, 갑인예송).

㉢ 조선 숙종 때 남인의 영수인 허적이 궁중에서 쓰는 천막을 허락 없이 사용한 문제로 왕과 갈등을 빚었다. 이후 허적의 서자인 허견의 역모 사건으로 허적을 비롯한 남인이 몰락하고 서인이 집권하게 되었다(1680, 경신환국).

㉡ 조선 영조는 붕당 정치의 폐해를 막고 능력에 따른 인재를 등용하기 위해 탕평책을 실시하였고, 성균관에 탕평비를 건립하였다(1742).

32 정답 ②

박지원의 문하에서 실학을 연구한 박제가는 「북학의」를 저술하여 절약보다 소비의 중요성을 강조하였다. 또한 청의 문물을 적극적으로 수용하고 수레와 배의 이용을 권장하였다. 뿐만 아니라 서얼 출신임에도 정조에게 등용되어 규장각 검서관으로서 많은 서적을 편찬하였다.

33 정답 ①

정부의 소극적인 개화 정책에 불만을 품은 급진 개화파는 일본의 군사적 지원을 받아 우정총국 축하연 자리에서 갑신정변을 일으켰다(1884). 정권을 잡은 이들은 청과의 사대 관계 폐지, 입헌군주제, 능력에 따른 인재 등용 등을 주장하였으나 청의 개입으로 3일 만에 실패하였다.

34 정답 ③

대한민국 임시정부 산하의 군대는 한국 광복군으로 1940년 충칭에서 창설되었다.
③ 조선의용군에 대한 설명으로 조선 독립 동맹 산하의 단체이다.

35 정답 ①

조선 의용대
- 조직 : 민족 혁명당 소속, 중국 관내 최초의 한인 무장 부대, 김원봉을 중심으로 조직, 중국 국민당 정부군과 합세하여 항일 투쟁 전개
- 분화 : 일부 세력이 화북 지방으로 이동하여 조선 의용대 화북 지대 결성(1941) → 김원봉 등 나머지 세력은 충칭으로 이동하여 한국 광복군에 합류(1942)

36 정답 ②

② 신돌석, 홍범도, 차도선과 같은 평민 의병장이 처음 출현한 시기는 1905년 을사의병부터이다.

37 정답 ④

제시된 자료는 1930년대 이후의 식민 통치의 실상에 관한 내용이다. '동원당하는 여자아이들', '배급소 근처' 등에서 정신대 근무령(1944)과 식량 배급제의 실상을 알 수 있다.
ㄱ. 조선 태형령은 갑오개혁 때 폐지된 악법이나 일제가 1912년에 부활시켰다.

38 정답 ③

(가)의 제안, (나)의 수락, (다)의 위치를 소재지로 하여 통합 정부가 수립됨에 따라 1차 개헌을 단행하고 공화제를 지향하였다. 국민 대표 회의는 1923년 임시정부의 활동 방향을 모색하고자 개최되었으나, 창조파와 개조파로 분열되어 6개월 만에 결렬되었다.

③ 13도 대표가 참석한 국민 대회를 거쳐 수립된 기구는 한성 임시정부이다.

39 정답 ①

대한민국 정부 수립 과정

모스크바 3국 외상 회의(1945. 12.) → 1차 미·소 공동 위원회 결렬(1946. 3.) → 이승만의 정읍 발언(1946. 6.) → 좌우 합작 위원회 결성(1946. 7.) → 미국, 한국 문제를 유엔에 상정(1947. 9.) → 유엔, 실시 가능한 지역만 총선 실시 지시(1947. 11.) → 제주 4·3 사건(1948. 4.) → 남북 협상(1948. 4.) → 5·10 총선거 실시(1948. 5.) → 대한민국 정부 수립(1948. 8.)

40 정답 ④

④ 유신 헌법이 제정된 것은 1972년 10월이며, 3선 개헌 반대 투쟁은 1969년의 일이다.

제 7 회 정답 및 해설 | 국사

01	02	03	04	05	06	07	08	09	10	11	12	13	14	15	16	17	18	19	20
④	③	④	①	①	③	②	④	④	④	①	①	③	④	③	③	③	④	②	①
21	22	23	24	25	26	27	28	29	30	31	32	33	34	35	36	37	38	39	40
①	④	④	②	②	④	④	②	①	③	①	④	②	④	②	③	①	④	③	①

01 정답 ④
청동기 시대에는 정치 권력과 경제력을 가진 군장이 등장하였는데 족장의 무덤인 고인돌을 통해 당시 이들의 권력을 짐작할 수 있다. 청동기 시대에는 조, 보리, 콩 등의 밭농사와 함께 벼농사도 짓기 시작하였으며 반달돌칼을 이용하여 벼를 수확하였다.
① 신라 지증왕, ② 구석기 시대, ③ 신석기 시대

02 정답 ③
신석기 시대 사람들은 강가나 바닷가에 움집을 짓고 채집·수렵 생활을 하였으며, 조·피 등을 재배하고 가축을 기르기도 하였다. 또한 갈판·갈돌을 사용하여 곡식을 갈아 음식을 만들어 먹었고, 빗살무늬 토기에 식량을 저장하였으며, 가락바퀴로 실을 뽑아 뼈바늘로 옷을 지어 입기도 하였다.
① 청동기 시대, ② 구석기 시대, ④ 철기 시대

03 정답 ④
고조선은 농사를 지었기 때문에 토양과 함께 바람, 비, 구름 등의 기후 조건이 중요시되었다.

04 정답 ①
소도를 지배하는 천군의 내용을 통해 삼한임을 알 수 있다. 삼한의 대족장은 신지, 소족장은 읍차로 불렸다. 제정 분리 사회였기 때문에 제사장인 천군이 신성 지역인 소도를 따로 지배하였고, 소도에는 군장 세력이 미치지 못하였다. 또한 매년 5월과 10월에 계절제를 주관하여 하늘에 제사를 지냈다.
② 고구려, ③ 부여, ④ 옥저

05 정답 ①
제시된 사진은 가야의 수레토기와 판갑옷이다. 가야는 풍부하게 생산되는 철과 해상 교통을 이용하여 낙랑과 왜의 규슈 지방을 연결하는 중계 무역을 실시하였다.

06 정답 ③
제시된 자료는 660년 백제와 신라 사이에 일어난 황산벌 전투에 대한 내용이다. 당시 백제는 의자왕과 지배층의 실정으로 정치 질서가 혼란하였다. 이 틈을 타서 신라와 당은 동맹을 맺어 소정방이 이끄는 당군이 금강 하구로 침입하였고, 신라의 김유신은 황산벌 전투에서 계백의 결사대를 격파하였다.

07 정답 ②
발해 문화 유산
- 정혜공주묘 : 굴식 돌방무덤(고구려 고분의 영향)
- 정효공주묘 : 벽돌무덤(묘지석, 벽화)
- 상경성의 주작대로 : 당의 장안성 모방
- 궁궐의 온돌 장치 : 고구려 문화 계승
- 영광탑 : 전탑, 당 문화의 영향
- 발해 석등 : 고구려 문화의 영향
- 이불병좌상 : 고구려 양식 계승

08 정답 ④
④ 신라 진흥왕이 대가야를 정복하여 후기 가야 연맹이 해체되었다(562).

09 정답 ④
최치원은 통일 신라 말 6두품 출신 유학자로 당의 빈공과에 합격하였고 「토황소격문」을 작성하였다. 이후 신라로 돌아와 진성여왕에게 시무책 10여 조를 건의하였으나 받아들여지지 않았다.
① 고려 때 최충이 9재 학당을 세웠다.
② 통일 신라 김대문이 화랑세기, 고승전 등을 저술하였다.
③ 혜초는 인도와 중앙아시아 지역을 답사하고 「왕오천축국전」을 지었다.

10 정답 ④
고려 시대의 회의 기구인 도병마사는 재신(중서문하성의 2품 이상)과 추밀(중추원의 2품 이상)이 모여 국방 및 군사 문제를 논의하였다.

11 정답 ①
고려 시대의 승려인 의천은 교종과 선종의 통합 운동을 전개하고 해동 천태종을 창시하였으며, 교장도감을 설치하여 교장을 간행하였다.

12 정답 ①
무신 집권기 주요 민란
- 시기 : 12세기, 명종 때 집중
- 대표적 사례 : 조위총(서경, 농민의 가담), 망이·망소이(공주 명학소), 김사미(운문), 효심(초전), 만적(개경, 최충헌의 노비)
- 성격 : 신분 해방(만적), 왕조 질서 부정(신라 부흥 운동), 지방관의 탐학 호소 등

13 정답 ③
고려에는 신분을 중시하였던 관료 체제의 귀족적인 특성을 보이는 음서 제도가 존재하였다. 이는 공신이나 종실의 자손, 5품 이상 고위 관료의 자손(외손자 포함)에게 과거를 거치지 않고 관리가 될 수 있는 혜택을 주었다.
① 귀족 세력은 왕족을 비롯하여 5품 이상이 고위 관료가 주류를 형성하였다.
② 15세기 중반 이후, 중소 지주적인 배경을 가지고 성리학에 투철한 지방 사족이 영남과 기호 지방을 중심으로 성장하였는데, 이들을 사림이라 부른다.
④ 고려 시대 지방 향리의 자제는 과거를 통하여 벼슬에 나아가 신진 관료가 됨으로써 귀족의 대열에 들 수 있었다.

14 정답 ④
고려 시대의 백정은 토지를 직접 경작하던 일반 농민이다. 백정은 특정한 직역이 없기 때문에 국가로부터 토지를 분급받지 못하는 특수한 농민층이었다. 그러나 경우에 따라서는 군호에도 편입시키고 역정에도 보충하여, 이들에 대해서만은 일정한 토지를 주어 정호가 되기도 하였다. 그들은 맡겨진 토지를 경작하여 조를 바치고 남은 수확으로써 삶을 영위하는 전호였다.

15 정답 ③
고려 말에는 성리학적 유교 사관이 대두되어 왕권을 중심으로 국가 질서를 회복하려는 의식이 나타났다.
① 고려 중기 불교에 대한 내용이다.
② 전기에 구양순체와 왕희지체, 후기에 송설체가 유행하였다.
④ 통일 신라 중기의 조형 미술에 대한 내용이다.

16 정답 ③
③ 이규보의 「동명왕편」은 고구려 계승 의식을 반영한 역사서이며, 우리 역사를 단군에서부터 서술하여 자주 의식을 표현한 것은 일연의 「삼국유사」이다.

17 정답 ③
고려 말 집권 세력의 변화
- 위화도 회군(1388) : 이성계와 신진 사대부 세력의 정치적 실권 장악
- 전제 개혁(과전법) 단행 : 신진 사대부의 경제 기반 마련, 권문세족의 경제 기반 붕괴

18 정답 ④
④ 조선 시대 과거의 종류에는 문과(문관 선발), 무과(무관 선발), 잡과(기술관 선발, 역과·율과·의과·음양과 등) 등이 있었다. 원칙적으로 천인이 아니면 누구나 응시가 가능하였다.

19 정답 ②
조선 성종은 세조 때 편찬하기 시작한 「경국대전」을 완성하였으며 국가에서 시행하는 행사에 필요한 의례를 정리한 「국조오례의」를 편찬하였다. 이어 거대해진 훈구 세력을 견제하기 위해 재야의 학자들인 사림들을 등용하였다. 또한 직전법으로 관리들이 대토지를 차지하여 농장이 확대되고 국가의 농민 지배가 약화되는 문제를 해결하기 위해 국가가 수조권을 대행하는 관수 관급제를 실시하였다.

20 정답 ①
조선 중종 때 외적의 침입에 대비하기 위해 임시 기구로 설치한 비변사는 명종 때 을묘왜변 이후 상설 기구가 되었다. 이후 임진왜란을 거치며 군사 문제뿐만 아니라 외교, 재정, 인사 등 국정을 총괄하였다. 이렇듯 비변사의 기능이 강화되면서 의정부와 6조의 행정 체계는 유명무실해졌고 세도 정치 시기에는 비변사를 중심으로 유력 가문들이 권력을 독점하였다.
② 고려 때 몽골의 3차 침입으로 소실되었다.
③ 조선 세종 때 왜구의 침입으로 이종무를 보내 쓰시마섬을 정벌하였다.
④ 조선 세종 때 최윤덕과 김종서를 보내 여진을 정벌하고 4군 6진을 설치하였다.

21 정답 ①
백두산 정계비 건립
- 배경 : 청과 만주 일대를 둘러싸고 국경 분쟁 발생
- 과정 : 숙종 때 국경(서쪽으로는 압록강, 동쪽으로는 토문강)을 확정하고 정계비를 건립
- 간도 귀속 분쟁 : 19세기 정계비 해석에 대해 조선과 청이 서로 다른 주장을 펴면서 발생

22 정답 ④

공인(貢人)

납품가를 미리 받고 물품을 대량으로 구입하여 국가에 납품하는 대상인으로서, 대동법 실시 이후에 출현하였다. 이들은 관청별, 품목별로 공동 출자를 하여 계를 조직하기도 했으며 조선 후기 상공업과 수공업 발달에 기여하였다.

④ 공인들은 상품을 매점하거나 독점하면서 도고로 성장하였다.

23 정답 ④

사림의 학풍

- 성리학 본위의 학풍 고수(경학 중시, 타 사상과 학문을 이단시), 왕도 정치 추구(대의명분과 도덕 중시, 학술과 언론 중시), 물질적 공리주의 경시(기술과 군사학 천시)
- 향촌 자치제 표방(유향소, 향약), 사학 중시, 천거제와 사창제의 실시 주장
- 조선 건국에 협력하지 않은 길재의 학풍을 따른 고려 말 온건파 사대부를 계승, 16세기 사상계 주도

24 정답 ②

「북학의」는 박제가가 북경에 간 뒤 청나라의 발달된 문화를 배우고 흡수한 지식을 엮은 책이다.

① 「정감록」: 조선 중기 이후 민간에서 성행한 예언서로, 국가 운명과 생민 존망에 대한 판단을 담고 있는데, 이는 풍수 사상과 도참 신앙이 결합된 것이었다.
③ 「목민심서」: 지방관의 윤리적 각성과 농민 경제의 발전을 다룬 것으로, 다산 정약용이 강진에서 귀양살이를 하는 동안 저술한 책이다.
④ 「농가집성」: 조선 중기의 문신 이지당 신속이 엮은 농업 서적으로, 「농사직설」, 「금양잡록」, 「사시찬요초」 외에 「구황촬요」까지 합편으로 들어가 있어 당시로서는 최고의 종합 농업 서적이라 할 수 있다.

25 정답 ②

조선 후기 밭농사에서 밭의 고랑에 종자를 뿌리는 견종법이 보급되었다.

① 이앙법이 새로 전래된 시기는 고려 후기이다.
③ 조선 후기 이앙법이 널리 보급되며 농민들은 두레와 같은 공동 노동 조직이 강화되었다.
④ 조선 후기 수확의 일정 액수를 소작료로 내는 도조법이 등장하게 되었다.

26 정답 ④

신해통공은 정조가 상공업 진흥을 위해 육의전을 제외한 시전 상인의 금난전권을 철폐한 정책으로서 이후 자유로운 상업 활동이 보장되고 사상이 성장하는 계기가 되었다.

27 정답 ④

자료는 국채 보상 운동에 관한 내용이다. 이는 일본이 조선에 빌려 준 국채를 갚아 경제적으로 독립하자는 취지로 1907년 2월 서상돈 등에 의해 대구에서 시작되었다. 대한매일신보, 황성신문 등 언론 기관이 자금 모집에 적극 참여했으며, 남자들은 금연운동을 하였고 부녀자들은 비녀와 가락지를 팔아서 이에 호응하였다. 일제는 친일 단체인 일진회를 내세워 국채 보상 운동을 방해하였고, 통감부에서는 국채 보상 기성회의 간사인 양기탁을 횡령이라는 누명을 씌워 구속하는 등 적극적으로 탄압하였다. 결국 양기탁은 무죄로 석방되었지만 국채 보상 운동은 좌절되고 말았다.

28 정답 ②

갑신정변(1884)
- 배경: 청의 내정 간섭 심화, 급진 개화파의 입지 축소, 청·프 전쟁
- 전개: 우정총국 축하연을 계기로 정변 도모 → 민씨 고관 살해, 새 내각 수립, 14개조 정강 발표 → 청군의 개입 → 3일 만에 실패 → 일본으로 망명(3일 천하)
- 결과: 한성 조약(조-일 → 배상금 지불, 공사관 신축비 보상), 톈진 조약(청-일 → 양국군 즉시 철수, 조선에 파병 시 상대국에 통보)

29 정답 ①

ㄱ. 일본은 강화도 조약에서 조선을 자주국으로 명기함으로써 청의 종주권을 배제하였다.
ㄴ. 조일 수호 조규 부록에서는 간행이정을 개항장에서 10리로 정하였다.
ㄷ. 부산(1876)·원산(1880)·제물포(1883) 개항 이후 목포(1897)·군산·마산(1899)까지 개항하였다. 조일 수호 조규를 통해서는 부산 이외에 다른 구체적인 항구를 지정하여 언급하지 않았다.
ㄹ. 일세는 1876년 8월 조일 통상 장정(=무역 규칙)을 체결하여 수출입 상품에 대한 무관세·일본 선박의 무항세·무제한 쌀과 잡곡의 수출 허용 등을 규정하였다.

30 정답 ③

③ 갑신정변 때 재정은 호조로 일원화되었다. 탁지아문으로의 재정 일원화는 갑오개혁의 내용이며, 탁지부는 독립협회의 주장이다.

31 정답 ①

일본이 대한제국에 황무지 개간권을 요구하자 보안회에서 이에 대한 반대 운동을 전개하여 요구를 철회시켰다(1904).

32 정답 ④

신식 군대인 별기군과 차별 대우를 받던 구식 군대가 선혜청을 습격하면서 임오군란이 발생하였다(1882). 구식 군인들은 흥선 대원군을 찾아가 지지를 요청하였고, 정부 고관들의 집과 일본 공사관을 습격하였다. 고종은 사태를 수습하기 위해 흥선 대원군에게 정권을 다시 맡겼지만 민씨 세력의 요청으로 입국한 청군이 군란을 진압하고 흥선 대원군을 본국으로 압송해 갔다.

33 정답 ②

독립협회
자주국권·자유민권·자강개혁을 바탕으로 거의 모든 계층이 참여한 조직이었으며, 만민공동회와 관민공동회를 통하여 국민의 의사를 정치에 반영할 수 있도록 하였다. 또한 국민의 힘을 모아 아관파천 이후 심해진 열강(특히 러시아)의 이권 침탈 요구를 저지하였고, 민중을 중심으로 한 근대 국민 국가 건설을 목표로 하였다.
② 근대화를 위한 구체적 방안을 제시하지 못하였던 것은 동학과 관련된 설명이다.

34 정답 ④

대한민국 임시정부는 비밀 행정 조직으로 연통제와 교통국을 이용하여 국내와의 연락망을 확보하였고, 대미 외교 업무를 수행하기 위해 미국에 구미 위원부를 설치하였다. 또한 임시 사료 편찬 위원회를 설치하여 한일 관계 사료집을 발간하였으며, 1923년 독립운동의 새로운 활로를 모색할 목적으로 국민 대표 회의를 개최하였다.
④ 조선 혁명 간부 학교 설립은 김원봉과 의열단의 활동이다.

35 정답 ②

제1차 세계 대전 이후 공업화가 진전된 일본은 증가하는 도시 인구에 비해 농업 생산력이 부족하자 산미 증식 계획을 실시하여 일본 본토의 식량 부족 문제를 해결하고자 하였다(1920). 품종 개량, 수리 시설 구축, 개간 등을 통해 쌀의 증산을 시도하였으나 증산량이 계획에 미치지 못하였다.

36 정답 ③

제시문은 일제의 창씨 개명에 대해 저항하는 글이다(1939). 창씨 개명은 모든 조선인이 일본식으로 개명하여 호적계에 신고하도록 강요한 정책으로, 1939년 제정되어 1940년대에 시행되었다. 조선 사상범 예방 구금령 발표는 1941년 중일 전쟁 이후 전시 총동원 체제를 더욱 강화해나가는 과정에서 시행된 것이다.

37 정답 ①

6·25 전쟁 당시 1950년 10월부터 참전한 중공군의 신정 공세로 인해 국군은 1951년 서울을 다시 빼앗겼다(1·4 후퇴).

38 정답 ④

1987년 6월 민주 항쟁 이후 정부는 국민의 민주화 요구를 수용하여 6·29 민주화 선언을 통해 5년 단임의 대통령 직선제를 골자로 하는 개헌을 단행하였다.
① 김영삼의 정치적 근거지인 부산, 마산에서 유신 정권에 반대하는 부·마 민주 항쟁이 전개되었다(1979).
② 한일 국교 정상화 회담이 진행되면서 학생과 야당을 주축으로 이에 반대하는 6·3 항쟁이 전개되었다(1964).
③ 이승만과 자유당 정권의 3·15 부정 선거에 대한 저항으로 4·19 혁명이 발발하여 이승만이 하야하고 하와이로 망명하였다(1960).

39 정답 ③

1987년 4월 13일, 전두환 정권은 '헌법 개정 논의를 금지한다.'는 호헌 조치를 발표하였다.
①·② 박정희 정권
④ 1993년 8월, 김영삼 정권의 '금융실명거래 및 비밀 보장에 관한 긴급재정경제명령' 발표

40 정답 ①

7·4 남북 공동 성명(1972)에서 자주 통일, 평화 통일, 민족적 대단결의 평화 통일 3대 원칙과 남북 조절 위원회 설치를 합의하였다.
② 6·23 선언(1973) : 남북한의 유엔 동시 가입, 모든 국가에 대한 문호 개방 제안
③ 평화 통일 구성 선언(1970) : 남북한의 군사적 대결 지양, 선의의 경제 건설 경쟁 강조
④ 한민족 공동체 통일 방안(1989) : 자주, 평화, 민주의 원칙하에 남북 연합 구성, 남북 평의회를 통해 헌법 제정, 총선거 실시, 통일 민주 공화국 구성 방안

제 8 회 정답 및 해설 | 국사

01	02	03	04	05	06	07	08	09	10	11	12	13	14	15	16	17	18	19	20
④	④	③	③	④	③	①	③	①	③	③	③	③	②	③	②	③	①	③	④	①

21	22	23	24	25	26	27	28	29	30	31	32	33	34	35	36	37	38	39	40
③	④	③	③	③	②	④	②	②	③	①	②	④	④	②	④	②	②	③	③

01 정답 ④

제시문의 반달돌칼과 민무늬 토기, 고인돌, 돌널무덤을 통해 청동기 시대임을 알 수 있다. ④는 청동기 시대, ①은 신석기 시대, ②·③은 구석기 시대에 해당한다.

02 정답 ④

제천 행사 영고를 통해 부여임을 알 수 있다. 부여는 쑹화강(송화강) 유역의 평야 지대에서 성장하였으며, 농업과 목축으로 생활하였다. 마가, 우가, 저가 등 가축의 이름을 딴 여러 가(加)들이 있었으며 왕이 죽으면 순장하는 제도가 있었다. ④ 부여는 494년 문자왕 때 고구려에 완전 병합되었다.

03 정답 ③

충주(중원) 고구려비는 충주시에 위치하고 있으며, 5세기 장수왕 때 고구려가 남한강 지역을 복속하고 세운 것으로 추정하고 있다.

04 정답 ③

(가)는 화랑도, (나)는 국학이다. 화랑도는 원시 사회의 청소년 집단 수련에 기원을 두고 있다. 귀족 자제 중에서 선발된 화랑을 지도자로 삼았고, 낭도는 귀족은 물론 평민까지 망라하였다. 국학은 신문왕 때 설립되었으며 관등이 없는 자부터 대사(12관등) 이하인 자들이 입학할 수 있었고, 논어, 효경 등의 유학을 가르쳤다.

05 정답 ④

설총은 유교적 도덕 정치를 강조하고 화왕계를 저술하여 신문왕에게 바쳤고, 최치원은 진성 여왕에게 유교 정치 이념과 과거 제도 등의 내용이 담긴 시무 10조를 건의하였다. 설총과 최치원은 모두 6두품 출신으로 사중아찬까지 오를 수 있는 중위제의 적용을 받았다.

06 정답 ③

신라 법흥왕은 병부와 상대등을 설치하였다. 또한 불교를 신라의 국교로 공인하였고, 공복 제정과 율령 반포로 통치 질서를 확립하였다. 법흥왕은 금관가야를 병합하여 전기 가야 연맹이 해체되었다(532).

07 정답 ①

고구려의 남진 정책으로 위협을 느낀 신라의 눌지왕과 백제의 비유왕은 나제 동맹을 맺어 고구려를 견제하였다.

08 정답 ③

제시문은 살수 대첩에 대한 내용이다. 수양제는 113만 대군을 이끌고 고구려의 요동성을 공격하였다가 실패하자 우중문을 시켜 30만의 별동대로 평양성을 공격하게 하였다. 그러나 을지문덕의 활약으로 살수에서 대패하였다(612). 이후 당이 침입하였고 고구려는 안시성 성주 양만춘을 중심으로 저항하여 당군을 몰아냈다(645).
① 고구려 미천왕은 낙랑군(313)과 대방군(314)을 축출하여 한의 세력을 모두 몰아냈다.
② 신라 진흥왕이 대가야를 멸망시켜 가야 전역이 신라 땅으로 편입되면서 가야 연맹이 해체되었다(562).
④ 신라 법흥왕은 병부를 설치하여 병권의 중앙 집권화 토대를 마련하였다(517).

09 정답 ①

㉠ 8세기 초 무왕 때 장문휴가 당의 산둥 지방 등주 공격
㉡ 8세기 중엽 문왕 때 중경 현덕부에서 상경 용천부로 천도(755)
㉢ 8세기 중엽 문왕 때 당으로부터 '발해국왕'으로 봉해짐(762)
㉣ 9세기 선왕 때 '건흥'이라는 연호를 사용하며 최고 전성기를 누림

10 정답 ③

③ 광종(재위 949~975)은 과거 제도를 시행하여 신진 세력을 등용하고 신·구 세력의 교체를 꾀하는 한편 노비안검법 실시, 호족과 귀족 세력 견제 등 개혁적인 정치를 단행하여 강력한 왕권을 확립하였다.

11 정답 ③

③ 양전(토지 문서)을 20년마다 작성한 것은 조선 시대이다. 조선은 국초부터 양전을 20년마다 작성하고, 호적을 3년마다 작성하였다.

12 정답 ③

무신 정권 시기 권력자였던 최우는 교정도감을 통하여 정치 권력을 행사하였고, 독자적인 인사 기구인 정방을 설치하여 인사권을 장악하였다.

13 정답 ②

제시된 자료는 신채호가 저술한 「조선사연구초」의 '조선역사상일천년래제일대사건'의 일부분이며, 밑줄 친 '그'는 김부식이다. 김부식은 현존하는 우리나라 최고(最古)의 역사서인 「삼국사기」를 편찬하였다.

14 정답 ③

③ 고려는 예성강 하구의 벽란도를 중심으로 교역을 하였는데, 가장 활발히 교류한 것은 송이었다. 대송 무역의 특징은 금, 은, 나전칠기 등을 수출하고, 귀족이 주로 쓰는 비단, 약재, 서적 등을 수입하였다는 점이다.
① 육로는 거란, 여진에 의해 막혀 있으므로 벽란도를 통해 해상으로 교역을 하였다.
② 송, 거란·여진, 일본, 서역(아라비아 상인) 등을 통해 대외 교류를 하였다.
④ 고려를 오가던 아라비아 상인들에 의해 '코리아'라는 이름이 서방 세계에 알려지게 되었고, 아라비아 상인들에게 향료, 수은, 산호 등을 수입하였다.

15 정답 ②
고려 세자는 인질로 원나라에 있다가 국왕 사후 원나라 공주와 결혼한 뒤 고려로 돌아와 즉위를 하였다.
① · ④ 해동청(매)을 징발하기 위해 설립된 기관은 응방이다.
③ 만권당은 원나라 수도 연경에 설치되었다.

16 정답 ③
고려 말 공민왕은 신돈을 등용하고 전민변정도감을 설치하여 권문세족에 의해 점탈된 토지를 원래 주인에게 돌려주고 억울하게 노비가 된 자를 풀어주는 등의 개혁을 단행하였다(1366).

17 정답 ①
경천사지 십층석탑은 고려 말에 건립되었고 대리석으로 만들어졌다. 원의 석탑 양식에 영향을 받았고 조선의 원각사지 십층석탑에 영향을 주었으며 국보 제86호로 지정되어 있다.

18 정답 ③
③ 고려 최씨 무신 정권 시기 최충헌의 사노비인 만적은 신분 차별에 항거하여 반란을 도모하였으나 사전에 발각되어 실패하였다(1198).

19 정답 ④
④ 정도전은 사병 혁파를 주장하며 그 일환으로 요동 정벌을 계획하였다. 정도전의 재상 중심 정치에 반대하던 이방원은 정도전의 영향을 받은 태조의 요동 정벌 역시 반대하였다.

20 정답 ①
① 산림(山林)은 조선 후기 붕당 정치의 전개 과정에서 출현하였다.

21 정답 ③
① 4부 학당은 조선 시대 중앙의 관학으로 중등 교육을 담당하며 성균관의 부속 학교 성격을 가지고 있었다.
② 조선 시대 지방민의 교육을 위해 부 · 목 · 군 · 현에 하나씩 향교를 설립하고 중앙에서 규모에 따라 교수 또는 훈도를 파견하였다.
④ 주자감은 발해의 교육 기관으로 왕족과 귀족을 대상으로 교육하였으며 당나라의 국자감 제도를 받아들여 운영하였다.

22 정답 ④
① 승정원은 왕의 비서 기관으로 왕명의 출납을 담당하였다
② 의정부는 3정승이 모여 국정을 총괄하는 조선 시대 최고 기구이다.
③ 춘추관은 조선 시대 사관들이 「조선왕조실록」을 편찬하고 사초를 담당하던 기관이다.

23 정답 ③
1635년 인조 때 전세 징수를 공정하게 하는 한편 국가의 수입을 늘리기 위해 영정법을 제정하였고 풍흉에 관계없이 최저 세율에 따라 고정적으로 징수하게 하였다.

24 정답 ③
균역법에 대한 설명이다. 균역법은 영조 때 시행되었으며 1년에 2필씩이던 군포를 1필만 부과한 것으로 군역의 폐단을 시정하기 위해 시행되었다.

25 정답 ③

17세기 이후 성리학적 질서가 보급된 이후부터 가정 내 여성의 지위는 큰 변화를 보였다. 친영 제도, 장자 중심의 재산 상속, 아들이 없을 때에는 양자 입적, 부계 위주의 족보 편찬, 동성(同性)마을 확대 등을 통해 부계 중심의 가족 제도가 강화되어 갔다.

26 정답 ②

제시문에 해당하는 실학자는 유형원이다.
① 이익
③ 정약용
④ 박지원

27 정답 ④

병자호란에서 조선은 청과 군신 관계를 맺고 삼전도에서 굴욕적인 항복을 하였다.
① 세종 때
② 인조(정묘호란) 때
③ 고려 몽골의 침략으로 강화도 천도(1232)

28 정답 ②

정조의 정책
- 왕권 강화책 : 장용영 설치(국왕 친위 부대), 화성 건설 노력(정조의 이상 정치 실현을 위한 상징적 도시 육성), 수령이 향약을 직접 주관(사족의 향촌 지배력 억제), 초계문신제 시행(유능한 인사 재교육), 규장각 육성(왕실 도서관, 강력한 정치 기구로 육성)
- 문물 제도 정비 : 서얼과 노비에 대한 차별 완화(서얼 출신을 규장각 검서관으로 등용), 신해통공(금난전권 폐지), 「대전통편」·「무예도보통지」·「탁지지」·「무원록」·「동문휘고」 편찬, 문체 반정 운동

29 정답 ②

제시된 자료는 1905년 강제로 체결된 을사조약(을사늑약)의 일부분이다. 1895년 명성황후 시해 사건과 단발령이 원인이 되어 을미의병이 일어났다.
① 1909년
③ 을사의병
④ 1907년 정미의병

30 정답 ③

③ 국채 보상 운동은 통감부의 탄압으로 좌절되었으며(1907), 조선 총독부는 1910년에 설치되었다.

31 정답 ①

1차 갑오개혁(1894)의 내용
- 정치 : 개국 기년 사용, 왕실 사무와 정부 사무 분리(의정부와 궁내부 설치), 6조를 8아문으로 개편, 과거제 폐지, 경무청 설치
- 경제 : 재정의 일원화(탁지아문), 왕실과 정부 재정 분리, 은 본위 화폐 제도 실시, 조세의 금납화, 도량형 통일
- 사회 : 신분 제도 철폐(노비 제도 폐지, 인신 매매 금지), 과부의 재가 허용, 조혼 금지, 고문과 연좌법 폐지

32 정답 ②

ⓒ 제1차 한일 협약(1904) → ㉠ 고종 강제 퇴위(1907) → ㉣ 한일 신협약(1907, 순종 강제 즉위) → ㉢ 기유각서(1909)

33 정답 ④
동학 농민 운동의 전개
동학 창시(1860) → 삼례집회(1892) → 고부관아 습격(1894. 1.) → 황토현 전투(1894. 4. 7.) → 전주성 점령(1894. 4. 27.) → 남·북접군의 논산 집결(1894. 10.) → 우금치 전투(1894. 11.)

34 정답 ④
④ 물산 장려 운동은 일제의 수탈 정책에 맞선 운동으로서, 조선 물산 장려회에서 주도하였다.

35 정답 ②
'시일야방성대곡'은 을사늑약의 부당함을 알리고 을사오적을 규탄하기 위해 장지연이 쓴 논설로, 황성신문에 게재되었다. 황성신문은 이 논설로 일제에 의해 발행이 정지되기도 하였다.

36 정답 ④
제시된 자료는 국가 총동원법(1938)이다.
④ 1910년대 토지 조사 사업에 대한 설명이다.

37 정답 ②
제시된 자료는 1946년 미·소 공동 위원회 결렬 직후 전개된 좌우 합작 위원회의 좌우 합작 7원칙이다. 좌우 합작 7원칙에서는 미·소 공동 위원회의 속개를 요청하였다.

38 정답 ②
제시문은 6·25 전쟁 당시 휴전 협정에 관한 내용이다(1953).
② 발췌 개헌(1952)은 휴전 협정 이전에 해당한다.

39 정답 ③
①·② 1991년 9월에 남북한이 동시 유엔 가입에 합의하였다. 같은 해 12월 남북 간의 화해와 불가침 및 교류 협력에 관한 합의서가 채택되었고, 이어서 한반도 비핵화에 관한 공동선언이 채택되었다.
④ (다)는 남북 고위급 회담의 성과이며 6·15 공동 선언(2000)이 남북 정상 회담의 성과이다.

40 정답 ③
각 정부의 통일 노력
- 남북한 당국자 간의 통일 논의의 재개를 추진함으로써 남북 이산가족 고향 방문단 및 예술 공연단의 교환 방문이 전두환 정부 시기에 성사되었다(1985).
- 민족 공동체 통일 방안(1994)은 한민족 공동체 통일 방안(1989)과 3단계 3대 기조 통일 정책(1993)의 내용을 종합한 것으로 '민족 공동체 통일 방안'이라고도 한다. 김영삼 정부가 이를 북한에 제안하였고, 자주, 평화, 민주의 3대 원칙과 화해 협력, 남북 연합, 통일 국가 완성의 3단계 통일 방안을 발표하였다.

제9회 정답 및 해설 | 국사

01	02	03	04	05	06	07	08	09	10	11	12	13	14	15	16	17	18	19	20
②	③	③	③	①	③	②	④	②	②	④	④	①	④	①	④	①	④	④	③

21	22	23	24	25	26	27	28	29	30	31	32	33	34	35	36	37	38	39	40
③	②	④	①	②	④	①	④	④	③	①	②	①	④	②	①	④	④	④	①

01 정답 ②
청동기 시대 일부 지역에서 벼농사가 시작되었는데, 여주 흔암리, 부여 송국리 유적의 탄화미 등에서 이를 알 수 있다.
① 가락바퀴를 이용하여 원시적인 수공업이 이루어진 것은 신석기 시대이다.
③ 청동기 시대 유적은 만주와 한반도 일대에 폭넓게 분포되어 있다.
④ 조개껍데기 가면은 신석기 시대의 예술품이다.

02 정답 ③
(가)는 부여, (나)는 고구려에 대한 설명이다. 절도자를 12배로 처벌하는 1책 12법은 부여와 고구려에 공통적으로 있었다.
① 고구려의 제천 행사
② 동예의 책화
④ 옥저의 골장제

03 정답 ③
(가) 493년 웅진 백제 시기 백제 동성왕과 신라 소지왕의 결혼 동맹에 관한 내용이다.
(나) 554년 사비 백제 시기 관산성(구천)에서 신라와 싸우다 전사한 백제 성왕에 대한 설명이다.
성왕은 (가)와 (나)의 사이인 538년에 사비로 천도하고 국호를 남부여로 개칭하였다.
① 475년 문주왕
② 475년 백제 개로왕
④ 384년 백제 침류왕

04 정답 ③
자료의 왕은 발해 무왕이다. 무왕은 북만주 일대를 차지하고 장문휴의 수군을 보내 산둥 지방의 등주를 공격하였다.

05 정답 ①
고대 국가는 왕권 강화를 위해 공통적으로 관등제를 확립하였다.

06 정답 ③
신라 중대에는 지방에 대한 통제를 강화하여 왕권을 전제화하고 중앙집권 체제를 확립하였다.

07 정답 ②
ⓒ 4세기 백제 근초고왕
ⓔ 5세기 고구려 장수왕
ⓓ 6세기 신라 진흥왕
ⓐ 7세기 백제 의자왕

08 정답 ④
신라의 돌무지덧널무덤은 도굴이 어려워 부장품의 대부분이 보존되어 있으며 금관총, 금령총, 서봉총 등이 발굴되었다.
① 굴식 돌방무덤의 양식이다.
② 황남대총, 천마총은 돌무지 덧널무덤의 대표적 고분이며, 장군총은 고구려의 돌무지무덤 양식이다.
③ 벽돌무덤 양식이다(무령왕릉).

09 정답 ②
ㄴ. 화랑은 진골 출신의 청소년 중에서 선발하였다.
ㄹ. 진흥왕 때 국가적 조직으로 정비되었다.

10 정답 ②
삼국 시대에는 무위자연, 불로장생 등을 주장하는 도교가 성행하였다.

11 정답 ④
ㄱ. 지눌은 조계종을 창시한 승려이다.
ㄴ. 혜심은 지눌의 제자로 불교와 유교가 심성 수양이라는 면에서 다르지 않다는 유불일치설을 주장하였다.

12 정답 ④
④ 고려는 신라 골품 제도의 모순을 극복하면서 건국되었다.

13 정답 ①
고려 성종은 최승로의 시무 28조를 받아들여 중앙의 통치 기구를 개편하여 중앙 관제를 정비하였고, 12목에 지방관을 파견하여 지방 세력을 견제하였다.

14 정답 ④
ㄹ. 강동 6주 획득(993) → ㄴ. 동북 9성 축조(1107) → ㄷ. 몽골 강화 후 개경으로 환도(1270) → ㄱ. 홍건적의 2차 침입(1361)

15 정답 ①
고려의 형률 제도는 당나라의 법률을 토대로 하였고, 민사는 대부분 관습법이 적용되었다.

16 정답 ④
이승휴는 「제왕운기」에서 우리나라의 역사를 단군에서부터 서술하여 우리 역사를 중국사와 대등하게 파악하는 자주성을 나타냈다.
① 인종 때 왕명으로 편찬된 것은 김부식의 「삼국사기」이다.
② 고구려 정통 의식을 반영한 것은 이규보의 「동명왕편」이다.
③ 단군의 건국 이야기가 수록된 것은 일연의 「삼국유사」이다.

17 정답 ①
① 고려 시대의 광학보는 승려들의 불교 공부를 위해 설치한 장학재단이었다.

18 정답 ④
태종은 국왕의 정치 주도권을 회복하기 위해 6조 직계제를 도입하고 외척과 종친의 정치 참여를 제한했으며 사간원 독립 등을 시행하였다.

19 정답 ④
인조반정
김유, 이서, 이귀 등의 서인이 집권 세력인 대북파와 광해군을 몰아내고 인조를 즉위시켰다.

20 정답 ③
① 최명길은 병자호란 당시 주화론을 이끌었던 인물이다.
② 고려 시대의 윤관에 대한 설명이다. 남이는 세조 때 이시애의 난을 진압하였고, 남만주 일대의 건주 여진을 토벌하는 데 공을 세운 인물이다.
④ 임경업은 인조 때 이괄의 난을 진압하고, 명을 배후에서 도와 청을 견제하였던 무신이다.

21 정답 ③
광해군은 명과 후금의 싸움에 말려들지 않고 중립적인 외교 정책을 펼치여 실리를 추구하였다.

22 정답 ②
조선은 여진과의 관계에서 국경 지역에 무역소를 설치하고 귀순을 장려하였다.

23 정답 ④
④ 비변사에서는 정승, 판서, 군영대장, 유수, 대제학 등이 국방 문제뿐만 아니라 외교와 내정까지도 관장하였다. 이로 인해 의정부와 6조의 실권이 없어져 제 구실을 하지 못하였다.

24 정답 ①
임진왜란 초기에 대패를 경험한 조정은 새로운 군대의 필요성을 절감하고, 왜군을 물리치는 데 효과적인 편제와 군사 훈련 방식을 모색하여 훈련도감을 설치하였다.

25 정답 ②
① 역사서, ③ 법전, ④ 윤리서

26 정답 ④
④ 16세기에는 존화주의적 화이관이 점점 깊어졌으며, 화이관에 대한 비판의 기운이 고조된 것은 조선 후기 실학 사상가들에 의해서이다.

27 정답 ①
① 성리학은 16세기 이후 이론적 탐구가 더욱 심화되었으며, 조선 후기로 가면서 정치적으로 이용되어 성리학 이외의 학문을 사문난적으로 규정하였다.

28 정답 ④
19세기 이제마가 「동의수세보원」을 저술하여 사상 의학을 확립하였다. 이는 사람의 체질을 태양인, 태음인, 소양인, 소음인으로 구분하여 치료하는 체질 의학 이론으로서 오늘날까지 한방 의학계에서 통용되고 있다.

29 정답 ④
유형원・홍대용은 균전론, 이익・박지원은 한전론, 정약용은 여전론을 주장하였다.

30 정답 ③
세도 정치기에는 왕실의 외척이 비변사를 장악하여 권력을 독점하는 형태로 정국이 운영되었다.
① 고려 말의 정치 기구
② 정조가 설치한 국왕 친위 부대
④ 흥선 대원군에 의해 부활

31 정답 ①
자료는 영조의 개혁 중 이조 전랑의 후임 추천권을 혁파하는 내용이다. 영조는 「속대전」과 「속오례의」 등을 편찬하였다.

32 정답 ②

① 「조선책략」에서는 연미론을 내세워 개항을 주장하였다.
③ 강화도 조약에서 일본은 청의 종주권을 배제하기 위해 조선을 자주국으로 인정하였다.
④ 청의 알선으로 미국과 조미 수호 통상 조약을 체결하였으며, 이는 러시아를 견제하기 위한 것이었다.

33 정답 ①

반외세 운동
- 위정척사 운동 : 정부의 개화 정책과 외세의 침략에 대한 반발로 전개하였다.
- 동학 농민 운동 : 자본주의 열강의 침탈과 지배층의 착취로 인한 민란 형태로 전개되다가 청과 일본의 간섭에 대항하는 반외세 운동으로 변화하였다.

34 정답 ④

ⓒ 봉오동 전투(1920. 6.)
ⓔ 청산리 전투(1920. 10.)
ⓓ 간도참변(1920. 10.)
ⓐ 자유시참변(1921. 6.)

35 정답 ②

'국혼'을 강조하고, 「한국통사」, 「한국독립운동지혈사」를 지은 인물은 박은식이다.
① '얼' 강조, 「조선사연구」 저술
③ 「조선상고사감」 저술
④ 「독사신론」, 「조선상고사」, 「조선사연구초」 등 저술

36 정답 ①

대한민국 임시정부가 충칭에서 한국 광복군을 창립한 것은 1940년이다. 대한민국 임시정부는 1941년에 조소앙의 삼균주의를 바탕으로 건국 강령을 공포하였다.
② 국무령 중심의 내각 책임제 채택은 1925년 제2차 개헌 때이다.
③ 1919년에 구미 위원부를 설치하였다.
④ 국민 대표 회의는 1923년에 소집되었다.

37 정답 ④

만주 사변(1931)과 중일 전쟁(1937) 등으로 일제는 본격적으로 대륙 침략을 감행하면서 민족 문화와 전통을 말살하고 인적·물적 자원을 수탈하는 민족 말살 통치를 자행하였다.

38 정답 ④

미·소 공동 위원회가 결렬되고 유엔 한국 임시 위원단의 입국이 거부되자 유엔은 선거가 가능한 지역에서 총선거를 실시하도록 하였다. 남한만의 단독 선거에 반대하는 김구와 김규식은 평양으로 가서 김일성과 남북 협상을 전개하였으나 큰 성과를 거두지는 못하였다(1948).

39 정답 ④

④ 김구, 김규식은 남북 분단의 고착화를 염려하여 남북 협상을 주장하였다

40 정답 ①

㉠ 대한민국 정부 수립(1948) → ㉡ 경제 개발 5개년 계획 추진(1962) → ㉢ 제24회 서울 올림픽 개최(1988) → ㉣ 6·15 남북 공동 선언(2000)

제10회 정답 및 해설 | 국사

01	02	03	04	05	06	07	08	09	10	11	12	13	14	15	16	17	18	19	20
③	④	③	①	①	①	③	①	①	②	②	②	①	④	③	①	②	②	①	④

21	22	23	24	25	26	27	28	29	30	31	32	33	34	35	36	37	38	39	40
③	②	①	①	①	③	③	③	③	④	④	③	③	④	④	④	②	②	④	④

01 정답 ③
빗살무늬 토기와 가락바퀴는 신석기 시대의 유물이다. 신석기 시대에는 원형 또는 둥근 방형의 움집을 짓고 살았으며, 집 중앙에는 취사와 난방을 할 수 있는 화덕이 있었다.
① 철기 시대
②·④ 청동기 시대

02 정답 ④
「한서지리지」에 상해, 살인, 절도의 조목만 남아 있다.
① 고인돌과 비파형 동검의 분포 지역과 거의 일치
② 청동기 문화를 바탕으로 철기 문화 수용
③ 제정 일치 사회 → 단군(제사장), 왕검(정치적 군장)

03 정답 ③
① 데릴사위제는 고구려, 무천은 동예
② 골장제는 옥저, 상달제는 삼한
④ 순장은 부여, 동맹은 고구려

04 정답 ①
동예
- 위치 : 함경도 일부와 강원도 북부에 위치
- 경제 : 해산물 풍부, 토지 비옥, 방직 기술 발달(명주, 삼베), 특산물 생산(단궁, 과하마, 반어피)
- 풍속 : 제천 행사(10월에 무천), 족외혼, 책화(부족의 경계 존중)
② 고구려, ③·④ 부여

05 정답 ①
6세기 중반 신라는 백제가 회복한 한강 유역을 신라 영토에 편입시켜 120년간 지속된 양국의 동맹관계가 깨어졌다.

06 정답 ①
① 고이왕 때(3세기)
② 미천왕 때(4세기)
③ 내물왕 때(4세기)
④ 6세기 초

07 정답 ③
6두품은 새로운 정치이념으로 유학을 제시했지만, 성리학을 주장하지 않았다. 성리학은 중국 송나라(960~1279) 때의 학자 주희가 정립한 것으로 시기가 다르다.

08 정답 ①
㉠ 918년 → ㉡ 934년 → ㉢ 935년 → ㉣ 936년

09 정답 ①
신라는 통일을 전후하여 왕권이 전제화되었다.

10 정답 ②
근초고왕의 업적
- 마한 복속
- 중국의 동진과 외교
- 일본에 아직기 파견
- 왜에 칠지도 하사
- 「서기」 편찬(고흥)
- 왕위의 부자 상속 확립

② 근초고왕은 고구려를 공격하여 평양성에서 고국원왕을 전사하게 하였다.

11 정답 ②
녹읍은 수조권 행사와 노동력 징발을 가능하게 한 세습 토지로서 귀족 경제의 주요한 기반이었다.
① 신문왕 때 왕권 강화의 일환으로 폐지되었다가 경덕왕 때 부활되었는데, 이는 전제 왕권의 동요를 의미한다.
③ 삼국 통일 이후, 특별한 경우에 왕족이나 공신 등에게 지급한 것은 식읍이다.
④ 양인 농민으로서의 '백정'은 고려 시대 농민을 말한다.

12 정답 ②
신라 지증왕은 노동력의 확보를 위하여 순장을 금지하였다. 이는 철제 농기구의 활발한 보급으로 우경을 실시함으로써 농업 생산량이 급증하였던 당시 경제 상황으로 보았을 때, 노동력을 중시하였다는 것을 알 수 있다.

13 정답 ①
① 미륵 신앙을 전파하며, 불교 대중화의 길을 걸었던 승려는 진표이다. 원효와 의상은 불교 대중화를 위하여 아미타 신앙을 전도하였다.

14 정답 ④
정림사지 오층석탑은 7세기에 만들어졌으며, 부여 정림사에 세워져 있다. 창왕명석조사리감은 부여 능산리 절터에서 발견된 백제의 문화재로서 돌로 만들어진 사리함을 보관하는 용기이다.
ㄱ. 이차돈의 순교비
ㄷ. 통일 신라의 석등

15 정답 ③
ㄴ·ㄷ은 고려 성종의 정책이다.

16 정답 ①
왕권 실추, 궁궐 소실, 서경 길지론 대두 등을 바탕으로 서경 천도 운동을 전개한 묘청에 대한 설명이다.

17 정답 ②
② 고려 시대에는 하급 관리, 서리, 남반, 향리 등의 중류층이 있었다.

18 정답 ②
② 평시에 곡물을 비치하였다가 흉년에 빈민을 구제하는 의창이 있었고, 개경, 서경, 12목에는 상평창을 두어 물가 안정을 꾀하였다.

19 정답 ①
고려 시대에는 여성의 지위가 비교적 높아 여자도 호주가 될 수 있었다. 남녀 구별 없이 태어난 순서대로 호적에 기입하고 유산은 골고루 분배하였다.

20 정답 ④
④ 고려 후기에 금속 활자의 사용이 활발해지자 공양왕은 서적원이라는 전문 인쇄 기관을 설치하여 주자와 인쇄를 담당하게 하였다.

21 정답 ③
③ 권문세족이 신돈과 연대한 것이 아니라, 공민왕이 신돈을 등용하여 권문세족을 견제하고자 하였다.
① 권문세족은 한미한 가문 출신들이 많았으며, 가문보다는 관직을 통해서 권력을 장악하려 하였다.
② 공민왕은 권문세족에 의해 점탈된 토지를 되찾기 위해 전민변정도감을 설치하였다.
④ 권문세족은 고려 후기의 대표적인 정치 세력의 하나로 기존의 문벌귀족 중 일부와 무신 정권기에 정권을 잡은 일부 무신, 지방에서 과거를 통해 새롭게 등장한 신진 관인, 그리고 원나라를 통해 출세한 부원 세력 등으로 구성되었다.

22 정답 ②
「농사직설」은 세종 때 우리나라 풍토에 맞는 씨앗의 저장법, 토질의 개량법, 모내기법 등 농민의 실제 경험을 종합하여 정초 등이 편찬하였다.
① 고려 말 이암이 원에서 들여온 것은 「농상집요」이다. 「농가집성」은 조선 효종 때에 신속이 편술한 농서이다.
③ 「산림경제」는 조선 후기 홍만선이 저술하였다.
④ 「과농소초」는 박지원이 저술하였다.

23 정답 ①
의정부 서사제에 대한 설명으로, 세종 때 시행하여 왕권과 신권의 조화를 이루었다.

24 정답 ①
② 대외 무역이 제한되었으나 중국과는 조공 무역과 사무역이, 일본과는 왜관 무역이 이루어졌다. 화폐는 거의 유통되지 못하였고, 쌀·포목이 이용되었다.
③ 모내기법과 이모작 기술은 조선 후기에 전국적으로 보급되었다.
④ 직전법 실시로 관료의 사적인 토지 소유 욕구를 자극해 토지 사유화의 계기가 되었다.

25 정답 ①
정부는 농민 생활의 안정을 위해 호패법, 오가작통법 등을 강화하여 농민의 유리를 막고, 지주층인 양반들도 향약을 시행하였다.

26 정답 ③
중앙 관청의 서리들이 공물을 대납한 후 농민에게 높은 값을 징수하여 농민의 부담을 가중시키고 농민이 도망가면 이웃이나 친척에게 부과하여 방납의 폐단이 발생하였다.

27 정답 ③
③ 거중기를 이용하여 축조한 것은 수원 화성으로 토성이 아니라 돌과 벽돌을 적당하게 배합하여 축조한 건축이다.

28 정답 ③
ㄷ. 2년 3작의 윤작법이 보급된 것은 고려 시대이다.
ㄹ. 가뭄 피해를 우려한 정부의 이앙법 억제에도 불구하고 농민들은 수리 시설(저수지·보)을 개선하면서 이앙법을 확대하였다.

29 정답 ③
대동법 시행의 결과
- 농민들의 공납 부담 경감
- 공인의 활약으로 유통 경제가 활발
- 상업 자본이 발달(공인은 도고로 성장)
- 상품 화폐 경제의 발달 촉진
- 수공업 발전

30 정답 ④
④ 흥선 대원군은 비변사의 기능을 축소하고 의정부와 삼군부의 기능을 부활시켜, 정치와 군사를 각각 담당하게 하였다.

31 정답 ④
1907년 헤이그 특사 파견의 결과로 고종이 강제 퇴위되고 군대가 해산되었으며, 이후 정미 7조약이 체결되자 의병 운동은 의병 전쟁으로 발전하였다.

32 정답 ③
신간회는 좌우 세력이 합작하여 결성된 대표적 항일 단체로, 민족적·정치적·경제적 예속을 탈피하고 언론 및 출판의 자유를 쟁취하였으며, 동양 척식 주식회사 반대, 근검절약 운동 등을 전개하며 전국에 지회와 분회를 조직하였다.

33 정답 ③
제시된 내용은 경제적 구국운동이었던 국채 보상 운동이다. 국채 보상 운동은 1907년 2월 대구의 광문사를 통해 시작되었으며, 대한매일신보를 통해 알려지면서 전국적으로 확산되었다.

34 정답 ④
(가)는 병인양요(1866), (나)는 신미양요(1871)에 대한 설명이다.
④ 오페르트의 남연군묘 도굴 사건(1868)
① 운요호 사건(1875)
② 영남만인소(1881)
③ 조미 수호 통상 조약 체결(1882)

35 정답 ④
한말 의병

을미의병 (1895)	• 원인 : 을미사변과 단발령 • 한말 최초의 의병 • 유생 중심으로 거병하여 농민들 가담 (최초 봉기지 : 대전 유성) • 유인석(제천), 이소응(춘천) • 고종의 해산 권고 조칙으로 해산
을사의병 (1905)	• 원인 : 제2차 한일 협약(을사늑약) • 외교권 박탈에 대항하여 봉기 • 민종식(전직 관료) : 충남 홍주 • 최익현(유생) : 전북 태인, 쓰시마 섬에 유배되어 결국 순국 • 신돌석(최초의 평민 출신 의병장) : 강원도 동해안과 경북 북부
정미의병 (1907)	• 원인 : 고종 강제 퇴위와 군대 해산 • 13도 창의군 창설(총대장 이인영) : 서울 진공 작전 전개(실패)

④ 을미의병(1895)에 대한 내용이다.

36 정답 ④

제시문은 1927년에 창설된 민족 유일당인 신간회의 강령이다. 신간회는 사회주의 계열과 비타협적 민족주의 계열의 연대로 결성된 민족 유일당 단체로 광주 학생 항일 운동이 발생하자(1929) 진상 조사단을 파견하였고, 원산 총파업(1929)을 지원하기도 하였다.

37 정답 ②

제시문은 신미양요(1871)에 관한 내용으로, 신미양요의 결과로 전국에 척화비가 건립되었다.

38 정답 ②

카이로 회담(1943)에서 미국·영국·중국은 '한국인이 노예적 상태에 있음에 유의하여 적당한 절차를 거쳐 한국을 독립시킬 것'을 결의하여 한국의 독립을 최초로 약속하였다.

39 정답 ④

1945년 12월 미국·영국·소련은 모스크바에서 회의를 열어 한반도 문제에 관해 논의하였다(모스크바 3국 외상 회의).
① 조선 건국 동맹은 1944년 여운형에 의해 조직되었다.
② 대한민국 임시정부는 조소앙이 제창한 정치·경제·교육의 삼균주의를 채택하여 1941년 건국 강령을 발표하였다.
③ 조선어학회는 우리말 큰사전의 편찬을 시도했으나 성공하지 못하였다.

40 정답 ④

ⓐ 제3차 경제 개발 5개년 계획(1972)
㉠ 서울 올림픽 개최(1988)
㉢ 금융 실명제 개시(1993)
㉡ 한·일 월드컵대회 개최(2002)

독학학위제 1단계 교양과정인정시험 답안지(객관식)

컴퓨터용 사인펜만 사용

★ 수험생은 수험번호와 응시과목 코드번호를 표기(마킹)한 후 일치여부를 반드시 확인할 것.

전공분야

성 명

(1) 수험번호
(2) 응시과목

※ 감독관 확인란

관리번호
(역번)
(응시자수)
인

답안지 작성시 유의사항

1. 답안지는 반드시 컴퓨터용 사인펜을 사용하여 다음 *보기*와 같이 표기할 것.
   보기) 잘된 표기: ● 잘못된 표기: ⊗ ⊙ ◑ ○ ◐ ●
2. 수험번호 (1)에는 아라비아 숫자로 쓰고, (2)에는 "●"와 같이 표기할 것.
3. 과목코드는 과목코드번호를 보고 해당과목의 코드번호를 찾아 표기하고, 응시과목란에는 응시과목명을 한글로 기재할 것.
4. 교시코드는 문제지 전면의 교시를 해당란에 "●"와 같이 표기할 것.
5. 한번 표기한 답은 긁거나 수정액 및 스티커 등 어떠한 방법으로도 고쳐서는 아니되고, 고친 문항은 "0"점 처리됨.

[이 답안지는 마킹연습용 모의답안지입니다.]

독학학위제 1단계 교양과정인정시험 답안지(객관식)

[이 답안지는 마킹연습용 모의답안지입니다.]

2026 시대에듀 A + 독학사 1단계 교양과정 스피드 단기완성 국사 + 무료특강

개정16판1쇄 발행	2026년 01월 15일 (인쇄 2025년 10월 28일)
초 판 발 행	2010년 01월 15일 (인쇄 2009년 11월 20일)
발 행 인	박영일
책 임 편 집	이해욱
편 저	독학학위연구소
편 집 진 행	천다솜 · 김다련
표지디자인	박종우
편집디자인	차성미 · 고현준
발 행 처	(주)시대고시기획
출 판 등 록	제10-1521호
주 소	서울시 마포구 큰우물로 75 [도화동 538 성지 B/D] 9F
전 화	1600-3600
팩 스	02-701-8823
홈 페 이 지	www.sdedu.co.kr
I S B N	979-11-434-0118-2 (13910)
정 가	20,000원

※ 이 책은 저작권법의 보호를 받는 저작물이므로 동영상 제작 및 무단전재와 배포를 금합니다.
※ 잘못된 책은 구입하신 서점에서 바꾸어 드립니다.